자본의 핏빛 그림자, 테러
하는자, 파는자, 사는자

자본의 핏빛 그림자, 테러

하는 자, 파는 자, 사는 자

지은이 | 로레타 나폴레오니
옮긴이 | 이종인
펴낸이 | 김성실
기획편집 | 이소영 · 박성훈 · 김하현 · 김성은 · 김선미
마케팅 | 곽홍규 · 김남숙
인쇄 · 제책 | 한영문화사
펴낸곳 | 시대의창
출판등록 | 제10-1756호(1999. 5. 11)

초판 1쇄 발행 | 2004년 6월 21일
2판 1쇄 발행 | 2014년 4월 7일

주소 | 121-816 서울시 마포구 연희로 19-1 4층
전화 | 편집부 (02) 335-6125, 영업부 (02) 335-6121
팩스 | (02) 325-5607

ISBN 978-89-5940-289-2 03300
값 25,000원

ⓒ 시대의창, 2004, Printed in Korea.

Copyright ⓒ Loretta Napoleoni 2003
MODERN JIHAD: TRACING THE DOLLARS BEHIND THE TERROR NETWORKS
first published by Pluto Press, London
www.plutobooks.com

이 도서의 국립중앙도서관 출판시도서목록(CIP)은
서지정보유통지원시스템 홈페이지(http://seoji.nl.go.kr)와 국가자료공동목록시스템
(http://www.nl.go.kr/kolisnet)에서 이용하실 수 있습니다.
(CIP제어번호: CIP2014008771)

Modern Jihad

자본의 핏빛 그림자, 테러
하는자, 파는자, 사는자

로레타 나폴레오니 지음
이종인 옮김

시대의창

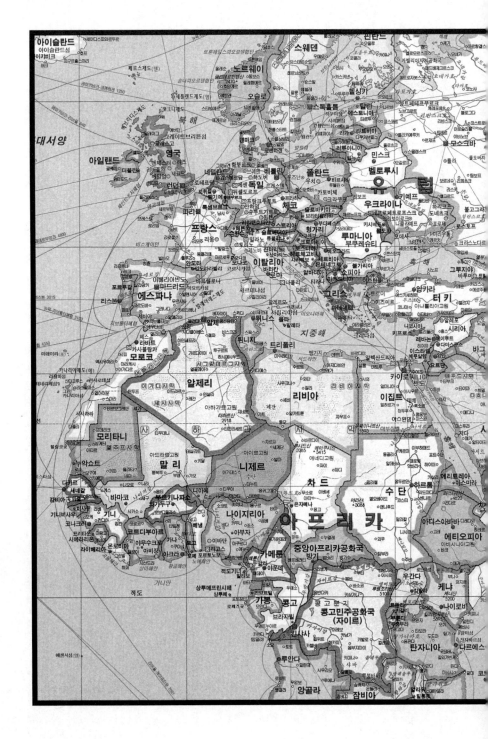

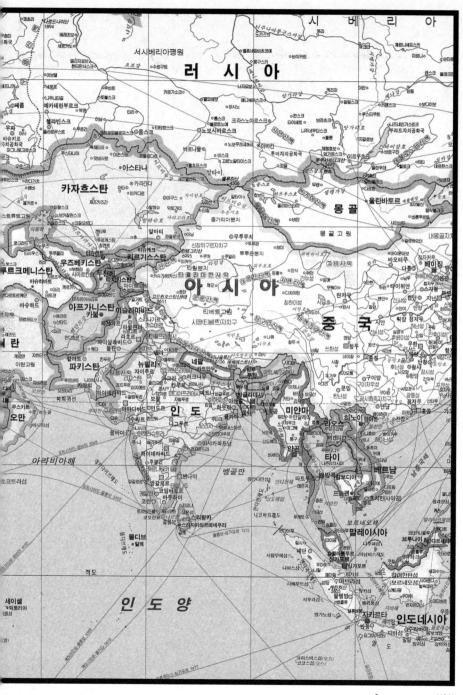

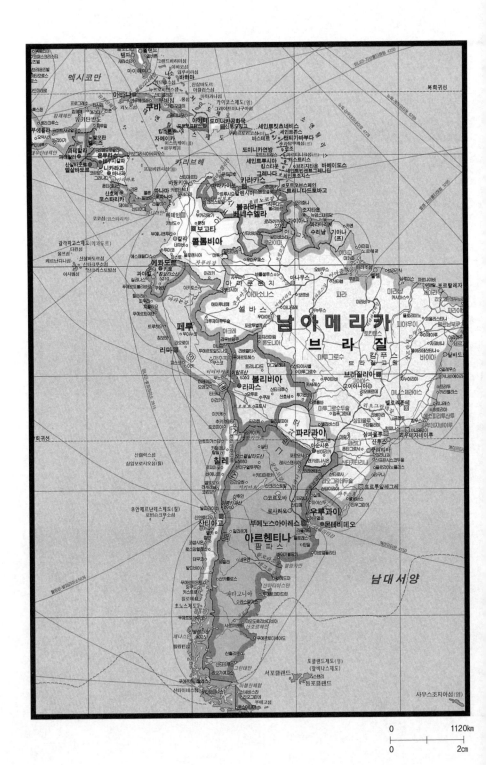

우리는 지금 테러의 시대에 살고 있다. 테러를 뿌리 뽑겠다며 시작된 '테러와의 전쟁'으로 인류는 더 큰 테러 위협에 직면해 있다. 미국이 9·11 테러의 배후 인물로 지목한 오사마 빈라덴을 잡기까지 전 세계가 최첨단 무기를 총동원하고 어마어마한 군사비를 쏟아 부으며 전쟁을 벌였지만, 수많은 민간인의 희생과 아프가니스탄의 초토화라는 가혹한 대가를 치러야 했다. 아마 인류 5천 년 역사상 길이 기억될 전쟁이 될 것이다.

오사마 빈라덴과 알 카에다 조직이 9·11 테러의 중심에 있었지만, 테러 이전만 해도 알 카에다의 이름은 일반에 거의 알려지지 않았다. 1996년 미국 국무부가 발표한 해외 테러리스트 조직 명부에도 알 카에다의 이름은 아예 올라 있지도 않았다. 알 카에다와 사우디아라비아 왕가, 그리고 미국 정보 당국과의 비밀스러운 커넥션 때문이다. 미국의 중동지배 정책과 세계 전략의 필요상 소련의 아프가니스탄 장악을 필사적으로 저지해야 했던 미국으로서는 소련에 결사 항쟁하는 이슬람전사 그룹인 무자헤딘을 지원할 수밖에 없었다. 알 카에다도 그런 맥락에서 미국 정보 당국의 자금과 무기 지원, 전술-전략적 훈련 덕택에 급성장할 수 있었다. 이런 관점에서 본다면 오사마 빈라덴을 비호했다는 이유만으로 아프가니스탄을 무차별 공격했던 미국이 알 카에다의 실질적인 재정 후원자였고, 9·11 테러 주범 19명 중 11명 이상이 자국 국적을 가졌거나 직접 관련이 있는 것으로 알려진 사우디아라비아에 대한 무조건적인 침묵은 예사로 보아 넘길 일이 아니다. 더욱이 미국이 9·11 테러와 전혀 관련이 없는 것으로 알려져 있던 이라크에 대한 명분 없는 침략으로 9·11 테러라는 인류의 비극을 자국 패권주의를 극대화하기 위한 수단으로 사용했다는 역사적 심판을 면하기 어렵게 되었다.

이런 어처구니없는 음모와 숨은 거래를 일반인들은 도저히 이해할 수도 상상할 수도 없다. 적어도 로레타 나폴레오니의 역작 《자본의 핏빛 그림자, 테러》를 만나기 전까지는…. 이 책은 서점에서 흔히 만날 수 있는 흥미 위주의 테러 소개서가 아니다. 부정확한 추론에 근거한 9·11 음모설이나 근거 없는 억측으로 독자들을 혼란에 빠뜨리는 책도 물론 아니다.

이 책의 저자 나폴레오니는 오랜 기간 동안 수천 건의 문서를 꼼꼼하게 분석하고 관련 인사들과의 폭넓은 인터뷰를 통해 테러의 경제학이라는 새로운 경지를 개척했다. 더러운 돈과 정당하지 못한 권력이 배태한 불행한 산물이 테러 조직이라고 진단한 그는 정의와 자유를 추악한 금맥과 거래하는 부도덕한 정치적 흥정을 인류 사회에 고발하고 있다.

특히 이 책에는 지난 50년간 자금 지원과 특수 훈련을 통해서 수많은 국제 테러 조직을 이용하고 양성해 왔던 미국의 음모와 구체적 역할이 잘 드러나 있다. 미국은 1980년대 반미 민족주의 노선을 걷는 니카라과를 혼란에 빠트리기 위해 반혁명 세력인 콘트라를 지원했고, 1990년대 초에는 터키에게 쿠르드 폭동을 진압하는데 필요한 무기의 80%를 공급했다. 그 결과 수만 명의 쿠르드 사람들이 죽었고, 수백만 명의 난민이 발생했으며, 약 3,500개의 마을이 파괴됐다. 탈레반이 1996년 아프가니스탄의 카불을 점령했을 때도 미국은 침묵으로 일관했다. 탈레반 정권과의 협력을 바탕으로 텍사스의 정유 회사 유노칼을 통해 중앙아시아 석유와 가스 파이프라인의 확보가 중요했기 때문이다. 더욱이 사우디아라비아는 급진적 이슬람 무장 조직으로부터 왕정을 보호하기 위해 일종의 보험금 명목으로 알 카에다에 지속적으로 자금을 지원해왔고, 무역센터 공격이후에도 1천 6백만 달러를 지원한 것으로 밝혀졌다.

로레타 나폴레오니가 말하는 테러의 신경제는 과거 냉전시대에는 생각조차 할 수 없었던 것으로 그 경제의 규모는 1조 5천억 달러에 달한다고 한다. 이는 영국 GDP의 2배에 해당되는 충격적인 수치다. 나폴레오니에 의한 놀라운 자료, 방대한 조사, 치밀한 분석, 용기 있는 폭로로 우리도 이제 테러의 경제학의 괜찮은 텍스트 하나를 갖게 되었다.

물론 이 책이 테러의 원인과 구조에 대한 종합적인 분석의 틀을 갖춘 것은 아니다. 우선 테러의 원인에 대한 서구의 역사적 과오, 부당하게 빼앗긴 자의 소리 없는 눈물과 응어리, 가진 미국에 의해 짓눌린 종교적 가치와 문화적 자존심에 대한 더 할 수 없는 아랍인들의 모욕감에 대해서는 세심한 배려가 부족하다. 테러 조직에 대한 규모나 활동 영역에 대한 평가도 실제 이상 과장된 측면이 있다.

우선 테러 조직이 9·11 직전까지만 해도 거의 대중적 지지기반을 갖지 못했고 그 영향력이 급격히 쇠퇴하고 있었다는 점이다. 그리고 테러라는 방식이 억압받는 이슬람 세계의 일반적인 대응 형식도 아니었다. 9·11 테러를 기점으로 국제사회가 마지막으로 테러 확산을 방지할 절호의 기회를 가졌었는데, 미국이 이를 일방적인 패권주의 확산을 위한 도구로 사용함으로써 테러가 더욱 기승을 부리게 된 것이다. 숨을 헐떡이던 물고기들이 다시 물을 만났고 주적을 잃고 방황하던 테러 조직들에게 분명하고 확실한 미국이라는 공격 목표를 심어주었기 때문이다.

극소수 급진 테러 조직들의 명분과 이데올로기에도 지난 50년 간 서구와 미국이 만들어놓은 착취 구조와 이중 잣대, 종교적 가치와 자긍심에 대한 무참한 유린이 도사리고 있다는 점을 강조하고 싶다. 이럼 점에서 오사마 빈라덴의 주장은 경청할 이유가 있다.

　"미국은 지난 25년 동안 중동의 석유를 도둑질해왔다. 석유 1배럴이 팔릴 때마다 미국은 135달러를 챙겼다. 이렇게 해서 중동이 도둑맞은 금액은 무려 1일당 40억 5천만 달러로 추산된다. 이것은 역사상 최대 규모의 도둑질인 것이다. 이런 대규모의 사기에 대해 세계의 12억 무슬림 인구는 1인당 3천만 달러씩 보상해달라고 미국에 요구할 권리가 있다."

　따라서 1%의 생존 가능성도 없는 자살특공대원이 되기 위해 줄을 서는 좌절한 젊은 엘리트들이 있는 한, 이스라엘에 대항하는 전사를 만들기 위해 10명의 자식을 낳는 팔레스타인 어머니들의 응어리가 풀리지 않는 한, 저항의 불길은 끊이지 않을 것이다. 이런 모든 저항을 테러로 몰아가는 저자의 판단도 너무 서구적이다. 빼앗긴 자신의 조국을 되찾기 위해 투쟁하고, 국제법상 되돌려주게 되어 있는 자신들의 삶의 영역을 강점하고 있는 점령자를 향해 온몸을 던져 저항하는 독립 투쟁을 모두 테러 범주에 넣는 것도 동의

하기 어렵다.

하지만 이 책은 '선과 악'이라는 이분법적 구도로 테러를 비판하던 종래의 관점에서 벗어나서 보다 복합적이고 상호유기적인 테러 연계조직을 속 시원히 파헤쳐 주었다. 21세기 테러가 아랍과 미국의 양자 구도뿐 아니라 친미적 성향을 띠는 온건 아랍 왕정까지 깊숙이 개입된 공범 관계임을 밝혀 주었다. 숨겨진 테러의 또 다른 얼굴과 실체를 파악하게 해주는 좋은 길잡이를 만난 셈이다. 내용의 객관성을 위해 일일이 주석을 달고 문서의 출처를 밝힌 것도 신뢰를 더해준다. 테러라고 하는 복잡하고 섬뜩한 내용을 폭로성 기사 형식이 아닌 새로운 국제적 경제 체제로 설명하고 있다는 점에서도 이 책은 독보적 가치를 갖는다.

이슬람에서 지하드는 종교적 가치가 훼손되는 것을 막고 신의 가르침을 지키기 위한 모든 투쟁을 일컫는다. 지금까지 전통적인 지하드는 이슬람을 공격한 서구에 대한 응징과 무장 투쟁에 초점을 맞추었다. 이제 나폴레오니가 말하는 '모던 지하드'는 서구의 침략 세력뿐 아니라 무슬림 대중들을 착취하는 이슬람 내부의 적들을 향해 새로운 투쟁을 방향을 돌릴 것이다. 적절한 전망이다. 미국의 이라크 침공이 마무리되는 시점을 전후하여 중동의 아랍 국가에는 거대한 민주화 열풍이 몰아닥칠 것이다. 이슬람 원리주의자들은 이제 전제적 왕정이나 독재정권 같은 이슬람 내부의 적들을 향해 새로운 모던 지하드를 시작할 것이다.

　이 책을 통해 우리 독자도 양자의 극단적인 대립과 증오가 불러일으키는 테러의 실상과 폭력의 참담한 결과를 다시 한 번 되새기면서, 나와 다른 생각, 다른 가치를 존중하는 다문화공존의 지혜를 얻기를 고대한다.

이 희 수
한양대학교 문화인류학과 교수/이슬람 문화

테러리즘은 현대 생활의 한 부분이 되었다. 그것은 신문의 헤드라인, 의회의 토론, 사람들의 저녁 식사 테이블을 주름잡는 화제다. 그러나 독자들에게 테러리즘을 정의한 기사는 많이 제공되고 있음에도 불구하고 테러리즘의 구체적 구성 요소가 무엇인지 명확하게 아는 사람은 많지 않다. 역사책을 넘겨봐도 제한적인 도움밖에 얻지 못한다.

테러terror라는 단어는 프랑스 대혁명 직후 '테러 통치'라는 용어에서 나왔다. 하지만 테러리즘을 언급한 자료는 멀리 로마 제국 시대까지 거슬러 올라간다. 정치가, 일반 대중, 학자, 다수의 무장 그룹들은 테러라는 현상에 대해 매우 다양하게 문자적 정의, 프로파간다적 정의, 학술적인 정의를 내리고 있다.[1]

학자들은 테러리즘을 정의하려면 테러의 정치적 성격, 대상 민간인, 극심한 공포의 조성 등 세 가지 주요 특징을 포함해야 한다고 말한다.[2] 하지만 도서관에 가보면 이런 세 가지 특징 중 어느 한 가지 특징만 다룬 책들이 넘쳐난다. 무장 단체 멤버나 정치가들은 테러의 프로파간다적 정의를 자유롭게 사용하고 있다. 한편 노엄 촘스키Noam Chomsky는 테러를 '우리' 또는 '우리의 동지'에게 저질러지는 적들의 난폭한 행동으로 요약한 바 있다.[3]

나는 1990년대 초에 이탈리아의 좌파 무장 집단과 우파 무장 집단을 인터뷰한 적이 있었다. 그때 내게 인상적이었던 것은 그들이 그들 자신을 가리킬 때나 그들이 공격하는 국가를 지칭할 때, '테러리스트'라는 단어를 끊임없이 사용한다는 것이었다.

대부분의 사람들은 테러를 정의할 때 정치적 기준을 적용한다. 2001년 9월 11일 테러 사태 이후, 나는 세계무역센터에 가해진 테러에 대해 여러 명의 이탈리아 사람과 인터뷰했다. 많은 사람들이 동정적인 반응을 보였으나 어떤 사람들은 미국인의 고통에 대해 무관심했다. 은행가인 한 여성은 내게 도전적으로 물었다.

"내가 왜 미국에 대해 동정적인 태도를 취해야 합니까? 미국이 세르비아에서 한 소행을 벌써 잊어버렸단 말입니까? 그들은 벨그라드의 다리들을 폭파하면서 그 나라 사람들에게 테러를 가했습니다. 이 세상에 그처럼 많은 죽음과 절망을 가져온 나라에 대해 어떻게 동정하란 말입니까? 이제 그들은 입장이 바뀌어 테러의 대상이 된다는 게 무엇인지 알았을 겁니다."

각국 정부가 테러라는 단어를 사용하게 되는 것은 종종 외교적 고려에 의한 것이다. 1998년 코소보 해방군KLA이 세르비아 경찰과 민간인을 공격한 직후에, 미국은 KLA를 테러 집단으로 비난했다. 영국도 이 비난에 가세했다. 그 후 1999년 3월에 미국과 영국의 외교 정책은 급격한 변화를 겪었는데 양국 정부는 입장을 바꿔 이번에는 코소보가 아니라 세르비아 사람들을 비난했다. 갑자기 KLA 조직원은 '테러리스트'가 아니라 '자유 전사'가 되었다. 하지만 그들의 이런 새로운 지위는 단명했다. KLA가 미국의 동맹국인 마케도니아 정부를 괴롭히는 이슬람 반군 세력을 지원하자 미국 국무부는 다시 한 번 KLA를 테러 조직으로 낙인찍었다.[4]

어떻게 보면 테러는 정치적 현상이다. 그러나 테러를 정치적 현상으로만 파악하려 든다면 테러의 정의定義에 대한 국제적 합의는 불가능해진다. 바로 이것이 정치적 분석의 한계다. 이러한 장애를 우회해 이미 국제적 현상이 된 테러에 대해서 어떤 조명을 비추기 위해 나는 테러를 경제적으로 분석해 보기로 했다. 이 책에서는 정치학 용어를 사용하지 않았다는 점을 강조하기 위해, 또 정치적 정의의 함정에 빠지는 것을 방지하기 위해, 나는 무장 집단이 정치적 목적을 달성하기 위해 저지르는 행위를 테러리즘이라 부르지 않고 '테러'라는 단어로 통일했다.

이 책이 테러의 경제학economics of terror이라는 새로운 관점에서 정치적 폭력에 접근한 최초의 시도기는 하지만 학술 서적은 아니라는 점을 강조하고 싶다. 오히려 테러의 경제학이라는 아이디어를 일반 대중에게 널리 알리는 것이 필요하다는 입장에서 이 책을 집필했다. 테러는 학자나 정치가뿐 아니라 거리의 무고한 행인을 겨냥하기도 한다. 따라서 테러의 원인과 방법론은 모든 사람에게 알려져야 한다.

이 책은 지난 50년 동안 테러가 자행된 과정을 살펴볼 것이다. 가령 미국에서는 무장 집단이 마치 범죄 집단처럼 정치 권력의 사냥과 박해를 받아왔다. 하지만 그 동일한 정치 권력이 미국 바깥에서는 오히려 테러를 조장하는 측면이 있어 왔다. 테러의 최종 목표는 서방과 그 우방 국가들뿐 아니라 무슬림 과두 세력과 동방—구체적으로 현재의 러시아—의 이익에 봉사하기 위한 것이다. 이러한 테러의 이중성은 테러 집단으로 하여금 반격을 가하고 그들(테러 집단)의 경제를 재건하기 위한 동기를 제공한다.

나는 이러한 현상을 '테러의 신경제New Economy of Terror'라고 규정했는데 이것은 무장 집단이 군사적 지원과 금융 조달을 서로 연계시키는 국제적 연결망을 가리키는 용어다. 오늘날 테러의 신경제는 급속히 성장하는 국제적 경제 체제다. 이 경제의 연간 매출은 1조 5천억 달러에 이르는데 이것은 영국 연간 GDP의 2배에 달하는 규모로서 서방의 패권에 강력히 도전하고 있다.

우리가 오늘날 목격하고 있는 것은 두 경제 체제의 전 지구적 충돌이다. 한쪽에는 힘이 센 서방 자본주의가 있고 다른 한쪽에는 반군 세력이 조직한 테러의 신경제가 있다. 우리가 앞으로 살펴보게 되겠지만 이러한 구도는 11세기에 서방 기독교권이 동방의 이슬람 주도권에 저항한 십자군 운동을 연상시킨다. 십자군 운동은 표면적으로는 종교적 이유를 내세웠지만 그 운동을 일으키고 지속시킨 실제 힘은 경제적 동기였다. 이런 운동을 통해 서방은 이슬람을 물리치고 세계 제패의 길로 나아갈 수 있었다.

지난 50년 동안 서방의 경제적, 정치적 우위는 무슬림 세계의 갓 피어난 경제 세력을 계속 억눌러 왔다. 이렇게 좌절된 이슬람의 신흥 세력들은 서방의 영향력과 무슬림 국가의 과두 체제를 제거하기 위해 이슬람 무장 단체와 동맹을 맺었다. 십자군 전쟁 때와 마찬가지로 무슬림이 내세우는 종교적 이유는 힘을 동원하기 위한 수단에 불과하다. 그 배후의 진짜 추진력은 경제인 것이다.

테러의 신경제는 엄청난 돈을 동원하면서 글로벌 불법 경제의 필수적인 한 부분이 되었다. 이 돈의 흐름은 전통 경제 체제(주로 미국) 속으로 흘러 들어가 세탁되고 재가동된다. 이것은 서방의 경제 윤리에 아주 파괴적인 영향을 미쳐왔다. 그러나 이 경제는 많은 고리를 서로 연결시키고 테러의 신경제와 합법적 경제 체제 사이에 새로운 연결 고리를 만들어내고 있다.

　9 · 11 테러는 온 세상에 끔찍한 충격을 준 음울한 경고였다. 그것은 아무 곳에서나 테러를 자행하려는 가공할 적을 상대로 대규모 전쟁을 촉발시켰다. 하지만 이 세상이 아직까지 깊이 깨닫지 못한 사실이 하나 있다. 그것은 이 가공할 적이 서방 정부들과 그 동맹국들—중동과 아시아의 과두 체제—이 채택한 패권주의적 정치의 결과물이라는 사실이다. 또한 테러 세력의 돈줄이 서방 경제 체제와 긴밀하게 연계를 맺고 있다는 사실도 명심해야 한다. 테러 세력은 '테러의 신경제'를 통해 그 존재 기반을 넓혀나가고 있기 때문이다.

로레타 나폴레오니

나는 이미 여러 해 전에 이 책을 쓰기 위한 조사를 시작했다. 당시 테러는 국제적인 화제도 아니었고 테러의 경제학에 대한 책을 출간하려는 사람은 아무도 없었다. 나는 9·11 테러 이전에, 이러한 책을 써보라고 지원하고 격려한 사람들에게 감사드리고 싶다. 먼저 내 친구이고 스승이며 박사 논문 지도 교수인 폴 길버트 선생님에게 감사를 표시한다. 선생님은 이 책의 아이디어에 대해 여러 날에 걸쳐 내게 논평해 주셨다. 대서양을 건너 수차례에 걸쳐 이메일을 보내주면서 내 연구 활동을 지도해 주신 노엄 촘스키 선생님에게도 감사드리고 싶다. 선생님은 온갖 귀중한 조언과 제안을 아끼지 않으셨다. LSE(런던경제대학) 출신의 박사 과정 동료인 안나 마레소는 내 첫 제안서를 읽고서 '모던 지하드'란 제목이 좋다고 말해주었다.

　내 저작권 에이전트인 로버타 올리바와 다니엘라 오글리아리에게도 감사드린다. 두 사람은 내 집필 능력을 조금도 의심하지 않고 내내 밀어주었으며 이 책의 저작권을 많은 유럽 출판사들에게 팔아주었다. 유엔에 근무하는 알렉산더 슈미드는 이 책의 최종 원고를 모두 읽고서 많은 유익한 지적을 해주었다. 내 책을 출판한 이탈리아 출판사 마르코 트로페아에게도 감사드린다. 출판사는 내 조사 활동을 지원했을 뿐 아니라 내가 이 책을 다시 영어로 쓰는 것에 동의해 주었다. 또 영어판 출판사인 플루토 프레스는 미국, 영국, 기타 영어권 나라에서 이 책의 판촉을 위해 많은 투자를 아끼지 않았다.

이 책의 내용을 산뜻하게 요약한 〈소개하는 글〉을 써주신 존 쿨리와 조지 매그너스에게 감사드린다. 조지 매그너스는 내 오랜 친구이며 동료일 뿐 아니라 〈소개하는 글〉에서 이 책에서 다룬 '경제학'의 문제를 탁월하게 해설해 주었다.

이제 연구 보조자들에게 인사를 드려야 할 것 같다. 패기 넘치는 대학원생 나탈리 니코라, 라티 트리파티, 샘 콜킨스 등은 언제나 전화와 이메일로 내게 도움을 주었다. 내 친구이며 편집자인 엘리자베스 리처즈는 1년 동안 내 손을 꼭 잡고서 도와주었는데 내 원고를 읽고 또 읽으면서 내 영어를 다듬어 주었다. 나는 그녀의 전문적인 도움과 안내가 없었더라면 각 장의 연결을 어떻게 해나갔을까 아득하다. 내 또 다른 편집자인 파키스탄 사람 메비시 후세인은 내 정보와 자료의 정확성에 대해 확인해 주었다. 또 마르타 세카토는 중요한 프랑스어 자료를 영어로 번역해 주었다. 그 외에 내가 여기 일일이 이름을 열거하지 못하는 수백 명의 사람들은 내가 나가야 할 올바른 방향을 지적해주었다. 이들이 없었다면 이 책은 존재하지 못했을 것이다.

또 이 책을 집필하는 데 전문적인 의견을 아끼지 않은 딘 베이커, 에밀리 번하드, 스코트 버칠, 제이슨 버크, 무스타파 군도그두, 키티 켈리, 대미언 킹스베리, 수잔 존스, 피터 맬린슨, 그레그 팔라스트, 툰카이 시가르, 케이트 스넬, 보브 윌킨슨, 리처드 트리글, 세실리나 사라테에게 감사드린다. 브루킹스 연구소의 레이먼드 베이커에게도 특별히 감사드린다. 그는 나를 위해 돈세탁의 검은 세계를 들춰 보여 주었다.

또 내 경제학자 친구들인 시오브한 브린, 프란세스카 마소네, 바트 스티븐스, 그랜드 우즈 등은 각종 자료와 문헌을 제공했을 뿐 아니라 이 책의 원고를 읽고 중요한 조언을 해주었다. 또 내 법률가 친구 데이비드 에레이라와 브루스 맥코이는 이 책의 내용과 관련해 아무도 나를 고소하지 못하도록 확인 또 확인해 주었다.

이 책의 원고를 읽고 조언해준 다음의 독자들에게도 감사드린다. 이카티 아마르, 아크람 아슬람, 진 아더, 션 보빗, 그레이그 글레이저, 마이클 에즈라, 앤터니 케니, 아베 쿠쿠, 헨리 포터, 케네스 번하드, 베네치아 모리슨, 유제니아와 보그단 패트리니치, 린 셀레

22

그렌, 벨라 샤피로, 마르크 비트리아, 내 귀중한 친구이며 예전 파트너인 레슬리 웨이크필드에게 특별히 감사드린다. 그는 원고를 두 번 읽어주었는데 한 번은 내용을 체크하기 위해 또 한 번은 틀린 글자를 잡아내기 위해 읽어주었다. 인터넷에서 이 책을 판촉해준 프레다 와인버그에게도 감사드린다.

지난 2년 동안 내가 이 책에 대해 애기할 때마다 경청해준 다음 친구들에게 감사드린다. 조반나 아마토, 마리오 바르비에리, 아만다 도이치, 사비나 데 루카, 하워드 포그트, 마르티나와 토니노 지우프레, 캐롤과 마틴 거슨, 로베르토 줄리아니, 안토니오 과달루피, 세실리아 과스타디세니, 닉 팔로스, 샐리 클라인, 멜리나 레빗, 베티나 맬린슨, 나미 마리누치, 실비아 마라차, 엘리사베타 포르피리, 마우로 스카르포네, 아주 특별한 친구이며 귀중한 정보와 연락처를 제공해준 데브 톰슨에게 감사드린다.

내 아이 알렉산더와 줄리언, 그리고 의붓 자식 앤드로와 리에게 고마움을 표시한다. 이들은 내가 작업하는 동안 집안의 여러 가지 불편함을 잘 참아주었다. 또 2년 동안 내 얼굴을 보지 못한 로마의 친정 식구들에게 감사하고 싶다. 그리고 언제나 내개 잘해주는 남편에게 특별히 고맙다고 말하고 싶다.

Modern Jihad
Tracing the Dollars Behind the Terror Networks

2001년 9월 11일 아침, 파올로 살보[1]는 잠에서 깨어나 눈을 떴다. 잠시 동안 그는 여기가 어딘가 하고 생각했다. 지난 20년 동안 그는 이탈리아의 엄중한 여러 감시 형무소를 돌아다니면서 간수들과 재소자들의 날카로운 목소리에 잠을 깨곤 했다. 그는 그 고통스러운 기억을 털어 내려는 듯 다시 눈을 감았다. 칼라브리아의 모래 많은 해변에 부딪치는 파도의 부드러운 소리가 배경으로 웅얼거렸다. 갑자기 그는 자신이 가석방으로 출옥했다는 사실을 깨닫고 침대에서 펄떡 일어났다. 그는 재빨리 옷을 걸치고서 아침을 먹기 위해 동네 카페인 '미라마레'까지 걸어갔다. 그는 해안도로인 '룽고마레' 위에 앉아서 아름다운 칼라브리아 만을 바라보았다.

　　파올로 살보는 그런 해변가에서 태어났다. 1990년대 초반 내가 그를 처음 인터뷰했을 때, 그는 공차기나 자전거 타기보다 헤엄치기와 물고기 잡는 법을 먼저 배웠다고 흐뭇한 마음으로 회상했다. 바다는 그의 놀이터였고 물고기 잡기는 그가 좋아하는 오락이었다. 그의 할아버지, 증조부, 고조부가 그러했던 것처럼 그의 아버지도 어부였다. 지난 여러 세대 동안 바다는 그의 집안사람들을 부양해 왔고 그래서 그도 어부가 될 팔자였다. 그러던 어느 날 그는 정치를 만났다. 자신의 과거사를 정확하게 이해하기 위해 여러 해 동안 애써 보았지만 그는 오늘 이 순간에도 어부의 운명에 등을 돌리고 정치적 폭력을 신봉하게 된 그 정확한 순간과 계기를 꼬집어낼 수가 없었다.

언젠가 그의 어머니는 그런 행각을 강요당했느냐며 살보에게 물었다. 그의 어머니는 '세뇌'라는 말을 썼다. 어떤 신문 기자는 파올로가 도저히 테러리스트 재목이 아닌 사람이라고 썼다.

"물론 나는 테러리스트의 전형적인 틀에는 맞지 않지요! 나는 전사요, 군인이었습니다. 내가 소속 그룹에 들어갔을 때 나는 군대 또는 무장 공동체의 일부가 되었습니다. 테러리즘은 별개의 것입니다. 미국 정부가 칠레, 중앙아메리카, 중동 등지에서 저지른 행위가 바로 테러입니다. 미국은 그들의 제국주의적 방식에 걸림돌이 되는 자는 누구든 조직적으로 살해했습니다."[2]

파올로는 마르크시스트 전사戰士의 교조적인 언사를 써가며 나에게 그 이유를 설명했다.

9월 11일, 파올로는 커피를 다 마시고 일어서서 수평선을 다시 한 번 내다보았다. 고통스러운 기억이 그의 마음속으로 흘러들어왔다. 그것은 정치적 폭력으로 얼룩진 지나간 생활의 기억이었다.

1980년대 초에 체포된 직후 그는 트라니 형무소로 이송됐다. 그곳은 풀리아의 황량하고 험준한 해안에 위치한 철통 형무소였다. 재소자들은 트라니를 가리켜 '바다 한가운데 떠 있는 감옥 요새'라고 불렀다. 그를 그곳까지 호송한 헬리콥터에서 그 형무소를 처음 내려다 본 파올로는 왜 그렇게 부르는지 알 만했다. 그 형무소는 바다로 내뻗은 높다란 갑岬의 맨 끝 부분에 위치하고 있었다. '바다에 그처럼 가까이 있으면서도 바다는 만져보지 못하다니 정말 아이러니하군' 하고 파올로는 생각했다. 트라니는 무장 강도들과 고위급 범죄자들로만 채워져 있었다. 마피아, 카모라, 사크라 코로나 우니타 등의 조직 범죄단에서 일하던 자들이었다. 우익 무장 집단 요원과 좌익 무장 집단 요원들은 일반 범죄자들로부터 완벽하게 격리되어 있지는 않았다. 그들은 감방은 달랐지만 동일한 형무소 시설을 사용했다. 트라니는 파올로가 경험한 형무소 중 가장 지옥에 가까운 곳이었다.

"그곳의 생활은 정말 견딜 수가 없었습니다."

몇 해 전 그는 나에게 털어놓았다.

그래서 1980년 12월에 재소자들이 이탈리아 행형 사상 가장 유혈적인 폭동을 일으켰을 때, 그들은 죽음도 그리 나쁜 선택은 아니라고 생각했다. 하지만 재소자 시절 가장 고통스러운 기억은 폭동 후 간수들에게 당한 무자비한 구타도, 격리 감방의 얼음장 같이 차가운 바닥에 누워 알몸으로 지새워야 했던 밤들도 아니었다. 정말 고통스러운 것은 발칸 반도에서 불어오는 늦여름의 미풍이었다. 늦여름이 되면 칼라브리아 절벽에서 피어오르는 것과 비슷한, 자유의 짭짤한 냄새가 감옥 요새 전체에 스며들어 재소자들을 괴롭혔다.

트라니 형무소에 불어오는 발칸 반도의 바람은 파올로에게 많은 기억을 불러일으켰는데 그중 몇몇은 행복한 기억이었지만 대부분은 고통스러운 것이었다. 이제 아무 상관도 없게 된 이상을 위해 박살이 나버린 인생의 이미지들이 떠올랐다. 낯선 사람들을 상대로 그 자신이 저지른 폭력들이 플래시백 되어 되살아났다. 그의 가족과 친구들에게 입힌 엄청난 고통들도 생각났다.

"과연 그렇게 할 만한 가치가 있었던 걸까요?"

나는 오래전 그에게 물었다. 그는 아무 대답도 하지 않고 나를 쳐다보기만 하더니 천천히 고개를 저었다.

9월 11일 오후 3시 46분, 미라마레의 주인이 갑자기 거리로 달려 나오더니 해변에서 바쁘게 그물을 고치고 있던 어부들에게 뭐라

고 소리 질렀다. 사람들은 일손을 놓고 그 주인에게 달려갔다. 해변
에 누워있던 파올로는 멀리서 그들이 카페 안으로 사라지는 것을
지켜보며 무슨 일일까 의아했다. 아까 카페 안에 들어갔던 사람들
중 한 명이 다시 밖으로 나와서 손짓을 하자 해변에 남아 있던 몇몇
사람들이 따라갔고 이번에는 파올로도 그들을 따라들어 갔다. 파올
로는 나에게 이렇게 말했다.

"미라마레의 어둠침침한 방 안으로 들어선 나는 선글라스를
벗고 주위를 둘러봤어요. 한 무리 사람들이 바bar 바로 위 선반에
놓여있는 낡은 텔레비전을 뚫어져라 쳐다보고 있더군요. 카페 주인
은 텔레비전 소리를 조정하기 위해 의자 위에 올라선 채 볼륨 손잡
이를 만지작거리고 있었어요. 갑자기 소리가 안 나왔기 때문이죠.
나는 화면에서 세계무역센터 쌍둥이 빌딩 중 하나에서 검은 연기와
화염이 솟구치는 것을 봤어요. 나는 갑자기 멍한 상태가 되면서 저
런 기괴한 프로그램을 무엇 때문에 방영할까 의아한 생각이 들었어
요. 새로운 할리우드 블록버스터 영화인가? 다큐멘터리인가? 전 세
계에 라이브로 중계되는 비극적 사건인가?

텔레비전에서 소리가 안 나오자 짜증을 느낀 사람들이 빨리
고치라고 주인에게 소리쳤습니다. 주인이 고개를 돌리면서 손님들

에게 지체되는 이유를 설명하려는 순간, 화면 오른쪽에서 비행기가 한 대 나타났고 사람들은 갑자기 침묵에 빠져들었습니다. 방 안에는 괴이한 정적이 흘렀지요. 보잉 비행기 앞부분이 건물의 유리 옆구리를 들이박자, 비로소 나는 지금 현대 역사상 가장 잔인한 테러 사건을 라이브로 목격하고 있구나 하는 감이 왔습니다."

그때 갑자기 텔레비전 소리가 회복되면서 시사논평가의 비명소리가 터져 나왔다. 카페 안에 있던 사람들은 일제히 탄식의 비명을 내질렀다. 사람들의 얼굴에는 불신, 절망, 공포, 무서움이 새겨져 있었다. 그때, 다른 사람들이 미라마레 안으로 밀고 들어와 텔레비전 앞까지 몰려 들었다. 여자와 아이들은 사랑하는 사람의 이름을 불러대기 시작했다. 비극이 수천 마일 떨어진 곳에서 발생한 것이 아니라 그들의 앞마당에서 벌어진 것처럼. 파올로가 말했다.

"나는 본능적으로 입구 구석 쪽으로 몸을 피했습니다. 내 바로 옆에 있는 여자가 흐느껴 울기 시작했어요. 그녀는 뉴욕 시 근처로 이민 간 친척을 걱정하고 있었어요. 하지만 그 친척이 뉴욕 어디서 일하고 있는지는 모른다고 하더군요. 한 노파는 양손을 깍지 끼고 성모의 이름을 계속 부르면서 이름을 부를 때마다 고개를 숙여서 절을 했어요. 방 건너편에서는 한 어린아이가 아버지 품에 안겨 빽

빽 울어대기 시작했어요. 그건 정말 아수라장이었어요!"³

텔레비전 속 시사논평가는 납치된 제3의 비행기에 탑승한 어떤 남자가 지상의 아내에게 핸드폰으로 작별 인사를 해왔다는 소식을 전했다. 그러자 카페 안 사람들은 고뇌하며 서로를 쳐다보았다. "아니, 또 다른 비행기가 있다는 거야?" 사람들은 그렇게 수군거렸다. 쌍둥이 건물을 피해서 맹렬하게 거리로 달아나는 사람들의 모습이 텔레비전 화면에 가득 비쳤다. 기자는 납치된 다른 비행기에 탑승한 승객들의 비극적 운명에 대해 탄식하기 시작했다. 갑자기 파올로는 자신이 목격한 어떤 처형 장면을 상기했다. 그는 폭파 현장에서 달아나는 뉴욕 시민들의 얼굴에 새겨진 불신과 공포의 표정이 어떤 것인지 너무나 잘 알았다. '왜 당신은 내 목숨을 앗아가는 겁니까?' 그는 전에 사람들의 눈에서 여러 번 그런 질문을 읽은 적이 있었다. 전에 이탈리아 우익 무장 그룹 요원이었던 어떤 남자는 이렇게 말했다.

"전쟁에 참가하는 남녀는 자신이 죽을지도 모른다는 위험을 기꺼이 감수합니다. 그들은 전쟁 중이기 때문에 자신이 폭탄, 총알, 지뢰 등에 의해 죽을 수도 있다는 걸 압니다. 반면에 무장 투쟁은 전쟁의 지위가 부여되지 않습니다. 그것은 아주 잔인하고 불법적인 테러입니다. 무고한 양민을 무자비하게 죽이는 짐승의 행동인 것입니다."[4]

미라마레 안에 있던 사람들은 납치범들이 비행기를 납치하고 그 비행기를 폭탄으로 사용했다는 것을 알았다. 그들은 '자살폭탄 테러범들'이었다. 파올로는 그런 테러범 또는 납치범을 일찍이 만나본 적이 없었다. 하지만 한때 아랍 무장 단체와 접촉한 적이 있었다. 그들은 대부분 PLO와 연결된 팔레스타인 사람들이었다. 사실 유럽의 모든 무장 단체들은 PLO와 무기 거래를 하고 있었다. 그들은 담배를 피우고, 술을 마시고, 섹스를 즐겼다. 파올로는 그들이 라마단 기간에 금식하는 것은 고사하고 기도하는 것조차 보지 못했다. 이슬람의 지하드聖戰에 대해 그가 알고 있는 것이라고는 언론 매체에서 보고 읽은 것뿐이었다. 그는 도저히 그들을 동료 전사라고 생각할 수가 없었다. 순교자로서 기꺼이 죽으려 하고 신성한 천국에서 환희와 쾌락의 저승 생활을 하게 될 것이라는 그들의 믿음은 파올로에게 어리석게 보였다. 파올로는 한때 나에게 물었다.

"왜 훌륭한 군인의 목숨을 그처럼 내던지려고 하는 거지요?"[5]

그가 가장 이해할 수 없었던 것은 무고한 민간인을 학살하는 것이었다. 그가 소속된 무장 단체는 민간인을 목표물로 한 적이 한 번도 없었다. 그의 단체는 민중을 착취하는 자들을 주요 표적으로 선정했고 목적 달성을 위해 기꺼이 목숨을 내놓았다. 나는 그에게 이탈리아 무장 단체는 부패한 정치가들보다는 카라비니에리(이탈리아 경찰관)와 의무 경찰관(주로 노동자 계급 출신 젊은이들)을 더 많이 죽였다고 지적하자 파올로는 그건 무장한 군인들의 목숨을 빼앗은 것이기 때문에 문제없다고 대답했다.

9월 11일 오후가 되기까지 파올로 살보가 아는 테러는 딱 한 가지 형태밖에 없었다. 그것은 미국이 배후에서 지원하는 합법적 살인이었다. 그러나 그는 이제 더 이상 확신할 수가 없었다. 이슬람 비행기 납치범들은 군인인가? 자유 전사인가? 성전에 참가한 전사인가? 아니면 그들은 새로운 부류의 테러리스트인가? 그는 훌륭한 군인이라면 죽음을 하나의 가능성으로 늘 고려한다고 배웠다. 하지만 폭탄을 안고서 자발적으로 자살하는 것은 별개 문제였다. 파올로는 나에게 말했다.

"전쟁에 참가하는 그 순간부터 죽음은 게임의 일부가 됩니다. 남의 목숨을 빼앗기 위해서는 자기가 죽을 각오부터 해야 하는 것이지요."

그러나 파올로는 늘 이러한 개념을 이해하기가 쉽지 않았다.

그러다가 트라니 형무소에서 폭동을 일으키면서 난생 처음으로 그
는 아무 공포 없이 간수들과 싸웠다. 그는 정말 죽을 준비가 되어
있었다. 파올로는 말했다.

"나는 인간성의 문턱을 돌파해 버린 것입니다. 내 앞의 많은
사람들이 그랬던 것처럼 말입니다. 나는 생명에 대해 눈을 감게 되
었고 생명으로부터 초연해지게 되었습니다. 죽거나 죽이는 것은 내
게 아무것도 아니었습니다. 나는 미국 영화 〈지옥의 묵시록〉에 나
오는 미국 병사처럼 영혼 없는 존재가 되었습니다. 환각제에 취한
상태로 베트남 어선의 어부들에게 기관단총을 마구 쏘아 죽여 버린
미군 병사 말입니다."

"어떻게 하다가 그렇게 됐지요?" 내가 그에게 물었다.

"나는 그 질문에 정확히 대답하지는 못할 것 같습니다. 하지만
내가 기꺼이 죽겠다고 마음먹게 된 것은 저승에 대한 희망이 있어
서라기보다 더 이상 살아야 할 이유가 없었기 때문이었습니다."

갑자기 쌍둥이 빌딩 중 하나가 무너져 내렸다. 파올로는 그것
을 가리켜 '어린아이의 가녀린 숨결에도 쓰러지는 카드로 만든 집'
이라고 말했다.

"수천 톤의 유리, 철제 빔, 시멘트, 그리고 사람들이 가루가 되

어버렸습니다. 수천 명의 사람들이 실종됐습니다."

"그것도 무고한 수천 명이지요."

내가 덧붙였다. 그가 고개를 끄덕였다.

"나는 커다란 혼란을 느꼈습니다. 내게 있어서 민간인이 목표물이 된 적은 단 한 번도 없었거든요. 테러는 언제나 수단이었지 목적 그 자체는 아니었습니다."[6]

나는 그에게 '아니 디 피옴보Anni di Piombo'(이탈리아에서 좌우익 무장 단체들이 정부를 상대로 엄청난 정치 폭력을 자행했었던 1969~1981년을 가리키는 말: 편집자) 동안에 평균적인 이탈리아 사람들은 그렇게 생각하지 않았다고 말해주었다. 당시 일반 여론은 무장 집단을 가리켜 민간인들을 상대로 죄악을 저지른 범죄자들이라고 비난했다.

"과거의 테러와 현재의 테러는 무엇이 다르다고 생각합니까?"

마침내 내가 그에게 물었다. 그는 곤혹스러운 표정으로 나를 쳐다보더니 이윽고 대답했다.

"나는 그날 가슴이 답답하고 숨이 막혀 미라마레에서 미친 듯이 뛰쳐나왔습니다. 신선한 공기가 필요했던 거지요. 나는 카페를 나오기 전 다시 한 번 고개를 돌려 텔레비전 화면을 쳐다보았습니다. 나머지 빌딩이 쓰러지고 있더군요. 맨해튼 저지대에 먼지 구름을 일으키면서 말입니다. 나는 갑자기 내가 목격한 그 광경에 압도되고 말았습니다. 나는 무릎을 꿇고 울기 시작했습니다. 사실을 털어놓고 말하자면 과거의 테러와 현재의 테러는 전혀 다른 것이 없습니다!"

쌍둥이 빌딩의 잔해 밑에는 파올로가 소중히 여기던 것도 함께 깔려 버렸다. 그렇게 묻혀버린 것은 무장 투쟁을 옹호하던 구세대의 꿈과 환상이었다. 그들은 억압적인 권력에 항거해 전쟁을 벌이는 가운데 불가피하게 죽이고, 부상을 입히고, 신체를 훼손한다고 생각했다. 하지만 이슬람 테러는 그것이 아니었다. 그것은 전혀 유형을 달리 하는 새로운 형태의 테러였다.

Modern Jihad

Tracing the Dollars Behind the Terror Networks

제1부

냉전 시대:
테러는 경제에 의존한다

1970년대에 전 CIA 요원이었던
에드윈 윌슨과 프랭크 터필은
테러를 통해 수익을 올렸다.
그들은 무기와 장비를 공급했는데
대부분 미국 국내 시장에서 공급 과잉인 물건을
아주 싼값에 사들인 것이었다.
그들의 마진은 아주 높았다.

1 테러리즘의 딜레마: 전쟁이냐 범죄냐?

**"우리는 테러리스트다.
그렇다, 우리는 테러리스트다.
그것이 우리의 신앙이기 때문이다."**

— —

아부 마하즈Abu Mahaz, 팔레스타인 극단주의자, CNN 인터뷰에서(1993)

1992년 8월 31일, 람지 유세프Ramzi Yousef는 뉴욕 시로 가기 위해 페샤와르(파키스탄의 한 도시: 편집자)를 떠나 카라치(파키스탄의 한 도시: 편집자)로 갔다. 그와 동행한 사람은 아메드 모하마드 아자즈로, 전에 텍사스 주 휴스턴에서 도미노피자 가게 배달원으로 일했었다. 이 두 사람은 오사마 빈라덴Osama bin Laden이 아프가니스탄에서 운영하는 여러 훈련 캠프들 중 한 곳에서 만났거나 파키스탄에 있는 악명 높은 다와지하드 대학(전쟁 훈련 학교)에서 만났을 것이다. 둘 다 정식 비자를 갖고 있지 않았기 때문에 유세프는 파키스탄 관리에게 미화 2,700달러의 뇌물을 주고서 뉴욕 행 PK−703기 탑승권을 얻어냈다.[1]

20시간 뒤 양복을 차려 입은 유세프는 비행기 일등석에서 내려 마사 모랄레스가 당직으로 근무하고 있는 이민국 데스크로 다가 갔다. 그는 공손하고 침착한 태도로 정치적 망명을 신청했다. 그는 이라크 군사 당국으로부터 박해를 받고 있으며 망명 신청이 거부되면 처형될 것이 확실하다고 말했다. 그의 탑승권에 적힌 이름과 여권에 있는 이름이 달랐고 이민국 직원 모랄레스가 통상적인 질문 절차에 의거해 이름을 물었을 때 또 다른 이름으로 대답했음에도 불구하고, 람지 유세프는 미국 입국이 허용되어 망명 신청 결과를 기다리게 되었다.

유세프의 폭탄 제조 매뉴얼을 들고 온 아자즈에게는 아주 다른 운명이 기다리고 있었다. 그는 가짜 스웨덴 여권을 내놓았다. 이민국 관리가 그 여권에서 엉성하게 붙어 있던 사진을 떼어내자 아자즈는 갑자기 화를 버럭 내면서 자기의 할머니가 스웨덴 사람이라고 소리쳤다. 마침내 그는 이민국 사무실로 연행되어 심문을 받게 되었고 수화물을 검사당했다. 이민국 관리들은 그의 소지품을 검사하고 깜짝 놀랐다. 폭탄과 뇌관 제조에 관한 매뉴얼과 비디오, 미국 대사관 자살 폭파에 관한 비디오 등이 나왔던 것이다. 그는 즉시 구금됐다.

이민국 관리가 아자즈를 심문하고 있는 동안 유세프는 택시를 타고 알 키파 난민 센터로 갔다. 그 센터는 브루클린의 아틀랜틱 애비뉴에 있었는데 이슬람 테러의 뉴욕 시 본부였다. 거기서 유세프는 33살의 이집트 사람, 마흐무드 아부할리마의 영접을 받았다. 두 사람은 1988년 아프가니스탄에서 만난 적이 있었다. 그 당시 아부할리마는 이슬람 종교 지도자 셰이크 오마르 압둘 라만Sheikh

Omar Abdul Rahman, 일명 '눈먼 셰이크'의 운전기사로 일하고 있었다. 아부할리마는 유세프를 라만에게 소개하면서 "아프가니스탄에서 온 친구이며 시키면 뭐든지 할 사람"이라고 말했다.[2]

아부할리마의 그 말은 아주 정확한 것이었다. 그 후 6개월이 지나기 전에 유세프는 제1차 세계무역센터 폭파 작전을 구상, 지휘, 수행했다. 이 테러 사건은 오클라호마 연방정부 폭파 사건과 2001년 9월 11일의 테러 사건 이전에 미국 땅에서 일어난 테러로는 가장 규모가 큰 것이었다. 유세프를 파키스탄에서 미국으로 데려온 FBI 요원에게 유세프 자신이 털어놓았듯이 그의 계획은 세계무역센터 쌍둥이 빌딩 중 하나를 쓰러트려 다른 건물도 함께 쓰러지게 하는 것이었다. 폭탄은 쌍둥이 빌딩을 단단하게 고정시키는 지지 기둥을 폭파하기로 되어 있었다. 그러나 그가 고백한 바에 따르면 예산이 부족했기 때문에 폭발물과 함께 사용하려 했던 화학 물질을 포기하게 되었다는 것이다.[3] 다행스럽게도 유세프의 계획은 완벽하게 실행되지 못했다. 폭탄을 실은 트럭은 최대한의 피해를 입힐 수 있는 '이상적' 장소로부터 몇 미터 떨어진 곳에 주차되어 있었고 폭탄 일부는 터지지 않았다. 그럼에도 불구하고 그 테러 사건으로 인해 6명이 사망하고 수백 명이 정신적, 육체적 피해를 입었다.

그 후에 실시된 사건 조사는 아주 끔찍스러운 거사 계획을 밝혀냈다. 유세프와 그의 동료들은 미국 중심부에 지하드를 수입하려는 셰이크 오마르가 지휘하는 음모단의 일부였다. 국방부를 비롯해 미국의 주요 기관들을 공격하려는 끔찍한 계획의 실체가 드러났다. FBI, CIA, 미국 행정부 등의 바로 코앞에서 아주 위험한 현상이 뿌리를 내리고 있었고 무려 10년 동안 미국 뒷마당에서 무럭무럭 자라왔던 것이다. 반소反蘇 지하드의 베테랑들은 그들의 옛 동지인 미국에 증오의 시선을 돌렸다. 이런 놀라운 사실이 발견됐는데도 미국에서는 국가 안보에 대한 우려가 표명되지 않았고 이슬람 무장 단체의 위협에 대한 적절한 대응책도 마련되지 않았다. 왜 그랬을까? 그 이유는 미국 정부가 정치적 테러를 민간 범죄로 치부해서 국가 안보에 대한 위협으로 보지 않았기 때문이다. 또한 미국과 사우디아라비아 사이에 존재하는 '특별한' 관계도 그런 미온적 태도에 한몫했다.

1990년대 초에 이르러서 FBI와 CIA는 이슬람 과격 단체의 위협에 대해 잘 알고 있었다. 세계무역센터에 대한 1차 테러 공격이 있고 난 직후 FBI 국가안보국의 국제테러과 과장인 데일 왓슨은 현재 하마스, 헤즈볼라, 알 가마 알 이슬라미야 등의 소속원들 다수가 미국에 진출해 있을 뿐 아니라 상당 기간 활동해 왔다는 보고서를 올렸다. 이란의 이슬람 그룹인 안조만 이슬라미에 소속된 이란 학생들이 여러 명 미국 대학에 등록되어 있는 상태다. 이들의 임무는 미국의 중동 정책을 감시하고 장래에 있을 테러 공격에 협조하는 것이다. 왓슨은 특별한 곳에 심겨진 여러 세포들의 존재를 확인했고 이라크, 이란, 수단 등의 나라가 이들 세포를 재정적으로 지원한다는 것도 알아냈다. 이들은 또한 프로파간다, 인원 모집, 자금 모금 등을 위해 무수한 인터넷 사이트를 활용하고 있었다. 이슬람 무장 단체들은 뉴욕을 최적의 목표물로 생각하고 있다. 왜냐하면 이 도시에는 무수하게 많은 국가적 또는 국제적 기관들이 들어서

있기 때문이다.[4]

1990년대 초에 FBI는 호전적인 이슬람 단체들을 감시하고 있었고 그들의 모두스 오페란디(운영 방식)와 전략을 훤히 꿰뚫어 보고 있었다. 1992년 말쯤 전 이집트 육군 중령이며 FBI 정보원인 에마드 살렘은 FBI에 이런 경고를 했다.

"눈먼 셰이크와 아주 가까운 호전적 분자들이 폭약을 수집하고 있으며 뉴욕 시를 공격할 계획이다."

그러나 FBI는 살렘이 이슬람 극단주의자들의 위협을 과장하고 있다고 판단해 그 경고를 무시했고 월 500달러의 보수도 지급을 중지했다.[5] 만약 FBI가 살렘의 말을 경청했다면 람지 유세프는 그의 계획을 수행하지 못했을 것이다.

그렇다면 FBI는 왜 그 경고를 무시했을까 하는 의문이 생기게 된다. 그 대답은 매우 간단하다. 냉전 종식 이후 미국 행정부는 사우디아라비아 사람들을 조사하는 것을 엄격하게 제한해 왔기 때문이다. BBC 2의 〈뉴스나이트〉에서 그레그 팔라스트는 한 FBI 요원을 인터뷰했는데 그 요원은 이렇게 말했다.

"사우디아라비아 왕실이 테러 조직 또는 테러와 관련 있는 조직들에게 자금을 지원했다는 증거는 아주 많이 있습니다. 그런데 정작 문제는 그들에 대한 조사가 완전 금지됐다는 것입니다. 이것은 조지 H. W. 부시(미국 41대 대통령)에게로 거슬러 올라가는 문제입니다. 그가 CIA 국장이었을 때 그는 사우디아라비아 사람들의 조사를 철저히 제한했습니다. 이런 잘못된 상황은 레이건, 조지 H. W. 부시, 클린턴 시대에 이르기까지 그대로였습니다. CIA나 다른 국제 기관들도 행정부의 그런 태도에 동조했습니다. 이렇게 문제를 지적하는 기관이 FBI 하나가 아니라는 점을 말하고 싶습니다. 여타 기관들도 9월 11일 테러 사태 이전에는 사우디아라비아 정부가 알 카에다 네트워크나 기타 테러리스트 조직들에게 자금을 지원하는 것을 조사하지 말라는 엄명을 받아놓고 있었다는 겁니다."[6]

1차 세계무역센터 테러 공격이 있고 난 직후 여러 가지 정황 증거들은 오사마 빈라덴을 배후로 지목하고 있었다. 당시 빈라덴은 수단에서 망명 생활을 하고 있었는데 유죄로 입증된 테러 음모꾼들 중 여러 명이 빈라덴과 강한 연계를 맺고 있었다. 사우디아라비아 테러 재벌은 복무국Office of Services에 자금을 지원하고 있었는데 파키스탄에 본부를 둔 이 조직은 전 세계적으로 지하드를 조직하고 추진하는 일을 했다. 1993년부터 1995년(유세프의 체포 시점)까지 람지 유세프는 간헐적으로 페샤와르를 방문했고 그때마다 바이트 아슈하다(순교자의 집)에서 묵었는데 이 시설은 빈라덴이 자금을 지원하는 영빈관 중 하나였다.[7] 그러나 빈라덴과 알 카에다까지 거슬러 올라가는 추적의 끈은 완벽하게 이어진 적이 없었고 유세프 등이 적절하게 활용한 이민 제도의 빈 구멍도 결코 메워지지 않았다. 사실 9·11 납치범들은 바로 이 빈 구멍을 이용해 미국에 입국했던 것이다.

범죄로서의 테러리즘

클린턴 행정부 시절 국무부에서 반反테러리즘 협력관으로 일했던 마이클 쉬핸은 이렇게 말했다.

"지금 와서 회고해 보니 1993년 무역센터 폭발 사고가 경고 나팔이었던 것 같습니다."[8]

그러나 미국 행정부는 그런 경고 나팔을 계속 무시했다. 미국 대통령은 전임자의 입장을 충실히 따랐고, 정치적 폭력은 기소해 처벌하면 그만인 민간 범죄일 뿐이라고 여기며 이를 국가 안보를 위협하는 세력 또는 엄중한 적으로 다뤄야 할 사안으로 보지 않았다. 이런 전략에 입각해 치안단속 기관들도 무장 단체 조직원들을 평범한 범죄자로 취급해 법의 수단으로 제재하면 된다고 보았다. 정치적 폭력은 클린턴 행정부에 들어와서도 역시 중요한 문제가 아니었다. 그래서 클린턴은 세계무역센터를 방문하지도 않았고 카메라 앞에서 희생자의 가족들과 악수하지도 않았다. 당시 일반 여론을 무마하기 위해 미국 의회는 이민 제도를 강화하는 법안을 통과시켰으나 그 안건은 실제로는 강력하게 집행되지 않았다. 놀랍게도, 아무도 구멍 뚫린 국경의 위험을 걱정하지 않았다.

만약 유세프가 1차 테러에서 수천 명의 사람을 죽였더라면 백악관의 반응은 달랐을 것이다. 1차 세계무역센터 사건 정도를 가지고는 "백악관 직원들이 참모 회의에 참석해 '오늘은 테러에 대해 어떤 조치를 취할 건가요?' 하고 물어볼 정도가 되지 못했다" 라고 클린턴 1기 행정부의 정책 겸 전략 보좌관이었던 조지 스테파노폴

로스가 「뉴욕타임스」에 말했다.[9]

1995년 폭약을 가득 실은 트럭이 오클라호마 시티의 알프레드 P. 머라 연방 빌딩에 돌진해 168명을 사망시키자 미국 정부의 반응은 확연히 달라졌다. 클린턴은 추도식 행사에 참여하기 위해 현장으로 날아왔을 뿐 아니라 테러에 대한 전쟁을 강화하겠다고 대내외에 선포했다. 그러나 그 목적을 달성하기 위한 구체적 전략은 수립되지 않았다. 그렇다면 정치가들이나 대對테러 전문가들이 위험의 규모를 잘 몰랐다는 이야기일까? 아마 그랬을지도 모른다.

"9·11 테러 이전에는 테러 문제를 전담하는 많은 사람들이 그것을 귀찮은 사건 정도로밖에는 생각하지 않았다."[10]

왜 그랬을까? 그 대답은 정치적 폭력이 국가 안보에 대한 위협이라기보다 개인과 재산에 대한 범죄 정도에 불과하다고 보았기 때문이다. 또 이슬람 세력의 테러 자금을 누가 지원하는지 조사하는 것을 금지하는 정책에도 문제가 있었다. 따라서 FBI와 여타 치안 단속 기관들은 운신의 폭이 좁을 수밖에 없었다. 1990년대 후반에 미국으로 망명한 한 사우디아라비아 외교관은 14만 건의 문서를 미국에 가져왔다. 전직 FBI 관리는 이렇게 말했다.

"그 외교관은 그 방대한 문서를 FBI에 넘겨주려 했으나 거기서 받으려 하지 않았다. FBI 하급 직원들은 그 자료가 엄청난 단서가 되기 때문에 그것을 받아들여 활용하려 했다. 하지만 고위층 인사들은 그것을 허락하지 않았고 그 문서를 만지지도 않으려 했다. 그건 정말 이상한 일이었다. FBI는 그것을 쳐다보지도 알려고 하지도 않았다. 왜 그랬을까? 그 14만 건의 문서를 검토하는 일은 틀림

없이 사우디아라비아 정부를 화나게 할 것이기 때문이었다. 우리 기관은 그들을 화나게 하지 않는 것이 최우선 사항이었다. 상부 지시로 인해 말이다."[11]

전문가들은 이런 결정적 내부 정보를 이용할 수 없었기 때문에 행동에 제약이 걸렸다. 1996년 봄 CIA는 1992년 소말리아에서 미군 병사들을 죽이려는 음모에 가담했던 아메드 알 파들을 심문했다. 이때 알 파들은 빈라덴의 광범위한 네트워크인 알 카에다에 대해서 자세히 털어놓았다. 빈라덴이 미국을 공격하려는 은밀한 계획을 갖고 있고 우라늄을 사들일 구상을 한다는 사실도 밝혔다. 알 파들의 충격적인 정보는 미국 정부 내의 대테러 기관들에게 전달됐으나 정작 국무부는 알 카에다를 해외 테러리스트 조직 명부에 올리지도 않았다.[12]

1997년 또 다른 경고 나팔이 울려 퍼졌다. 알 카에다의 한 요원이 나이로비 미국 대사관을 찾아와 아프리카의 여러 미국 대사관을 폭파하려는 계획을 밀고했다. CIA는 그 밀고를 신빙성이 없다며 무시했다. 그러나 1998년 8월 7일, 케냐와 탄자니아의 미국 대사관이 동시에 폭파됐다. 그 후 미국을 목표로 한 일련의 폭파 사건이 스리랑카, 우간다, 이스라엘, 남아프리카 등 세계 전역에서 발생했다. 이런 테러 공격에 대해 백악관은 대대적인 조사 활동을 벌이는 대신 빈라덴을 사살하는 은밀한 작전을 진행시켰다. 그러나 성공하지 못했다.[13]

대통령으로 재선된 클린턴이 정치적 폭력을 대하는 전반적인 태도는 전에 비해 달라진 것이 거의 없었다. 세계무역센터에 대한

1차 테러 공격이 벌어진 후, 미국의 대테러 기관들은 미국 국내에서 활동하려는 국제적 무장 단체를 색출하기보다는 미국 바깥에서 활동하는 단발성單發性의 범죄 집단을 색출하는 일에 더 열을 올렸다. 이런 판단 착오로 인해 오사마 빈라덴과 그의 네트워크는 무려 8년 동안이나 전 세계적으로 조직 세포를 확장하는 일에 박차를 가할 수 있었다.

테러와 이라크 문제 전문가인 미국의 로리 밀로이 박사에 따르면 미국 정부의 고민은 이런 것이었다. 미국은 테러에 대해서 국가적 차원에서 지원하는 국가 안보 문제와 개개 테러리스트의 유무죄를 결정하는 사법적 문제를 동시에 처리할 능력이 없었다.[14] 1차 세계무역센터 폭파 사건 직후 범인들이 체포되면서 '피고들의 재판'이라는 관료적 절차가 그 무엇보다도 중요한 문제가 되었다. 법무부가 재판의 전 과정을 관장했는데 법무부의 목적은 범죄자들을 기소해 형량을 선고하는 것이었을 뿐 '테러리스트'를 색출하는 것이 아니었다. 더욱 중요한 사실로, 법무부(FBI 포함)와 국가 안보기관들(국가안전보장국, CIA, 국방부 등) 사이에 갈등이 있었다.[15] 이 때문에 서로 믿지 못해 사건 조사는 밀실에서 수행됐다. '증거를 훼손시킨다'는 우려 때문에 정보에 대한 접근은 체계적으로 차단됐고 심지어 CIA도 정보를 얻을 수 없었다. 「뉴욕타임스」에 보도된 바와 같이 전 CIA 국장 제임스 울시는 한 인터뷰에서 이런 사실을 털어놓았다.

"해외 쪽을 가리키는 주요한 단서는 대배심원의 비밀 보장이라는 원칙 때문에 CIA에게도 알려주지 않았다.[16] 미국의 한 형사 소송 변호사는 이렇게 설명했다. '미국 사법부는 그 고유 절차에 따라 엄격하게 운영된다. 그 최종적인 목표는 저질러진 범죄 유형과는 상관없이 피고가 의심할 나위 없이 유죄인가 또는 무죄인가를 증명하는 것이다. 사법부는 전 세계의 '테러리스트 세포'를 추적하는 일이 본연의 임무가 아니다.' "

1993년 세계무역센터 테러 사건의 경우, 그 사건에 전쟁 모델을 적용하지 않고 유무죄 결정이라는 범죄성 여부만 엄격하게 적용함으로써 오히려 국가 안보를 해치는 결과가 되고 말았다. 람지 유세프의 재판은 그가 세계무역센터 폭파 사건에 가담했다는 것만 밝혀냈을 뿐 누가 유세프를 이념적으로, 재정적으로 지원했는지는 밝혀내지 못했다. 만약 이런 배후 세력을 철저히 캐냈더라면 또 자유롭게 사우디아라비아 사람들을 조사할 수 있었더라면 9·11 테러 사태는 예방할 수 있었을 것이고 현재의 국제적 테러 위협은 발생하지 않았을 것이다.

FBI와 CIA는 유세프의 돈이 독일, 이란, 사우디아라비아, 쿠웨이트 등에서 흘러나왔다는 것을 밝혀냈지만 유세프의 자백이나 결정적 단서가 없는 상태에서는 그 자금 출처를 명확하게 밝혀낼 수가 없었다.[17] 람지 유세프는 테러 작전의 총비용이 1만 5천 달러를 넘지 않으며 그 돈은 친지와 친척들로부터 나왔다고 일관되게 주장했다. 법원은 람지의 유무죄를 결정하는 데 있어서 자금 출처는 그리 중요한 문제가 아니라고 생각했다. 따라서 그것을 반드시 밝혀야 한다고 수사관을 강압하지 않았다. 그래서 유세프는 대규모 보진카 음모 등 아시아에서 벌인 치명적인 테러 행각의 자금을 어디서 조달했는지 고백하지 않았다.[18]

오늘날 9·11 테러 사태가 보진카Bojinka 음모(여러 대의 점보 제트 비행기를 납치해 수천 명의 사람들을 죽이려 했던 계획)의 재판이라는 점은 널리 알려진 사실이다. 보진카 음모는 람지 유세프와 그의 동료들이 마닐라에서 임대한 비밀 아지트에 갑자기 불이 나는 바람에 1995년에 폐기됐다. 유세프는 화재 현장에서 급히 피하는 바람에 결정적 정보가 들어 있는 노트북 컴퓨터를 가지고 나오는 것을 잊어버렸다. 유세프의 부하인 압둘 하킴 무라드는 노트북을 회수하기 위해 현장에 돌아갔다가 마닐라 경찰에 체포됐다.

무라드는 자신이 자살 폭탄 테러 임무를 수행하기 위해 유세프에 의해 선발된 노련한 조종사임을 시인했다. 무라드의 자백에 따르면, 유세프는 미국에서 여러 대의 민간 항공기를 납치해 CIA 본부와 국방부에 자살 테러를 하려는 계획을 갖고 있다는 것이었다.[19] 유세프의 노트북 컴퓨터 안의 정보를 해독해본 결과 람지 유세프와 알 카에다 사이에 연결 고리가 있음이 밝혀졌다. 그 중간 사람은 리두안 이사무딘Riduan Isamuddin이었는데, 일명 함발리라는 인물이었다. 필리핀 경찰 당국은 함발리가 알 카에다 동남아시아 지역 책임자며 2002년 발리 폭파 사건을 배후에서 조종한 인물로 파악했다.

1995년 함발리는 콘소자야 사의 사장이었는데 이 말레이시아 회사는 말레이시아에서 활동하는 이슬람 테러 조직들에게 뒷돈을 댔다. 함발리는 9·11 테러 사태의 기획 단계에도 참여했을 것으로 보인다. 2000년 2월 함발리는 미국 국방부 건물에 추락한 비행기를 납치한 자들인 칼리드 알 미드하르와 마와프 알하지미를 만났다.

말레이시아 관리들은 세 사람의 만남이 말레이시아에서 이루어졌다고 확인했다.[20] 그로부터 8개월 뒤 함발리는 9·11 테러 음모에 참가한 모로코 사람 자카리아스 무사우이를 만났다.[21]

이러한 정보는 미국 기관들 사이에 공유됐지만 일단 유세프를 안전하게 철창 뒤에 가두어 놓게 되자 아직 잡히지 않은 그의 공모자들을 추적하는 대규모 조사 작업은 전개하지 않았다. 전 필리핀 경찰 수사관이었던 아이다 파리스칼은 이렇게 말했다.

"만약 미국이 유세프의 노트북 컴퓨터에 들어 있는 정보에 좀 더 신경 썼더라면 9·11 테러 사태는 예방될 수 있었을 것입니다.[22] 사실을 털어놓고 말하자면 9·11 테러 사태는 정보 부족 때문에 벌어진 것이 아니었습니다. 그보다 훨씬 심각한 문제점이 있었습니다. 진주만 사태 이래 정보 공동체에서 최대 규모의 실책을 저질렀다는 데에는 이견이 있을 수 없습니다. 하지만 우리는 그것보다 더 중요한 사실을 이제 깨닫고 있습니다. 그것은 정보 기관의 실패라기보다는 행정부의 잘못된 지시 때문에 벌어진 일이었습니다."[23]

정보 공동체에 널리 퍼진 인식은 이런 것이었다. 백악관은 사우디아라비아 사람들을 보호하는 일방적인 정책으로 나갔다. 그래서 정보 공동체가 이슬람 극단주의자들을 깊숙이 조사하는 것을 허가하지 않았다. 미국만 안전하다면 그런 '사소한' 범죄자들을 그대로 놔둬도 상관없다는 태도였던 것이다.

테러와의 전쟁

이러한 방임 정책은 2001년 9월 11일이 되면서 갑자기 끝나버렸다. 그와 동시에 테러리즘의 위상은 범죄 행위가 아니라 전쟁 행위로 한 단계 승격했다. 조지 부시 대통령(미국 43대 대통령. 이후 '조시 부시'로 표기)은 9·11 사태를 '국가적 참사'로 규정했다. 그날 저녁 전 국민을 상대로 방송된 텔레비전 연설에서 그는 그 공격을 '미국에 대한 전쟁 행위'로 규정했다. 그 직후 대통령과 행정부는 마치 미국이 군사적으로 공격당한 것처럼 행동했다. 마치 할리우드 영화에 나오는 상황처럼 모든 공항이 폐쇄됐고 비행기들은 지상 대기에 들어갔고 국경은 봉쇄됐고 학교, 회사, 가게 등은 일시적으로 문을 닫았다. 미국 국민들에게는 백악관이 피해 규모를 자세히 파악하는 동안 일단 집에서 대기하라는 지시가 떨어졌다. 9월 12일, 대통령은 국가 안보팀과 회의를 하면서 "미국 국민들은 우리가 이전과는 다른 적을 마주 대하고 있음을 알 필요가 있다"고 말했다.

며칠 뒤 조지 부시는 대통령령에 의해 〈국내보안자문제도〉라는 공식 기관을 발족시켰다. 그 기관의 목적은 '미국 정부와 국민에 대한 테러 공격의 위험에 관한 정보를 적절히 전파하는, 포괄적이면서도 효과적인 통신 구조를 건설하려는 것'이었다. 이제 '테러리즘'을 상대로 그것을 엄중 감시하는 제도적 기관이 발족한 것이었다. 한 달이 채 지나지 않은 10월 7일, 미국은 탈레반 정권에 대해 전쟁을 선포했다. 선전 포고의 이유는 그 정권이 오사마 빈라덴과 알 카에다 국제 테러 네트워크를 지원한다는 것이었다.

이처럼 테러에 대한 클린턴과 부시의 반응은 아주 다른 것이었지만 세계무역센터에 대한 1, 2차 테러 공격은 아주 유사한 점이 많다. 두 공격은 가능한 한 많은 사람을 죽인다는 목표를 갖고 있었고 현대 미국과 서구 자본주의의 대표적 상징물을 노렸으며 미국 중심부에 지하드를 가져오겠다는 음모를 갖고 있었다. 마지막으로 유세프의 보진카 계획은 2차 세계무역센터 테러 공격에서도 청사진 역할을 했다. 1, 2차 테러 공격에서 유일하게 차이점이 있다면 1차 공격은 쌍둥이 건물을 쓰러트리지 못했으나 2차 공격은 성공했다는 점이다.

1, 2차 공격을 수행한 테러리스트 그룹은 그 계획에 자금을 지원할 수 있는 적절한 수단이 없었다. 1, 2차 공격의 돈줄은 결국 중동 여러 나라들이었다. 테러에 가담한 자들은 전前아랍 계 아프간 사람으로서 반소 지하드에 가담했던 무슬림 전사들, 즉 무자헤딘이었는데 이들은 오사마 빈라덴의 네트워크와 긴밀한 관계를 유지했다. 또한 유세프와 9·11 납치범들은 미국 이민 제도의 허점을 잘 알고 있었고 그것을 이용해 미국에 입국했다.

2001년 9월 11일, 전 세계는 이제 똑똑히 알게 되었다. 엄청난 피해 규모, 수많은 피해자, 전쟁을 방불케 하는 공격 행위 등으로 인해 미국 정부는 이제 더 이상 테러범들을 일반 범죄자로 취급할 수 없게 되었다는 것을…. 분명 미국의 국가 안보가 위협받는 상황이었고 이제 갑자기 무자비한 대테러 전쟁이 하나의 대응 방안으로 떠올랐다. 미국은 새로운 유형의 적과 싸워야 하는 상황이 되었다. 그 적은 무장 집단, 의사擬似국가state-shell, 광범위한 국제 테러 네트워크

등을 합쳐놓은 괴물이었다. 백악관은 그것이 아주 독특한 현상이라고 강조했다.

서구 시민들은 느닷없이 냉엄한 현실에 직면하게 되었다. 그것은 '정치적 폭력political violence'에 대한 예전의 서구적 개념을 완전히 뒤엎었을 뿐 아니라 그러한 적이 도대체 어떻게 생겨나게 됐는가 하는 아주 까다로운 질문을 불러 일으켰다. 언론에서 이러한 질문에 대답하기 위해 열심히 단서를 추적하는 동안 그 새로운 적이 이미 잘 알려진 적수임이 분명해졌다. 그 적은 지난 수십 년 동안 미국 외교 정책의 품안에서 그 힘을 길러왔던 것이다. 이 적의 탄생과 성장은 '테러 신경제'의 핵심사항이기도 하다.

2 테러의 거시경제학

"그렇습니다. 나는 테러리스트입니다. 나는 그걸 자랑스럽게 생각합니다.
미국과 이스라엘이 대상이라면 그 어떤 테러도 지지합니다.
이 두 나라는 테러리스트보다 더 나쁜 존재이기 때문입니다."

－－

람지 유세프Ramzi Yousef, 1993년 1차 세계무역센터, 폭파 사건 재판 중에 한 발언

제2차 세계대전이 끝난 직후 영국과 미국은 소련이 동유럽으로 팽창하는 것을 저지하기에 바빴고 프랑스는 인도차이나에서 사악한 전쟁에 참가하고 있었다. 프랑스 정부는 공산당이 프랑스의 예전 식민지였던 베트남, 라오스, 캄보디아를 차지하는 것을 막기 위해 동남아시아에 정규군을 파견했다. 그에 대응해 공산주의자들은 게릴라전으로 응수하고 나왔다. 그러나 프랑스 정규군은 인도차이나의 밀림에서 게릴라 전사들을 추적하는 것이 거의 불가능한 일임을 깨달았다. 소규모 특공대로 조직되어 북부 베트남의 정글과 산간지대에 퍼져 있는 게릴라들은 잘 짜여진 계획에 의해 베트남 민가와 프랑스 위수지衛戍地를 재빠르게 공격하고 다시 퇴각했다. 그들은 또한 프랑스에 우호적인 마을과 프랑스 행정부 사이에 쐐기를

박기 위해 게릴라에 반대 입장인 부족의 우두머리와 원로들을 공개 처형했다. 게릴라전이 점점 효과를 발휘하고 있다는 사실은 곧 명백해졌다. 인도차이나에서 공산당의 위력과 호소력은 점점 커져갔고 프랑스 정부는 결국 전통적 전술은 게릴라전에 대해 효과적인 대응 방식이 되지 못한다는 것을 인정했다.

1949년에 이르러 프랑스는 새로운 전략을 개발했다. 프랑스는 산간 지방 부족민과 종교적 소수 세력 등을 첩보 요원, 태업 주동자, 무선 운영자 등으로 훈련시켰다. 통킹 만과 빈크쉬엔 등에서 해적질을 하다가 잡혀온 눙 해적들 같은 범죄자, 깡패, 사이공 근처의 하상河上 해적들을 대對게릴라 전사로 모집했다.[1] 이렇게 훈련을 거친 인원들은 약 3천 명 단위의 마퀴스maquis 부대로 편성됐고 공산당이 장악한 지역으로 침투했다. 마퀴스 부대는 공산당 특공대와 똑같은 전략을 사용하면서 싸우는 부대였다.

이런 대게릴라 전쟁을 벌이는 동안 프랑스 정부의 주요 문제점은 자금 확보였다. 인도차이나에서의 전쟁은 프랑스 국내에서 인기가 없었고 그래서 국내에서 자금을 만들기가 아주 어려웠다. 특히 SDECE(마퀴스 부대를 책임지는 프랑스 기관)[2]은 그 운영비를 마련하기 위해 심하게 쪼들리며 허덕이는 실정이었다.

자금 부족을 겪기는 마찬가지인 공산당이 현지에서 자금 조달 기회를 먼저 발견했다. 1952년 베트남 공산당은 라오스에서 수확된 아편을 몰수해 그것을 태국 공개 시장에 내다 팔았고 거기서 생긴 이익금으로 중국으로부터 무기를 사들였다. 프랑스는 다시 한 번 적들의 수법을 모방해 '작전 X'를 조직했다. SDECE는 다음 해 라오스의 아편을 모두 사들이기로 현지 부락과 은밀하게 계약을 맺었다. 라오스 부족들은 프랑스의 높은 가격과 공산당에 반격할 수 있는 기회를 환영했다. 아편 수확이 끝나는 즉시 아편은 프랑스 DC-3기에 실려져 남베트남으로 수송됐다. SDECE는 거기서 다시 트럭으로 사이공까지 아편을 수송해 아편 정제를 전문으로 하는 갱단에게 넘겨주었다. 일부 아편은 사이공의 아편굴이나 가게에 직접 판매되고 일부는 중국 상인들에게 넘어가 홍콩으로 수출됐다. 나머지는 코르시카 마피아인 위니옹 코르스에게 넘겨졌고 이들은 다시 프랑스[3]나 기타 유럽 및 북아메리카 시장에다 마약을 판매했다. 이렇게 해서 상당한 이익을 챙긴 SDECE는 그 돈으로 마퀴스 부대의 운영비를 댔다.

미국은 프랑스가 마약을 이용해 마퀴스 부대에 뒷돈을 댄다는 사실을 알았지만 모른 척하기로 했다. CIA 관리인 에드워드 랜스데일 대령은 작전 X의 존재를 파악한 즉시 워싱턴에 보고서를 올려서 프랑스 군부가 인도차이나에서 불법적인 마약 밀매를 하고 있다고 보고했다. 그러나 워싱턴의 답변은 차가웠다.

"랜스데일 대령, 당신은 그렇게 할 일이 없소? 우리는 당신이 이 지렁이가 가득 든 깡통을 열어젖히기를 바라지 않소. 그렇게 하면 우리 우방에게 아주 난처한 상황이 발생할 테니까 말이오. 그러니 조사를 중지하도록 하시오."[4]

대對폭동 작전의 원칙

프랑스가 인도차이나에서 게릴라전에 대응한 방식을 가리켜 대對폭동 작전counter-insurgency이라고 한다. 정치적 싸움에서 새로운 개념인 대폭동 작전은 국가가 지원하는 테러리즘을 정당화시켰다.[5] 식민지를 둔 강대국들은 폭동, 반항, 파괴 등에 대응하기 위한 수단으로 이런 재정 지원을 인정한 것이다.[6] 비전통적인 전투로 전쟁을 지속시키려는 이 새로운 전략은 특별 부대 구성, 무장 엘리트 그룹, 군부의 지휘 아래에 있는 강력한 중앙집중화 정보 기관 등을 필요로 했다. 세계가 점점 더 냉전의 깊은 수렁으로 빠져들어 가자 대폭동 작전은 현상을 유지하고 두 초강대국 사이의 직접 대결을 피하는 가장 효과적인 수단이 되었다.

1961년 존 F. 케네디 대통령은 이 새로운 전략을 공식적으로 합법화하면서 양성화했다. 케네디는 1961년 3월 28일 의회에 나가서 이렇게 말했다.

"자유세계의 안보는 핵 공격에 의해 위협받을 뿐 아니라 허약한 주변부가 점차적으로 허물어지는 것에 의해서도 위협받습니다. 파괴, 침투, 위협, 간접적이거나 은밀한 공격, 내부 혁명, 외교적 위협, 게릴라전, 일련의 제한적인 전쟁 등이 그것입니다."[7]

엿새 후 케네디 대통령은 국가안보회의 책임자를 지명했고 케네디 행정부는 야심찬 대폭동 작전의 일환으로 국가안보회의에서 1천 9백만 달러(오늘날의 돈으로 약 1억 달러)의 예산안을 의결했다. 그 예산에는 미국 육군 특수 부대의 인원을 수백 명에서 4천 명으로 늘리는 계획도 들어 있었다. 그리고 게릴라 세력들을 관리하기 위해 군 기관과 민간 기관을 망라하는 새로운 해외 원조 기반 구조가 개발됐다.

1961년 11월, 미국의 영향권 지역 안에 있는 공산 국가인 쿠바를 전담하는 특별 비밀 그룹이 창설됐다. '몽구스'라는 암호명 아래 미국인 400명과 쿠바인 200명에게 쾌속정 여러 척과 카스트로 체제를 파괴하기 위한 연간 예산 5천만 달러가 지급됐다. 이 그룹은 CIA 마이애미 지국에서 관리했는데 이것은 중립법[8] 위반일 뿐 아니라 미국 본토 내에서 CIA 활동을 금지하는 법을 명백히 위반한 것이었다.[9] 몽구스는 케네디 행정부가 수행한 여러 가지 비전통적 군사 작전들 중 하나였다. 대통령이 암살되던 1963년에 이르러 미국의 대폭동 그룹은 아프리카, 아시아, 라틴 아메리카의 3개 대륙, 12개 국가에서 활동하고 있었다.

대폭동 작전은 그 무렵 워싱턴의 비전통적 전쟁을 뒷받침하는 주요 이데올로기가 되어 있었다. 특수 부대는 그 스스로 군대를 조직했다. 거의 하룻밤 사이에 동남아시아 정글에서 남아메리카 산간 지대에 이르기까지 미국의 전사들은 국내외 정치 엘리트들로부터 냉전의 영웅으로 대접받았다. 이 전사들의 가장 강력한 무기는 대폭동 테러로써 그것은 게릴라전을 그대로 모방한 것이었다. 이 테러의 전략이 1961년 베트남, 1962년 캄보디아, 1966년 중앙아메리카에서 채택됐다.[10] 마침내 미국의 전사들은 남들에게 비전통적 전쟁 기술을 가르치는 전문가가 되었고 그 과정에서 외국인들에게 그들의 대폭동 지식을 넘겨주었다.

초창기에 가장 큰 성공을 거둔 대폭동 테러 작전은 '오퍼레이션 블랙 이글'이었다. 미국 요원들이 소수 정예의 베트남 군인들에게 암살 기술을 가르쳤고 그들을 주축으로 암살단이라는 소규모 부대를 편성했다. 암살단의 임무는 고위 베트콩을 살해하는 것이었다. '블랙 이글'이 실시된 지 며칠 지나지 않아 베트콩 지하조직의 우두머리들이 침실에서 시체로 발견됐다. 암살자들은 시체 위에 인간의 눈을 그려놓고 갔다. 희생자의 집 문턱에서도 똑같은 그림이 발견됐다.[11] 그런 자를 지원하면 이렇게 된다는 경고였다. 엘살바도르 내전 동안에 중앙아메리카에서도 이와 유사한 암살단을 훈련시켰다. 또 다시 인간의 눈이 하나의 상징으로 등장했다. 적에게 테러를 가하는 심리전은 대폭동 전략의 핵심 원칙이었다. 공포는 하나의 무기가 되었고 특히 후진국 세계에서 더욱 강력한 힘을 발휘했다. '엘 콘트라-테러el Contra-Terror'라고 알려진 과테말라의 1966년에서 1967년에 걸친 군사 작전에서 대부분 민간인인 약 8천 명[12]이 두 주州에서 군에게 학살됐다. 그것은 게릴라들과 협조하면 이렇게 된다는 따끔한 경고였다.[13]

소련과 그 동맹국들도 국가가 지원하는 테러리즘에 적극적으로 개입했다. 하지만 테러에 대한 소련의 태도는 애매모호한 점이 있었다. 이것은 냉전 동안 소련 외교 정책에 내재된 모순으로부터 생겨난 것이었다. 소련은 서방과 직접 대결을 피하는 정책을 고수하는 한편, 전쟁과 내전에 대한 레닌의 입장을 숭상했다. 폰 클라우제비치von Clausewitz와 마찬가지로 레닌은 전쟁이 '다른 수단에 의한 정치의 연속'이라고 생각했다. 사회 계층 사이의 갈등, 자본주의와 공산주의 사이의 영원한 갈등을 가르치는 마르크스주의와 합쳐지면서 이 사상(전쟁은 정치의 연속)은 제3세계에 아주 파괴적인 결과를 가져왔다. 모스크바 정부는 냉전이 제공하는 '안전망'—나토 조약 국가들과 바르샤바 조약 국가들은 상당 기간 평화와 안정의 시기를 누렸다[14]—바깥으로 나가면 아프리카, 아시아, 남아메리카 국가들은 영원한 전쟁에 빠져들 수밖에 없다고 보았다. 1965년, 한 연설에서 소련 외무장관 안드레이 코시긴은 소련 외교 정책의 모순점을 이렇게 요약했다.

"평화 공존 정책은…국가간 분쟁에 무력을 사용할 수 없을 때 생겨난다. 그러나 이렇게 말한다고 해서 국민들이 외세의 억압으로부터 해방되기 위해 손에 무기를 들고 봉기하는 권리를 부정하는 것은 아니다. 이러한 권리는 신성불가침이며 소련은 그런 권리를 행사하려는 국민들을 예외 없이 지원한다."[15]

레닌의 방식을 따라서 소련 공산당 지도부는 비전통적 전쟁과 특수 부대(통칭 스페츠나즈Spetsnaz라고 하는 것)를 아주 중요하게 여겼다. 1979년에 소련은 이런 부대를 사용했으며 아프가니스탄[16]에 정규군을 투입하기에 앞서 '알파'라는 대對테러 그룹을 은밀하게 그 나라에 들여보냈다. 모스크바 정부는 전 세계의 마르크시스트 냉전 전사들을 스페츠나즈로 조직하는 데 깊은 관심을 보였다. 따라서 마르크시스트 무장 단체를 군사 훈련시키는 것은 곧 간접적 재정 지원의 한 형태가 되었다. 1970년대에 중동에서의 영향력을 강화하기 위해 모스크바는 프라하에 사보타주(파괴 공작) 학교를 설립했다. 이 학교에 근무하는 소련 및 동독 출신 교관들은 팔레스타인의 알 파타 요원들을 훈련시켰다.[17] 이 코스는 6개월 과정이었는데 코스가 끝나면 체코슬로바키아 코시체에 있는 또 다른 캠프로 보내 사보타주 훈련을 완성시켰다.[18] 소련 학생과 외국 학생들은 모스크바에 있는 레닌 연구소와 패트리스 루뭄바 대학에서 심리전 기술, 언론 조종술, 마르크시스트 이데올로기 등을 배웠다.[19] 이 학교가 배출한 유명한 학생으로는 카를로스 더 재칼Carlos the Jackal이 있다. 재칼은 소련식 교육의 혜택을 톡톡히 본 사람이었다. 일단 훈련 코스를 이수하면 학생들은 타슈켄트의 바쿠, 크리미아 반도 심페로폴에 있는 오데사, 그 밖의 동구 지역 등 소련 전역의 훈련 캠프로 이동했다.[20]

소련이 마르크시스트 무장 단체를 재정 지원할 때에는 주로 제3자가 중간에 나섰다. 동독이나 불가리아가 유럽, 중동, 아프리카 등지의 무장 단체들에게 보내는 소련의 재정 지원을 중개했다. 동독의 해외 첩보부 책임자였던 마르쿠스 볼프는 그의 자서전에서 마르크시스트 무장 단체에게 무기와 금전을 지원했던 사실을 시인했다. 하지만 볼프는 그 지원의 수혜자가 '정당한' 단체였다고 주장했다.[21] 미국은 국가 지원의 테러를 정당화하기 위해 대폭동 원칙을 사용한 반면, 소련은 '국제적 유대관계'라는 개념을 제3세계 '진보적 세력'들에게 확대 적용함으로써 대폭동 원칙을 감추려했다. 이런 진보적 세력 중에는 PLO가 있는데 PLO 전사들은 점령 지역(가자 지구와 서안 지구) 내에서 활동하면서 이스라엘의 군사적, 전략적 초소를 목표물로 삼았다.

엘살바도르: 게릴라 전시경제

냉전 기간 동안 핵 위협이 늘 존재했으므로 미소는 두 진영 사이의 직접 대결은 가능하면 피하려고 했다. 그러나 두 초강대국은 그들의 세력권 주변부에서 무장 폭동을 배후 조종함으로써 끊임없이 상대방의 영향력을 약화시키려고 했다. 냉전은 여러 면에서 비전통적인 전쟁이었다. 냉전은 국가가 지원하는 무장 단체에 의해 양대 진영의 주변부에 위치한 해외 지역에서 벌어졌다.

예를 들어 근 10년 동안 미국과 소련은 엘살바도르에서 대리전을 치렀다. 그런 대리전이 벌어지기 이전에도 이미 엘살바도르는 우익 독재 정권과 마르크시스트 혁명 운동 사이에 벌어진 내전에 휘말려 있었다. 1980년 엘살바도르의 정치적 상황은 아주 위급했다. 지방에서 벌어지는 게릴라전에다 경제난과 자연재해가 겹쳐지면서 이 나라는 엄청난 사회 불안과 빈곤 상태를 맞이하게 되었다. 1979년에서 1981년 사이에 GDP는 18%나 떨어졌다. 같은 기간에 생산성과 국민 소득은 각각 20%와 26%가 떨어졌다. 1980년 1월부터 1981년 8월까지의 고용은 제조업에서 27%, 건설업에서 56%, 상업에서 25%, 운수업에서 33%가 떨어졌다.[22] 1981년에 이르러 모든 투자가 중단됐고 산업 생산은 17%가 떨어졌다.

바로 이 시점에서 미국이 개입해 엘살바도르의 경제와 정부를 부양浮揚했다. 미국이 이렇게 한 것은 이타심의 발로 때문이 아니라 이웃 국가인 니카라과에서 벌어진 산디니스타 좌파 세력의 혁혁한 승리에 자극받았기 때문이었다. 이와 동시에 소련도 쿠바와 니카라과를 중개인으로 이용해 엘살바도르의 마르크시스트 게릴라들에게 자금, 무기, 군사 훈련, 정치적 지원 등을 제공했다.[23] 이렇게 해서 엘살바도르는 냉전이 빚어낸 여러 전투장 중 하나가 되었다.

미국과 소련이 엘살바도르에 개입한 그 순간부터 국가 경제의 건강 상태가 내전의 결과를 결정하리라는 것이 명백해졌다. 이것은 게릴라 지도부에서도 인정하는 견해였다. 그들은 '가장 핵심적인 것은 전쟁을 지속시켜 주는 경제 능력을 꺾어놓는 것'이라고 믿었다.[24] 실제로 1981년부터 1984년까지 FMLN(엘살바도르의 5개 마르크시스트 혁명 그룹의 연합체)은 경제를 주요 목표물로 삼으면서 맹렬한 사보타주 전략을 펼쳤다. 전신·전화 시스템, 발전소, 댐, 다리, 상수도와 농업 시설 등을 대대적으로 파괴했던 것이다. 레이건 대통령은 이 나라의 사회·경제 구조가 붕괴될 것을 우려해 미국 의회에 엘살바도르를 대대적으로 지원해야 한다고 설득했다. 그리하여 1980년에 8천 4백만 달러 수준이던 지원 규모가 1981년에는 1억 5천 6백만 달러로 늘어났고 이 중 3천 5백만 달러가 군사 목적에 전용됐다. 1982년에 이 수치는 3억 2백만 달러로 늘어났다(이 중 군사 원조는 8천만 달러).[25] 이처럼 엘살바도르에 대규모로 지원한 목적은 미국 돈으로 정부 수입과 지출의 격차를 메워보자는 것이었다. FMLN이 엘살바도르의 경제를 붕괴시키는 전략을 썼다면 엘살바도르 정부와 미국은 경제를 안정시키기 위해 최대한의 노력을 기울였다.

경제적 사보타주 행위[26]의 충격은 두 갈래로 나타났다. 그것은 정부의 힘을 약화시키는 반면 FMLN의 힘을 강화시켰다. 게릴라 그룹은 경제의 파괴로부터 혜택을 보았는데 그 주된 이유는 그들이 국가 경제로부터 이탈해 독자의 지원 체제를 갖출 수 있었기 때문이다. 게릴라의 거점은 모사란이나 찰랄테난고 같은 격리된 농촌 지역이었고, 경제 인프라의 파괴는 이들 지역에 별 피해를 주지 못했다. 내전에 의해 황폐화하고 가난하게 된 이들 지역은 국가의 다른 지역들로부터 완벽하게 격리되어 있었다. 전화, 전기, 상수도가 없어도 이들 농촌 지역 주민들은 FMLN의 게릴라 활동이 일으키는 경제 덕분에 살아남을 수가 있었다. 이 '게릴라 전시경제'[27]는 농가의 자급자족과 외부 지원, 즉 해외 원조(소련이 게릴라들에게 제공하는 무기와 자금)에 바탕을 두고 있었다. 게릴라 전시경제가 핵심으로 여기는 지역은 농촌 지역이었고 FMLN은 이들 지역에서 주민들의 힘과 지원을 이끌어냈다. 게릴라 전투 요원의 95%는 농촌 출신에 농민의 아들이었다.[28] 게릴라 그룹은 우파 정권의 권력 남용으로부터 캄페시노(농부)를 구제하고 보호해주는 세력으로 인정됐다.

1980년 12월, 「뉴욕타임스」 기자 레이먼드 보너는 새로 선출된 호세 나폴레옹 두아르테에게 "왜 산 속에 게릴라들이 준동하는가?" 라고 물었다. 두아르테의 대답은 보너를 놀라게 했다.

"거짓말의 50년, 불공정의 50년, 좌절의 50년. 이것이 비참함 속에서 살면서 굶어죽어 가는 우리 국민들의 역사입니다. 지난 50년 동안 늘 그 사람들이 모든 권력, 모든 돈, 모든 일자리, 모든 교육, 모든 기회를 가지고 있었습니다."[29]

미국 정부는 경제 인프라를 파괴하려는 FMLN의 작전이 계속될 경우 엘살바도르 국가 경제에 미치는 위험을 잘 알았고 또 FMLN

의 최종 목적이 무엇인지도 파악하고 있었다. 그 목적은 엘살바도르 경제를 완전 파괴해 공산주의 경제로 대체하는 것이었다. 따라서 미국 정부는 군사 원조를 제공하는 것과 동시에 이 나라의 사회적, 경제적 구조를 리모델링 하는 야심에 찬 프로그램을 내놓았다. 미국은 새로이 등장한 농부들의 환심을 사기 위한 농업 개혁 이외에도 농업 제품에서 섬유 같은 비전통적 제품으로 수출 모델을 전환하라고 권유했다. 미국은 이러한 계획에 거부감을 보이는 엘살바도르 정부를 제치고 〈경제사회발전재단〉에 곧바로 자금을 지원했다. 이 조직은 민간 기업들과 긴밀한 관계를 맺고 있는 기관이었다. 1984년에서 1992년까지 이 기관을 통해 엘살바도르의 개인 회사들에게 미국 돈 약 1억 달러가 지원됐다. 이런 지원에 힘입어 민간 기업 특히 대기업들은 정부의 틀에서 벗어나 자유롭게 발전할 수 있었고 국가가 더 이상 수행하지 않는 기능을 떠맡을 수 있게 되었다. 동시에 이 새로운 기업들은 미국의 든든한 파트너가 되었다.[30]

미소 냉전이 종식되면서 엘살바도르 내전은 좌파와 우파도 명확한 승리를 거두지 못한 채 어정쩡한 상태로 끝나버렸다. 국민공화동맹ARENA[31]은 여전히 권력에 남아 있었다. 미국은 공산주의 혁명은 막아냈지만 FMLN은 패배하지 않았고 총선 참여가 허용됐다. 군대의 존재는 아직도 남아 있지만 이 나라는 대부분 탈군사화됐다. 내전이 국제적 규모로 확대됨에 따라 가장 큰 대가를 치른 것은 민간인들이었다. 내전 중에 7만 5천 명이 사망했고, 국민의 4분의 1이 난민이 되었으며, 지방의 상당 부분은 파괴됐다. 전쟁에서 평화로 이행했다고 해서 산발적인 테러가 완전 종식된 것도 아니었다.

테러는 이제 고질적 현상이 되어버렸다. 이것이 냉전 시대가 남긴 아주 사악한 유산이다. 냉전 기간 동안 연간 평균 6,250명이 사망했는데, 내전이 끝난 1995년의 평화시에도 연간 8,500명이 살해됐다. 비록 이런 살해 건수는 엘살바도르의 냉전 정치학과는 무관한 것처럼 보이지만 아무튼 그것은 '과격한 정치경제의 구체적 표현'인 것이다.[32]

국가가 지원하는 테러리즘

미국은 인도차이나 전쟁에 직접 개입했다. 하지만 소련은 반反식민주의 전사, 무장 단체, 라틴 아메리카의 공산주의 그룹을 지원하기 위해 병력을 보내주는 일에는 아주 신중했다. 이런 간접 지원 전략은 1979년에 가서 아프가니스탄을 침공하면서 포기됐다. 그 이전에 소련의 재정 지원은 주로 무기 공급과 군사 훈련 형태로 이루어졌다.

　　제2차 세계대전 종전 직후 그리스 같은 나라를 동구권에 편입시키기 위해 소련이 공을 들일 때에도 모스크바는 병력을 직접 파견하는 것에는 신중했다. 1949년 11월부터 1950년 여름까지 그리스 공산당은 무기는 계속 공급받았지만 직접적인 군사 지원은 받지 못했다. 체코슬로바키아 무기가 알바니아에 도착하면 그리스 공산당은 거기서 무기를 받아 가지고 국내로 들여갔다. 그렇게 보내진 물자들이 모두 그리스로 가는 것도 아니었다. 상당수는 더 남쪽으로 내려가 팔레스타인, 이집트, 케냐(지부티 경유) 등으로 흘러들어 갔다. 무기거래 협정과 관련해 소련의 오랜 고객이며 파트너인 에티오피아는, 케냐에서 영국 통치에 맞서 싸우는 마우마우 반란군들에게 보내는 무기들의 출발 지점이 되었다. 제2차 세계대전 종전 직후, 중동은 소련제 무기를 정기적으로 지원 받는 수혜국이 되었다. 이스라엘 국가가 창립되기 훨씬 이전부터도 소련은 팔레스타인 지역에서 영국의 식민지 권력을 분쇄하기 위해 영국에 저항하는 팔레스타인 아랍인과 유대인들에게 지원을 아끼지 않았다. 그리하여 체코제 무기가 유대인 기구Jewish Agency와 팔레스타인 사람들에게 동시에 전달됐다.[33]

전반적으로 보아 소련은 잘 짜여진 전략 같은 것이 없었다. 그들은 서방을 상대로 싸우려는 전사들에게 무기, 군사 훈련, 심지어 훈련 비용까지 제공했다. 서방과 싸운다, 이것 하나만 있으면 소련의 지원을 받을 자격이 충분했다. 그러나 쿠바를 제외하고, 소련이 지원한 혁명은 단 한 건도 성공한 사례가 없었다. 이집트, 에티오피아, 모잠비크, 짐바브웨 등의 국가들을 믿음직한 동맹국으로 만들지 못했다. 다른 나라들, 가령 도스 산토스가 통치하는 앙골라는 너무 독립심이 강해 포섭이 불가능했다.[34]

무장 단체를 지원한 국가는 미소 양국뿐이 아니었다. 그 성격상 국가가 지원하는 테러리즘이라는 것은 테러 자금을 댈 수 있는 사람이라면 누구나 선택할 수 있는 수단이다. 1차 석유파동 이후 오일달러가 물밀 듯이 밀려들어오면서[35] 아랍 지도자들은 하룻밤 사이에 엄청난 수출 대금을 관리해야 하는 입장이 되었다. 현금 계정이 차고 넘치자 많은 중동 국가 지도자들이 무장 단체를 지원했다. 무아마르 알 카다피Muammar Al Gaddafi가 그런 식으로 지원한 지도자 중 하나다. 1969년 혁명으로 권좌에 오른 그는 전 세계의 반제국주의 운동을 지원하고 싶었다. 1970년대에 그는 리비아의 석유 잉여금 중 일부를 혁명적 무장 단체에게 건네주기 시작했다. PLO에서 IRA에 이르기까지, 앙골라 해방 운동에서 남아프리카의 ANC와 뉴칼레도니아의 KANAK에 이르기까지, 국제 무장 단체는 리비아 석유 대금으로부터 풍족하게 지원 받았다. 리비아의 석유 이익금이 계속 늘어나 1980년대에 220억 달러에 이르게 되자 카다피는 아주 손 큰 지도자로 등장했다.

그는 아주 위험하면서도 명예로운 작전을 지원하기 위해 일종의 보너스 제도를 만들기도 했다. 1972년 뮌헨 올림픽의 테러 사건에 가담한 '검은 9월단Black September' 요원들에게는 1백만 달러에서 5백만 달러에 이르는 보너스가 지급됐다.[36] 국제적인 저격수 카를로스 더 재칼은 1975년 12월 비엔나에서 오페크OPEC 석유 장관들을 납치한 후에 2백만 달러의 보너스를 받았다. 카를로스 특공대 소속이었던 한스—요아힘 클라인은 납치 사건 도중 배에 총을 맞은 데 대한 보상으로 10만 달러를 받았다.[37] 리비아 지도자는 이처럼 손 크게 행동해 '테러리즘의 대부'라는 별명을 얻었다.

1973년 카다피는 차드의 내전 상황을 이용해 자신의 팽창 정책을 추진하려 했다. 카다피는 차드의 독재자 히세네 하브레에게 도전하는 군 지도자 구쿠니 오웨데이에게 재정을 지원하면서 차드 북부의 아우주 지역을 점령했다. 이 지역은 망간과 우라늄 매장량이 풍부했다. 그는 리비아 남단에서 국경을 마주하고 있는 아우주 지역이 중앙아프리카로 진출하는 자연스러운 교두보라고 생각했다. 카다피의 장기적인 계획은 리비아의 주도 아래 튀니지, 모리타니아, 알제리, 니제르, 차드, 서부 사하라 등을 하나로 묶는 사하라 공화국을 설립하는 것이었다. 너무나도 당연한 일이지만, 그의 이러한 행동은 프랑스의 즉각적인 보복 행위를 불러일으켰다. 프랑스는 카다피의 이러한 계획이 그 일대를 혼란에 빠트리지 않을까 우려했던 것이다. 미테랑 대통령은 히세네 하브레를 지원하기 위해 프랑스 정규군 3천 명을 파견했고 이에 힘입어 하브레는 오웨데이의 반란을 진압했다. 오웨데이 자신은 리비아로 망명해 망명 정부의 수반으로 계속 정치 활동을 하겠다고 선언했다. 이 전쟁은 몇 년을 끌었고 그 과정에서 리비아는 엄청난 손해를 보았다. 1985년 리비아의 연간 석유 수입이 85억 달러 수준으로 떨어지자 전쟁은 리비아 국민들 사이에서 엄청난 분노의 대상이 되었다. 전쟁을 무한정 지원할 수 없게 된 카다피는 마침내 아우주에서 철수했다.

사파리 클럽

1980년대 초 이집트의 저술가인 무하마드 하세이니네 하이칼은 잘 보관되어 있던 비밀 서류를 하나 발견했다. 그는 테헤란에서 구舊 왕실의 문서보관소를 뒤지던 중 1976년 9월 1일, 여러 나라의 반反 첩보 기관의 우두머리들이 서명한 오리지널 문서를 발견했다.[38] 하이칼은 점점 흥분됨을 느끼면서 그 문서의 서명자들 이름을 살펴보았다. 그중에는 프랑스 반첩보 기관의 기관장인 알렉상드르 드 마랑슈 백작, 사우디아라비아의 정보기관장 카말 아드함 등의 이름이 있었다. 그 합의 문서는 비밀 냉전 조직의 탄생을 알리는 것이었고 그 조직의 임무는 서방을 대신해 아프리카와 제3세계에서 반공 작전을 펴는 것이었다. 하이칼은 이 조직에 '사파리 클럽'이라는 이름을 붙였다. 사파리 클럽의 본부는 안와르 알 사다트 이집트 대통령이 제공한 카이로 시내의 한 건물에 있었다. 프랑스는 복잡한 기술적 장비와 관련 인력을 제공했다.

사파리 클럽은 대폭동 전략이 새로운 국제 정치 무대에서 어떻게 수용되는가를 보여주는 적절한 사례다. 베트남 전쟁에서 망신당하고 국내의 반전 운동에 학을 뗀 미국 정부는 비전통적 전쟁에 대한 참가를 냉정하게 재검토해야 할 상황이었다. 국내외의 거센 비판으로부터 보호받기 위해서 미국 정부는 게릴라전에 직접 뛰어드는 것보다는 제3자를 통해 재정적, 군사적 지원을 함으로써 간접적인 국가 주도의 지원을 하는 것이 더 낫다고 판단하게 되었다. 그래서 리처드 닉슨 정부의 국무장관인 헨리 키신저는 우호적인 제3자를 통해 공산주의 확산을 막는 것이 더 낫다는 아이디어를 적극 추진했다. 이렇게 해서 프랑스, 모로코, 이집트, 사우디아라비아, 페르시아 등 우호적인 국가의 리스트가 작성됐다. 알제리에도 초청장을 보내기는 했으나 부메디엔느의 자칭 이슬람 사회주의 체제는 그 초청을 거절했다.

사파리 클럽의 첫 번째 작전은 당시 오가덴 영토의 통제권을 놓고 에티오피아와 전쟁 중이던 소말리아 독재자 시아드 바레를 구출하는 것이었다. 한동안 시아드 바레 체제를 지원해오던 소련이 아주 결정적인 순간에 태도를 바꿔 에티오피아 정부를 지원하기 시작한 것이었다. 바레는 사파리 클럽에게 도움을 요청했다. 클럽의 회원국들은 이집트가 바레에게 재고로 남아 있는 소련제 무기 일부를 판매해야 한다고 합의했다. 따라서 나세르 시절에 체코슬로바키아로부터 구입한 낡은 소련제 무기 7천 5백만 달러어치가 소말리아 군대에 보내졌다. 그 대금은 당시 현금이 남아돌아가던 사우디아라비아가 대납해주었다. 이런 관대한 대접을 받게 되자 바레는 모스크바와의 유대를 모조리 끊어버리고 자신의 정치적 운명과 소말리아의 운명을 완전히 사파리 클럽, 즉 미국의 손에 맡겼다.

그러나 바레는 냉전이라는 변화무쌍한 기상도 속에서 미국의 지원이라는 것도 소련의 그것처럼 믿어볼 게 없음을 알게 되었다. 1977년 미국 국무장관 사이러스 밴스는 바레의 대에티오피아 전쟁에 더 이상 지원할 뜻이 없음을 밝혔다. 이렇게 되자 바레로부터 더욱 강한 압박을 받게 된 이란의 샤Shah(이란의 왕을 지칭: 편집자), 레자 팔라비가 개입해 바레에게 독일제 박격포(터키에서 구입)와 대전차 무기를 보내주었다. 아이러니컬하게도 소말리아 군대는 대전차 무기에 이스라엘제 표시가 새겨져 있는 것을 보고서 그 무기의 사용을 거부했다. 그 직후 소련이 로데시아의 흑인 정권 수립에 관여하지 않겠다는 것을 보장하자 미국 역시 오가덴 영토 분쟁에서 소말리아를 지원하지 않겠다고 동의했다. 사파리 클럽도 미국의 뒤를 이었고 곧 바레를 포기했다. 바레는 냉전이라는 장기판 위에서 희

생된 또 다른 졸쭈인 것이다.[39]

　소련은 제3세계 폭동 사태에 아주 드물게 직접적으로 개입했다. 쿠바가 그 좋은 예다. 1959년 피델 카스트로는 소련의 자금 지원 덕분에 권력을 잡게 되었다. 그러나 카스트로는 '새로운 이웃'인 쿠바가 미국에 내놓는 화해의 제스처로써 미국 회사가 쿠바 안에서 사업하는 것을 계속 허용하겠다고 제안했다. 단, 미국인들이 쿠바의 새로운 규정을 준수한다는 조건을 붙였다. 그러나 미국은 쿠바 경제를 파괴하고 공산 체제를 종식시킬 속셈이었기 때문에 쿠바에 경제 원조를 주기는 했지만 아주 엄격한 조건을 달았다. 그러자 카스트로는 재빨리 소련 쪽으로 고개를 돌렸고 보조금을 많이 지급하는 설탕 대 석유 교환 계약을 체결했다.[40] 몇 년 사이에 소련의 돈이 계속 흘러들어오자 쿠바는 경제적으로 안정됐고 혁명을 강화할 수 있었다. 또한 카스트로는 모스크바로부터 아주 관대한 조건의 차관을 끌어왔는데 이 돈은 무역 거래에 의해 상쇄되는 것으로 되어 있었다. 그러나 소련 블록 내에서의 모든 상업 거래는 회계 목적으로만 존재하는 화폐인 태환 루블 화[41]로 결제됐기 때문에 차관 금액을 늘이거나 줄이는 것 또는 아예 장부에서 빼버리는 것은 아주 손쉬운 일이었다.

쿠바: 라틴 아메리카의 소련 대리인

냉전 정치학에서 쿠바라는 섬이 전략적으로 중요했기 때문에 소련은 직접적으로 쿠바에 재정을 지원했다. 아바나(쿠바의 수도)는 모스크바의 사실상 대리인이었고 그 지역에서 공산주의 운동을 지원하는 임무를 맡았다. 1980년대에 소련은 쿠바 섬에 연간 40억 달러를 쏟아 부었고 이 돈 대부분은 게릴라 단체를 훈련시키는 데 들어갔다.[42] 쿠바의 북쪽 해안에 있는 과나보 군사기지는 가장 인기 있는 공산당 훈련 캠프 중 하나가 되었다. 니카라과, 엘살바도르, 콜롬비아, 중동, 앙골라, 기타 많은 나라의 훈련생들이 이곳에 몰려들었다. 그러나 쿠바의 주된 역할은 게릴라 전사들을 배출하는 것이 아니라 하나의 이데올로기 우산 아래 다양한 단체들을 통합시켜서 전략적으로 상호 협조하도록 도와주는 것이었다.

과나보에서는 이데올로기가 핵심적 역할을 했다. 미국에 의해 훈련된 베트남 암살단과는 달리, 공산 게릴라 전사들은 정치적 강연에 여러 시간 참석하는 바람에 연병장에서의 훈련은 충분히 받지 못했다. 그 때문에 신통치 않은 군사적 성과가 나오기도 했다. 1982년 6월 6일, '갈릴리 평화작전'[43] 도중, 이스라엘 병사들은 팔레스타인 사람들의 전략적 기술이 신통치 않고 무기와 장비에 대한 지식이 불충분하다고 보고했다. 이스라엘 병사들은 팔레스타인 사람들이 하나의 군대로 싸우는 것이 아니라 개인들의 집단으로 싸우는 듯하다고 보고했다. 그들은 탱크를 높은 기동력의 일환으로 이용하는 것이 아니라 대포의 일종으로 사용한다는 것이었다.[44] 소련에서 훈련받고 로데시아에 투입된 전사들도 이와 비슷한 전략적 지식의 부족을 드러냈다.[45]

이데올로기의 가면 뒤에서 모스크바와 아바나는 무장 폭동을 하나의 영리 사업으로 취급했다. 사람들의 일반적인 예상과는 달리, 소련은 자신들이 베푼 서비스에 대해 무장 단체에게 서슴없이 대금을 청구했다. 가령 PLO는 소련으로부터 무기 사용과 군사 훈련에 대해 현금으로 지불하라는 요청을 받았다.[46] 이럴 경우 사우디아라비아나 리비아 같은 다른 스폰서들이 자금을 대주었다. 쿠바 역시 이런 상업적 접근 방식을 취했다. 카스트로는 앙골라에서 니카라과까지, 또 말리에서 그라나다에 이르기까지 공산당 무장 단체를 지원하기 위해 수천 명의 쿠바 군인들을 보내면서 '건설 노동자'로 위장시켰다. 그렇게 해서 카스트로는 이들 '노동자'에 대해 고정된 월급을 요구했다.[47]

은밀한 스폰서: 콘트라 사태

1970년대 말에 이르러 초강대국의 세력권 주변부에서 활약하는 외국 무장 집단에게 직접적으로 재정 지원을 하는 것은 가장 인기 없는 파워 게임이 되었다. 서구 민주주의 국가들이 그런 단체에게 도움을 주기 위해서는 국민들로부터 강력한 지지를 얻어내야만 했다. 미국의 경우 외국에 재정 지원을 하려면 의회의 동의를 받아야 했다. 그리하여 1980년대 초 레이건 대통령은 니카라과의 콘트라 Contra를 지원해야 하는 이유를 의회에 힘들게 설득시켜야 했다. 산디니스타 체제를 무너트리려는 콘트라의 투쟁은 일종의 '해방 전쟁'으로 설명됐고 중앙아메리카에서 공산 정부의 확산을 막는 애국적 행동으로 인식됐다. 그러나 사실 콘트라는 중앙아메리카에서 미국의 대리전을 떠맡기기 위해 미국이 만들어낸 무장 집단이었다.

CIA 고위 관리였다가 그곳을 떠나 자신의 신분을 밝히면서 『적들을 찾아서In Search of Enemies』라는 책을 펴낸 존 스톡웰은 콘트라의 탄생을 다음과 같이 설명하고 있다.

> 니카라과를 혼란에 빠트리기 위해 우리는 소모사의 전前국민 경비대 출신 사람들에게 자금을 지원하면서 콘트라(반反혁명세력)라고 부르기 시작했다. 우리가 이 세력을 만들었다. 우리가 자금을 지원하기 전까지 이 세력은 존재조차 없었다. 우리가 그들에게 무기를 주었고, 입을 제복을 주었고, 신을 구두를 주었으며, 들어가 살 수 있는 온두라스의 은신처를 마련해 주었다. 또 의료 장비, 의사, 군사 훈련, 지도자, 니카라과를 혼란에 빠트리는 작전 등을 제공했다. 우리의 지휘 아래 그들은 조직적으로 곡물 창고, 제재소, 다리, 정부 관청, 학교, 병원 등을 파괴했다. 그들은 화물을 실은 트럭을 습격해 화물이 시장에 출하되지 못하게 했다. 그들은 농가와 마을을 습격했다. 농부는 밭을 갈려면 권총을 차고 밭에 나가야 했다. 그런 상황에서 밭을 갈 생각이 있었다면 말이다.[48]

1984년 레이건 행정부는 2천 명에게 무기를 제공하는 2천 4백만 달러 규모의 군사 원조를 얻어냈다.[49] 그 예산은 너무 적어서 니카라과의 대리전을 수행하는 데 따르는 비용의 증가를 감당하지 못했다. 이 수치는 그 후 이란-콘트라 사건이 터질 때까지 해마다 늘어났다.[50] 지원되는 자금과 실제 비용 사이의 점점 넓어지는 격차를 메우기 위해 다른 형태의 파이낸싱(자금 조달)이 필요했다. 이렇게 해서 레이건-부시 행정부는 콘트라를 돕는 공식적인 자금 조달과 병행해 산디니스타 정부 전복에 필요한 돈을 마련하기 위한 아주 은밀한 작전을 수행했다. 수천 명의 인사들과 수백 개의 회사들과 재단들이 이 작전에 힘을 보탰다. 결국 미국 납세자들은 수십억 달러의 돈을 사기 당한 꼴이었다. 그 돈은 콘트라뿐 아니라 콘트라를 지원하는 미국인들에게도 들어갔다.[51]

은퇴한 해군 고위 장교이며 콘트라 사태에 가담했던 인물인 알 마틴은 이런 증언을 내놓았다.[52]

1984년 7월 올리버 노스 중령과 당시 미국 부통령 산하의 국가 안보 자문관인 도날드 그레그는 비밀 각서를 작성했다. 각서의 내용은 달마다 10억 달러를 조달해 콘트라를 지원한다는 것이었다. 이 금액은 미국 내의 불법 재정 거래를 통해 조달하는 것으로 되어 있었다.[53] 올리버 노스 중령은 사기성이 농후한 보험 거래, 불법 은행 대출, 가짜 보안 판매, 보험 사기, 돈 세탁 등 여러 가지 계획을 주도했다. 우익 지지자인 약 5천 명의 사람들이 올리버 노스가 말하는 '대의'를 위해 돈을 거두는 일에 가담했다. 이러한 피라미드의 꼭대기에는 그럴 듯한 정치적 조직과 재단이 있었는데 아마도 면세 혜택을 보장하기 위한 위장 조직이었을 것이다. 어떤 기증자가 올리버 노스가 설립한 〈미국 이글

재단)에 1만 달러를 기증했다면 재단은 세금 공제를 위해 영수증을 끊어주는 것이다.[54] 기부를 촉진하기 위해 돈을 낸 사람들에게는 백악관 직통 전화번호가 적힌 카드가 주어졌고 그 번호에서 노스 중령의 부하가 늘 '도와주기 위해' 대기하고 있다고 선전했다. 이 '부드러운(합법적인)' 돈은 재단의 회계 장부에서 적절히 세탁되어 콘트라에게 보내졌다. 모금 피라미드의 하부 구조에는 하청업체, 전 CIA 직원, 군인, 정치가의 보좌관 등이 포진했다. 이 사람들은 불법적인 돈을 모으기 위해 석유와 가스, 지금地金과 금광, 부동산, 증권 거래 등 다양한 분야에서 일하는 사람들이었다. 궁극적으로 이 모금 작전은 '대의'에 동정적인 은행원들이 많은, 미국 은행에 사기를 치는 것이었다. 보험 회사들 또한 사기당했다.

알 마틴은 그의 책《음모꾼들The Conspirators》에서 이런 사실을 폭로했다.

　　1984년 육군 소장 존 K. 싱글로브는 공화국과 반공 세력들을 지원하기 위해 〈세계반공연맹〉을 설립했다.[55] 사람들은 세금 공제 혜택을 받는 조건으로 이 기관에 소형 비행기를 기증했다. 각종 형태의 비행기들이 연맹의 하부 기관에 배정됐다. 이어 이 비행기들은 디보 항공사, 리치 에이비에이션, 사던 에어 트랜스포트, 폴라 에이비온스 같은 소규모 개인 항공사들에게 판매됐다. 남아메리카에서 마약을 밀수해 오는 데에는 그런 소형 비행기가 그만이었기 때문에 인기가 높았다. 기타의 다른 비행기들은 미주리 주 조플린에 감춰 놓고 도난당했다고 신고했다. 이렇게 되자 보험 회사는 도난당한 비행기들에 대해 보험금을 지불했다. 한 대당 10만 달러라면 석 대일 경우에는 30만 달러의 수입을 올릴 수 있었다. 이렇게 거둔 돈 일부는 기부금으로 연맹에 들어갔고 일부는 원래 소유주에게 돌아갔다.

1985년 말 노스 중령의 공모자들은 월 10억 달러라는 목표에 접근하고 있었다. 이 돈 중 일부는 공화당 소속 정치가들의 주머니 속으로 들어갔다. 일부는 남쪽으로 내려가 콘트라 전사들의 무기 구입에 사용됐다. 그리고 상당한 액수가 미국이 중앙아메리카에서 비정규전을 벌이는 데 사용됐다.

바로 이 무렵인 1985년 올리버 노스는 코르도바 항구를 지뢰로 폭파했다. 코르도바는 니카라과 동부에 있는 중요 항구로서 산디니스타에게 가는 소련 물자가 들어오는 항구였다. 이 폭파 작전에는 인공위성 통신으로 통제되는 타이탄 마크 4 해상용 지뢰가 필요했다. 이런 지뢰는 국가안보회의의 승인 없이는 미국 해군에서 구입할 수 없었으므로 다른 구입 루트를 물색해야 했다. 이와 관련해서 리스본의 데프콘 무기 회사가 미국의 생산자 공장에서 직접 지뢰를 사들였다. 이어 이 포르투갈 회사는 그 무기를 스탠퍼드 테크놀로지스 오버시스에 판매했다. 그런데 이 회사는 실제로는 올리버 노스의 협력자인 리처드 세코드 소장이 통제하는 회사였다.[56] 세코드 소장을 통해 마침내 지뢰는 콘트라의 손에 들어갔다.

소비에트 연방의 붕괴는 냉전을 종식시켰을지 모르지만 국가 지원의 테러까지 종식시킨 것은 아니었다. 1990년대 초 미국은 터키에게 쿠르드 폭동을 진압하는 데 필요한 무기의 80%를 공급했다. 그 결과 수만 명의 쿠르드 사람들이 죽었고, 2~3백만 명의 난민이 발생했으며, 약 3,500개의 마을이 파괴되었다.[57] 이제 냉전이라는 커다란 틀이 사라졌기 때문에 대폭동 전략의 명료한 윤곽은 흐릿해졌고 그리하여 국가 지원의 테러리즘은 이데올로기의 배경을 갖추지 못하게 되었다. 걸프 전 이후 쿠르드족의 비극이 전개되면서 수십만 민간인의 피난 행렬이 서구 국가들의 텔레비전에 생방송으로 중계됐다. 사람들은 이제 가해자와 피해자의 신원에 대해 혼란을 느꼈다. 터키와 쿠르드족은 서로 상대방이 테러리스트라고 지목하면서 조직적인 테러전을 수행했다고 비난했다. 비록 서방 국가들의 앞마당에 적들이 쇄도해 오고 있는 것은 아니었지만 서방 국가들의 여론은 민간인들의 대학살에 불안해했다. 냉전이 끝나고 해빙기가 닥쳐오면서 미국 외교 정책의 지형도—생각난 김에 하는 말인데, 미국 동맹국들의 외교 지형도—에는 그들이 외국의 내전에 깊숙이 관여했다는 얼룩덜룩한 흠집이 드러났다.

센데로 루미노소의 상업적 전시경제

초강대국이 다른 나라에 개입하면서 발생하는 최악의 결과는 그 나라 전체가 불안정한 상태에 빠져들고 경제가 붕괴한다는 것이다.

국가 지원의 테러가 남아메리카에 남긴 유산은 무장 단체의 확산과 테러에 바탕을 둔 미시 경제의 탄생이다. 1980년대에 엘살바도르, 니카라과, 온두라스, 콜롬비아, 페루의 일부 지역은 게릴라 그룹의 군사적 통제 아래에 놓이게 되었다.

페루의 어퍼 우아야가Upper Huallaga 계곡이 그 좋은 사례다. 통칭 셀바 알타Selva Alta라고 하는 이 계곡은 안데스 산맥 북동쪽의 동쪽 경사에 자리 잡고 있는데 고도는 1,500~1,600피트 정도다. 이 일대는 1960년대 후반에 농업 개혁으로 구조 조정을 실시했으나 완전 실패작으로 끝났다. 척박한 기후 조건 때문에 농작물이 잘 되지 않았으며 현지 주민들은 곧 기아선상에 놓이게 되었다. 단 하나의 작물만이 이런 고도에서도 잘 됐는데 그것은 에리트로크실럼 코카Erythroxylum coca(코카인)였다. 현지 주민들은 지난 수세기 동안 코카 잎사귀를 씹으면서 원기를 회복하고 배고픔을 억눌러 왔다. 따라서 콜롬비아의 마약 밀매업자들이 코카를 사들이기 위해 이 계곡에 나타났을 때 가난한 농민들은 그들을 환영했다. 거의 하룻밤 사이에 간신히 먹고 살던 농부들이 상업 농작물 경작자로 변신해 코카를 그들의 필요보다 훨씬 많이 경작하게 되었고 막강한 메델린 카르텔(콜롬비아의 마약 카르텔, 메델린을 근거지로 활동: 편집자)에게 착취 당하게 되었다.

1978년 미국 정부의 압력에 못 이겨 프란시스코 모랄레스 베르무데스 정부는 코카 재배를 근절하려고 시도했다. 하지만 이 조치는 아주 인기가 없었고 제대로 시행되지도 못했다. 군사적 개입에도 불구하고 셀바 알타의 코카 재배 시장은 점점 커지는 마약 무역에 공급을 대기 위해 오히려 늘어났다. 1980년 센데로 루미노소 무장 그룹Senderistas(센데리스타스)의 전사들이 어퍼 우아야가 계곡으로 이주해 주민들과 함께 살기 시작했다. 그들은 현지 주민이 마약 밀매업자와 경찰, 양쪽에서 괴롭힘당하고 있는 것을 발견했다. 그래서 센데로 루미노소는 두 갈래 작전을 개시했다. 하나는 정부 단속을 방해하는 것이고—리마 중앙정부의 괴롭힘을 끊임없이 받아온 주민들 사이에서 이것은 환영받는 일이었다—다른 하나는 콜롬비아 카르텔로부터 농민을 보호하는 것이었다.

1980년 페루 정부는 어퍼 우아야가 계곡의 코카 재배를 근절하기 위해 또 다른 프로젝트를 도입했다. 현지 주민들은 그들의 유일한 생계수단을 빼앗아가려는 새 농업 프로그램을 불신했다. 농민들의 이런 불신을 교묘하게 파고들어 센데로 루미노소는 마을과 소도시의 농민들에게 농업 개혁의 주범은 미국이라고 비난하고 돌아다녔다.

가증스럽게도 미국은 그들의 마약 밀매업자들을 상대로 싸움을 하려 들지 않는다. 그렇게 하면 마약 밀매로 발생하는 돈세탁에서 나오는 현금의 흐름이 끊어지기 때문이다. 그래서 미국은 애꿎은 페루 정부에 압력을 넣어 코카 생산을 중단하라고 요구하고 있는 것이다. 워싱턴이나 리마는 이 계곡 일대의 주민들이 코카 재배에 의해서 생계를 꾸린다는 점은 전혀 신경 쓰지 않는다.

이런 식으로 센데로 루미노소는 미국을 주범으로 몰아붙였다. 그와 동시에 새 농업 프로그램을 강요하려는 정부군의 개입으로부터 보호해주고 마약 밀매 카르텔의 착취로부터도 보호해주겠다고 말했다. 농민들은 센데로 루미노소의 그런 보호적인 태도에 열렬히 호응했다. 페루군의 장군이며 전 비밀경찰 책임자였던 엑토르 존 카로는 이렇게 말했다.

"그들은 전문적인 선동가들입니다. 그들은 늘 행동에 나설 준비가 되어 있어요."[58]

센데로 루미노소의 감독 아래 농민들은 농업조합을 결성했고 그리하여 더 좋은 가격으로 협상할 수 있게 되었다. 센데로 루미노소는 테러 전략을 사용해 가면서 곧 계곡 전역을 무력으로 장악했다. 그들이 사용한 가장 일반적인 방법은 무장 요원 30명을 마을로 파견해 주민들을 모두 모아놓고 일장 연설을 한 다음 그들을 심문해 누가 정부 편이고 누가 마약 밀매 카르텔 편인지를 알아내는 것이다. 그런 다음 정부 편이나 카르텔 편인 자들을 그 자리에서 공개 처형하고 현지의 행정 책임자를 센데로 루미노소로 구성된 일반 의회로 대체하는 것이다. 이렇게 해서 한 마을이 '해방'되면 다른 마을로 옮겨갔다. 이런 식으로 센데로 루미노소는 1985년까지 계곡 전 지역에 강력한 군사적 거점을 확보했다. 정규군이 계곡으로 진입하는 것을 막기 위해 모든 교량을 파괴했고 계곡으로 들어가는 유일한 도로인 마지날 고속도로 위에 도로 차단물을 설치하고 이 도로에 접근하는 차량들을 철저히 심문했다. 셀바 알타는 곧 정부군과 경찰이 '기피'하는 지역이 되었다.

한편 계곡 일대의 농민들은 센데로 루미노소의 통제를 환영했다. 마약 밀매업자와 범죄 집단으로부터 보호 받을 뿐 아니라 정부의 농업 개혁도 모면할 수 있었기 때문이다. 흥미롭게도 코카인 생산업자와 마약 밀매업자들도 그러한 환경 변화를 환영했다. 농민들 사이에 철저한 기강이 잡히면서 오히려 코카 생산이 증가했기 때문이었다. 1988년에 이르러 계곡 일대의 21만 1천 헥타르는 코카 작물로 뒤덮이게 되었다. 또한 센데로 루미노소의 지배 아래, 수확된 코카의 선적도 한결 간편하게 정비되었다. 센데로 루미노소는 계곡 일대에 흩어져 있는 간이 비행장을 2002년까지 통폐합했고 그 결과 소형 항공기에 의한 코카 수송이 훨씬 간편해졌을 뿐 아니라 효율성도 높아졌다.

센데로 루미노소의 활동은 코카 생산에만 국한되는 것이 아니었다. 일부 지역에서 그들은 다른 업무, 가령 외환 업무도 넘겨받았다. 크시온의 현지 은행들은 메델린 카르텔의 중개상들을 위해 달러를 페루 인티스 화로 바꿔 주던 업무를 중단했다. 그 대신 센데로 루미노소가 약간의 커미션을 받고 현지 농민들에게 지불할 현지 화폐를 콜롬비아 중개상들에게 바꿔 주었다. 당연히 은행들은 이런 조치를 크게 못마땅하게 생각했지만 저항할 수 없었다. 왜냐하면 센데로 루미노소는 계곡 일대에서 사실상의 정부 기관이었기 때문이다. 이처럼 외환을 장악하게 되자 센데로 루미노소는 외환 사정이 어려운 페루에서 상당한 달러를 만질 수 있게 되었다. 이 돈의 일부는 셀바 알타와 다른 거점에 자리 잡은 센데로 루미노소 조직의 권위를 유지하기 위해 사용된다. 또 일부는 이 그룹의 모택동식

국가 비전을 추진하는 데 필요한 무기 구입에 들어간다.

센데로 루미노소는 FARC(콜롬비아무장혁명군)가 등장하기 전까지는 라틴 아메리카에서 가장 세력이 큰 무장 단체였다. 1989년 2월에서 9월 사이에 센데로 루미노소는 계곡 일대의 마약 밀매를 뿌리 뽑으려는 정부의 시도를 성공적으로 차단했다. 코카 작물을 파괴하는 제초제인 '스파이크'를 살포한 데 대한 보복으로 센데로 루미노소는 우치사 마을의 페루 정부군 초소를 공격해 50명의 군인을 사살한 다음 그들보다 병력이 훨씬 적은 그 초소의 항복을 받아냈다. 같은 해 페루 정부는 어퍼 우아야가 계곡 일대를 군사 비상 지역으로 선포했다.[59]

어퍼 우아야가 계곡에서 센데로 루미노소는 소규모 국가의 핵심 엔진인 테러 경제의 창출에 성공했다. 앞으로 5장에서 설명될 예정이지만 셀바 알타는 수많은 '의사국가'들 중 하나다. 의사국가는 테러에 의한 전시경제를 주축으로 하는 사실상의 국가다. 센데로 루미노소는 상업적 전시경제의 모델이다. 이 경제는 코카 재배 같은 현지 자원의 상업화와 마약 같은 불법 제품 판매 등을 바탕으로 하는 경제다.

> 이러한 모델에서 무장 단체는 경제적으로 이익이 나는 지역(가령 셀바 알타)을 무력으로 장악함으로써 경제적 피난처를 창출하고 콜롬비아 마약 카르텔 같은 제3자와 상업적 네트워크를 형성한다. 그들은 심지어 라이벌 단체와 담합하기도 한다. 그것은 불법 산업(가령 코카 생산)을 보호하는 긍정적 역할을 한다.[60]

이러한 경제 체제는 어퍼 우아야가 계곡의 사례에서 보았듯이 엄청난 수입을 만들어낸다. 1980년대 후반 페루의 코카 잎사귀와 코카 연고軟膏가 미국 한 나라에서만 벌어들인 돈이 280억 달러로 추정되고 있다. 이 액수 중 페루의 연고 생산자와 현지 마약 밀매업자가 차지한 돈은 74억 8천만 달러인데 이것은 1990년 페루 GNP 350억 달러의 20%에 상당하는 액수다. 코카 재배자는 총 2억 4천만 달러를 벌어들였다. 센데로 루미노소가 셀바 알타 사업에서 벌어들인 돈은 3천만 달러[61] 정도로 추산되는데 무기를 구입하고 페루 전역에 보호 구역을 넓히는 데 사용됐다. 상업적 전시경제의 혜택은 현지 주민들에게도 돌아갔다. 어퍼 우아야가 계곡에 사는 6만 6천 가구의 연평균 소득은 3,639달러인데 이것은 페루 나머지 지역의 국민 평균 소득 1천 달러보다 세 배나 높은 것이다.

　　어퍼 우아야가 계곡의 사례에서 보듯이 테러 경제는 눈부신 속도로 국제화하고 있다. 국제적 규모로 볼 때 마약에 의해 벌어들인 수십 억 달러의 돈이 미국에서 세탁되고 있다. 이 돈 중 30~40%가 미국 경제로 다시 흘러든다.[62] 그 나머지는 국제 불법 경제에 흘러들어 가는데, 이 돈은 이 책 뒷부분에서 설명되겠지만 테러의 신경제를 추진하는 연료가 된다.

3 테러의 민영화

> "아닙니다, 나는 전문적인 킬러가 아닙니다.
> 빤히 쳐다보고 있는 사람에게 총을 쏘기는 쉬운 일이 아닙니다.
> 나처럼 10초 만에 4명을 해치워야 한다면 말입니다."
>
> ― ―
>
> 카를로스 더 재칼Carlos the Jackal

1981년 여름, 나는 풀브라이트 장학생으로 미국에 가 있었다. 그때 한 친구가 케이프 코드의 자기 집에서 며칠 묵어가라며 가족 손님으로 나를 초청해 주었다. 나는 그 친구의 부모님이 아주 엄격한 분이라는 것을 알게 되었다. 보스턴 출신의 아일랜드계 가톨릭 신자인 부모님은 이제 20대 초중반의 나이인 자녀들을 아주 엄격하게 대했다. 세 딸은 해변에서 비키니를 입을 수 없었고 아들들은 부모 앞에서 담배를 피울 수가 없었다.

저녁 식사를 마친 어느 날, 우리는 베란다에 앉아 지는 해를 바라보고 있었다. 그때 친구의 어머니가 나에게 낙태에 대해서 어떻게 생각하느냐고 물었다. 나는 여자가 스스로 아이를 낳을 시기를 선택할 수 있게 된 것은 여권의 신장이라고 대답했다. 친구의 어머니는 실망한 듯이 고개를 가로 저으며 이렇게 말했다.

"그건 끔찍한 범죄예요, 용서받지 못할 죄악입니다."

그 다음 날 아침 나는 해변을 돌아다니며 사람들과 다정하게 대화를 나누는 세 명의 젊은이를 보았다. 그들이 우리가 있는 데로 다가오자 내 친구의 부모는 그들을 환영하면서 점심에 초대했다. 내가 그들이 누구냐고 묻자 내 친구는 아일랜드에서 온 젊은이인데 IRA(아일랜드공화국군)를 위해 모금중이라고 대답했다. 내가 놀라는 표정을 짓자 내 친구는 같은 말을 한 번 더 반복했다. 내가 친구에게 말했다.

"하지만 너의 부모님은 가톨릭 신자이고 매사에 엄격하신 분인데, 어떻게 IRA를 점심에 초대하시지?"

"우리는 아일랜드 사람이야. 저들은 우리 민족이라구."

내 친구가 부드럽게 말했다.

전통적으로 아일랜드계 미국인은 IRA에게 많은 돈을 기증해 왔다. 19세기 말에 벌어진 아일랜드 폭동을 금전적으로 후원한 것도 페니언 형제단Fenian Brotherhood(1858년 뉴욕에서 창설) 미국 지부였다. 1960년대와 1970년대에 세 명의 IRA 베테랑 잭 매카시, 존 맥고원, 마이클 플래너리의 활동 덕분에 많은 돈이 대서양을 건너 아일랜드로 흘러들어 갔다. 1960년대에 이들은 노레이드Irish Northern Aid(북아일랜드 지원)라는 조직을 설립했다. 이 조직의 본부는 브롱크스의 273 동東 194번 가에 있었다.[1] 이 조직에서 펴내는 신문 「아일랜드 사람들The Irish People」은 미국 전역에 배포됐다. 이 사업은 즉각적인 성공을 거두었다. 노레이드는 기존에 다양한 사람들을 포섭하고 있던 아일랜드계 미국인 조직―가령 미국 동부의 경찰이나 부두 노동자들의 각종 지부―에 자연스럽게 연계됐다. 1970년대 후반에 이르러 노레이드는 회원 5천 명에 지지자 3만 명을 확보했다.[2] 미국 전역에서 돈이 흘러들어 왔고 다양한 방식으로 수금됐다. 간행물 판매, 시카고의 '오닐'이나 뉴욕의 '웬즈데이' 같은 아일랜드계 미국인이 운영하는 바, 무도회나 행진 때의 복권 판매, 케이프 코드 해변에서의 모금 활동 등 다양한 방식으로 기부금을 모집했다.

기금의 상당 부분은 아일랜드계 노동자의 호주머니에서 나왔다. 여러 노동조합들도 주週마다 노레이드 계좌로 일정액을 납부했다. 또 저명한 아일랜드계 인사들이 미국 전역을 순회하면서 기부금을 거둬들였다. 1969년 버나데트 데블린은 미국을 방문해 북아일랜드 인권협회NICRA를 위해 65만 달러를 모금했다.[3] 10년 만에 노레이드는 7백만 달러의 예산을 확보했고 IRA의 현금 수요 중 절반 이상을 부담했다.[4]

노레이드의 임무는 재정적 후원과 정치적 영향력을 확보하는 것이었다. 그런 후원과 힘을 바탕으로 아일랜드와 미국의 외교 관계가 우호적으로 흘러가도록 미국 정부에 강력하게 로비를 펴는 것도 이 조직의 임무 중 하나였다. 전문적인 로비스트답게 노레이드는 모금 행사를 자주 개최했는데 그중 대표적인 것이 새해 전날에 미국 전역에서 벌이는 모금 행사였다. 뉴욕에서 실시하는 모금 행사의 장소는 언제나 월도프 아스트리아 호텔이었다. 이런 모금 행사에는 저명한 정치가나 노동조합 위원장들이 참석했는데 티켓 한 장당 400달러까지 내는 사람들도 있었다. 모금 행사는 평균 2~3만 달러를 거둬들였고 아일랜드의 대의를 사람들에게 널리 알리는 효과를 거두었다.

당초 노레이드 기금은 노던 에이드 커미티NAC를 통해 얼스터에 전달됐다. NAC는 런던데리 폭동 직후인 1969년 벨파스트에서 설립된 조직이다. 이 조직은 후에 ACC(An Cumann Cobrach)에 의해 흡수됐는데 ACC는 1920년대에 활동하던 죄수가족기금Prisoners' Dependent Fund의 현대판이었다. 이후 노레이드의 돈은 신페인Sin Fein과 더블린 사무실을 함께 쓰는 ACC로 흘러들어 갔다. ACC는 이 돈을 공화군 포로의 가족들을 지원하는 벨파스트의 그린 크로스 Green Cross에 전달했으나 그것은 겉치레일 뿐 실제로는 IRA 운영비로 사용했다. 흥미롭게도 그린 크로스는 주소도 전화번호도 없고 회계장부도 공개하지 않으며 세무 당국에 자선 단체로 등록조차 되어 있지 않았다.⁵ 노레이드는 북아일랜드의 집 없는 사람들을 먹이고 입히는 데 그들의 돈이 사용된다고 주장했지만 그 자선 사업이라는 것은 북아일랜드공화국군의 위장 전술일 뿐이었다. 1982년 노레이드에 대한 재판 때 미국 법무부는 이렇게 주장했다.

"노레이드라는 단체는 창설된 이래 북아일랜드공화국군, 그 정치적 기구인 신페인 그리고 기타 관련자들의 앞잡이 노릇을 했다."⁶

노레이드 돈의 상당 부분이 무기를 구입해 얼스터로 밀수시키는 데 들어갔다. 1982년에 FBI는 뉴욕 시에서 1백만 달러 규모의 무기 밀수 작전이 진행됐음을 폭로했다.⁷ 이 작전을 지휘한 두 사람

중 한 명인 앤드루 더건은 노레이드의 조직원이었다.

　노레이드 같은 독립된 기관의 직접적인 재정 보조는 정부 보조금에 비해 조건이 덜 붙어 있는 편이지만 그래도 무장 단체는 그런 기관의 영향을 받지 않을 수 없다. 1979년의 마운트배튼 경 암살 사건이나 1983년 크리스마스 때의 헤로즈 백화점 폭발 사건 등은 IRA가 잉글랜드 본토에서 수행한 테러전으로 미국 국민들의 관심을 환기시켰다. 이런 테러 사건으로 인해 IRA와 아일랜드계 미국인들의 관계는 급속히 냉각됐다.

　이런 상황에서 노레이드는 잉글랜드를 아일랜드 땅을 무단 점령한 공격자로 묘사하려고 애썼다. 그러나 많은 아일랜드계 미국인들이 볼 때 IRA는 외국 점령군을 상대로 싸우는 것이 아니라 잉글랜드 내에서 무고한 양민을 학살하는 것이었다. 보비 샌즈, 레이먼드 맥크리시, 기타 IRA 요원들이 메이즈 감옥에서 북아일랜드의 열악한 생활 환경에 항의하며 정치범의 위상 강화를 위해 단식 투쟁하다 사망했던 1981년을 제외하고는 노레이드의 지원 기금은 줄어들었다. 아일랜드계 미국 정치인이나 조직들은 노레이드의 행사나 가두행진을 기피하면서 일정한 거리를 두기 시작했다. 1983년 아일랜드 정부, 뉴욕 로마 가톨릭 교구, 다수의 아일랜드계 미국 정치가들은 뉴욕의 성패트릭 기념일 행진을 거부했다. 갑자기 노레이드는 냉랭한 현실에 직면하게 되었다. 아일랜드의 자유 전사라는 낭만적 이미지는 IRA의 잉글랜드 테러 행위 때문에 돌이킬 수 없을 정도로 훼손됐다. 런던에 살고 있는 아일랜드계 미국인 친구는 나에게 이렇게 논평했다.

"IRA가 크리스마스 때 헤로즈 백화점을 폭탄 공격한다면 그건 아무도 안전하지 않다는 뜻이다. 정치적 폭력이 이제 사람들 가까운 곳까지 찾아온 것이었다."

　아일랜드계 미국인의 동정심이 냉랭해지면서 노레이드의 금고도 말라붙었다. 이것은 외국 스폰서에게 자금을 의존하는 데에는 한계가 있음을 보여주었다. 이러한 한계는 1977년 게리 애덤스가 제시한 IRA의 새로운 전략을 도와주지 않는 고통스러운 것이었다. '투표와 총탄 프로그램'이라고 알려지게 되는 그 새로운 전략에 따르면 IRA는 테러 캠페인을 유지하는 상태에서 합법적인 정치 기반을 넓혀나가기로 했다. 이러한 애덤스의 전략을 뒷받침하기 위해 IRA는 점점 더 밀수, 조세 포탈, 사기 같은 불법적인 작전에 의존하게 되었다.

　아일랜드 공화국과 얼스터 사이의 270마일에 이르는 국경은 밀수하기에 딱 좋은 지형이다. 아일랜드 공화국의 IRA 지지자들은 돈을 모금하기 위해 아일랜드 농산물을 영국—북아일랜드는 영국의 일부다—에 수출할 때 공동시장에서 제공하는 보조금을 적극 활용하기로 했다. 가령 아일랜드 공화국에서 북아일랜드의 IRA 지지자에게 돼지를 수출해서 보조금(돼지 1두당 8파운드)을 수령한 다음에 그 돼지를 다시 공화국으로 몰래 가져오는 것이다. 똑같은 돼지를 가지고 이 과정을 여러 번 반복하면 상당한 현금과 아주 피곤한 돼지를 동시에 챙기게 된다. 영국측 정보에 따르면, 1985년 IRA 국경 부대인 ASU의 조직원이며 양국 국경 근처에 위치한 농가의 소유주인 토머스 머피는 돼지 밀수 사업을 통해 IRA 금고에 8천 파운드를 채워주었다. 머피는 이 사업을 연중 내내 계속해 혼자서 2백만 달러를 벌었다. 브라셀 공동시장 본부가 마침내 동물들에 대한 보조금을 철폐하자 IRA는 곡물로 사업 제품을 바꾸었는데 곡물은 여전히 1톤당 12파운드의 보조금이 지불됐다. 이런 보조금 사기로 얼마나 많은 돈을 벌었는지 정확하게 알기는 어렵지만 유럽위원회의 감사들이 개괄적인 자료를 내놓은 것이 있다. 그들의 조사에 따르면 1985년 한 해에 보조금과 관련해 공동시장이 손해 본 액수가 4억 5천만 파운드였다.[8]

또 다른 불법 수익 사업은 아일랜드 공화국과 북아일랜드 사이에 차이 나는 부가가치세를 활용하는 것이다. 컬러 텔레비전 같은 사치품에 대한 부가가치세는 공화국에서는 35%지만 북아일랜드에서는 15%였다. 북쪽에서 남쪽으로 이런 물품을 밀수해 오면 차이 나는 부가가치세 만큼 이득을 볼 수 있었다. 이런 밀수 때문에 더블린 정부는 해마다 1억 달러의 세수 손실을 겪고 있다.[9]

게리 애덤스가 IRA를 새롭게 개편해 주류 정치로 들어가겠다고 밝히면서 IRA 자금의 상당 부분이 신페인의 정치 캠페인을 지원하는 데 전용됐다. 영국 정부의 자료에 따르면 애덤스의 이런 방향 전환으로 인해 무장 단체 IRA를 운영할 때보다 3배나 더 많은 돈이 들어갔다.[10] 애덤스가 선출된 1983년의 정치 캠페인 때 안보 비용만 1표당 1.30파운드씩 총 13만 7천 파운드[11]가 들어갔는데 이 비용은 대체로 IRA의 불법 사업에서 나온 돈으로 충당됐다. 1985년 아일랜드 정부는 2백만 달러가 IRA에 불법 전용된 것을 밝혀냈는데 그중 상당액이 의원 선거 캠페인에 쓰였다. 그 돈은 어소시에이티드 브리티시 식품 회사로부터 강탈한 것이었는데 IRA가 아일랜드 공화국 내에서 납치나 폭파 등의 테러를 저지르지 않도록 하기 위한 뇌물이었다. 아일랜드 조사관과 미국 세관 당국은 그 돈의 유통 경로를 추적해 자금의 흐름을 재구성함으로써 복잡한 재정 작전을 밝혀낼 수 있었다. 그 돈은 스위스에서 출발해 아일랜드 은행의 뉴욕 지점에 예치됐다. 뉴욕에 있는 한 바bar의 소유주며 노레이드의 회원인 알란 클랜시는 가짜 여권과 그 돈을 들고 아일랜드로 건너가 아일랜드 은행의 나반 지점에 예치했다. 하지만 클랜시는 나중에 이 자금을 인출하려다가 체포됐다.[12]

합법적인 정치 캠페인에 자금을 대기 위해 은밀한 작전을 벌이는 것은 주류 정치에 편입하려는 무장 단체들이 즐겨 사용하는 수법이다. 그러나 불행하게도 그런 편입이 완료된 후에도 이들 단체는 범죄와의 파트너십이라는 과거의 얼룩을 그대로 유지하고 있다. 신페인과 게리 애덤스는 자금 조달에 대해 유사한 접근 방식을 갖고 있다. 2001년에만 IRA는 범죄적 활동을 통해 7백만 파운드를 거둬들였다. 이 중 동유럽으로부터의 담배 밀수가 가장 큰 수입원이었다. 담배를 가득 실은 탱크로리들이 동유럽에서 잉글랜드와 아일랜드 공화국으로 들어왔다. IRA는 이 담배들을 판매함으로써 조세를 포탈해 탱크로리 한 대분당 40만 파운드의 수익을 올렸다.[13]

IRA가 평화 협상이라는 큰 틀 속에서 무장 해제를 검토하던 2002년 중반, IRA 요원 3명이 콜롬비아에서 FARC(콜롬비아 최대의 무장 집단)에게 폭약 사용법을 가르치다가 체포됐다. 그들 중 한 명인 마틴 맥콜리는 신페인의 선거 담당 이사를 지냈던 인물이다. 그들의 변호사인 에르네스토 아메스퀴타는 그들이 '환경여행가'로 FARC 장악 지역에 여행 왔던 것이라고 주장했다. FARC의 우두머리인 마누엘 '명사수' 마룰란다Manuel 'Sureshot' Marulanda도 그런 주장을 뒷받침하고 나섰다. FARC의 근거지는 '환경생태학적 명소'로서 VIP들이 많이 찾아온다는 것이었다. 마룰란다는 이렇게 말했다.

"심지어 뉴욕증권시장 이사장, 요르단 왕비 같은 분도 찾아왔습니다…그 아일랜드 사람들은 국제 친선 관계를 논의하기 위해 이곳을 찾아왔던 것입니다."[14]

게리 애덤스는 그 체포된 3명과 신페인이 관련되어 있다는 것을 인정하지 않았다. 하지만 그 3명이 벌어들인 돈이 신페인과 아담스의 정치 캠페인을 지원했다고 보는 것은 타당하다.[15]

많은 무장 단체들은 국가(미소 냉전시대의 미국과 소련) 지원의 테러리즘을 실행할 수 없게 되자 그 대안으로 범죄와의 제휴를 선택했다. 사실 이것(범죄에 가담)이 해외 강대국의 조건과 조종으로부터 벗어나는 첫걸음이었다. 정치적 폭력이 강화되어 기승을 떨치던 1970년대 중반에 무장 단체들은 냉전의 낡은 구조로부터 벗어나기 시작했다. 그들의 스폰서 국가들이 어떤 불법 작전으로 돈을 거둬들이는지 이미 충분히 배워두었으므로 무장 단체들은 이제 독자적으로 불법 사업을 운영하는 것이 훨씬 더 용이하다고 생각했다.

테러의 민영화

1968년 7월 23일, 로마를 떠나 텔아비브로 가던 엘알 민간 항공기가 납치되어 알지에에 불시착했다. 12명의 이스라엘 사람들만 빼놓고 비행기에 탔던 승객들은 모두 풀려났다. 납치범들은 그들의 요구—이스라엘 감옥에 갇힌 15명의 팔레스타인 사람과 인질들의 맞교환—가 관철될 때까지 12명을 인질로 잡았다. 엘알 하이재킹은 테러 전략과 파이낸싱(자금 조달)에서 하나의 기념비가 되었다. 사상 최초로 이스라엘 바깥에서 이스라엘인을 납치 목표로 삼은 작전이었다. 알 파타al Fatah와 아라파트Arafat는 이스라엘 민간인을 납치하는 것은 그들의 정책이 아니라며 그 비행기 납치 사건을 공식적으로는 비난했으나 그 사건은 아랍 세계 전역에서 칭찬 받았다. 납치의 주도 세력인 팔레스타인해방인민전선PFLP은 아랍 게릴라와 무장 단체들 사이에서 즉각 악명을 드날리게 되었다.

　엘알 하이재킹은 베이루트 아메리칸 대학에서 의학을 공부한 와디 하다드의 작품이었다. 하다드는 조지 하바시, 쿠웨이트 태생의 아흐마드 알 카티브 등 대학 동창들과 함께 아랍 민족주의자 운동MAN을 창설했다. 1968년 하다드와 하바시는 MAN을 팔레스타인해방인민전선으로 개편했다. 두 사람은 상수도, 파이프라인, 철도 등 이스라엘 내의 전략 목표에만 집중하는 알 파타의 전략이 불만이었고 그래서 투쟁의 범위를 넓히고자 했다. 하다드와 하바시의 1차 목표는 아랍 스폰서 국가들로부터 독립해 경제적으로 자립하고 그 다음에는 PLO가 통제하는 알 파타와 차별화되는 것이었다. 엘알 하이재킹은 이 두 가지 목표를 모두 달성시켜 주었다.

그 납치 사건은 엄청난 성공을 거두었고 그 후 모든 하이재킹의 모델이 되었다. 그런 납치 사건이 있고 난 다음부터 여러 항공사들은 추가로 공격당하지 않기 위해 자발적으로 보호세를 납부했다. 갑자기 하다드는 여러 무장 단체들로부터 매달 약 1백만 달러의 돈을 받게 되었다.[16] 보호세는 곧 국제 무장 단체의 주요 수입원이 되었다. 그 돈은 항공사들이 납치당하지 않기 위해 내는 일종의 보험금이었다. 루프트한자 항공사도 1972년에 자사 비행기가 아덴에서 PFLP에 의해 납치당하자 그 다음부터 보험금을 내기 시작했다. 당시 PFLP는 이런 형태의 강탈을 독점하고 있었다. 이렇게 보험금 조로 거둬들인 돈이 연간 5백만 달러에서 1천만 달러에 달했다. 이 돈은 PFLP를 포함해 PLO 요원들—PLO는 이 무렵 하이재킹을 반대하던 입장을 철회했다—사이에서 분배됐다.[17]

보호세를 뜯어내는 관행은 곧 석유 산업으로 확대됐다. 1972년 검은 9월단이 로테르담에 있는 다수의 석유 시설을 공격하자 여러 주요 석유 회사들이 '보험 제도'에 가담했다. 아라비아—아메리칸 석유회사ARAMCO도 자사 직원이 로마 공항에서 테러를 당한 후 보험 제도에 가담했다. OPEC도 예외가 아니었다. 1975년 12월, 일리치 라미레스 산체스(보통 카를로스 더 재칼이라고 더 잘 알려진 테러리스트)와 PFLP의 특공대는 비엔나의 OPEC 본부 건물을 접수했다. CIA에 따르면, 그 공격이 있고 난 직후 OPEC는 OPEC의 이익을 보호하기 위해 하다드와 그 작전을 지원한 그룹에게 1억 달러를 건네주었다. 그 외에도 OPEC는 PLO 의장의 비자금에 별도로 1억 2

천만 달러를 넣어주었다.[18]

무장 단체들이 외국의 간섭으로부터 독립하려는 소망이 너무나 강하기 때문에 전혀 어울리지 않는 두 무장 단체 사이의 협력을 가져오기도 한다. PLO와 레바논의 기독교 팔랑헤Christian Phalange의 제휴가 그것이다. 1976년 1월 초, 이스라엘의 지원을 받고 있는 기독교 민병대Christian militia의 지도자인 바시르 게마얄과 알 파타의 보안 책임자인 하산 살라메는 아주 기이한 동맹을 맺었다. 몇 년 동안 원수처럼 싸우던 두 그룹은 베이루트 도심에 있는 영국계 중동은행을 털기 위해 48시간 동안 휴전하기로 동의한 것이었다.

1976년 1월 20일 아침, 알 파타와 기독교 팔랑헤의 특공대는 도심의 사업 지구를 봉쇄했다. 중동에 진출한 금융 기관과 다수의 외교관 관저가 들어선 그 지역은 플라스 드 마르티르스 근처였는데 남쪽은 팔랑헤가 북쪽은 알 파타가 장악하고 있었다. 1월 20일 아침에 은행 직원들, 환전상, 대사관 직원, 방문객 등은 이 지구로 들어서다가 제지당했고 집으로 돌아가 이틀 동안 오지 말라는 말을 들었다. 정오가 되자 그 지구는 완전 텅 비었고 철저하게 통금됐다. PLO와 팔랑헤는 중동영국은행 바로 옆에 있는 가톨릭 카푸친 교회로 진입해 수도자들과 잘 협상한 끝에 교회 벽을 뚫고서 은행의 현금 창고로 들어가려 했다. 그들은 교회가 파손되는 것을 막기 위해 다이너마이트나 폭약은 사용하지 않고 대신 곡괭이와 도끼를 사용했다.

이틀 뒤 출근하기 위해 나온 은행 직원들은 다시 집으로 돌려보내졌다. PLO와 팔랑헤는 여전히 교회 벽에서 작업을 하면서 은행 안으로 진입하지 못했기 때문이었다. 마침내 은행의 현금 창고에 들어선 그들은 패배를 인정하지 않을 수 없었다. 아무리 해도 현금 창고로 들어가는 문을 열 수가 없었던 것이다. 그때 그들 중 한 명이 말했다. "우리는 전사지 도둑이 아닙니다." 그래서 문을 따는 문제를 해결하기 위해 코르시카 마피아의 폭파 전문팀이 수송되어 왔다. 그들은 대량의 다이너마이트를 사용해 그 문을 열었다.

은행을 약탈하는 데에는 이틀이 걸렸다. 지금地金, 증권 증서, 보석, 현금 보따리 등을 꺼내 트럭에다 실었다. 이 강도 사건은 약간의 재산[19]과 『기네스북』에 오르는 기회를 얻기도 했다.[20] 약탈물은 PLO, 팔랑헤, 마피아 사이에 공평하게 분배됐다. 코르시카 사람들은 DC-3 비행기를 전세 내어 그들의 몫—지금, 보석, 현금의 3분의 1—을 고향으로 날랐다. 팔랑헤는 그 돈을 대부분 무기 구입에 사용했으며 PLO는 해외에 투자했다.[21] 그들의 몫은 또 다른 전세 비행기에 실려 아라파트, 아부 이야드, 살라메[22] 등과 함께 스위스로 가서 여러 스위스 은행에 분산 예치됐다.

범죄 행동을 벌여서 돈을 만드는 것은 비교적 쉽다. 그러나 그 돈을 세탁하고 재투자해 정기적인 수입을 벌어들이는 일은 그보다 훨씬 어렵다. 이미 1970년대 초부터 여러 무장 단체들은 돈을 잘 다뤄야 조직이 살아남을 수 있다는 것을 알았으나 합법적인 장기 투자에 성공한 조직은 몇 되지 않았다. 그런 몇 안 되는 성공 조직의 하나가 PLO다.

중동영국은행을 턴 직후 몇 달 동안 PLO는 제2시장(암시장)의 비공식 금융 기관 노릇을 하면서 은행에서 훔쳐온 증권과 채권을 팔아 넘겼다. 판매 가격은 1달러당 20~30센트였다. 그 증권과 채권 중 상당수는 원래 주인이 되사갔다. 주인들은 자신의 재산 규모와 불분명한 재산 출처가 노출되는 것을 원하지 않았기 때문이다. 여러 정보 제공자의 증언에 따르면 그런 증서를 팔아서 올린 수입이 은행에서 직접 훔친 현금보다 더 많았다고 한다. 또 다시 아라파트는 그 돈을 전세 비행기에 실어서 스위스로 보냈다.[23]

ETA의 약탈 경제

지난 30년 동안 아라파트는 돈을 세탁하고 재투자하는 일에 있어서 가장 꾀가 많은 테러 지도자 중 하나였다. 그의 고문관은 저명한 재정 전문가이며 카이로에 본사를 둔 재정관리 컨설트 업체 팀TEAM의 사장인 나빌 샤아트였다. 아라파트의 고문관이 되기 전에 샤아트는 펜실베이니아 대학 산하의 저명한 와튼 경영 대학원에서 기업 재무구조를 가르치던 교수였다.[24]

성공한 무장 단체들은 그들의 재정 상태를 잘 관리하기 위해 복잡한 회계 구조를 개발해야 했다. 1986년 프랑스 앙다야의 소코아 공장의 지하 밀실에 바스크 독립 운동 무장 단체인 ETA(Euskadi Ta Askatasuna: '바스크 조국과 자유'라는 뜻의 바스크어)의 재정 본부가 들어서 있었다는 게 발견됐다. 이때 발견된 회계 자료는 무장 단체가 예산을 맞추기 위해 얼마나 복잡한 회계 기술을 사용하고 있는지 보여주었다.[25] 수입과 지출 항목을 보면 일부는 스페인의 페세타 화로, 일부는 프랑스의 프랑 화로 적혀 있었는데—ETA 예산의 85%는 스페인에서 그 나머지는 프랑스에서 집행된다—그 정교한 내역은 합법적인 정부의 회계 관리를 연상시켰다. 수입은 주로 납치, 갈취, 무장 강도 등의 방법으로 조달했는데 이 중 무장 강도는 지난 10년 동안 약 8억 페세타 정도의 수입밖에 올리지 못해 1980년대 중반에 들어서는 아예 포기됐다. 위험은 높고 돌아오는 수익은 너무 적기 때문이었다. 반면에 유명인사 납치 행위는 지난 여러 해 동안 커다란 수익을 올리는 사업이 되었다. 1970년에 납치로 5천만 페세타의 수입을 올리던 것이 1997년에는 15억 페세타(미화 1천 5백만 달러)로 뛰었다. 사실 납치 범죄가 너무나 만연되어 있어서 1984년에 스페인 정부는 납치의 중간 소개자도 기소하는 법률과 납치 희생자와 가족들의 은행 계좌를 임의로 동결시킬 수 있는 법률을 제정했다. 이것은 몸값을 지불하기 위해 가족들이 자금을 인출하는 것을 미리 막아보자는 제도인데 이탈리아에서 처음 실시됐다.[26]

기업가와 산업가로부터 갈취하는 것도 상당한 수입원이었다. 때때로 갈취는 파괴와 폭력 행위로부터 보호해주는 형태를 띠었다. ETA 요원들은 그것을 주민의 부富에 부과하는 '혁명세'라고 강변했다. 민족주의 감정이 이런 과세를 충분히 뒷받침한다는 것이었다.

"바스크 지방의 모든 주민이 억압자(스페인 정부)에 대한 저항을 지원해줄 법적, 도덕적 책임이 있기 때문에 ETA는 독립 국가의 정부가 국민들에게 주민세를 부과하는 것처럼 혁명세 납부를 강제 부과한다."[27]

소코아 공장에서 발견된 서류에 따르면 1980년과 1986년 사이에 갈취 행위로 올린 수입은 무려 12억 페세타(미화 1천 2백만 달러)에 달한다. ETA 전사들과 지지자들의 자발적인 기부금도 수입에 보탬을 주었다. 소코아에서 발견된 회계 자료에 따르면 해외(특히 프랑스)에서 근무하는 바스크 사람들의 봉급에 5%의 세금이 부과됐음을 알 수 있다. 이 세금은 바스크 난민 위원회가 거둬들였다. 그러나 해외 국가들로부터의 자금 유입은 기록되어 있지 않았다. 소련, 동구권의 소련 동맹국들, PLO 등으로부터의 지원은 무기와 군사 훈련 제공에만 국한됐기 때문에 현금이라는 측면에서는 수량화하기가 어렵다. ETA와 스페인 공산당과의 강력한 유대 관계는 군사적, 전략적 목적으로 강화되어 있을 뿐, 수입이라는 측면에서는 별 도움이 되지 않는다.[28] ETA는 놀라울 정도로 자급자족하고 있다. 1978년부터 1997년까지 이 단체의 연간 평균 수입은 4억 페세타(미화 4백만 달러)를 상회했다.[29]

ETA가 바스크 지방에서 자금 조달에 몰두한 나머지 지역 경제에는 처참한 결과를 가져왔다. 바스크 인구는 스페인의 전체 인구 중 소수에 지나지 않는다. 1980년대 초 스페인에 약 150만 명, 프랑스에 약 20만 명의 바스크인이 살고 있는 것으로 추산됐는데 이에 비해 스페인 전체 인구는 3천 7백만 명이다. 프란시스코 프랑코[30]가 대대적인 이주 정책을 펴는 바람에 많은 사람들이 스페인의 가난한 지역에서 바스크 지방으로 이주해 왔다. 그 결과 바스크 지방은 외지인이 더 많아지게 되었다. 외지인들은 이 지방의 산업시설에 매혹되어 이곳으로 흘러들어 왔다. 무엇보다도 제철 공장, 광산, 조선소 등이 일자리를 찾아 떠도는 사람들을 끌어당기는 강력한 자석이었다. 1960년대 ETA 테러가 아직 극성을 부리지 않을 때 바스크 지방의 산업은 호경기였다. 바스크 지방의 평균 소득은 베네룩스 3국과 같은 수준이었고 개인 소득은 스페인에서 가장 높았다. 특히 빌바오의 개인 소득은 스페인 다른 지역보다 40%나 높았다. 그러나 이런 경제적 호황은 잠깐이었다.

ETA가 마드리드 중앙정부에 대항하기 위해 테러 캠페인을 벌이는 바람에 경제는 산산조각이 났다. 역설적이게도 ETA의 민족주의적 꿈은 자원을 고갈시키고 바스크 지역을 가난하게 하고 부유한 사람들을 다른 곳으로 쫓아버렸다. 공장들은 문을 닫았고 바스크 산업가들은 ETA의 모금 방식, 즉 납치, 구타, 갈취, 은행 강도, 점점 높아지는 혁명세 등을 피해 다른 곳으로 달아났다. 저술가 클레어 스털링이 ETA 관련 자료를 수집하는 동안 한 사업가는 그녀에게 이렇게 털어놓았다.

"난 여기 있어야 할 필요를 느끼지 못합니다. 우리 형님의 아내와 아이들은 총구 앞에서 위협당했습니다. 형님이 은행에 예금한 돈을 다 꺼내서 ETA에게 갖다 바칠 때까지 말입니다. 형님은 이제 다른 곳으로 가버렸습니다. 우리 아저씨도 다달이 돈을 갈취당하는 것이 너무 지겨워서 다른 곳으로 가버렸어요. 나 또한 억지로 돈을 갈취당하는 것이 정말 싫습니다. 게다가 우리 아이 5명이 학교에서 엉터리 역사를 배우고 알파벳 문자도 없는 죽은 언어(바스크 어)를 배워야 한다는 게 정말 싫습니다. 그러니 다음번에 나를 다시 인터뷰하러 온다면 나는 이곳을 떠나버려 만나지 못할 것입니다."[31]

이렇게 돈 가진 사람들이 탈출해 버리자 ETA는 할 수 없이 바스크 지방 이외의 지역에서 무장 투쟁 비용을 조달해야 했다. 1985년 ETA 전사들의 월급이 프랑스 프랑 화로 지급됐다. 이것은 ETA가 국경 너머로 활동 근거지를 옮겨갔다는 뜻이다. 같은 해 지출의 65%가 프랑 화로 기록됐는데 이는 점점 더 많은 돈을 프랑스에서 쓴다는 뜻이다. 1985년부터는 ETA의 연간 지출의 대부분이 프랑 화로 기록됐다. 이처럼 통용 화폐가 바뀌었다는 것은 ETA가 돈을 거둬들이기 위해 프랑스의 바스크인 거주 지역으로 활동 본거지를 옮겼다는 뜻이다.

지출에 관한 한, ETA의 봉급 수준을 결정하는 것은 현금가용도可用度였다. 1980년대와 1990년대의 연간 평균 지출은 60만 프랑(미화 12만 달러)인데[32] 이는 ETA 전체 지출액의 10%에 해당한다.[33] 1990년대에 들어와 평균적으로 ETA는, 결혼한 남자 조직원에게 1,200프랑(240달러)의 월급을 지급했고 아이가 있을 경우 1인당 200프랑(40달러)을 추가 지급했다. 결혼하지 않은 젊은 요원에게는 700프랑(140달러)을 월급으로 지급했다. 이러한 월급 수준은 스페인의 평균 월급 수준—스페인의 1인당 월별 평균 GDP는 5,400프랑으로 약 1,080달러다—보다 아주 낮은 것이다. ETA는 요원들에게 최저한의 생활비를 지급하면서 동조자나 지지자의 도움 또는 가족들의 재정 지원을 받을 것을 요구하고 있다.

ETA는 무엇보다도 전략적 비용을 제일 중시한다. 그래서 무기 및 폭약 구입과 안전한 은신처 확보 등에 자금이 우선적으로 지급된다. 해외 전사들에 대한 봉급 지불도 현금 유동성에 따라 결정된다. 지불은 다양한 방식으로 이루어진다. 예를 들어 ETA는 니카라과 파견 요원들(산디니스타를 돕기 위해 보낸 병력)에게는 바스크 갱단인 라레아테귀 쿠아드라를 통해서 지불한다. 지폐를 잡지의 페이지 속에 숨겨서 우편으로 보낸다.

니카라과에서 ETA 봉급은 1989년까지 월 20달러였다가 그 후 100달러로 올라갔다. 1988년에 납치한 사업가 에밀리아노 레비야로부터 약 12~15억 페세타(미화 1천 2백만~1천 5백만 달러)를 갈취해 여유돈이 생겼기 때문이다. 다른 지출 건수는 국내 정치의 인프라 건설, 산디니스타 등 다른 국제 무장 단체 지원(34%), 무기 및 폭탄 구매와 감옥에 간 요원들에 대한 재정 지원 등을 포함하는 운영경비(57%) 등이었다. ETA가 1978년과 1997년 사이에 지출한 연간 평균 지출액은 3~4억 페세타(미화 3~4백만 달러)로 전체 수입보다 약간 낮았다.[34]

ETA 회계 구조의 발견은 테러에 바탕을 둔 기본 경제—즉, 전시경제와 아주 비슷한 경제—가 존재한다는 것을 밝혀냈다. ETA의 자급자족 파이낸싱(자금 조달)은 '약탈적인 전시경제' 모델에 바탕을 둔 것이었다.

"이 경제에서는 무장 단체들이 폭력과 약탈을 통해 현지 주민과 경제 자원에 접촉한다⋯단기적인 생존 계획으로는 효율적일지도 모르지만 이러한 유형의 정치 경제는 자원을 점진적으로 고갈시키고 정치적 지지 세력을 떨어져 나가게 한다⋯이 전시경제는 지역 주민들에게 엄청나게 나쁜 영향을 미쳐서 그들의 이주, 결핍, 죽음을 가져온다."[35]

전쟁 때는 언제나 그렇듯이, 합법적인 경제의 착취를 허용할 뿐 아니라 그것을 적극 권장한다. 실제로 주류 경제(합법 경제)가 생존의 유일한 원천이다. 따라서 합법적인 경제가 고갈되는 동안 그 지역에서는 부의 재분배가 이루어지지 않는다. 무기와 탄약에 소비된 돈은 바스크 지방에 새로운 부를 창출하는 것이 아니라 이 지방의 금융 회로를 완전히 떠나버린다. 그 결과 주민들은 가난해진다.

"이 지방에 테러가 만연하자 ETA에 의한 폭력, 갈취, 납치 등에 대한 공포 때문에 이 지역의 1인당 GDP가 10%나 떨어졌다."[36]

이처럼 ETA가 자원에 기생해 살아나가는 방식은 영구히 지속될 수 없다. 마침내 이 집단은 수입을 올리기 위해 다른 지방으로 옮겨가야만 했다.

테러 경제에 의해 야기된 경제적, 재정적 출혈이 합법적 경제의 붕괴를 가져온다는 것은 부인할 수 없는 사실이다. 그럼에도 불구하고 주민들은 이런 사건의 전반적인 충격을 경험하지 못할 수도 있다. 어떤 상황에서는 테러 경제가 간단히 주류 경제를 대신해 버린다. 이렇게 되면 합법적인 경제는 점진적으로 테러 경제에 의존하게 된다.

이런 일이 내전 중 레바논에서 발생했다. 이스라엘 군대가 베이루트를 포위했던 1982년, 아라파트는 PLO 자금을 관리하던 국제 은행의 하나인 방크 나시오날 드 파리의 금고로 피신했다. 거기서 그는 PLO 계좌를 레바논에서 전부 빼내 다른 아랍 은행들로 옮겼다. 이때 빼낸 현금의 규모가 너무나 커서 레바논 파운드는 거의 붕괴할 지경이었다.[37] 1984년 PLO와 팔레스타인 사람들이 레바논에서 축출됐을 때 레바논 파운드는 대폭락해서 1달러 대 270파운드 수준으로 평가 절하됐다.

마약 테러리즘의 탄생

1984년 3월 10일 새벽, 콜롬비아의 경찰 헬리콥터들이 보고타에서 남쪽으로 약 700마일 떨어진 야리 강 상공에 나타났다. 헬리콥터들은 강둑에 내렸고 경찰 병력이 헬리콥터들로부터 쏟아져 나왔다. 그들은 엘리트 대對테러 요원들로 구성된 특공대였다. 그들은 현지 마약 재벌의 은신처라고 생각되는 건물 단지를 공격하기 위해 재빨리 이동했다. 특공대가 목표물을 향해 다가가자 개활지開豁地 근처의 정글에서 매복중인 저격병들이 사정없이 총격을 가해 왔다. 특공대가 건물 단지를 접수하기까지는 근 2시간이 걸렸다. 그들은 그곳에서 13.8톤의 코카인을 발견했는데 그것은 시가로 약 12억 달러어치였다.[38]

그 작전은 여러모로 성공적이었다. 정글에 있던 중요 마약 기지를 파괴했을 뿐 아니라 마약 재벌에게 엄청난 금전적 손실을 입혔던 것이다. 더욱 중요한 사실은, FARC와 번창하는 콜롬비아 마약 사업 사이의 위험한 관계를 밝혀낸 것이었다. 조사관들은 숲속에서 경찰 특공대를 향해 총격을 가한 저격병들이 100명의 FARC 조직원으로 구성된 특공대였음을 알아냈다. 건물 단지 내에서 발견된 서류들은 FARC가 마약 재벌에게 무장 경호를 해준다는 것을 확인해 주었다.

테러와 마약의 결합은 최근 들어와 발생한 치명적인 현상이다. 1980년까지 FARC와 M-19Movimiento 19 de Abril는 무장 강도와 사업가 납치에서 나오는 수입으로 근근이 버티고 있었다. 이처럼 자금 상황이 어렵다 보니 조직원들의 숫자도 골수 요원 200명 수준으로 떨어졌고 봉급을 줄 수 없으니 신규 인원 모집은 생각조차 할 수 없었다. 두 무장 단체의 지도자들은 이러다가 조직이 와해될지 모르겠다고 생각했다. 하지만 그들은 곧 콜롬비아의 광대한 정글 속에 엄청난 부의 원천이 기다리고 있음을 발견했다.

1981년 콜롬비아는 2,500톤의 코카 잎사귀[39]를 생산했다. 북아메리카의 엄청난 마약 수요에 힘입어 1986년에는 생산량이 무려 1만 3천 톤으로 늘어났다.[40] 1980년대 중반, 마약 경제는 콜롬비아 정부의 국제수지 중 연간 50억 달러의 현금을 기여했다.[41] 코카인 수출액이 다른 2대 수출 품목인 커피와 화훼의 수출액을 합친 것보다 많았다. 마약 사업의 상당 부분은 소수의 강력한 카르텔을 운영하는 사람들이 지배했다. 1981년 FARC와 M-19는 콜롬비아 마약 마피아와 계약을 체결했다. 그들은 코카 이익의 일부를 분배받는 대신 콜롬비아 정규군에 대항하는 무장 경호를 해주기로 한 것이었다.

FARC는 그 조직이 지배하는 지역에서 코카 재배자들로부터 10%의 보호세를 거둬들였다. 이것만으로도 매월 수입이 330만 달러에 달했다.[42] 1984년 FARC과 M-19는 마약 밀수업자와 밀매업자를 보호하는 사업으로부터 연간 1억 5천만 달러를 벌어들였다. 이 이익금 중 상당 부분이 신규 대원 모집에 들어갔다. 그리하여 두 그룹은 1988년에 이르러 약 1만 명 규모의 합동 민병대를 거느리게 되었는데 이것은 정부에서도 두려워할 정도의 병력이었다.[43] 또 다른 고정적 자금은 고위 정치가들에게 바치는 뇌물로 들어갔다. 콜롬비아의 코카 생산 지역을 완전 통제해서 콜롬비아 정규군이 진입하지 못하게 하려는 목적으로 정치가들을 구워삶은 것이었다. FARC과 M-19의 손아귀에 들어간 이 지역들의 경제는 곧 마약 생산과 무장 방어, 이렇게 두 가지로 축소되고 말았다. 코카는 단일 수출품이었고 외환 수입의 유일한 원천이었다. 모든 사업은 코카 생산에 기여하거나 아니면 코카 생산에서 나오는 이익의 간접적 수혜자가 되었다.

마약 재벌, FARC, M-19 사이의 동맹이 강화되자 마약 테러 사업은 확장됐고 파트너십은 제4자에게까지 확대됐다. 쿠바 정부와 계약을 체결해 마약을 실은 콜롬비아 배가 미국으로 가는 길에 쿠바 항구에 기항할 수 있게 되었다. 쿠바는 항구를 제공하는 대신, 배 한 척당 50만 달러를 받았고 그 이외에 FARC와 M-19에게 무기를 판매하는 권한을 얻었다.[44]

이 동맹 구조에 대해서는 미국의 마약밀매 업자인 데이비드 페레즈가 1983년 마이애미에서 재판을 받으면서 밝힌 바 있었다. 콜롬비아 화물은 우선 콜롬비아 국기를 달고 그 나라에서 떠난다. 그러나 일단 국제 해역에 들어서면 쿠바 국기를 게양하고서 쿠바 당국에 도착 시간을 무선으로 알린다. 그 배가 쿠바 해역에 들어서면 여러 척의 소형 보트가 배에 달라붙는다. 마약은 이 소형 보트에 분승되어 플로리다로 밀수된다. 때때로 물물교환도 이루어져서 마약을 넘겨주고 무기를 대신 받기도 한다. 쿠바가 올리는 이익은 화물의 형태에 따라 다르다. 마리화나 화물일 경우, 파운드당 10달러의 세금이 부과된다. 메타콸로네―미국에서는 맨드랙스로 알려져 있다―화물일 경우, 아바나는 이익의 3분의 1을 챙긴다.[45] 1980년대에 쿠바 정부는 콜롬비아 마약과 무기 판매로 연간 2억 달러의 외환을 벌어들였다.

콜롬비아 마약 테러 경제는 콜롬비아 국내적으로는 엄청난 비극을 가져왔다. 만연된 정치 부패와 각종 암살 사건들은 마약 밀매업자들과 싸우려는 진지한 노력에 찬물을 끼얹었다. 코카인 무역에서 나오는 엄청난 규모의 현금은 국제수지를 흑자로 전환시켰고 기업들의 성장을 떠받쳤다. 마약 재벌의 엄청난 현금이 국가 경제 속으로 계속 흘러들어오자 마약 재벌을 범죄자라고 매도하는 것이 점점 더 어렵게 되었다. 1980년 베탄쿠르 대통령[46]은 마약 사업을 폐쇄하려고 했으나 마약 재벌의 강력한 반발에 부딪쳤다. 그들은 1,800개에 달하는 사업장을 폐쇄하고 1만 8천 명의 군대를 동원하겠다고 위협했다.[47] 그러나 허약한 콜롬비아 정부는 마약 테러라는 거대한 공룡과 협상하는 수밖에 없었다. 정부는 FARC와 평화 협상을 시도했으나 크게 성공을 거두지는 못했는데 이것은 무장 집단이 어느 정도로 권력을 획득하고 있는지 잘 보여주는 사례라 하겠다.

콜롬비아 마약 카르텔의 대규모적 성장은 국내에만 영향을 미치는 것이 아니라 이웃 나라들에게도 심각한 영향을 주었다. 이미 2장에서 살펴보았듯이, 페루에서는 센데로 루미노소가 현지 코카 재배자와 콜롬비아 마약 밀매업자 사이에 미들맨(중간책)으로 끼

어듦으로써 엄청난 세력을 얻었고 어퍼 우아야가 계곡 일대를 군사적으로 장악했다. 콜롬비아 마약 카르텔은 미국에도 영향을 주었다. 1980년대 중반 콜롬비아 마약 밀수업은 플로리다 경제에 연간 150억 달러를 기여했다. 이처럼 대규모 현금이 유입되는 것은 대부분 마약 대금을 세탁하기 위한 것이다.[48]

이것은 불가피하게 플로리다의 금융 기관들을 타락시켰다. 현금에 굶주린 미국 은행들은 높은 유동성 사업을 환영했고 곤란한 질문은 하지 않았다. 플로리다 은행은 1만 달러가 넘는 예치금은 의무적으로 보고하게 되어 있으나 그 규정을 위반하면서 조용히 돈을 세탁시켜 주었다.[49]

기이한 협조 관계

무장 단체의 번성하는 경제는 불가피하게 그들의 이웃에게 영향을 미친다. 1987년에는 PLO와 이스라엘 사이에 이런 예외적인 상황도 벌어졌다. 1987년 여름, 서류가방을 든 한 젊은 팔레스타인 남자가 이스라엘과 요르단 국경인 알렌비 다리에 접근해 왔다. 이스라엘 순찰대는 그 젊은이를 제지하면서 서류가방을 검문하겠다고 말했다. 그는 아무런 주저함도 없이 서류가방을 열어 보였다. 그 안에는 현찰로 미화 99만 9천 달러가 들어 있었다. 그 남자는 구금됐고 국경 순찰대는 상부에 접촉해 지시를 요청했다. 이윽고 이스라엘 재무 차관 아디 아모라이는 가자와 서안 지구 점령 지구의 총괄 조정관인 쉬무엘 고렌과 협의했다. 고렌은 그 돈이 점령 지구 내에서 팔레스타인 인프라를 지원하는 데 쓰일 것이라고 생각했다. 그러니까 무기 구입보다는 교사와 간호사의 봉급으로 지불될 것이라고 판단했다. 아모라이 또한 같은 생각이었다. PLO의 은밀한 자금은 은행 계좌나 기타 금융 기관을 통해서 건너가는 것이 보통이었고 서류 가방 속에 넣어져 알렌비 다리를 건너가지는 않았다.

아모라이는 또한 침체된 이스라엘 경제와 40%까지 치솟는 인플레를 우려했다. 그는 팔레스타인 심부름꾼이 결국 그 달러를 이스라엘 세켈 화로 바꾸리라는 것을 알았다. 따라서 그 달러는 이스라엘 경제 속으로 들어올 것이고 국가 경제는 그런 현금을 필요로 하고 있었다. 게다가 그는 그 돈의 상당 부분이 이스라엘 내에서 소비될 것을 확신했다. 그래서 그 돈을 무사 통과시켜 주기로 결정했다.[50]

PLO와 이스라엘 사이의 기이한 공생 관계는 가자 지구와 서안 지구를 점령한 이스라엘이 치러야 할 금융 비용의 일부다. 그것은 또한 PLO의 경제력을 보여준 사건이었다. 이 무장 단체는 지난 여러 해 동안 전시경제 속에서 그리고 외국의 기부금을 통해서 살아남았고 번성했다.

이처럼 PLO가 살아남을 수 있었던 핵심 비결은 성장의 원천을 계속 발굴해 내는 능력에 있었다. 경제 기생 단체인 PLO는 한 자원이 고갈되면 곧 다른 자원으로 옮겨갔는데 이렇게 하는 과정에서 팔레스타인 디아스포라Palestinian diaspora의 상징이 되었다. PLO 지도자들의 뛰어난 수완을 보여주는 가장 적절한 사례는 레바논 경제를 조각 낸 에피소드일 것이다.

레바논 경제와 PLO

1970년 요르단의 후세인 왕은 PLO가 요르단을 접수하려는 것이 아닐까 우려해 이 단체를 요르단에서 축출했다. PLO는 레바논에 정착했고 곧 레바논 국민운동LNM과 동맹을 맺었다. 당시 LNM은 레바논을 순수한 아랍 국가로 변모시키고 싶어 했는데 그것은 아라파트의 생각과도 맞아 떨어지는 목표였다. PLO는 LNM을 정치적으로 지원하고 LNM의 기독교 민병대와의 싸움을 지원하면서 레바논 경제에 침투하는 데 집중했다. 아부 이야드는 평소 이런 슬로건을 즐겨 말했다. "팔레스타인으로 가는 길은 레바논을 통과한다."[51] 그전의 요르단이 그러했듯이 레바논은 고국으로 돌아가는 수단에 지나지 않았다.

요르단에서도 레바논에서도 아라파트와 그 지지자들의 궁극적인 목적은 두 가지였다. 하나는 아랍 국가들에 대한 의존 상태에서 벗어나는 것이었고 다른 하나는 PLO의 조직을 운영하기 위해 꾸준한 현금 유입을 보장하는 것이었다. 1960년대 초 이래로 아라파트는 아랍 국가들의 후원 체제에서 벗어나려고 애써왔다. 그는 남의 도움을 받아야 살아갈 수 있는 상태를 정말 싫어했던 것이다. 그의 무장 조직인 알 파타는 이집트와 시리아의 비밀경찰에 의해 조직됐다. 두 나라가 자금, 무기, 군사 훈련을 제공했다. 하지만 아라파트는 알 파타가 스폰서들의 손에 들어 있는 수단일 뿐이고 그들의 국가 정책에 도움이 되지 않으면 그 순간 알 파타에 대한 지원을 중지하리라는 것을 잘 알고 있었다. 이런 시나리오를 피하고 싶어서 아라파트는 PLO 연합 세력에 가담했고 그 조직을 장악했다. 그 후 그는 PLO를 사실상의 정부, 즉 팔레스타인 사람들의 정치적, 경제적 정부로 만들었다.

레바논에서 PLO가 경제적 독립을 얻기 위해 취한 첫 번째 조치는 특정 지역을 장악하는 것이었다. PLO의 군사 기구는 항구나 남쪽의 베카 계곡 같은 전략적 지역을 노렸다. PLO 특공대는 티레 항과 시돈 항을 공격해 장악했다. 이어 아라파트는 전에 요르단 군장교로 근무했던 아스미 자리르를 티레 지방의 사령관으로 임명했다.

두 번째로 취한 조치는 지역의 행정 관청을 PLO 지부로 대체하는 것이었다. 베이루트 주변에 위치한 난민촌에서도 똑같은 조치가 취해졌다. 난민촌 행정을 담당하던 레바논 관리들은 점진적으로 PLO 관리들에 의해 대체됐다. 베이루트의 경우, PLO와 알 파타의 본부가 있던 파카니 지구 역시 PLO 관할로 들어갔다. 이들 지역은 곧 레바논 경찰의 '기피' 지역이 되었다. 그곳에 들어가려면 PLO와의 총격전을 각오해야 했기 때문이다. 일부 지역에서 PLO는 다른 무장 단체들과 동맹을 맺었다. 예를 들어 트리폴리 항구는 알 타우치드al Tauchid(이슬람의 통일)와 공동으로 관리했다. 알 타우치드는 셰이크Sheik(이슬람 교에서의 장로나 교주: 편집자) 사이드 샤아반이 이끄는 수니파 민병대다.

PLO는 이처럼 특정 지역을 장악하게 됨에 따라 그 지역에서 세금을 부과할 수 있었다.[52] 세금은 ETA가 부과하는 것과 유사한 보호세에서 수출입 관세에 이르기까지 다양했다. 흥미롭게도 밀수품에 높은 수수료를 부과했다. 티레 지방 사령관 아스미 자리르는 티레 항과 시돈 항을 통과하는 물품들에 대해 PLO 세금을 부과했다. 자리르는 곧 밀수업이 큰 수입을 가져온다는 것을 알고 티레 어업 협회와 조인트 벤처를 설립했다. 그리하여 밀수업자들의 이익을 PLO와 밀수업자 사이에 나눠 가지게 되었다. 그들은 밀수의 효과를 높이기 위해 그 지방에 들고나는 다른 물품들의 움직임을 엄격하게 감시했다.[53]

세 번째로 취한 조치는 불법적, 범죄적 사업을 포함해 모든 자원을 최대한 이용하는 것이었다. 불법 사업은 간단한 좀도둑에서 마약 밀수에 이르기까지 다양했다. 레바논에서는 은행 강도가 너무나 빈번해 대부분의 은행들은 자금을 레바논 밖에다 보관해야 할 정도였다. 심지어 중앙 은행인 방크 뒤 리반Banque du Liban도 자산을 해외로 옮겨놓고 일일 거래에 필요한 자금만 국내에 보관하고 있었다. 그래서 은행 강도는 별로 수입이 되지 않았다. 1976년에 중동 영국은행을 턴 것 이외에 무장 단체들은 은행 강도로 큰 재미를 보지 못했다. 그보다는 국가 재산을 약탈하는 것이 훨씬 수익이 높았다. 레바논 내전 동안에 기독교 팔랑헤는 베이루트 항에서 7억 1천 5백만 달러어치의 물품을 약탈해 그 대부분을 이라크에 팔아 넘겼다.[54]

마약 밀수 또한 수익 높은 사업이었다. 레바논은 아시아산 마약을 통과시켜주는 주요 통과 지역이었고 베카 계곡은 헤시시의 최대 생산지였다. 레바논 동쪽의 4,270km² 지역에 펼쳐져 있는 베카 계곡은 동쪽으로는 시리아와 접하고 남쪽으로는 이스라엘과 접한다. PLO가 베카 계곡의 남쪽 지역을 장악하게 되자 아라파트는 경작자들과 밀수업자들과 흥정해 계약을 맺었다. 마약 사업에 일체 관여하지 않는 조건으로 PLO는 매출 규모 15억 달러의 마약 사업에 10%의 세금을 부과해 연간 1억 5천만 달러를 벌어들였다. 『PLO의 내부Inside the PLO』라는 책의 공동 저자인 닐 리빙스턴과 데이비드 할레비에 따르면 다른 세력들도 마약 사업에서 일부를 챙겨갔다. 그들은 요르단 왕세자 하산, 시리아의 하페즈 엘 아사드의 동생인 리파트, 바시르 게마알이 이끄는 마론 기독교파 등인데 모두 PLO와 치열하게 싸운 세력이다. 그러나 아라파트는 이익이 나는 곳에서는 이들과 느슨한 상업적 관계를 맺는 것도 개의치 않았다.[55]

레바논에서 내전이 발발하자 베카 계곡은 군벌과 무장 단체의 놀이터가 되었다. 내전에 가담한 4만 명의 시리아 병사들과 무수한 테러 단체들은 베카 계곡을 레바논으로 들어가는 관문으로 여겼다. 과일과 야채 농장은 곧 대마초 밭으로 바뀌었고 여기에서 나오는 높은 수익은 무장 단체들의 돈줄이 되었다. 마약 생산은 북쪽에서 남쪽으로 퍼졌고 1981년 초가 되면서 베이루트-다마스커스 고속도로 양옆은 대마초로 뒤덮이게 되었다. 1980년대 초의 생산량은 700~2,000톤으로 추산됐다.

레바논의 단속이 느슨해진 틈을 타서 마약 밀수가 붐을 이루었고 연간 외화 소득은 100억 달러를 돌파하게 되었다. PLO가 주요 마약 루트를 많이 장악하고 있었으므로 자연히 이러한 소득 중 일부분을 도로세로 가져갔다. 아라파트가 마약 사업에 개입한 것은 레바논에서 축출된 이후에도 계속됐다. 1983년에 PLO는 최상급품 헤시시인 '레바논의 황금' 4.3톤을 영국인 밀매업자들에게 팔아 넘겼다. 그들은 그것을 배에 실어 유럽으로 밀수해 갔다. 이 헤시시의 시가는 1천 2백만 달러로 알려졌다.[56]

　레바논에서 PLO는 경제적, 재정적 제국을 건설하고 강화함으로써 아랍 스폰서 국가들로부터 재정적으로 독립했다. PLO 지도부가 아랍 각국을 돌아다니면서 재정 지원을 요청했던 초창기의 굴욕스러운 시절은 이미 옛날 이야기였다. 하루하루 겨우 벌어먹고 사는, 실체 없는 조직이라는 이미지도 오래전의 이야기였다. 레바논을 떠날 무렵 PLO는 망명 정부의 거대한 부를 관리하는 경제적 거인이 되어 있었다. PLO가 주무르는 돈의 규모를 보여주는 몇몇 통계 자료도 나왔다.

　1982년 베이루트가 이스라엘군에게 함락되기 며칠 전, 레바논 은행들에서 4억 달러가 인출되어 스위스와 기타 아랍 국가들로 이동했다. 그 직후 아라파트는 트리폴리 탈출을 가능하게 해줄 보트들을 수배하기 위해 240만 달러를 현금으로 지불했다. 그는 탈출 여행을 무사히 마치고 돌아온 선장과 선원들에게 각각 현금으로 5천 달러와 3천 달러를 지불했다. 55일에 걸친 트리폴리 전투[57]는 약 2천 6백만 달러의 돈이 들었는데 그중에서 58만 달러는 매일 PLO 은행 계좌에서 흘러나왔다.[58]

　이스라엘의 레바논 침공은 PLO의 재정적 수완과 복잡한 회계 구조를 파괴하지 못했다. 그것은 PLO의 경제 인프라 일부를 해체하는 수준에서 끝났다. 그나마 PLO를 받아들인 아랍 국가들에서 그 인프라는 곧 회복이 되었다. 1980년대에 PLO는 아랍 스폰서들과 상관없이 계속 번창했다. 1988년의 '공개된' 예산에 따르면 PLO의 총 수입은 6억 7천 4백 5십만 달러였고 이 중 아랍 국가들의 직접적인 기부금은 2억 1천 6백만 달러였다. 이 중 총지출은 3억 9천 5백만 달러였으니까, '공개된' 예산상으로도 2억 8천만 달러의 흑자를 실현했는데 이 금액은 아랍 국가들의 직접 기부금 규모보다 큰 것이다.[59] 이 수치에는 PLO 의장의 비자금은 빠져 있다.[60] 이런 수치만 보더라도 PLO가 재정 자립을 이루었다는 것만큼은 분명하다.

이란-콘트라 사건

PLO가 레바논 경제를 착취하면서 레바논은 무장 단체를 배양하는 이상적인 땅이 되었다. 국가의 힘이 점진적으로 약화되자 경제적 독립을 추구하던 많은 무장 단체들은 필요한 자원을 챙길 수 있게 되었고 이런 업적은 그들에게 새로운 지위를 가져다주었다.

　　이란 혁명으로 거듭난 이슬람 국가인 이란은 중동에서 테러리즘을 후원하고 싶은 마음이 간절해서 실제로 일부 무장 단체들에게 자금을 대주었다. 1980년대 초 이슬라믹 지하드Islamic Jihad는 레바논 일부 지역을 장악하고 테헤란의 전폭적인 경제 지원 아래 사악한 납치 캠페인을 벌이기 시작했다. 이러한 경제 협력 관계는 워터게이트 이후 전후 미국의 최대 스캔들이라는 이란-콘트라 사건을 가져왔다(2장에서 상술).

　　1986년 미국 국민들은 이 스캔들의 세부 사항을 알고서 깜짝 놀랐다. 미국 정부는 이란에 무기를 수출하면 안 된다는 금지 조항을 위반했을 뿐 아니라 그런 무기 수출로부터 이익을 취해 니카라과와 엘살바도르의 콘트라 비밀 작전을 지원했던 것이다. 이란—콘트라 사건의 세부사항이 밝혀지면서 미국이 1979년 초 이란 정부에게 석방금을 지불했던 것도 들통 나게 되었다. 테헤란에 붙잡혀 있는 미국인 인질들을 석방시키기 위해 미국 행정부는 미국 내에 동결되어 있던 이란 자산을 풀어주었다. 그 자산은 이란 혁명 발발 당시 이란 왕 샤가 미국 내에 갖고 있던 부동산 35억 달러를 미국이 압류했던 것이다.[61]

1980년대 중반 레바논의 인질 문제를 제대로 해결하지 못하자 미국 행정부는 이란 정부에게 이슬라믹 지하드와 중재해줄 것을 요청했다. 당시 이슬라믹 지하드는 베이루트에서 미국인들을 인질로 잡고 있었다. 두 정부의 합의에 의해 CIA는 이스라엘을 경유해서 이란에 미국 국방부의 무기 1천 2백만 달러어치를 보냈다. 그 무기 중에는 토우TOW 대전차 미사일도 포함되어 있었다. 이스라엘은 이 작전 내내 브로커로 활약했다. 이란과 이스라엘은 평소 불신하는 사이였기 때문에 이란측의 미들맨(중간책)인 마누체르 고르바니파르가 개입해 사우디아라비아의 도움을 확보했다. 사우디아라비아 사업가 아드난 카쇼기Adnan Khashoggi는 이란이 계약을 준수한다는 것을 이스라엘에 보장하기 위해 5백만 달러의 연결성 융자bridging loan를 제공했다.[62]

이란인들이 빤히 알고 있는 상태에서 이스라엘은 실제 가격에 1천만 내지 3천만 달러의 프리미엄을 얹어 이란에 무기를 판매해 그 이익을 챙겼다. CIA는 이 판매 건으로 실제 들어간 비용 이외에

1천 2백만 달러의 이익을 올렸다. 이 자금은 올리버 노스 중령이 지명한 스위스 계좌에 이체됐고 그 계좌는 콘트라가 통제하는 것이었다.[63]

PLO가 경제적 자립을 위해 오랫동안 싸워온 결과, 무장 단체들이 국가의 일방적 지원만을 받았던 상태가 무너지게 되었다. 그리하여 국제 정치의 분야에서 자급자족하는 새로운 무장 단체가 조직되고, 새로운 동맹이 맺어지고, 새로운 전선이 생겨나고, 새로운 스폰서들이 개입했다. 테러는 이제 더 이상 초강대국과 그 동맹국만의 전유물이 아니었다. 그것은 하나의 자율적인 사업이 되었다.

4 테러 레이거노믹스

"모르 전쟁에서 5만 명 또는 8만 명 정도가 죽었을 겁니다.
그건 전쟁이었습니다.
그러니 이 수치를 가지고 야단법석을 떨 이유는 없다고 봅니다."

— —

아담 말리크Adam Malik, 인도네시아의 외무장관 , 자카르타의 한 기자 회견에서

나는 아크메드를 1978년에 만났다. 당시 그는 서독에서 엔지니어링을 공부하던 팔레스타인 학생이었다. 우리는 뷜렌트 에케비트 체제에 저항하는 격렬 시위 때문에 이스탄불 공항에 잠시 갇혀 있었다.[1] 공항 밖으로 나갈 수 없었던 우리는 유스호스텔의 카페테리아에 앉아 여러 시간 정치 이야기를 했다. 그렇게 이야기를 하던 도중 아크메드는 몇 달 전 PLO에 가입할 목적으로 레바논에 갔다는 말을 했다. 반反베트남 전쟁 시절에 성년이 된 독일 유학생이 그러하듯이, 그는 PLO에 대해 낭만적이고 이상주의적인 이미지를 갖고 있었다. 아크메드가 볼 때 페다이fedayee는 자유 전사였고 팔레스타인을 되찾기 위해 노력하는 용감하고 명예로운 전사였다. 페다이의 호소에 부응하기 위해 그는 독일 유학을 때려치우고 베이루트로

갔다. 그러나 베이루트 도착 즉시 아크메드는 폭력이라는 초현실적인 세계에 빠져들게 되었다. 그는 나에게 말했다.

베이루트에 도착한 나는 그 사회의 군사 문화에 충격을 받았습니다. 도시는 전쟁 구역으로 구분되어 있었고 도로 장애물이 가득 설치되어 있는 가운데 민병대가 경계 지역을 순찰하고 있었습니다. 겉으로는 정상인 것처럼 보였지만 폭력의 저류底流가 강하게 흐르고 있었습니다. 전쟁과 일상생활은 너무나 긴밀하게 연결되어 있어서 폭력이 유일한 현실인 것처럼 보였습니다. 사람들의 정체성은 그 싸움에서 어떤 역할을 하느냐에 따라 결정됐습니다. 페다이는 무슬림 사회의 핵심이었습니다. 어머니, 아버지, 배우자, 어린아이들은 아랍 전사들을 둘러싸고 있는 장식물에 지나지 않았습니다. 베이루트에서는 무장 단체에 소속되지 않으면 허수아비나 다름없었습니다.

아크메드가 동베이루트에 있는 친척집에 들렀을 때 곧 페다이 요원이 그를 찾아왔다. 아크메드가 말했다.

"그는 키가 크고 날씬한 사람이었는데 M16 소총을 어깨에 둘러메고 있었습니다. 나의 아저씨는 그가 그 거리의 대장이라고 소개했습니다. 그는 나와 악수를 했고 곧 나를 채용했습니다."

그날 저녁 아크메드는 PLO 회원 카드를 발급받았다. 이틀 뒤 그는 몇 블록 떨어진 곳의 다른 친척집에 다니러 가던 중 3명의 무장 요원들에게 제지를 받았다. 그들은 그의 출신 성분을 묻더니 그

들의 그룹에 참가하라고 요구했다. 이미 다른 그룹에 가입했다고
대답하자 그들은 총부리를 들이대며 몸수색을 했다. 그리고 아크메
드의 회원 카드를 발견하고서 그제야 그를 놓아주었다. 두 달 뒤 이
런 초현실적인 사회에 환멸을 느낀 아크메드는 독일로 돌아갔다.

　아크메드는 1970년대 후반 페다이의 부름에 응해 레바논으로
돌아왔던 유럽과 미국 대학에 유학중인 수많은 팔레스타인 학생들
중 하나였다. 이 젊은 지식인들은 PLO의 성공에 고무되거나 유혹
되어 레바논으로 흘러들어왔다. 국가의 스폰서십(후원)으로부터
재정적 독립을 추구하던 아라파트의 지도 아래, PLO는 레바논 경
제에 발판을 다지면서 동시에 팔레스타인 국가의 창건을 위해 노력
했다. 유학생들은 레바논에 몰려듦으로써 국가 후원 테러리즘이라
는 초강대국의 지저분한 게임에 강력하게 반발했다. 많은 학생들이
볼 때 냉전의 주역인 미국의 전사들을 상대로 승리하는 것은 가능
할 뿐 아니라 곧 그런 승리가 벌어지게 되어 있었다.

　학생들이 레바논에 도착하자마자 PLO의 지구 대장들은 그들
을 채용했다. 이처럼 소속 인원을 증원하는 것은 아주 중요한 문제
였다. 왜냐하면 아라파트가 각 지구에 소속된 인원 규모에 따라 자
금을 배정했기 때문이다. 인원 충원은 PLO 전쟁 기구의 엔진이었
고 돈은 그 연료였다. 행동대원들은 월 700~1,000레바논 파운드를
월급으로 받는데 이것은 현지 농업 노동자의 평균 임금에 상당하
는 돈이었다. 만약 행동대원이 결혼을 했다면 그의 아내와 16세 이
하의 자녀에게는 각각 650레바논 파운드와 25레바논 파운드의 수
당이 지급됐다. 16세 이하로 제한한 것은 팔레스타인 소년이 16세

가 되면 PLO에 들어가 초봉 650레바논 파운드를 받을 수 있기 때문이었다.[2] 이런 규모의 군대를 재정적으로 지원하기 위해서 PLO는 강력한 재정적, 경제적 기반을 구축해야 했다.

이미 3장에서 논의된 바와 같이 불법 또는 범죄 행위로부터 거둬들인 돈의 대부분은 정기적인 수입을 얻기 위해 해외에 투자됐다. PLO의 재정 규모를 정확하게 파악하는 것은 어려운 일이나 PLO의 포트폴리오(투자 목록)를 대충 보여주는 한 가지 단서가 있다. 1999년 한 해커가 PLO 컴퓨터 시스템을 뚫고 들어가 관련 자료를 발견했다. 이 해커는 뉴욕, 제네바, 쥬리히 등지의 은행 계좌에 80억 달러가 예치되어 있는 것을 보여주는 문서를 발견했다. 그와 유사한 규모의 계좌가 북아프리카, 유럽, 아시아 등에도 설치되어 있었다. 다운로드된 자료에 따르면 PLO는 도쿄와 파리의 증권 거래소에서 상당액의 증권을 거래하고 있고 런던, 파리, 기타 유럽 국가의 수도에 상당한 부동산을 소유하고 있다. 이 해커는 국제 금융 시장에서 PLO를 위장시켜 주는 앞잡이 회사들의 명단도 빼냈다. 그는 또한 메르세데스-벤츠에 투자한 주식, 기니-비사우와 몰디브 제도의 국영 항공사에 투자한 증권, 기타 채권 등이 약 500억 달러에 달한다는 것도 밝혀냈다.[3]

PLO는 합법적인 팔레스타인 경제의 기초를 마련하기 위해 자금을 사용하기도 했다. PLO는 1970년 요르단에서 통칭 사메드 Samed로 널리 알려진 팔레스타인 순교자 사업회를 창설했다. 원래 사메드는 팔레스타인 고아들에게 직업 훈련을 시키는 기관이었다. 그러나 PLO가 요르단에서 쫓겨나 레바논에 정착하자 사메드의 기구는 재편됐다. 우리가 5장에서 살펴보게 되겠지만 사메드는 장래의 팔레스타인 국가를 위한 경제 인프라를 마련하는 데 핵심적인 역할을 했다. 아라파트가 직접 감독하는 가운데 사메드는 난민촌의 노동력을 활용해 단단한 사회적, 산업적 인프라를 건설하는 일에 주력했다. 이 조직의 궁극적인 목표는 팔레스타인 사람들을 자급자족하게 만들고 PLO를 아랍 국가들의 기부금으로부터 자유롭게 만들려는 것이다. 이 프로젝트는 놀라운 성공을 거두었다. 1982년에 이르러 사메드는 레바논에 35개 공장, 시리아에 5개 공장, 해외에 여러 사업체를 거느리는 조직으로 성장했고 동유럽과 아랍 국가들에게 정기적으로 수출했다. 1982년 이 조직의 연간 매출액은 4천 5백만 달러로 추정됐다.[4] 또한 아랍 국가들에서 일하는 팔레스타인 노동자들에게 5%의 세금을 징수함으로써 경제적 성장이 꾸준히 지속됐다. CIA에 따르면 1999년에 이르러 PLO는 이 세금만으로도 80억~140억 달러를 벌었다.[5]

수하르토의 쿠데타

정치적 폭력의 민영화는 경제 의존이라는 스폰서의 제약을 피해보자는 목적에서 비롯됐다. 국가의 스폰서십은 냉전을 현재 상태로 유지하려는 목적으로 무장 단체를 동원하는 것이었기 때문에 다른 나라들의 자결권을 무시했다. 알레한드로 레우스는 칠레의 정치적 상황에 대한 헨리 키신저의 놀라운 말을 보고했다.

"나는 그 나라 국민의 무책임함 때문에 한 나라가 공산화되는 것을 그저 지켜보기만 해야 한다는 것을 이해할 수 없다."[6]

소련도 이와 비슷한 방침을 갖고 있었고 그래서 미국과의 장기 게임에서 중동의 여러 무장 단체들을 졸卒로 사용했다. 아라파트는 이러한 현실을 일찍 깨닫고 PLO의 재정 자립을 달성하는 데 총력을 기울였다. 그가 볼 때 예루살렘으로 가는 길은 모스크바를 통해야 되는 것이 아니라 취리히의 반호프스트라세(스위스 은행가街 : 편집자)를 통해야 되는 것이었다.

재정 자립을 획득한 무장 투쟁과 국가(구체적으로 미국과 소련)가 후원하는 대리전의 차이점은 무엇인가? 대리전의 경우 외국의 강대국이 어떤 정치 그룹, 민족주의자 그룹, 반동 그룹을 지원할 것인가를 결정한다. 2장에서 보았듯이 CIA가 콘트라를 만들어낸 상황이 이에 해당한다. 반면에 정치 폭력의 민영화 모델에서 무장 단체는, 그 스스로의 전략을 개발하고 그 목표를 설정하고 사회의 특정 부문에 지지를 호소한다. 다시 말해 무장 단체는 외부의 후원 국가를 등에 업고 있는 것이 아니라 대중적인 지지 기반을 갖고 있는 것이다. 당연히 이 모델은 무장 그룹의 자금 동원 능력에 따라 성공 여부가 결정된다.

궁극적으로 볼 때 무장 단체들을 지원하는 외국의 강대국들은[7] 후진국 주민들에게 피해를 입히면서까지 그 나라(후진국)에서 서구적 경제 이익을 확보하려고 한다. 바로 이런 상황이 인도네시아에서 벌어졌었다. 1950년대와 1960년대 초에 미국과 서방 동맹국들은 수카르노 대통령 체제를 점점 더 우려하게 되었다. 1964년 주 말레이시아 미국 대사는 이런 우려를 워싱턴에 보내는 전보에서 표명했다.

"우리가 인도네시아에서 겪고 있는 어려움은 영국과 미국을 동남아시아에서 몰아내려는 인도네시아 정부의 의도적이고 적극적인 전략에서 비롯된다."[8]

서구의 열강들은, 비동맹 운동에 참가하고 호전적인 반反서구 정책을 취하려는 수카르노의 결정을 못마땅하게 생각했다. 특히 서방은 동구권과 중국을 제외하고 가장 세력이 큰 인도네시아 공산당 PKI의 부상을 두려워했다. 이러한 우려는 파푸아 뉴기니의 지위 문제를 놓고 수카르노가 네덜란드를 향해 반反식민주의적 태도를 취하면서 더욱 증폭됐다. 이 시점에서 미국 행정부는 서방의 경제 이익을 지키기 위해 뭔가 조치를 취해야 한다는 판단—인도네시아는 천연자원, 특히 석유가 풍부하다—을 내리게 되었다. 미국의 한 보고서는 수카르노가 '잘못된 우선 사항'을 추구하고 있다고 강조했다.

> 인도네시아 정부는 기본 산업, 공공 설비, 내부 운송과 통신 등에서 주도적 위치를 차지하고 있다… 이렇게 되면 개인의 소유권은 사라지고 모든 해외 투자에 생산 · 이익 공유 계약이 적용될 것으로 보인다… 인도네시아의 목적은 외세, 특히 서방의 영향력에서 벗어나 '자주적인 입장'에서 그들의 경제를 개발하려는 것인 듯하다.[9]

이런 배경 아래에서 미국 행정부는 인도네시아군에 군사 지원을 아끼지 않는 프로그램을 시행함으로써 이 지역에서의 서방의 영향력을 증대하려 했다. 그리하여 인도네시아 장교들에게 재정과 미국 연수가 제공됐다.[10] 이처럼 군을 대체 정치력으로 추진한 프로그램은 1965년 10월에 결실을 맺었다. 수하르토 장군이 쿠데타를 일으켜 수카르노를 권좌에서 몰아냈던 것이다. 그 후 6개월 동안 인도네시아 공산당 PKI는 해체됐고 약 1백만 명의 국민이 목숨을 잃었다. 인도네시아 군도群島에 독재 정권이 들어선 것이다.

새 정부는 수카르노의 비동맹, 반식민적 정책을 폐기하고 서방의 투자자들에게 문호를 활짝 개방했다. 서구의 회사들은 투자자의 천국을 찾아 삼삼오오 몰려들었다.[11] 이에 대한 대가로 수하르토는 재정적, 군사적 지원을 받았고 이 지역에서 자유롭게 공격적인 팽창 정책을 추구할 수 있었다. 1975년 12월, 인도네시아는 전 포르투갈 식민지였으며 탈식민화 중이던 동티모르를 침공했다.[12] 미국과 호주는 이러한 침공을 못 본체 했다. 호주 대사 리처드 울코트는 '키신저 식 리얼리즘이라는 실용주의 노선'을 추천하기까지 했다. 다시 말해 동티모르가 독립 국가가 되는 것보다는 인도네시아가 통제하는 일개 지역으로 남는 것이 더 좋다는 뜻이었다. 그렇게 해야 서방이 이 지역의 풍부한 석유 자원을 마음대로 착취할 수 있기 때문이었다.[13] 그렇게 되면 호주는 동티모르와 호주 사이에 있는 바다인 티모르 해의 유전과 가스전을 마음대로 개발, 이용할 수 있는 권리를 획득하게 되는 것이었다.[14]

인도네시아의 침공 이틀 뒤 동티모르 독립을 위한 혁명 전선 Fretelin은 무선 방송으로 그 나라에서 벌어지는 대참사를 이웃 나라들에 호소했다.

"인도네시아 군인들이 사람들을 무차별 학살하고 있습니다. 길거리에서 여자와 어린아이들을 마구 쏘아 죽이고 있습니다. 우리는 모두 죽을 것 같습니다… 우리는 국제적 도움을 호소합니다."[15]

며칠 뒤 UN은 인도네시아의 침공을 강력히 비난하면서 동티모르의 영유권과 그 국민의 자결권을 지켜주기 위해 재빨리 조치를 취하자고 호소했다. 그러나 아무런 조치도 취해지지 않았다. 72개국이 인도네시아가 UN 헌장을 위반했다는 비난을 거부했고, 겨우 10개국이 수하르토 체제의 공격성을 비난하는 데 찬성표를 던졌을 뿐이었다. 미국, 영국, 그리고 대부분의 유럽 국가들은 기권했다.

카터 행정부와 서방 동맹국들의 재정 지원을 등에 업었음에도 불구하고 중무장한 인도네시아는 동티모르를 장악하기 위해 몇 년 동안 힘겨운 싸움을 벌여야 했다. 이 섬을 차지하기 위해 인도네시아군은 엄청난 만행을 저질렀다. 1979년 말 동티모르 전 인구의 약 3분의 1이 전쟁에서 목숨을 잃었다. 서방 세계 '인권의 옹호자'이자 장래의 노벨 평화상 수상자인 카터 대통령이 지원하는 폭격기와 반反폭동 항공기가 수하르토의 동티모르 점령을 도왔다.[16] 프레텔린의 골수 멤버들은 항복하기를 거부하고 끝까지 싸울 것을 선언했다. 그들은 게릴라 전략을 사용하면서 부대를 재편성했고 점령군과 맞서서 계속 싸웠다. 한편 수하르토의 테러 체제는 서방의 관대한 지원(1987년 31억 5천만 달러, 1988년 40억 1천만 달러)으로부터 큰 혜택을 보았다. 서방의 지도자들은 수하르토에게 칭찬을 퍼부으면서 '우리가 원하던 친구'라고 말했다.

냉전의 일부 최전선에서 무장 단체들은 두 초강대국의 대리전을 치르면서 완전 고립되어 싸웠다. 라틴 아메리카의 쿠바만 빼고, 초강대국의 스폰서십은 각 나라의 분열만 촉진했고, 무장 단체들은 후원해주는 강대국의 적들을 상대로 싸워야 했다. 이렇게 해서 프 레텔린의 필사적인 호소는 아시아의 다른 무장 단체들로부터 외면 당했다. 전사들이 다민족 무슬림군에 가담하기 시작한 것은 반소 지하드 때인 1980년대에 가서야 가능해졌다. 9장에서 다루겠지만 이렇게 된 것은 무장 단체의 경제적 자급자족이 가져온 부산물이었 다. 그 이전에는 무장 단체간의 협조라고 해봐야 무기 구입과 정보 교환이 고작이었다.

무장 단체의 국제화

무장 단체들 사이에 전략적 동맹을 구축하려는 시도는 1970년대 초반으로 거슬러 올라간다. 1972년 레바논에서 조지 하바시는 시 온주의와 서구 제국주의에 저항하는 공동 전선 구축을 목표로 하는 첫 국제회의를 개최했다.[17] 이 회의에 대표를 참가시킨 단체는 일본 적군, 이란 해방전선, IRA, 바데르-마인호프, 터키의 혁명인민해 방전선 등이었다.[18] 참가자들은 국제적 네트워크를 결성하기로 동 의했고 재정적 지원, 정보의 교환, 안가의 공유, 합동 군사훈련, 무 기 구매 등에서 협조하기로 했다. 무기 거래와 밀수에서의 파트너 십은 특히 인기가 있었다. 그것이 무장 단체의 주요 활동 사항인 만 큼 이 분야에서의 합작이 곧 성사됐다.

1994년 나는 돛배 항해가 취미인 전 붉은 여단 멤버를 인터뷰한 적이 있었다. 그는 자신의 해양 활동 취미가 큰 도움이 된 적이 있었다고 털어놓았다. 1970년대 말과 1980년대 초에 무기와 탄약을 자신의 50-푸트 요트로 밀수한 적이 있었는데 큰 재미를 보았다는 것이다. 그의 마지막 여행은 특히 인상적이었다. 그는 붉은 여단의 지도자 한 사람을 태우고 레바논까지 갔다. 그가 말했다.

"늦여름이었고 바다는 아주 온화했습니다. 평소처럼 지중해는 보트와 요트로 뒤덮여 있었지요. 돛배를 타고 휴가를 즐기는 우리 둘을 신경 쓰는 사람은 아무도 없었습니다."[19]

지중해 항해는 멋지면서도 즐거웠다. 그들이 마침내 레바논 해역에 들어섰을 때, PLO 멤버가 그들을 맞이해 한 어촌으로 데려갔다. 거기서 그들은 페다이 그룹의 환영을 받았다. 새벽에 무기와 탄약을 돛배에서 내렸고 그들은 빈 배로 되돌아갔다. 이윽고 그 화물은 붉은 여단, IRA, 분리파 사르디니언 그룹인 바르바기아 로사 사이에서 분배됐다. 또 다른 그와 비슷한 여행에서 붉은 여단의 지도자인 마리오 모레티는 기관단총, 에네르가 대對탱크 지뢰, 수류탄, SAM 7 스틀레라 미사일 등을 가져왔다. 이 무기들은 IRA, ETA, 독일 지하 그룹들 사이에서 분배됐다.[20] 7,600km의 해안선을 가지고 있고 중동에 가깝다는 이탈리아의 지리적 특성 때문에 이탈리아의 무장 단체가 중동을 오가는 심부름꾼 역할을 하게 된 것은 아주 자연스러운 일이었다.

1970년대에 레바논에 내전이 터지면서 레바논은 국제적 불법 무기 시장의 축으로 떠올랐고 팔레스타인 사람들은 대표적인 무기 브로커 또는 거래상이 되었다. 무기들을 각종 교묘한 테크닉을 사용해 레바논의 지중해 해안을 통해 들여왔다. 그런 테크닉 중에는 바다의 간만干滿과 해류를 이용하는 방법도 있었다. PLO는 점령 지역에 무기를 공급하기 위해 이 비상한 방법을 계속 사용해 왔다. 2002년 봄, 가자 해안에서 장난치며 놀던 어린아이들은 해변에서 검은 페인트가 칠해진 석유통을 발견했다. 아이들이 그 통을 열자 그 안에 수류탄, 칼라슈니코프 소총, 박격 포탄 등이 들어 있었다. 가자 해안에서 바다 쪽으로 25~30마일 떨어진 곳에 알 비르카al birkah라는 자연 생성된 물웅덩이가 있는데 해류가 이곳으로 집중되면서 물살이 가자 해안을 향해 밀려나간다. 한 제보자는 로버트 피스크 기자에게 이렇게 말했다.

"바다의 해류는 사막의 길과 같은 겁니다. 사람들은 배 위에서 이 물웅덩이 위에 물건을 내던집니다. 물건이 해변까지 도착하는 데 얼마나 걸리는지 정확하게 시간을 알고서 말입니다. 보통 일주일도 안 걸리지요. 이 사람들은 프로입니다. 어떻게 해야 무기를 무사히 건넬 수 있는지 잘 알고 있어요."[21]

무기는 심지어 면세 판매장을 통해서도 밀수된다. 1985년 PLO의 앞잡이 노릇을 하는 사람들이 아프리카의 면세 판매장을 몇 개 인수해 이를 통해 무기, 폭탄, 탄약 등을 발송했다. 면세 판매장의 물건을 수송하는 트럭에다 무기를 몰래 숨겨 보내는 것이다.[22]

1980년대 초, 붉은 여단 출신의 최초 펜티토pentito(후회하는 사람)[23]인 파트리치오 페치는 전 이탈리아 총리 알도 모로의 암살과 팔레스타인 무기 거래가 서로 관계 있다고 말했다. 그는 모로

134

암살에 사용된 기관단총은 체코슬로바키아 제인 스코르피온인데 마리오 모레티가 레바논에 나갔다가 중동에서 픽업한 것이라고 설명했다. 비록 페치는 그 출처가 어디인지는 밝히지 않았으나 그 공급책은 PFLP였을 가능성이 많다. 1970년대 말과 1980년대 초에 PFLP는 유럽 무장 단체들을 위한 주요 무기 브로커였다. 무기 수송은 이탈리아인들이 주로 맡았다. 1979년 경찰은 오토노미아의 지도자인 다니엘레 피라노를 체포했다. 당시 그는 2대의 스트렐라 미사일을 나르고 있었다. 법정에서 그는 자신이 조지 하바시의 심부름을 한 것뿐이라고 말했다. PFLP는 그 진술을 확인해주었을 뿐 아니라 그 미사일이 하바시의 재산이므로 돌려달라고 요구하기까지 했다.[24]

서유럽의 팔레스타인 저항 운동은 쿠바가 라틴 아메리카에서 한 것과 비슷한 역할을 했다. 소련은 무기, 탄약, 기술적 노하우, 군사전략적 훈련을 제공했다. 팔레스타인 사람들은 이런 것들을 유럽의 무장 단체에게 중개했다. 이탈리아의 한 고위 관리는 나(저자)에게 이렇게 말했다.

"소련은 중동 전역에 테러리스트를 위한 각종 장비를 제공했습니다. 그걸 직접 준 게 아니라 팔레스타인 사람들에게 주어서 관리하게 했지요."[25]

이것은 미국 병사들이 외국에 직접 개입한 것에 비해 보면 훨씬 세련된 국가 스폰서십의 형태라고 할 수 있다.

무장 단체들은 스폰서에 대한 경제 의존도를 줄이려 하다보니 끊임없이 기금의 원천을 찾아 나서야 했다. 전 붉은 여단의 멤버였던 사람이 말했다.

"우리는 늘 현금이 부족했습니다. 우리는 아주 검소하게 살았고 생존하기 위해 많은 것을 필요로 하지도 않았지만 우리의 싸움을 지원하기 위해서는 현금이, 그것도 아주 많은 현금이 필요했습니다."[26]

무장 단체의 지도자들은 자금 때문에 늘 쪼들리는 상태였다. 붉은 여단의 지출 계정을 잠깐만 살펴보면 그 이유를 알 수 있다. 지하로 잠적한 붉은 여단의 정규 멤버 1명을 유지하는 데에는 연간 1만 5천 달러가 든다. 이 금액은 봉급[27], 주택 임대료, 식비, 의복비 및 개인 무기 등을 모두 포함한 것이다. 이 금액을 기준으로 할 때 붉은 여단은 500명 정도의 소규모 부대를 유지하는 데에도 연간 8백만 달러가 있어야 한다. 1970년대와 1980년대에는 높은 인플레 때문에 유지비가 더욱 올라갔다. 무장 단체는 이런 경상비 이외에도 특별 비용, 즉 비행기표, 특별 무기 구입비, 중동까지 돛배를 운영하는 비용, 하이테크 장비 구입비 등을 마련해야 한다. 저술가 클레어 스털링은 붉은 여단을 운영하는 비용만 연간 1천만 달러(오늘날의 단위로 연간 1억 달러)가 든다고 말했다.[28] 이탈리아의 우익, 좌익 무장 단체 전부를 운영하는 비용은 이것보다 적어도 3배는 더 많이 들었을 것이다.[29]

이런 대규모 자금을 일으키고 관리하려면 고도의 전문가 의식과 관리 기술이 필요하다. 수백만 달러에 달하는 은행 강도나 납치를 성공시켜야 이런 정도의 돈을 거둬들일 수 있다. 붉은 여단의 공동 창립자인 쿠르치오와 프란체스키니가 슈퍼마켓을 '몰수'하면서 자금을 조달하던 시절은 영원히 지나갔다.[30] 붉은 여단 같은 무장 단체는 대기업을 운영하는 것처럼 관리해야 하는 것이다. 단 한 푼의 돈도 낭비해서는 안 된다. 1970년대 후반, 붉은 여단은 납치한 후 몸값으로 받은 돈이 노란 잉크로 물들여져 있어서 사용할 수 없다는 것을 알았다. 그들은 이 돈을 포기하기 아까워서 지폐를 세탁했다.

"3명의 요원이 며칠 동안 그 돈을 세탁해 한 장 한 장 헤어드라이어로 말렸습니다. 축축한 밀라노의 지하 셋방에 쭈그리고 앉아서 말입니다."[31]

모든 지출 비용은 지출 항목으로 잡고 회계 처리를 한 다음 조직에 의해 체크 또 체크됐다. 경찰은 모로 총리가 인질로 잡혀 있던 비아 그라돌리의 한 은신처를 급습했을 때 석유 대금 3천 리라 영수증과 형광펜과 문구 대금 6천 리라짜리 영수증을 발견했다.[32]

테러 사업의 독자노선파

국가의 일방적인 지원을 받을 때 무장 단체들은 자금을 받아서 쓰기만 하면 되었고 그 대신 전투에만 집중하면 되었다. 그러나 자금 조달을 자체적으로 해결해야하는 구조에서, 무장 단체의 최우선 과제는 재정 자립의 방법을 찾는 것이다. 이러한 새로운 기업적 환경은 무장 단체 구조에 변화를 가져왔고 무능한 지도자들을 자연 도태시키는 혁명을 가져왔다. 무장 단체 지도자들은 이제 관리자나 사업가의 수완을 발휘해야 했다. 재정적 수완이 군사적 지도력보다 더 평가받게 되었다. 이렇게 해서 사업상의 독자노선파가 생겨나게 되었다. 아라파트 같은 일부 지도자들은 재정적 수완을 발휘해 대규모 무장 단체의 상층부까지 올라간 반면 아부 니달이나 카를로스 더 재칼 같은 사람들은 자기 자신을 위해 그런 수완을 발휘했다.

니달이나 재칼 같은 사람들에게 무장 투쟁은 하나의 사업일 뿐이다. 여러 자료에 따르면 아부 니달은 게릴라전이나 테러 전략에 대해서 아는 게 별로 없는 사람이다. 실제로 많은 사람들이 그의 정치적 동기나 전사로서의 용기를 의심하고 있으며 겉으로 드러내 놓고 말을 안 해서 그렇지 비겁자라고 생각하고 있다. 이런 일이 있었다. 1984년 5월, 니달이 트리폴리에서 카다피를 방문했을 때였다. 당시 리비아 정보부는 리비아 지도자를 암살하려는 리비아구국 민족전선의 음모를 미리 알아냈다. 정보부는 음모자들의 은신처를 급습했고 치열한 총격전이 벌어졌다. 이때 아부 니달은 완전 공황 상태에 빠졌다. 그는 최측근인 압달 라만 이사Abd al Rahman Isa에게 빨리 리비아에서 달아나자고 소리쳤다. 니달은 리비아를 떠나서야 비로소 안도의 한숨을 내쉬었다.[33]

경제 자립을 추구하다 보니 무장 단체는 수백만 달러를 굴리는 기업이 되었고 자유의 전사들은 기업가가 되었다. 아랍 국가들의 스폰서십을 이끌어내고 갈취를 통해 '부유한 아랍인들 뜯어내기'에 성공한 아부 니달은 테러 수완꾼의 전형이 되었다. 1974년에서 1991년까지 그는 이라크, 시리아, 그리고 마지막으로 리비아의 환대를 받았다. 이런 나라들에서 그는 재정적, 군사적 지원을 받았고 그 나라를 안전한 아지트로 이용해 무장 공격을 감행했다. 그의 커리어는 1970년대 초에 시작됐다. PLO 바그다드 지부장으로 있던 그는 분가해서 스스로의 무장 단체를 설립했다. 알 파타 지도부가 그에게 사형을 선고했을 때 니달은 사담 후세인에게 무조건 충성하는 조건으로 알 파타 재산 중 4백만 달러, 이라크인들로부터 약 1천 5백만 달러어치의 무기와 5백만 달러의 보너스를 받았다.[34]

아주 교묘하게 이 나라와 저 나라를 싸움 붙이는 방식으로 그는 계속해서 테러 다국적 기업을 만들어나갔다. 이라크인들에 따르면 그는 이라크 정부와 이라크가 지원하는 무장 단체들 사이에서 중간책 역할을 하면서 수백만 달러를 벌었다. 그는 또한 중동의 전쟁으로부터도 이익을 올렸다. 이란—이라크 전쟁이 터졌을 때 이라크는 그와 그의 조직을 제거할 생각이었다. 이러한 낌새를 알아차린 니달은 해외에서 이라크를 대신해 암살 작전을 수행하고 시리아와 비밀 의사소통 채널을 뚫어서 무기 거래 미들맨(중간책) 역할을 하겠다고 제안했다. 사담 후세인은 이 제안을 환영했고 그의 서비스에 상당한 액수를 지불했고 바그다드 체류를 허용했다.

스폰서를 잘 이용해 먹는 아부 니달의 능력은 아랍 세계에서 정평이 나 있다. 1980년대 초, 그는 사담 후세인에게 폴란드제 T72 탱크를 공급하겠다고 제안했다. 이라크는 착수금 조로 1천 1백만 달러를 지불했고 니달은 이 돈을 스위스 은행 계좌에 예치했다. 그 직후 이라크는 그 탱크가 필요 없게 되었고 대포를 강화해야 한다고 결정했다. 하지만 대포 구입에는 아부 니달이 별 도움이 되지 못했다. 그래서 이라크는 착수금을 돌려달라고 했지만 니달은 그 요구를 무시했다. 이렇게 되자 그는 이라크를 떠날 수밖에 없었다.[35] 그는 바그다드에서 다마스쿠스로 갔고 이란-이라크 전쟁을 이용해 양쪽에 무기를 팔면서 사업을 했다. 그의 공급원은 동유럽, 특히 불가리아였다. 그는 국영 기업에서 아주 싼값으로 무기를 사서 높은 이익을 붙여서 되팔았으며 종종 동구권을 피난처로 활용했다. 그가 이란-이라크 전쟁에서 올린 총 수익은 2억 8천만 달러로 추산됐다.[36]

시리아에 거주하는 동안 니달은 석유 재벌과 걸프 만 지도자들로부터 돈을 뜯어냈다. 그의 전략은 간단했다. 먼저 테러 대상자에게 협박이 담긴 테이프를 보냈다. 만약 그 대상자가 돈을 내놓지 않으면 그는 언제 어떻게 죽이겠다는 구체적 협박이 담긴 테이프를 다시 보냈다. 만약 이 메시지에도 응답이 없으면 니달은 행동에 돌입했다. 아부다비의 통치자인 셰이크 자이드 빈 술탄의 경우가 그 좋은 사례다. 셰이크는 PLO와 팔레스타인 대의를 위해 많은 돈을 내놓았다. 하지만 아부 니달이나 그의 조직에 돈을 준 적은 한 번도 없었다. 니달이 셰이크를 협박해 왔을 때 그는 응하지 않았다. 1983년 9월 23일, 카라치에서 두바이로 가는 걸프 에어 소속 보잉 737기가 아부다비 공항에서 몇 킬로 떨어진 상공에서 추락해 승객과 승무원 전원이 사망했다. 아랍혁명여단이라는 유령 단체가 자신들이 그 추락 사고를 일으켰다고 주장하고 나섰는데, 이 단체에서 떨어져 나온 이탈자의 정보에 따르면 아부 니달이 그 비행기 사고를 배후 조종했다는 것이었다. 그리고 몇 달 뒤인 1984년 2월 8일, 아랍 에미리트 연합의 대사가 알 파타리에서 총격으로 사망했다. 1984년 10월 25일에는 아랍에미리트연합의 또 다른 외교관이 로마에서 암살됐다. 두 외교관의 암살에 대해 아랍혁명여단이 자신들의 소행이라고 주장했다. 마침내 셰이크 자이드는 항복했고 아부 니달에게 1천 7백만 달러를 지불하기로 동의했다.[37]

1973~1974년 석유파동 때 아랍의 통치자들은 석유 자원의 힘을 의식하게 되었고 2장에서 논의한 바와 같이 오일달러가 가져오는 경제적 우위에 맛을 들였다. 돈이 자유롭게 흐르기 시작했고 그중 일부는 아랍 시민들에게 흘러들어 갔다. 무장 단체의 요원들을 포함해 돈의 유혹적인 힘을 물리칠 수 있는 사람은 별로 없었다. 일부 행동대원은 무기와 전투의 지식을 이용해 '고용된 총잡이'가 되었는데 가장 높은 액수를 부르는 사람에게 그들의 서비스를 팔았다.

2차 석유파동 직후인 1970년대 말, 통화通貨주의와 탈규제가 서방 세계를 휩쓸면서 대처주의와 레이건주의의 자녀들인 신세대를 만들어냈다. 또한 부의 축적에만 정신이 팔린 무역업자들을 양산했다. 동시에 중동에는 새로운 용병들이 휩쓸었는데 이들은 돈이라는 단 하나의 의리에만 충성을 바쳤다. 무장 단체들은 국가 스폰서십을 포기하고 시장과 기업의 테크닉을 활용하면서 자금 조달의 자급자족을 꾀했다. 그것은 테러 레이거노믹스의 시작이었다.

고용된 총잡이

1988년 여름, 팔레스타인해방인민전선 총사령부PFLP−GC의 지도자인 아메드 지브릴은 자신이 거의 파산 상태임을 발견했다. 리비아는 연간 2천 5백만 달러의 지원금을 끊었고 그래서 400~600명이나 되는 아랍 페다이들을 어떻게 먹여 살릴지 막막했다. 1960년대 이래 무장 단체의 지도자로서 아랍 세계에 이름 높은 지브릴은 주요 테러리즘 스폰서들에게 그의 서비스를 판매해 왔다. 그는 10년 이상 중동에서 모스크바를 대변하는 인물이었고 KGB와 직거래 했으며 크레믈린과 시리아 사이에서 미들맨으로 활약했고 유럽에서 테러 그물망을 짜는 불가리아의 역할을 지원했다. 그가 조지 하바시와 PFLP를 떠난 것은 모스크바에 더 잘 봉사하기 위해서였다. 그가 보기에 하바시는 팔레스타인 대의를 유럽에 수출하는 일에만 너무 몰두했다.

지브릴의 조직은 외교를 통해 팔레스타인의 평화를 얻으려는 정책을 방해하고 그 대신 이스라엘과 아랍권의 영구적인 군사 대치를 주된 목적으로 삼았다. 지브릴을 후원하는 아랍 지도자들은 이런 목적에 공감했다. 카다피는 PFLP-GC에게 봉급, 무기, 테러 작전 경비 등을 제공했다. 그에 대한 대가로 지브릴은 테러 공격을 수행했고 카다피의 차드 전쟁에 수하의 전사들을 파견했다.[38]

20년 동안 러시아, 시리아 그리고 카다피 같은 아랍 지도자들은 그의 서비스에 높은 대금을 지불해 왔다. 그러나 1988년 여름, 아메드 지브릴과 그의 용병들은 어디에도 손 벌릴 데가 없었다. 그러던 중 1988년 7월 4일, 미국 전함 USS 빈센느 호가 실수로 승객 290명을 태운 이란 제트기를 격추시켰다. 지브릴은 이 소식을 듣자마자 내심 쾌재를 부르면서 작전 계획을 짰다. 그는 이란 정부와 접촉해

적당한 금액을 대주면 미국에 대한 보복 공격을 해주겠다고 제안했다. 그는 미국 제트기 보잉 747을 공격 대상으로 할 수 있다고 말했다. 같은 달 지브릴은 심복 부하인 하페트 엘 달카무니 아부 모하마드를 테헤란으로 보냈다. 달카무니의 오랜 친구인 이란 내무 장관 마치타시미 푸르의 주선으로 PFLP-GC는 이란 정부와 계약을 하나 체결했다. 이란은 지브릴의 서비스를 이용하는 대신 지브릴 그룹이 필요로 하는 그 해의 재정 부담을 모두 떠안기로 동의했다. 이란 정부는 호의 표시로 PFLP-GC 계정에 2백만 달러를 넣어주었다.

1988년 9월, 달카무니는 서독에서 체포됐다. 경찰은 그의 은신처를 덮쳐 폭탄과 폭약을 발견했는데 그것은 분명 비행기 납치에 쓰려는 것이었다. 하지만 경찰은 그 문제를 더 이상 추적하지 않았고 프랑크푸르트 교외에 있는 제2의 은신처도 발견하지 못했다. 바로 이 은신처에서 폭탄 제조자와 차머charmer—승객을 속여서 그 승객이 자연스럽게 폭탄을 기내에 가져가도록 하는 팔레스타인 사람을 말한다—는 사전 임무를 완수했다. 1988년 12월 21일, 팬암 103 민항기는 스코틀랜드 록커비 상공에서 폭발했다. 탑승객 259명의 시체는 록커비 일대에 처참하게 흩뿌려졌다. 사고 이틀 후 이란은 PFLP-GC 계좌로 미지급 대금을 송금했다.[39] 이 증거는 리비아가 그 폭파 사건의 주범이라는 공식적 견해를 정면으로 반박하는 것이다.[40] 왜 록커비 추락 사고가 국제적 테러 현상의 일환이라는 것을 서방 정부들은 보지 못했을까? 그것은 미국과 영국 정부가 카다피에게 지나친 적개심을 갖고 있어서 사태를 객관적으로 보지 못했기 때문이다.

테러의 지식과 기술을 활용해 거액의 돈을 벌어들이는 기회는 무슬림만 이용한 것이 아니었다. 서구 사람들도 그 기회를 이용했다. 1970년대에 전 CIA 요원이었던 에드윈 윌슨과 프랭크 터필은 테러를 통해 수익을 올렸다. 베이 오브 피그스Bay of Pigs(케네디 정부가 계획했었으나 실패로 끝난 쿠바 침공 작전)와 베트남 전에도 개입했던 이들은 1971년 CIA에서 해고되자 오세아닉 인터내셔널 코퍼레이션이라는 회사를 차렸는데 이 회사는 우간다의 이디 아민 대통령에게 서비스를 제공했다. 터필은 자신의 연줄을 잘 활용해 우간다 독재자에게 무기, 고문 장비, 군사 장비, 폭약과 폭탄 등을 대주었다. 우간다의 비밀경찰인 국가조사국과의 계약에서만 터필은 3백 3십만 달러를 벌어들였다. 아민은 오세아닉 인터내셔널 코퍼레이션의 서비스에 너무나 만족한 나머지 터필을 카다피에게 소개해주기까지 했다.[41]

한편 CIA 요원으로 근무하면서 중동과 방글라데시에서 경험을 쌓은 에드윈 윌슨은 그의 연줄을 이용해 아우구스토 피노체트 등 여러 독재자들에게 무기 브로커 노릇을 했다. 터필은 윌슨과 접촉했고 그들은 함께 카다피를 위한 자문단을 구성했다. 그들은 무기와 장비를 공급했는데 대부분 미국 국내 시장에서 공급 과잉인 물건을 아주 싼값에 사들인 것이었다. 그들의 마진은 아주 높았다. 1970년대 후반, 그들은 미국 군사 장비를 리비아에 90만 달러에 판매했는데 실은 미국 시장에서 6만 달러에 구입한 것이었다. 이 장비들은 가짜 국무부 수출 서류를 사용해 선적됐다.[42] 1980년대에 윌슨이 리비아와 거래한 세무관련 서류를 보면 그의 세전稅前 수입이 2천 2백 9십만 달러라는 것을 알 수 있다. 이 금액의 절반 이상이 리비아 국방군에게 소규모 무기를 공급한 데서 나온 것이다.[43]

1977년 윌슨과 터필은 그들의 활동 범위를 군사 훈련으로까지 확대했다. 그들은 10명의 전직 그린베레(공수부대 요원)를 고용했는데 그들에 대한 보수는 다음과 같다. 훈련팀의 팀장은 14만 달러고 팀원은 각각 10만 달러다. 임금 패키지는 유럽에서의 건강 보험과 일반 보험도 포함하고 있었는데 사망 시에는 25만 달러를 지불하고 사지를 잃어버리는 경우에는 12만 5천 달러를 지불하는 것으로 되어 있었다. 고용되면 각 요원에게는 현금 1천 달러와 취리히행 비행기표가 주어진다. 취리히는 윌슨이 이 요원들을 받아들이는 곳이다. 이렇게 선발된 그룹은 스위스에서 트리폴리로 갔다. 리비아에 들어간 전 그린베레들은 카다피의 특수 요원들에게 폭약 사용을 포함해 테러 전략을 가르쳤다. 이 교육을 위해 30만 달러의 비용을 들여 텍사스 주 휴스턴에서 트리폴리로 20톤의 C4 폭약을 들여왔다. 훈련병들에게도 봉급이 지불됐는데 아프리카인과 아랍인은 월 400달러였고 나머지 나라 사람들은 1천 달러였다.

터필과 윌슨은 카다피를 위해 여러 군데에 훈련 캠프를 설치했다. 그들은 카다피를 위해 암살을 수행했고 차드에서 쿠데타를 기도했다. 그들은 이런 서비스를 제공하는 데 가격을 붙여놓고 있었다. 미국인을 죽일 경우 40%의 프리미엄을 요구했다.

윌슨은 미국 내에서 조세 포탈 혐의로 체포됐다. 미국 국세청은 그가 1977년에서 1981년까지 벌어들인 추정 수입 5천 1백만 달러에서 세금 미납분과 과징금으로 2천 1백만 달러를 부과했다.[44]

이처럼 무장 단체 내에 독자노선파가 등장하면서 규모가 큰 무장 단체는 핵분열을 하게 되었다. 새로운 단체와 아메드 지브릴 같은 새로운 지도자들이 등장했다. 이런 지도자들은 나름의 독자적인 목표를 갖고 있었다. 이러한 추세는 국제적인 현상이었다. 1970년 IRA는 무장 투쟁 거부拒否라는 주요 정치적 이슈를 놓고서 분열했다. 데이비드 오코넬, 로리 오브래디, 게리 애덤스의 지휘 아래 IRA의 일부가 계속적인 무장 투쟁을 주장하면서 떨어져나가 북아일랜드공화국군을 구성했다. 1974년 IRA 지도자 중 한 사람인 시머스 코스텔로는 IRA를 비난하고 임시 휴전 규정을 위반한 혐의로 조직에서 축출됐다. 그의 휘하에 있던 국민해방군ELN이 일련의 테러 공격을 감행했던 것이다. 이렇게 떨어져 나온 코스텔로와 그의 지지자 80명은 아일랜드 공화국 사회당을 결성했다. 그 직후 국민해방군은 조직 개편에 착수해 조직 이름을 아일랜드국민해방군INLA으로 바꿨다. 1980년대 내내 INLA와 IRA 내에서는 핵분열이 계속되었다.

세계의 다른 지역에서는 자본주의가 깊숙이 침투하면서 테러 독자노선파의 이데올로기를 변질시켜 일부를 용병 또는 고용된 총잡이로 만들었다. 아부 니달이 그 좋은 예다. 어떤 경우에는 테러 작전이 진행 중인데도 테러리스트의 마음을 바꾸어 놓을 수도 있었다. 1995년 OPEC 장관들을 납치할 때 카를로스 더 재칼은 인질들과 협상해 그들을 풀어주었다. 이렇게 풀려난 인질 중에는 그가 처형하기로 되어 있던 셰이크 야마니도 들어 있었다. 그와 가까운 사람들은 카를로스가 '매수됐다'라고 말한다. 그는 거대한 몸값을 받고서 테러 작전을 아예 중단해버렸다. 그리고는 여유있고 호사스러

운 생활을 하기 위해 동유럽으로 가서 은퇴했다.[45]

한동안 이러한 부정부패 때문에 무장 단체들은 정치적 목적을 잃어버리게 되었고 그들의 지지자들에게는 사악한 존재로 인식됐다. 하지만 팔레스타인의 점령 지역에서 인티파다 같은 대중 봉기가 터져 나와 국제 무장 투쟁에 신선한 자양과 새로운 자극을 가져다주었다.

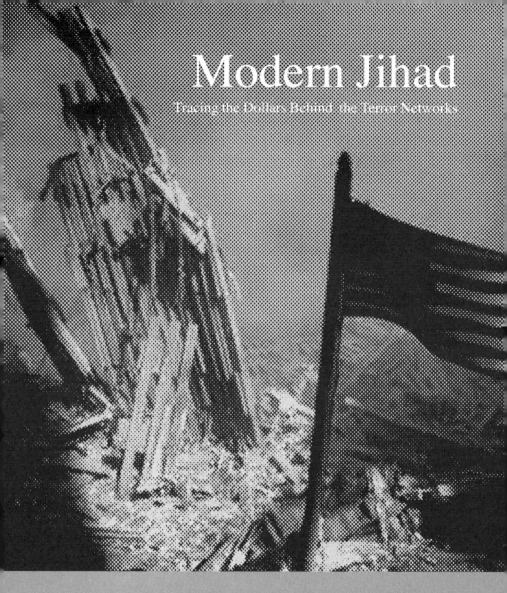

Modern Jihad
Tracing the Dollars Behind the Terror Networks

제**2**부
새로운 경제적 무질서

의사국가는 비민주적이고 대단히 권위주의적이다.
폭력을 독점하고 전시경제를 장악한 자가
의사국가의 규칙을 정한다.
폭력이나 금전에 의해 이런 독점 구조를 물리칠 수 있는 자는
새로운 지도자로 올라서게 된다.

5 테러 의사국가의 탄생

"나는 아프가니스탄의 지하드에서 많은 혜택을 얻었습니다.
그중에서도 가장 큰 혜택은
강대국의 영광과 신화가 나의 마음뿐 아니라
모든 무슬림의 마음속에서 산산이 깨졌다는 것입니다."

— —

오사마 빈라덴, CNN 기자 피터 L. 버겐에게 한 말, 1997년 5월

1987년 12월 가자 지구와 서안 지구에서 사는 팔레스타인 사람들은
인티파다Intifada(팔레스타인 민중봉기)를 시작했다. 이 자발적인 민
중 봉기는 이스라엘 정책에 뚜렷한 변화를 가져왔다. 이스라엘 정
부는 더 이상 알렌비 다리에서 검문된 99만 9천 달러 같은 '비공식
적인' 돈이 점령 지역으로 흘러드는 것을 허용하지 않았다. 이스라
엘 경찰에게는 국경의 통과 지점을 통해 흘러들어가는 돈을 철저히
막으라는 지시가 내려졌다. 그 다음 해 약 2천만 달러의 돈이 압수
됐다. 그러나 이러한 조치는 점령 지역에 대한 PLO의 경제적 지원
을 거의 억제하지 못했다. 돈은 충분히 있었고 보다 교묘한 루트를
통해 흘러들어왔다. 이스라엘은 아라파트가 무장 단체들의 느슨한
연합을 복잡한 경제 조직으로 바꾸어 놓았다는 것을 발견했다. PLO

는 거의 합법적인 국가 행세를 하면서 요르단을 포함해 몇몇 아랍 국가의 GNP보다 더 많은 수입을 올렸다. 이런 재원 덕분에 PLO는 효과적으로 가자 지구와 서안 지구를 다스릴 수 있었다.

PLO의 '공개된' 예산은 팔레스타인 거점들의 일일 지출 경비만 따진 것이다. 이를테면 1988년에 이 예산은 총 6억 7천 4백만 달러였다. 이 중 거의 절반인 3억 달러가 투자 수익이었다. PLO의 활동 자금은 팔레스타인국민기금PNF을 통해 지원되는데 PNF는 바로 자금 지원을 위해 1964년에 설립됐다. 당초에 PNF는 아랍 국가들의 기부금에 의존했다. 그러나 지출비를 엄격하게 통제하고 장기적인 투자를 함으로써 단단한 자산 기반을 쌓았다. 1980년대 후반에 이르러 PNF는 독자적인 자산을 형성했고 약 60억 달러의 포트폴리오를 운영하게 되었다. 또한 점령 지역 내에 퍼져 있는 복지 단체들은 팔레스타인복지협회PWA로부터 자금을 직접 지원받는데 PWA는 1983년 한 무리의 부유한 팔레스타인 사람들이 세운 단체다. PWA는 팔레스타인 사람들과 전 세계의 동조자로부터 기부금을 거둬들인다.

PLO는 '공개된' 예산 이외에 '은밀한' 예산도 가지고 있다. 의장의 비밀 예산SCB은 의장의 비자금 중 일부인데 아라파트가 전적으로 통제한다. PLO의 다른 재정 자원과는 달리, SCB의 수입과 포트폴리오는 언제나 비밀로 처리됐다. 불법 활동이나 테러에 의해 조성된 돈은 이 기금으로 흘러들어 왔다. 1980년대 말에 SCB는 20억 달러의 자산 규모를 관리하는 것으로 알려졌다. SCB는 테러 활동과 무기 구입, 의장의 경호, 아라파트의 PLO 내 개인적 복수復讐 등에 자금을 지원한다. SCB는 때때로 레바논에서 탈출할 때 발생했던 높은 비용 등의 이례적 지출도 지원한다. CIA에 따르면 1990년에 이르러 PLO의 총 자산은 80억~140억 달러 규모였다.[1] 이 액수를 GNP로 본다면 바레인(60억 달러), 요르단(106억 달러), 예멘(65억 달러) 등 다른 아랍 국가의 연간 GDP보다 규모가 크다.[2]

이처럼 경제적 자립을 획득하게 되자 무장 단체는 상당한 정치적 자유를 누렸고 독자적인 외교 정책을 개발할 수 있게 되었다. 이렇게 되어 걸프전이 발발했을 때 야세르 아라파트는 아랍 스폰서 국가들에게 등을 돌리고 사담 후세인을 지지할 수가 있었다. 아라파트가 이처럼 아랍 국가들에 도전하고 나선다는 것은 새로운 현실을 보여주는 하나의 징후였다. 무장 단체들은 독자적인 수입원을 개발하자마자 진정한 권력의 맛을 들였고 그들 고유의 국가 체제를 위한 인프라를 개발하기 시작했다. 하지만 그들은 정치적 인정은 받지 못하고 돈만 있기 때문에 국가의 껍데기shell of a state(이하 '의사국가'로 번역어 통일: 옮긴이)만을 창조할 수 있을 뿐이었다. 이것은 자결권이라는 주권의 과정을 거쳐 경제와 그 인프라가 조성되면서 정치적 통합으로 나아가는 민족주의 모델과는 다르다. 나는 이 새로운 모델을 의사국가[3] 모델이라고 부르겠다.

의사국가에서 정치적 통합은 없다. 그 국가는 무장 투쟁에 의해 발생하는 전시경제를 중심으로 구축되기 때문이다. 이 때문에 의사국가의 의회에서는 전쟁을 뒷받침하는 경제가 최우선 과제가 된다. 아프가니스탄의 쇼말리 평원 출신인 북부동맹의 한 전사는 이렇게 말했다.

"전쟁은 우리의 생활 방식입니다."[4] 양귀비 생산과 밀수 이외에 "이 지역에서 할 수 있는 것은 싸움밖에 없습니다. 여기에는 산업도, 상업도, 농업도, 하다못해 경제의 씨앗조차 찾아볼 수 없습니다."[5]

하지만 탈레반이 붕괴되기 전에 아프간 전사들은 월 250달러의 봉급을 받을 수 있었고 음식과 담배를 지급받았다. 의사국가의 지도자들은 순전히 전쟁을 위주로 국가의 사회경제적 인프라를 조성하기 때문에 그들은 전사들에게 일자리를 주고, 군사적 서비스를 제공하고, 무기와 탄약을 사들이기 위해 세금을 거둔다. 간단히 말해서 그들은 계속 싸우기 위해 경제와 그 인프라를 창조한다.[6] 아프간 전사인 모하마드 하이데르는 이렇게 말했다.

"최전선에 물자 부족은 없습니다."[7]

의사국가는 지속적인 전쟁 상태에 있기 때문에 군사적 엘리트가 운영하고 지속적으로 정치적 감시를 하는 조직이다. 따라서 의사국가에서는 민중의 정치 참여는 금지되거나 철저하게 제한된다.

노팅엄 대학의 정치학 교수인 크리스토퍼 피어슨[8]에 따르면 현대의 국가는 9가지 특징을 가지고 있다. 그중 의사국가는 4가지 특징만 가지고 있는데 폭력 수단의 독점, 영토, 과세권, 공적인 관료제 등이 그것이다. 의사국가가 갖지 못한 나머지 5가지 특징은 주권, 합헌성, 법의 통치, 몰개성적인 권력, 국가 당국과 시민의 권위 등이다. 이러한 분류를 적용해 보면, 레바논의 PLO가 사실상의 국가 기관으로 변모해간 과정에서 의사국가의 구체적 사례를 발견할 수 있다.

PLO는 그들이 장악한 지역에서는 폭력의 독점권을 행사했다. 그들이 점령한 지역을 강력하게 장악하는 유일한 수단은 폭력이었다. 동시에 폭력은 그런 지역 내에서 힘의 사용을 합법화했다. 그래서 PLO는 레바논 마을에서 기독교 인구를 몰아내는 데 물리적 폭력을 사용했고 그 마을에 이주해온 팔레스타인 난민들을 보호하기 위해 역시 폭력에 의존했다. 또한 PLO는 전시경제의 뒷돈을 대기 위해 다양한 세금을 부과했다. 그중에서 중요한 것으로 팔레스타인 해방세가 있는데 이것은 해외에서 일하는 팔레스타인 근로자의 봉급에 5~6%의 세금을 부과하는 것이다. 미국과 비슷한 방식으로, PLO는 주민들이 어디에 사는가는 따지지 않고 국적을 바탕으로 해서 주민에게 세금을 부과한다. 이 해방세를 거둬서 PLO에게 보내주는 업무는 다른 아랍 정부들이 맡았다. 이 해방세는 작은 수입이 아니었다. 1985년에 이 세금은 PLO 전체 수입의 약 6%를 차지했다. 가장 큰 몫은 쿠웨이트에서 나왔는데 이 나라의 인구 약 4분의 1이 팔레스타인 사람이다.[9] 마지막으로 PLO는 그때그때 필요한 기구를 설치했는데 이것은 근대국가의 관료제와 비슷한 성격을 갖고 있다. 이 기구들은 팔레스타인 의사국가의 사회경제적 인프라를 개발하는 일을 맡는다.

사메드: PLO 의사국가의 탄생

팔레스타인 의사국가의 발전에 가장 중요한 조직은 사메드였다. 군사 조직의 경제적 오른팔 노릇을 하는 사메드는 PLO를 아랍 스폰서 국가들로부터 독립시키려는 아라파트의 최우선 과제에 공감했다. 이 목적을 위해 사메드는 1970년대에 들어와 레바논 내부에 팔레스타인 국가를 창설하는 일에 적극 가담했다. 사메드는 그중에서도 전략적 거점에 팔레스타인 난민들을 재정착시키는 일을 맡았다. 베이루트에서 20km 떨어진 다무르 마을이 정착촌의 좋은 예다. PLO 전사들이 이곳의 크리스천 주민들을 무자비하게 내쫓은 뒤에 사메드가 개입해 그 경제적 공백을 메웠다. 사메드는 이 마을에 정착한 팔레스타인 난민들을 지원하는 데 필요한 경제적 인프라 건설에 즉각 착수했다. 사메드는 또한 의복, 담요, 모직물, 금속 제품 등을 생산하는 작업장을 세워 고용을 창출하고 PLO 전사들의 수요를 맞춰주었다.[10] 1973년 사메드는 PLO의 사회사업부에서 독립해 산업, 정보(출판과 영화), 농업, 상업 등 4개의 주요 본부로 재편됐다.

사메드는 두 가지 기능을 갖고 있었다. 하나는 개인들을 훈련시키고 고용을 창출하는 것이며 다른 하나는 팔레스타인 주민들에게 합당한 가격의 제품들을 제공하는 것이다. 디아스포라 동안 사메드는 이러한 기능을 담당하면서 사회복지 기관에서 팔레스타인 신경제의 핵심 기관으로 변모하게 되었다.

조직의 주된 목표는 팔레스타인 공동체를 위한 자급자족을 보장하기 위한 것이었으므로 사메드의 산업 본부는 처음엔 PLO 전사들을 위한 군복, 섬유, 의복 등을 생산했다. 하지만 곧 상업 라인을 넓혀서 수출에 나섰다. 그리하여 사메드는 1981년에 10만 벌의 셔츠와 5만 벌의 바지를 소련에 수출했다.[11] 이 해에 PLO가 사메드로부터 사들인 물품 비율은 사메드 총 매출의 35%밖에 되지 않았다. 그 나머지 거래처를 살펴보면 8%가 레바논, 30%가 다른 아랍 국가들, 27%가 다른 세계 시장이었다. 이스라엘이 레바논을 침공하기 전, 사메드 산업 본부의 연간 매출은 대략 1천 8백만 달러였다.[12]

1981년 사메드는 레바논에 5천 명, 시리아에 2백 명, 아프리카에 1천 8백 명의 정규 근로자를 고용했다. 이외에 6천 명의 근로자가 레바논에서 파트 타임으로 일했고 1만 2천 명은 정규 직업 훈련을 받고서 그들의 독자적 가게를 차렸다.[13] 사메드는 레바논에 46개, 시리아에 5개의 공장을 운영했다.[14] 모든 팔레스타인 캠프에 사메드 공장이 적어도 하나씩은 있었다. 근로자들은 다양한 복지 혜택을 받았다. 기혼자들은 아내와 자녀에 대한 수당을 받았다. 또한 생산성 보너스와 생명 보험의 혜택도 받았다.

사메드의 농업 본부는 팔레스타인 사람들의 식량 수요를 충족시키기 위해 양계장과 낙농장을 운영했다. 1980년대 초, 농업 본부는 연간 1천 6백만 달러의 소득을 올렸다. 사메드는 또한 수단, 소말리아, 우간다, 기니 등의 아프리카 나라에 농업협동조합을 설립했다. 점령 지역(가자 지구와 서안 지구)에 직접 진출하는 것은 금지되어 있었으므로 사메드는 이스라엘의 팔레스타인 제품 차별 정책을 우회할 수 있는 방법을 찾아야 했다. 이스라엘은 이 지역에 엄격하게 물 배급을 실시해 농업 생산을 방해했고 팔레스타인 제품을 이스라엘로 수출하기 위해서는 특별면허를 요구했다. 이와는 대조적으로 이스라엘 제품은 점령 지역에서 자유롭게 판매됐다. 팔레스타인 제품은 높게 과세되는 반면 이스라엘 농산품은 면세됐기 때문에 더욱 경쟁력이 높았다. 이러한 경제적 장애를 극복하기 위해 사메드는 무이자 브로커 노릇을 하면서 팔레스타인 생산자들을 위한 수출입 업무를 대행해 주었다. 1971년에는 가자에서 생산된 감귤류 20만 톤을 아랍 국가들에 판매하는 브로커 역할을 하기도 했다.[15]

사메드는 PLO로부터 고정 예산을 배정받지는 않는다. 사메드의 재정은 대체로 자급자족이며 자금이 필요할 때는 PLO에 무이자 대출을 신청할 수 있다. 또한 해외로부터 자금을 지원받기도 한다. 벨기에의 옥스팜 소사이어티는 1981년에 사메드에게 25만 달러를 지원하기도 했다.

1982년 이스라엘의 레바논 침공은 사메드에게 타격이었지만 그 경제적 인프라를 해체시키지는 못했다. 당시 사메드 의장이었던 아메드 콰리에 따르면 이스라엘 침공으로 사메드는 1천 7백만 달러의 손실을 입었다.[16] 부르즈 엘 샤말리, 에인 엘 힐웨, 미제 와 미제 Mijeh wa Mijeh 등의 캠프에 설치됐던 공장들은 파괴됐다. 그러나 다른 공장들은 피해를 입지 않았고 계속 생산했다. 총매출액을 보면 사메드가 아주 빠르게 회복했음을 알 수 있다. 1986년의 총매출액은 3천 9백만 달러였는데 1982년에는 약 6백만 달러쯤 빠졌다가 1989년에는 다시 7천만 달러 수준으로 반등했다.[17] 사메드가 이처럼 살아남을 수 있었던 것은 활동 영역을 다각화하고 다른 나라들로 사업 영역을 확대했기 때문이었다. 한 아랍 외교관에 따르면, PLO는 1980년대 말까지 아프리카에 수많은 양계장을 운영하고 있었기 때문에 모든 아랍 국가들의 군대에 계란을 납품할 수 있었다.[18] 사메드는 투자를 계속하고 있고 중동, 아프리카, 동유럽, 라틴 아메리카 등 30여 개 나라에 지점을 두고 있으며 1만 2천 명을 고용하고 있다. 이들 나라에 사메드가 투자한 총액은 5천만 달러로 추산된다.[19]

PLO의 중앙은행인 아랍은행

1982년 6월 9일, 이스라엘이 레바논을 침공한 직후 3명의 이스라엘인이 시돈의 아랍은행Arab Bank을 방문했다. 그 은행은 PLO 자금을 운영해주는 중동의 유수한 금융 기관이라는 게 잘 알려져 있었다. 그래서 은행 책임자는 찾아온 이스라엘인들이 PLO의 복잡한 금융구조를 파악하기 위해 나온 모사드(이스라엘 정보기관) 요원일 거라고 짐작했다. 이스라엘 사람들은 추적하고 싶은 계좌 리스트를 갖고 있었고 레바논 중앙은행인 방크 뒤 리반에도 같은 협조를 요청했다. 그러나 레바논의 엄격한 은행업 규정 때문에 두 은행의 책임자들은 그들의 요청을 들어줄 수 없었다. 오랜 논쟁 끝에 이스라엘 사람들은 일시 철수했다가 다음 날 다시 오겠다고 말했다. 그들이 떠난 직후 은행 책임자는 중앙은행 총재인 미첼 쿠리와 접촉했고 쿠리는 레바논의 선출된 대통령 바시르 게마얄에게 전화를 걸었다. 게마얄은 다시 이스라엘 총리 메나헴 베긴에게 전화를 걸어서 레바논 은행들의 스위스 식 비밀 보장 제도와 그 제도를 존중하는 중앙은행의 관례를 설명했다. 3명의 이스라엘인들은 다시 나타나지 않았다.[20]

이스라엘인이 아랍은행을 먼저 방문한 것은 이해할 만한 일이었다. 그 은행은 PLO가 유일하게 신용하는 은행으로서 PLO 계좌의 대부분을 관리하고 있었다. 제2차 세계대전 전에 팔레스타인에 설립된 그 은행은 팔레스타인 사람들의 불운을 함께 나누었다. 이스라엘의 엑소더스(유럽에 있던 유대인들이 신생 이스라엘로 몰려든 것)가 시작된 1948년에 이 은행은 이스라엘인이 접수해버린 지역인 하이파, 예루살렘, 야파의 3개 지점을 잃었다. 팔레스타인에 대한 충성을 증명하기 위해 은행은 3개 지점의 예치금을 모두 인정해주었다. 팔레스타인 사람들은 이 조치를 높이 평가했고 그러한 의리를 잊지 않았다. 1967년의 아랍-이스라엘 전쟁 때 이 은행은 서안 지구의 6개 지점과 가자의 1개 지점을 또 잃었다. 그러나 은행은 이스라엘이 은행 네트워크를 접수하기 전에 자금의 대부분을 요르단 암만으로 옮겨놓았다.

은행이 요르단으로 옮겨간 것은 매우 성공적인 조치였다. 20년 동안 아랍은행은 PLO의 재정적 오른팔 노릇을 하면서 요르단 경제에 강력한 입지를 구축했다. 한 요르단 은행가에 따르면 1980년대 중반 PLO는 요르단 국가 경제의 70%까지 통제했다.[21] PLO는 섬유 공장, 과일 농장, 운송 및 건설 회사들을 소유했다. PLO는 요르단에서 강력한 경제적, 재정적 세력이었고 재계의 결정 사항에 막강한 영향력을 행사했다. 한 번은 암만의 어떤 은행이 고층 빌딩을 짓게 되었는데, PLO는 자신의 건설 회사에 빌딩 건설 일을 주지 않으면 그 은행에 예치한 자금을 모두 인출하겠다고 위협해서 그 공사를 따냈다. 아랍은행은 빚에 몰린 요르단의 군주 후세인 왕을 여러 번 구해 주기도 했다. 아랍은행은 PLO의 자금이 해외의 다른 나라들로 흘러들어가는 것을 감독해 주었는데 이때에는 주로 아랍 경제개발 은행이나 아랍—아프리칸 은행 등을 통해서 처리했다. 1982년 이스라엘의 레바논 침공 초기에 아라파트가 레바논에서 돈을 인출했을 때 그는 아랍은행을 통해 중동, 유럽, 미국 등지에 자금을 분산 예치했다.

아랍은행과 PLO는 팔레스타인 디아스포라의 산물이다. 이 두 기관의 운명은 서로 밀접하게 연결되어 있다. 아랍은행의 창업자 압델 하미드의 아들인 압둘 마제드 쇼만은 팔레스타인 국민기금의 의장이며 PLO의 투자 프로그램을 총괄한다. 이 놀라운 협력관계는 아랍은행을 세계적인 대규모 금융 기관으로 변모시켰다. 1980년대에 들어와 은행의 자산은 100억 달러가 넘어섰고 전 세계에 지점을 두었다. 이 은행은 PLO가 지구상의 가장 부유한 테러 그룹이 되도록 도와주었다.[22]

PLO는 팔레스타인 의사국가를 건설하는 과정에서 아랍은행을 투자·상업 은행으로 활용했다. 또 때때로 아랍은행은 팔레스타인 중앙은행 역할을 하기도 했다. 구체적 에피소드로는 이런 것이 있다. 1988년 7월 요르단 정부는 느닷없이 서안 지구에 대한 주권을 포기하면서 그 지역에서 근무하는 1만 8천 명 팔레스타인 출신 공무원들의 봉급을 지불하지 않았다. 이때 PLO가 개입해 봉급 지불을 보장했다. PLO는 아랍은행을 지불 창구로 지정했고 은행은 월 6백만 달러를 지역 공무원들에게 지불했다.[23]

복잡하고 포괄적인 경제 인프라 이외에도 PLO는 합법적 영토를 가진 주권국가와 비슷한 방식으로 팔레스타인 사람들에게 사회복지를 제공했다. 점령 지역과 아랍 세계에 흩어져 있는 PLO 거점에서 교육과 의료 서비스를 보장하기 위해 돈을 아끼지 않았다. PLO에 점령된 '고국부'Occupied Homeland Department에 따르면 1979년에서 1987년 2월 말까지 점령 지역에서 4억 8천 7백 5십만 달러가 사용됐다(이 중 교육문화비는 1억 9백 4십만 달러였고 운송 개선비는 1억 1백만 달러였다).[24] 이스라엘과의 무장 투쟁에 집중하고 있는 PLO 경제는 복지 제도에도 신경 쓰고 있다. 이스라엘과 싸우다가 죽거나 부상당한 사람들의 가족에게는 포괄적인 보험을 제공하고 있다.

기독교 민병대 의사국가

의사국가는 PLO의 사례만 있는 것이 아니다. 여러 무장 단체들이 그들만의 의사국가를 창설했다. 의사국가는 전시경제에 크게 의존하기 때문에 정치적 폭력에 의해 야기된 무정부 상태 속에서 번성한다. 따라서 의사국가의 1차적 특징은 그들의 전쟁을 계속 유지시켜 주는 전시경제다. 의사국가의 크기는 다양한데 어떤 것은 자그마한 마을이거나 대도시의 한 구역일 수도 있다. 베이루트의 기독교 민병대가 그런 소규모 의사국가다. 때때로 의사국가의 크기는 그들이 참여하고 있는 전쟁의 규모에 따라 결정된다.

1970년대 후반, 여러 무장 단체들이 운영하는 의사국가가 레바논에서 번성했다. 그들이 장악한 지역 내에서 각 무장 집단은 국가와 같은 권력을 휘둘렀다. 아민 게마엘의 팔랑헤당Phalange Party에 속하는 기독교 민병대는 베이루트의 북부와 동부에 있는 크리스천 거점들을 운영했다. 민병대는 여러 항구에서 그들 나름의 관세를 부과했고 그 때문에 전쟁으로 이미 반신불수가 된 레바논 정부는 연간 3억 달러의 수입 손실을 보았다. 팔랑헤의 보호 아래, 크리스천 사업가들은 규모가 크고 이익이 많이 나는 밀수업을 했고 민병대는 그들로부터 수수료를 받았다. 그들의 거점 지역 내에서 팔랑헤 당원들은 직접세와 간접세로 구성된 그들 나름의 조세 제도를 시행했다. 석유는 1갤런당 10센트의 소비세를, 주민은 가구당 월 3달러의 주민세를, 레스토랑 식대에는 2%의 세금을 부과했다. 또 기업의 법인세는 월 단위로 부과했는데 많은 것은 몇 백 달러나 되었다. 이렇게 거둬들인 돈은 민병대가 PLO를 상대로 싸우는데 사용됐다. 그들은 항시 1만 명 내지 1만 5천 명의 병사들을 실전에 배치하고 있었다.

하지만 세금은 주민들의 생활 여건을 향상시키는 데에도 쓰였다. 팔랑헤는 거리 청소, 수송, 나무 심기, 소매가 단속, 거리 단속 등 각종 공공 서비스를 제공했다. 그들은 주차장을 건설했고 도시를 깨끗이 하자는 라디오 캠페인도 실시했다(쓰레기 주머니를 단단하게 묶어서 쓰레기가 흘러나오지 않도록 하는 요령을 널리 홍보하기도 했다). 또 밤늦게까지 파티를 열어서 이웃에 피해를 끼치는 일이 없도록 소음 규제령을 실시했다.

"그들은 국가를 대신하고 있습니다."

젊은 팔랑헤 지지자인 나다 클링크가 말했다.[25] 베이루트의 동부와 북부에 사는 주민 대부분은 그런 조치를 환영했다.

하마스의 의사국가

4장에서 논의된 바와 같이 경제적 독립은 무장 단체의 핵분열을 촉진시킨다. 또한 무장 단체들이 활약하는 지역의 정치적 무정부 상태도 그런 핵분열을 거든다. 이러한 무장 단체의 증가는 의사국가의 성장을 돕는다. 하지만 모든 무장 단체가 살아남는 것은 아니다. 독립적 재원과 외부 스폰서를 잘 결합시키는 무장 단체들만이 생존과 발전의 기회를 잡는다.

이슬람 무장 단체인 하마스Hamas의 경우가 그러하다. 걸프전이 발발하면서 아라파트가 사담 후세인을 지지하자 사우디아라비아는 PLO에 대한 모든 재정 지원을 끊어버림으로써 보복에 나섰다. 이렇게 해서 점령 지역으로 보내지던 돈은 하마스로 보내졌다.[26] 1980년대의 인티파다 중에 생겨난 하마스는 PLO의 온건한 정치에 맞서서 이슬람 근본주의와 민주적 원칙을 내세웠다. 하마스는 이집트의 무슬림 형제단과 요르단의 이슬라믹 지하드로부터 영향을 받았기 때문에 자연히 레바논 헤즈볼라같은 이슬람 근본주의 무장 단체들과 긴밀한 연계를 맺게 되었다. 하마스의 정치적 의제는 PLO의 정치적 의제와 날카로운 대립각을 세운다. 하마스는 세속국가를 창설하려는 PLO의 권리를 인정하지 않으며 그래서 이스라엘과 평화 협상하려는 PLO의 자격을 무효라고 생각한다. 하마스가 이처럼 PLO와 대립각을 세웠기 때문에 이스라엘은 당초 하마스를 환영했다. 아라파트는 이렇게 말했다.

"하마스는 이스라엘이 만든 기구다. 이츠학 샤미르 총리 당시 이 조직에 돈을 건네주었을 뿐 아니라 학교, 대학, 모스크 등 700군데의 시설을 제공했다." [27]

그러나 하마스는 다른 근본주의 무장 단체들과 마찬가지로 이스라엘 국가를 파괴하고 그 자리에 '지중해에서 요르단 강에 이르는' 팔레스타인 범이슬람 국가를 세워야 한다고 주장했다.

하마스 지도부는 예상치 않은 곳에서 들어온 수입을 가지고 재정 자립도를 높였고 가자 지구와 서안 지구에서 아라파트의 지도력에 도전을 걸고 나섰다. 아라파트가 사담 후세인을 지지하는 바람에 여러 아랍 국가들에 진출한 수천 명의 PLO 노동자들이 축출되자 팔레스타인 사람들은 하마스를 새로운 지도자로 받들기 시작했다. 돈이 계속 흘러들어 오자 하마스는 행동대원과 지지자들에게 사회경제적 보호를 제공했다. 하마스는 점령 지역 내외에서 어려움에 처한 팔레스타인 사람들에게 PLO를 대체하는 의사국가를 제공했다.

또한 하마스는 재정 상태가 좋아지자 테러 행위를 전보다 배가시켰다. 1992년 첫 10개월 동안, 하마스는 이스라엘에 대한 공격을 192건이나 수행했다. 이것은 1991년 한 해 내내 공격했던 건수가 140건이었던 것에 비해보면 크게 증가한 것이다. 1990년대 말, 하마스는 이스라엘 내에서의 테러 행위를 독점하다시피 했다. 이스라엘 쪽 정보에 따르면, 2002년 5월 이전의 16개월 동안 사우디아라비아는 하마스에게 1억 3천 5백만 달러를 지원했다. 아랍 국가들이 그때그때 거두는 자선기금들도 하마스로 흘러들어 여러 목적에 사용됐다. 가령 이런 돈으로 자살 폭탄 테러리스트의 가족들에게 순교자 1인당 5천 달러씩 지원했다.[28]

지난 10년 동안 하마스의 가장 큰 경제적 노력은 점령 지역 내에서 확고한 정치적 힘을 정립하는 것에 있었다. 이렇게 하는 과정에서 하마스는 의사국가를 만들어냈다. 알제리와 요르단의 유사한 이슬람 무장 단체들의 본을 따서 하마스는 가자 지구와 서안 지구의 정치적 환경에 깊숙이 뿌리내렸다. 하마스는 학교, 고아원, 모스크, 보건소, 무료급식소, 가난한 동네의 운동회 등을 지원하는 광범위한 사회적 서비스를 구축하기 위해 많은 돈을 쏟아 부었다. 그 결과 가자 지구의 빈민촌에서 하마스의 인기는 아주 높아졌고 하마스 지지자는 수만 명에 달하게 되었다. 한 하마스 동조자는 이렇게 설명했다.

"가난하고 황폐한 이들 지역에서 하마스의 과격하고 급진적인 메시지는 유일한 희망의 목소리가 되었다."[29]

하마스는 노동조합, 농업협동조합, 병원 노조, 학생 단체 등으로부터 폭넓은 지지를 받았다. 오늘날 하마스는 점령지역에서 알파타에 뒤이어 두 번째로 강한 세력이다. 하마스는 특히 교육과 사회 복지 분야에 공을 들이고 있는데 이 분야에서 미래의 순교자를 배출할 수 있다고 믿기 때문이다. 이스라엘의 이슬람 근본주의 전문가인 마틴 크레이머에 따르면, 하마스는 요람에서 무덤까지 팔레

스타인 사람들을 보살핀다.[30]

점령 지역에서의 하마스 예산은 7천만 달러로 추정되는데,[31] 이 중 85%가 해외에서 온다. 그 나머지는 점령 지역 내의 팔레스타인 사람들로부터 거두는 것이다. 하지만 이 수치는 하마스 자산의 자그마한 부분을 차지할 뿐이다. 하마스는 여전히 이란과 사우디아라비아의 특별 지원금—2002년 4월 사우디아라비아에서는 장시간 텔레비전 쇼를 통해 점령 지역 내의 팔레스타인 사람들을 위한 지원금 1억 5천만 달러를 모으기도 했다—으로 연간 2천만~3천만 달러를 받고 있지만 점점 더 많은 돈을 팔레스타인 해외 동포나 사우디아라비아와 기타 걸프 만 산유국들의 개인 기부자들로부터 거둬들이고 있다. 이스라엘에 의해 석방된 하마스의 정신적 지도자 셰이크 아메드 야신Sheikh Ahmed Yassin—2004년 3월, 이스라엘군의 미사일 공격으로 사망했다—은 1998년 아랍 국가의 여러 수도를 도는 4개월 간의 여행을 떠났다. 그는 가는 곳마다 영웅 대접을 받으며 3억 달러가 넘는 기부금을 모금했다.[32]

PLO가 주류 경제에 불법 자금을 투자해 경제적 자립을 이룩했다면, 하마스의 재정 자립 모델은 3장에서 논의됐던 올리버 노스의 콘트라 사기 모금 계획과 비슷하다. 미국, 캐나다, 서유럽에 설치된 여러 자선 기관들은 무슬림 기부자들에게 다양한 면세 혜택을 줄 수 있다고 선전했다. 구호와 개발을 위한 성지 재단HLF은 그들의 선전 책자에 '점령 지역 내의 자선 목적으로 세금 공제 혜택이 주어지는 기부금'을 모집한다고 선전했다.[33] 1992년 하마스에서 나온 대규모 현금으로 설립된 이 재단은,[34] 재단의 세무 신고서에 따르면

1994년에서 2000년까지 4천 2백만 달러를 모금한 것으로 되어 있다.[35] 2000년에 이 재단은 미국에서만 약 1천 3백만 달러를 모금했다(1999년에는 630만 달러, 1998년에는 580만 달러를 모금).[36] HLF는 또한 북아메리카 전역의 자선 단체들로부터도 돈을 모금했다. 2001년 12월 남아프리카의 정보부는 캐나다의 자선 단체인 예루살렘 펀드가 HLF에 돈을 기부했다는 사실을 밝혀내기도 했다.[37] HLF는 서안 지구와 가자 지구에서 병원, 고아원, 학교, 난민촌, 지역문화센터 등을 지원했다.

HLF와 같은 자선 단체가 각종 기금을 지원한다면, 베이트 엘 말 홀딩스Beit el Mal Holdings같은 지주 회사들은 건설 작업을 수행했다. 바로 이런 단체들 덕분에 하마스는 점령 지역 내에 팔레스타인 자치 정부가 남겨놓은 사회경제적 공백을 파고 들어가 의사국가를 건설할 수 있었다. 베이트 엘 말 홀딩스는 동예루살렘에 사무실을 가진 공공 투자 회사인데 하마스가 장악하고 있다. 주식 투자자 대부분은 하마스 행동대원이거나 하마스와 밀접한 관계를 맺고 있다. 팔레스타인 자치정부에 따르면 이 회사는 하마스 행동대원이 운영하는 각종 사회적·경제적·문화적 조직을 지원한다. 베이트 엘 말 홀딩스는 또한 하마스의 재정적 오른팔인 알 아크사 국제 은행 주식의 20%를 갖고 있다.

2001년 12월 HLF, 베이트 엘 말 홀딩스, 알 아크사 은행 등 세 기관은 관계 당국에 의해 폐쇄조치당했다. 그 이유는 이들이 하마스의 자살 특공대(자폭 테러리스트) 모집과 훈련을 지원한다는 것이었다. 그러나 이들의 무장 단체 지원은 하마스의 테러 공격을 재정적으로 후원하는 것을 훨씬 뛰어넘고 있다. 이들은 의사국가 건설에 결정적 역할을 하고 있는 것이다.

지난 여러 해 동안 하마스는 공개적 행위와 은밀한 행위를 철저하게 구분하려고 애써 왔다. 이러한 구분은 하마스의 파이낸싱에도 적용된다. 해외 자선 단체들이 내놓은 돈은 대체로 보아 군사적 활동에 사용되지 않는다. 군사 활동의 자금은 다른 데서 온다. 기업가들의 기부금이나 미국에서 개최하는 각종 회의 도중에 거둔 돈을 가지고 하는 것이다. 이러한 모금 활동은 상당한 수입원이 되고 있다. 1994년 HLF의 이사장인 수크리 아부 바케르는 로스앤젤레스의 무슬림아랍청년협회 회의에 참석해서 하마스 전사들의 유족들을 위한 기금조로 20만 7천 달러를 모금했다.[38] 2000년 추수감사절 때에는 하마스의 미국 내 대변 기관인 팔레스타인을 위한 이슬라믹 협회는 팔레스타인 순교자들을 위해 20만 달러를 모금했다.[39]

또한 서방의 여러 나라에서는 부동산을 통한 돈세탁 등 복잡한 재정 계획을 통해 꾸준히 수입을 올리고 있다. 1990년대 초에는 이런 일이 있었다. 쿠라닉 리터러시 인스티튜트Quranic Literacy Institute는 하마스를 지원하는 사우디아라비아 부자들의 돈을 세탁하기 위해 1채당 30만~50만 달러 하는 더페이지 카운티의 주문 주택 건설 회사인 우드리지 파운틴을 이용했다. 이 돈세탁으로 마련된 비자금은 하마스가 이스라엘 내의 여러 거점을 공격하는 데 필요한 무기 구입에 사용됐다.[40]

따라서 경제적 자립은 의사국가를 세우려는 무장 단체의 숫자를 증가시켰을 뿐 아니라 현지 주민들 사이에 인기를 얻고 그 주민들 중에서 무장 요원을 모집하는 일을 놓고서 다른 무장 단체들과 경쟁하도록 만들었다. 이러한 경쟁은 경제 분야에만 국한되는 것이 아니다. 폭력의 전략적 사용에도 해당됐다.

팔레스타인 정부는 이스라엘에 대해 유화적인 태도를 보여 왔는데 많은 팔레스타인 사람들은 이것을 팔레스타인 대의의 배신이라고 생각했다. 하마스는 이런 여론을 적절히 활용해 인티파다를 하마스 버전의 폭력 행위인 피트나Fitna로 변모시켰다. 피트나의 일부는 '돌격 위원회'와 암살단으로 구성되어 있다. 이들은 점령 지역 내에서 이스라엘에 '협조한 자들'을 심문해 살해하고 팔레스타인 정부 요인들을 공격해 평화 협상을 방해하는 활동을 벌인다.

점령 지역 내의 부정부패

피어슨의 분류에 따르면 의사국가에 결핍되어 있는 현대 국가의 특성은 합헌성과 주권성이다. 합헌성은 일련의 법률을 지키는 것을 의미하고 주권성은 단독 통치자의 존재를 인정하는 것을 말한다. 이렇게 볼 때 의사국가는 비민주적이고 대단히 권위주의적(위계질서적)이다. 폭력을 독점하고 전시경제를 장악한 자가 의사국가의 규칙을 정한다. 폭력이나 금전에 의해 이런 독점 구조를 물리칠 수 있는 자는 새로운 지도자로 올라서게 된다. 이렇게 볼 때 점령 지역에서 PLO를 대신하려는 하마스의 시도는 두 가지 목적을 갖고 있다. 하나는 팔레스타인 정부의 폭력 독점권을 깨트리는 것이고,

다른 하나는 강력한 경제력을 장악하는 것이다. 하마스는 피트나와 암살단을 가지고 PLO의 폭력 독점권을 깨트리려 하고 사회경제적 복지 프로그램을 가지고 경제력을 장악하려 한다.

그러나 이런 독점권을 새롭게 얻는다고 할지라도 그것은 더 많은 문제를 이끌어낼 뿐이다. 합헌성과 주권성이 없기 때문에 의사국가의 권력이라는 것은 본질상 불안정할 수밖에 없다. 따라서 그런 불확실성이 의사국가의 인프라 곳곳에 스며들어 있다. 이런 상황에서 충성심을 확보하기는 대단히 어려운 문제이므로 자연히 돈을 주고 충성심을 매수하게 된다. 엄청난 특권을 누리는 경제적, 군사적 사다리의 꼭대기에 있는 사람들은 테러 정치의 우여곡절로부터 자기 자신과 가족들을 지키기 위해 엄청난 돈을 축적하는 경향이 있다. 따라서 의사국가의 주된 특징 중 하나가 부정부패인 것은 그리 놀라운 일도 아니다. 예루살렘 미디어 앤드 커뮤니케이션 센터가 수행한 1999년 여론조사에 따르면 점령 지역에 사는 주민의 83%가 팔레스타인 자치정부 내에 부정부패가 있다고 대답했다.

마흐무드 함두니는 소위 '팔레스타인 마피아 국가'의 많은 희생자들 중 한 사람이다. 1996년 그는 예리고 외곽에 30에이커의 땅을 사서 주유소를 지었고 주택단지 개발을 구상했다. 그러나 팔레스타인 자치정부가 이 지역에 투자하기로 결정하고 그의 땅을 수용하겠다고 나서면서 그의 구상은 산산조각이 났다. 함두니가 수용을 거부하자 그는 반역죄로 기소되어 투옥됐다. 그는 팔레스타인 자치정부에 그의 땅을 넘겨준다는 각서에 서명을 하고 나서야 감옥에서 풀려날 수 있었다. 그 땅은 매각됐고 그 위에 카지노가 들어섰다.

카지노가 개장하자마자 팔레스타인 정부가 앞에 내세운 회사가 카지노 시설의 주식 28%를 차지했다. 오늘날 아카바트 자브로 난민 캠프 맞은편에 자리 잡은 오아시스 카지노는 월 1천 5백만 달러의 이익을 올리고 있다.[41]

이스라엘 정부도 팔레스타인 정부의 부정부패에 깊숙이 개입하고 있다. 이스라엘은 평화와 땅을 맞바꾸는 협상에 우호적인 팔레스타인의 소수 엘리트들을 완전 장악하기 위해 자국의 경제력을 최대한 활용하고 있다. 예를 들어, 팔레스타인 정부의 많은 관리들이 이스라엘에서 발급한 특별 VIP 통행권을 갖고 있어서 점령 지역을 마음대로 출입할 수 있다. 하지만 그들이 이스라엘 정부에 대해 비판적인 발언을 하면 그 순간 그 통행권은 취소된다. 부정부패는 평화 협상 과정의 중요한 한 부분이 되었다. 심지어 아라파트 자신도 이스라엘의 '특혜'로부터 완전 자유롭지 못하다. 2000년 6월까지 이스라엘은 부가가치세와 관세로 수억 달러를 거둬들였는데 이중 일부가 아라파트의 계좌로 직접 흘러들어 갔다. 아라파트는 이돈을 자유롭게 쓸 수가 있었고 여러 관측통에 따르면 정치적 충성을 매수하는 데 그 자금을 사용했다고 한다.

부정부패는 의사국가 사회에 만연되어 있고 그 국가 기관 내에서 하나의 모두스 오페란디modus operandi(운영 방식)가 되었다. 팔레스타인 정부의 많은 관리들이 그들의 지위를 이용해 비윤리적인 사업 거래를 하고 뇌물을 받는다.[42] 1999년 서안 지구와 가자 지구 사이에 '안전 통행'을 담당하는 관리들이 '여행 허가증'에 대해 실제 액수보다 두 배의 가격을 받는다는 비난을 받았다. 그들은 이스라엘 정부가 팔레스타인 정부에 실비로 발행하는 허가증을 그런 식으로 판매해 이득을 보았던 것이다.[43] 또 다른 부정부패 사건에는 아라파트 정부의 내무 장관이며 이스라엘과의 평화 협상 과정에서 주요 협상 담당자였던 자밀 타리피가 연루됐다. 2000년 여름, 타리피는 점령 지역에 약품 분배 회사를 설립했다. 해외 약품을 수입해 오는 이스라엘 업체는 점령 지역에 약품을 제공하고 거기서 큰 이익을 올렸다. 그러나 예루살렘 제약 회사Jerusalem Pharma-ceuticals Co.의 소유주인 모하마드 마스루지는 약을 수입해 올 때마다 엄청난 관세를 물어야 했다.

이 회사는 점령 지역 내의 약국에도 약품을 공급했다. 그런데 타리피는 단 하루 만에 팔레스타인 보건부에 수십 건의 약품을 등록했다. 마스루지 같았더라면 몇 년은 걸렸을 과정이다. 뿐만 아니라 이집트 약품도 등록해 이스라엘의 제약 분배 회사들도 따돌렸다. 업계 전문가들에 따르면 타리피의 약품들은 국제 규격을 충족시키지도 못했다. 하지만 보건부의 관리들은 그런 규격 따위는 전혀 신경 쓰지 않았다. 국제 원조 기관들도 점령 지역 내의 만연된 부정부패를 잘 알고 있었지만 침묵을 지켰다. 반부정부패 캠페인을 벌이면 아라파트 체제를 혼란으로 빠뜨릴텐데 그렇게 되면 기증자들이 이들 기관에 내놓은 거액의 기부금이 위태롭게 되는 것이었다. 기증자들은 1994년부터 2000년까지 이들 기관에 38억 달러를 기증했다.[44]

의사국가의 약탈적 성격: 콜롬비아의 AUC와 FARC

의사국가는 그 본질상 약탈적이고 착취적이다. 의사국가는 법의 통치와 몰개성적 권력의 사용이라는 현대 국가의 두 가지 특징을 결핍하고 있다. 이 두 가지 특징이 지켜지지 않으면 국민은 국가 기관의 권력으로부터 보호받지 못한다. 국민들은 나라를 다스리는 자의 변덕에 휘둘리게 되고 종종 '비인간화'되며 상품처럼 물건 취급당한다. 바로 이것이 콜롬비아의 경우인데 이 나라의 민간인들은 엄청난 테러의 부담을 지고 있다. 지난 5년 동안 이 나라의 주민 이주는 크게 증가해 거의 수단이나 앙골라 수준과 맞먹는다. 연간 약 30만 명의 주민이 고향에서 내쫓겨 난민이 되고 있다. 2000년의 사망자 수는 2만 5천 명인데 대부분 지방의 대학살로부터 발생했다. 같은 해, 콜롬비아 인구의 약 55%가 빈곤선貧困線 이하에서 살고 있는 것으로 나타났다.[45] 1999년 10월 24일에 열린 대규모 집회에서 한 남자는 이렇게 절규했다.[46]

"우리는 전쟁이 지겹습니다. 그렇지만 늘 배고픈 상태로 있어야 하는 것도 지겹습니다."[47]

가난과 죽음은 지난 20년 동안 콜롬비아를 괴롭혀 왔다. 두 마르크시스트 무장 단체인 FARC와 ELN(국민해방군)과 우익 테러 집단인 AUC와 콜롬비아 정부 사이의 싸움은 오랫동안 이 나라를 멍들게 했다. 재정적으로 자급자족하는 무장 단체인 FARC와 ELN은 코카인, 아편, 석유, 황금과 에메랄드 등의 불법 거래로 자금을 조달해 콜롬비아 내에 의사국가를 수립했다. 이들은 자유롭게 그들의 사업을 계속하기 위해 정부 관리, 정치가, 군 장교들에게 정기적으로 뇌물을 바쳤다. 반면에 콜롬비아 정부는 미국의 지원을 받았다. 1999년 워싱턴은 3년에 걸쳐 이 나라를 도와주는 16억 달러짜리 원조를 승인했다. 약 300~400명의 미국 고문단이 콜롬비아에 파견됐다. 콜롬비아는 이스라엘과 이집트에 이어 세 번째로 미국의 군사 원조를 많이 받는 나라다.

한편 콜롬비아 무장 그룹 AUC(콜롬비아연합자위대)는 부분적으로만 재정 자립을 이루었다. 이 조직의 비용 중 상당 부분은 미국의 콜롬비아 군사 원조로 충당된다. 1997년 4월에 창설된 AUC는 전 마약 밀매 민병대, 1960년대에 미국인들로부터 훈련받은 군부대와 무장 그룹 등으로 구성된 조직이다. AUC는 부유한 지주, 마약 카르텔 재벌, 콜롬비아의 군부 등이 만들어낸 조직이다. 한 콜롬비아 난민은 이렇게 설명했다.

"그들은 콜롬비아 북부 지방의 게릴라 전사들과 그 동조자들을 '청소'하기 위해 이 조직을 창설했습니다."

AUC가 사용한 전략은 전형적인 대폭동 전략이었다. 그들은 FARC와 ELN의 사회적 기반을 파괴하기 위해 농촌 주민들에 대해 무차별 학살을 저질렀다.[48]

1997년 10월 25일, AUC와 콜롬비아 정규군 제4여단은 좌익 게릴라인 FARC에 동조한 것으로 의심되는 엘 아로 마을을 공격했다. 정규군은 아무도 도망치지 못하게 마을을 포위했고 AUC는 대학살을 저질렀다. 한 가게 주인은 나무에 묶여 무자비하게 고문당한 끝에 거세당했다. 그의 눈은 파내졌고 그의 혀는 칼로 절단됐다. 3명의 어린아이를 포함해 11명의 머리가 절단됐다. 모든 공공건물은 방화됐고 가옥은 약탈됐으며 상수도는 파괴됐다. AUC와 제4여단은 마을 주민 30명을 데리고 갔는데 그들은 수천 명의 콜롬비아 실종 인사들이 그러하듯이 실종자 명단에 올랐을 뿐 결코 돌아오지 못했다.[49] 엘 아로 마을의 대학살은 뚜렷한 목적을 갖고 있었다. 그것은 좌익으로 분류된 지역의 FARC 동조자들에게 무자비한 테러를 가해 인근 마을에 본때를 보이려는 것이었다.

AUC의 지도자인 카를로스 카스타뇨는 AUC 공격의 피해자들 중 대부분이 민간인이라는 점을 시인했다. 카스타뇨는 「몽드 디플로마티크」의 모리스 르무안 기자에게 말했다.

"왜 그런지 아십니까? FARC와 ELN의 유효 병력 중 3분의 2가 비무장이고 민간인이기 때문입니다."[50]

2001년의 마지막 몇 달 동안 AUC는 FARC와 ELN의 살해 수치를 합친 것보다 더 많은 민간인을 사살했다. 좌익 지역이 '청소'되면 AUC가 개입했다. 콜롬비아 대통령 안드레스 파스트라나는 2001년 2월 이렇게 말했다.

"국민들은 점점 더 무참한 학살을 비난하고 있습니다. 학살은 대부분 AUC가 저지른 것입니다. 1월에만 130명 이상이 죽었습니다."[51]

최근까지만 해도 AUC는 콜롬비아군의 정규 부대나 다름없었고 미국 '고문단'의 지시를 받아가며 작전을 벌였다. 그래서 미국의 군사 원조를 후하게 받았다.[52] 하지만 2001년 9월 11일 테러 이후에 사태는 바뀌었다. 마침내 AUC는 미국의 공식적인 리스트인

'외국 테러리스트 조직'에 명단이 올라간 것이다. AUC에서 회계사로 일한 사람의 증언에 따르면 AUC의 병력은 1만 명이고 연간 '공개된' 예산이 8백만 달러인데 이 돈은 대부분 코카인 사업에서 세금으로 조달한 것이다. 콜롬비아 정규군의 몇몇 고위직이 AUC의 봉급 수령자 명단에 올라있고 월 3천 달러까지 받는다.[53]

피어슨이 규정한 근대 국가의 또 다른 특징인 권위와 합법성 또한 의사국가에서는 찾아볼 수 없다. 권력은 순전히 폭력과 경제력의 독점으로부터 나온다. 권위는 주민들의 집단 합의를 전제로 하는 것인데 이런 요소가 의사국가 모델에는 존재하지 않는다. 의사국가 내에서 활동하는 사람들은 정치적 정체성이 없다. 1998년 콜롬비아 정부는 스위스 크기만한 4만 2천 평방미터의 지역을 완전 비무장지대로 만들었다. 여기에는 산 빈센테 델 카구안, 라 마카레나, 비스타 에르모사, 마에스타스, 우리베의 다섯 도시가 포함됐다. 데스페헤Despeje로 알려진 이 지역은 나라의 내전을 끝내기 위한 평화 제스처로서 FARC에게 제공됐다. 이 지역의 주민들이 그런 조치를 어떻게 생각하는지 그들의 의사는 아무도 물어보지 않았다. 하룻밤 사이에 데스페헤 지역의 주민들은 FARC 의사국가의 통제를 받게 되었다. 그들은 물건 취급당한 것이었다.

의사국가에 없는 근대국가의 마지막 특징은 시민권이다. 의사국가의 주민들은 발언권이 없다. 그래서 데스페헤 지역에는 FRAC에 의해서 주민들에게 새로운 규칙이 부과됐다. 광산 마을의 경우 FARC는 통행금지를 실시했다. 광부들은 어두워진 후에는 술을 마셔도 안 되고 사람들을 만나도 안 됐다. 이 새로운 규칙을 위반하는 자들에게는 최고 사형까지 내려질 수 있었다. 물건을 훔치다 걸리면 최소한 3개월의 강제 노동에 처해졌다.[54] 당연히 범죄율은 뚝 떨어졌고 테러에 의한 사망 건수도 낮아졌다. 산 빈센테의 경우 사망자 수가 1주 6명이던 것이 1년 6명으로 떨어졌다. 그 결과 두 군데의 장의사가 문을 닫았다.[55]

FARC는 데스페혜에서 주민을 상대로 하는 공공사업에 착수했다. 강제 노동력을 이용해 새로운 도로를 건설하고 마을에 문화센터를 지었다. 그리고 주민들에게 치안을 보장해주었다. 그것은 주민들이 오랫동안 누려보지 못한 사치이기도 했다. 그런 변화를 가져오기 위해서 그들의 자유를 반납해야 했지만 그래도 일부 주민들은 그런 사회적 안정을 환영했다. 점령 지역 내의 많은 팔레스타인 사람들은 하마스에 대해 이와 유사한 감정을 느꼈다. 아마도 셀바 알타의 주민들도 센데로 루미노소에게 유사한 감정을 느낄 것이다.

PLO, 기독교 팔랑헤, 하마스, FARC, 센데로 루미노소는 저마다 의사국가를 창조했다. 이 의사국가는 그들이 다스리는 주민의 기본적인 욕구 중 일부분을 충족시켰다. 실제로 의사국가를 운영하는 무장 단체의 대표적 프로파간다는, 그들이 통제하는 지역 내에 사는 주민들의 생활 조건을 향상시켜 주겠다는 것이다. 그러나 AUC나 니카라과의 콘트라는 의사국가의 지위를 획득하지 못했다. 이들은 주민들의 강력한 지지를 얻지 못했을 뿐 아니라 스폰서 국가들의 손에서 놀아나는 앞잡이에 불과하기 때문이다. 부의 분배가 아주 불균형하게 이루어진 콜롬비아(인구의 상위 10%는 밑바닥 10%에 비해 60배나 많은 소득을 올린다) 같은 나라에서 정규군은 재벌들의 회사를 안전하게 지키기 위해 좌익 무장 그룹들과 싸우고 있는 것이다. 이렇게 해서 지난 10년 동안 AUC는 1만 5천 명의 노동조합원, 농부, 지역 유지, 인권 운동가, 토지개혁 활동가, 좌익 정치가와 그 동조자들을 살해했다.[56] AUC는 사실상 '고용된' 암살단 노릇을 하고 있는 것이다. 콜롬비아 대통령 안드레스 파스트라나는 이렇게 말했다.

"우리가 일단 FARC와 평화 협정을 맺는다면 AUC는 존재할 이유가 없어지게 될 것입니다."[57]

이상과 같은 대비에서 우리는 하나의 결론을 유도할 수가 있다. 경제적 자립을 이룩하고 폭넓은 민중 기반을 가지고 있는 무장 단체, 가령 PLO나 IRA는 그들이 지배하는 지역의 주민들에게 덜 착취적이고 덜 약탈적이다. 외국의 후원을 받아서 운영되는 콘트라나 국내외의 경제적 이익을 추구하는 AUC 같은 집단은 그와는 반대로 아주 무자비하게 약탈과 학살을 일삼는다.

6 새로운 세계 무질서를 향해

"베트남에서 미군이
5만 8천 명이나 죽었습니다.
우리는 소련에 복수를 해야 합니다."

— —

미국 하원의원 찰스 윌슨Charles Wilson, 아프간 전쟁을 미국이 지원하는 것과 관련하여

거대한 C-141 스타리프터 비행기는 언제나 워싱턴에서 이슬라마바드까지 논스톱으로 날아갔다. 1만 마일을 날아가기 위해서는 공중 급유를 해야 하는데, 그럴 때면 유럽이나 중동에 대기 중인 KC 10 탱커 비행기를 이용했다. 그것은 지루할 정도로 장거리 여행이었으나 1981년부터 CIA 국장 겸 레이건 대통령의 수석 정보 보좌관을 맡아온 윌리엄 케이시는 개의치 않았다. 스타리프터 비행기의 호화로운 VIP 석에 앉은 케이시는 ISI(파키스탄 중앙정보부)의 아크타르 장군 및 고위 관리들과 2년에 한 번씩 개최하는 회의를 준비하고 있었다. ISI는 아프가니스탄 내의 무자헤딘에게 군수 물자를 지원하는 기관이었다.[1] 철저한 반공정신 덕분에 사이클론이라는 별명을 얻는 케이시는 이슬람 사상을 조종해 소련과 싸우게 한

다는 아이디어를 아주 열정적으로 받아들였다. 다른 많은 미국인들과 마찬가지로 케이시는 소련의 아프간 점령은 베트남 전에서의 모욕을 설욕할 좋은 기회라고 생각했다. 케이시는 소련 병사들과 소련의 지원을 받는 현지 게릴라들을 죽이는 데 사용될 무기를 공급하면서도 미국의 개입을 무슬림 전사들에게 알리지 않는 것을 만족스럽게 생각했다. 개전 당시에 소련이 아프가니스탄에 9만 명의 병사를 주둔시키고 있었다는 사실은 케이시에게는 중요하지 않았다. 미국이 무자헤딘을 배후 조종해 가능한 한 많은 소련 병사를 죽일 수 있다면 미국으로서는 더 좋은 일이었다.[2]

무자헤딘에게 은밀하게 무기를 지원하고 그 미들맨(중간책)으로 파키스탄을 이용한다는 계획은 이미 카터 행정부 시절에 세워져 있었으나 그것이 미국 역사상 최대 규모의 비밀 작전으로 실행된 것은 레이건 행정부에 들어와서였다. CIA 국장 케이시와 그 작전의 지지자들이 실행을 밀어붙인 것이었다.[3]

케이시는 또한 이 과정에서 부패하고 비민주적인 과두제 국가인 파키스탄을 아프간 전쟁의 최대 수혜자 겸 역할 제공자로 만들었다. 미국이 반소 지하드에 참가하는 첫 번째 조건은 무자헤딘과의 직접적인 접촉을 피한다는 것이었으므로 CIA는 무슬림 전사들에게 무기를 제공하는 업무를 ISI에게 위임했다.[4] 그리하여 ISI는 개전 초기부터 이 작전을 진두지휘했다.

미국 내에서 CIA가 휘두르는 것보다 더 막강한 권력을 파키스탄 국내에서 행사하는 ISI는 파키스탄 행정부 그 자체라고 해도 과언이 아니다. ISI는 정부 내의 모든 부처에 영향력을 행사할 수 있고 독자적인 정책을 수립, 시행할 수 있다. 아프간 전쟁이 치열하던 당시, ISI는 15만 명을 직원으로 고용하고 있었다.[5] ISI는 CIA와 특별 연결 관계를 수립하게 된 것을 환영했을 뿐 아니라 양키들을 위해 지저분한 일을 대행하는 것을 즐기기까지 했다.[6]

CIA가 내놓는 금액과 똑같은 액수를 사우디아라비아가 내놓으면서 ISI는 곧 엄청난 규모의 무기, 탄약, 장비, 현금을 관리하게 되었다. 이런 물자들과 현금은 방대한 연락책 네트워크를 통해 들어왔는데 이 네트워크는 곧 '아프간 파이프라인'이라는 별명을 얻게 되었다. 항공 수송 또는 해상 수송 여부에 따라 무기의 파이프라인은 카라치(파키스탄의 옛 수도 : 편집자)에서 아프가니스탄 또는 라왈핀디(파키스탄의 한 도시 : 편집자)에서 아프가니스탄으로 이어졌다.

1983년에서 1987년까지 이 파이프라인을 통해 조달된 연간 평균 무기는 1만 톤에서 6만 5천 톤까지 꾸준히 늘어났다.[7] CIA는 미국에 우호적인 국가들로부터 군사 장비를 직접 사들였고 때때로 무자혜딘의 군사적 필요에 대해 ISI와 의논했다. 이어 군수 물자는 이슬라마바드(파기스탄의 수도 : 편집자)로 보내졌다. ISI는 그것을 받아 다시 무자혜딘을 직접 지원하는 저항 그룹인 이슬라믹 파티스 Islamic Parties에 보냈다.[8] 파티스는 아프간 내에서 그 물자를 배분하는 동시에 개별 지휘관들에게 무기를 나눠주었다. 아프간의 지형은 아주 험준하기 때문에 이처럼 물자를 나눠주는 것은 그리 쉬운 일이 아니었다. 자동차, 트럭, 말, 노새, 무자혜딘 전사의 등짐 등을 이용해 장비들이 국경을 넘어 아프간 오지까지 전달됐다. 전쟁 기간 내내 사람과 무기의 끊임없는 흐름이 마치 개미떼처럼 파키스탄에서 북쪽으로 향했다.

CIA는 군수 물자의 지원 이외에도 ISI 계좌로 거액의 현금을 넣어주었다. 이 현금은 아프간 파이프라인을 원만하게 운영하는 데 필수적이었다. 1980년대 중반에 이르러 ISI는 물자를 움직이고 저장하는데 매달 약 1백 5십만 달러의 돈이 필요했다.[9] 이슬라믹 파티스의 직원 봉급, 저장 시설의 건설과 유지, 전사용 장비, 의복, 식품 구입, 수송 비용 등을 충당하기 위해서는 현금이 필요했다. 이슬라믹 파티스가 아프간 내에서 물자를 전달하는 데만도 매달 1백 5십만 달러가 있어야 했다.[10] 1984년 이전에 아프간 반군 지휘자들은 점령 지역에서 세금을 통해 돈을 모금할 수 있었다. 그러나 이 수입은 곧 말라버렸다. 소련 군대가 마을을 파괴하고, 관개 시설을 제거하고, 곡식을 불태우고, 생존자들로 하여금 파키스탄 난민촌으로 달아나도록 강요했기 때문이다.[11] 따라서 1984년 이후에는 월 1백 달러에서 3백 달러에 이르는 무자헤딘의 봉급을 주기 위한 돈까지도 필요했다.[12] 1984년경에 아프간 내에 이미 8만~15만 명의 이슬람 전사가 있었다[13]는 점을 감안할 때 이들의 월급도 결코 적은 액수가 아니었다. 전반적으로 보아 무자헤딘을 후원하는 국가들이 연간 내놓아야 할 총 비용은 50억 달러였다.[14]

ISI와 이슬라믹 파티스들이 거액을 취급하면서 부정부패의 바퀴에 기름이 끼기 시작했다. 아프간 전쟁 내내 파이프라인 주위에는 뇌물, 정실주의, 부당 이득의 추구 등이 만연했다. 아프가니스탄과 접경 지역의 파키스탄 세관 관리들은 군수 물자를 통관시켜주는 조건으로 뇌물을 요구했다. 반군의 지휘자나 전사들은 감옥에서 빠져 나오기 위해 현금이 필요했다. 카불(아프가니스탄의 수도: 편집자)에서 하디즈 압둘 하크—로널드 레이건과 마거릿 대처를 맨 처음으로 만난 무자헤딘 지휘관이다—는 그의 사촌들이 7천 5백 달러의 뇌물을 바치자 악명 높은 풀 이 차르키 감옥에서 풀려났다. 미국과 그 동맹국들도 이런 식으로 돈을 뜯어내는 흐름에서 자유롭지 못했다. 콘트라에 자금을 지원하기 위한 비밀 사기 계획이 그러했듯이 반공 운동은 그럴 듯한 이데올로기의 간판 뒤에서 사실은 돈을 우려내는 기계 역할을 했던 것이다. 미국 자금줄의 주된 원천은 미국 국방부가 비밀 작전을 지원하기 위해 운영하는 검은 예산과 비자금이었다. 이 비자금 규모는 1981년에 90억 달러이던 것이 1990년대 중반에는 360억 달러로 늘어났다. 윌리엄 케이시는 이 예산을 CIA의 비자금으로 집행했다. 따라서 CIA 관리가 처분할 수 있는 현금의 액수는 엄청났다. 국제 무기 브로커, 무기 생산자, 정치가 등은 돈 냄새를 맡고서 이 사업에 한몫 끼려고 필사적인 노력을 했다.

낭비되는 돈도 엄청났고 파이프라인 주위에서는 계속 돈이 새어나갔다. 일부 '우호적인' 국가들은 CIA 계약을 이용해 낡거나 못 쓰는 군사 장비를 처분하려고 했다. 1984년까지 1급 장비를 판매한 중국을 제외하고,[15] 이집트나 터키 같은 나라들은 반소 지하드에서 낡은 무기를 처분할 황금의 기회를 잡았다. 또한 무기 구매는 정치적 고려 사항에 의해 결정되기도 했다. 1985년 CIA는 ISI의 반대에도 불구하고 영국제 지대공 미사일 SAM을 구입했다. 하지만 그 미사일은 너무 무거워 무자헤딘이 험준한 아프간 지형에서 들고 다닐 수가 없었다. CIA는 심지어 이스라엘이 레바논 침공 때 압수한 무

기들도 사들였다. 하지만 미국인들은 이 무기의 출처가 어디인지는 철저하게 숨겼다.[16]

이런 작전을 운영하기 위해서 CIA는 특수한 국제금융 기관들의 인프라에 의존해야 했다. 케이시는 BCCI 은행에 관심이 많았다. 1972년에 파키스탄 사업가인 아가 하산 아베디에 의해 창설된 BCCI는 전 세계 73개국에 400개의 지점을 가진 세계 최대 규모의 무슬림 은행으로 성장했다. BCCI는 명목상으로는 걸프 지역의 아랍 자본 소유인 것으로 되어 있었다. 주식의 20%는 칼리드 빈 마푸즈가 가지고 있었는데 이 사람은 사우디아라비아 왕실의 주거래 은행인 내셔널 코머셜 뱅크 창업자의 아들이다. 또 다른 대주주는 전 사우디아라비아 정보부의 책임자였던 카말 아드함이었다. 이 사람의 주된 사업 파트너는 전 사우디아라비아 주재 CIA 책임자인 레이먼드 클로즈였다.[17]

케이시는 BCCI가 사우디아라비아를 위해 여러 은밀한 작전에 개입했다는 것을 알았다. 사우디아라비아 왕국에서 나온 돈은 BCCI의 비밀 채널을 통해 니카라과의 콘트라, 앙골라의 우니타(앙골라완전독립연맹), 심지어 파나마의 노리에가에게까지 흘러들어 갔다.[18] 사우디아라비아는 반소 지하드의 주요 스폰서였기 때문에 이러한 특별 관계는 플러스 요인이었다. 케이시는 BCCI가 또한 미국의 주요 기관들과 거래해왔다는 사실도 알았다. 미국의 국가안전보장회의는 BCCI 네트워크를 통해 이란-콘트라 무기 거래의 대금을 주고받았고 CIA는 은밀한 작전의 자금 지원을 위해 정기적으로 BCCI 계좌를 이용했다. 게다가 BCCI는 불법 무기 거래의 어두운

이면을 잘 알고 있었다. 사우디아라비아 사업가 아드난 카쇼기가 중개해 미국 정부가 이란에게 1천 7백만 달러어치의 무기를 판매한 비밀 거래는 BCCI 몬테카를로 지점의 협조로 성사됐다.[19] 사우디아라비아가 중국의 실크웜 미사일을 구입할 수 있었던 것도 BCCI의 도움 때문이었다.[20] 이 은행은 또한 이스라엘 첩보 기관과 서방 정보기관들의 무기 구입도 주선했다.[21] 이 은행의 자본주는 아랍인이지만 중간 간부와 고위 간부는 파키스탄 사람들이기 때문에 그 핵심 운영 요원들은 카라치에 확실하게 뿌리를 내렸다.[22] 이 점이 특히 CIA에게는 중요했다. 케이시가 볼 때 BCCI는 무자헤딘 비밀 지원이라는 일을 해낼 수 있는 최적임자였다.

이렇게 해서 작전에 참가할 아랍계 은행이 선정되자 그 비밀 작전은 은행 내의 비밀 금융 기관인 '검은 네트워크'로 이관됐다. 그 본부는 카라치에 있었고 지하 네트워크는 이 도시를 기점으로 해서 CIA 전용 은행으로 활동하기 시작했다. 약 1만 5천 명의 직원을 가진 이 은행은 마피아 비슷한 방식으로 운영됐다. 이 은행은 모든 기능을 통합시킨 조직이었다. 여러 나라들 사이의 은밀한 무기 거래를 중개하고 차관을 제공하며 자체 선단船團을 이용하여 화물을 날라주고, 자체 보험 기관에 보험을 들고, 수송 도중에 필요한 인력과 경비를 제공했다.[23] 파키스탄의 BCCI 직원들은 언제 누구에게 뇌물을 주어야 하는지 알고 있었다. 그들은 또한 자금을 어디로 보내야 하는지도 알았다.

전 CIA 국장인 리처드 커는 CIA가 파키스탄에 BCCI 비밀 계좌를 갖고 있다고 시인했고 파키스탄 관리와 아프간 저항 세력에게

CIA 비자금을 건네기 위해 그 계좌를 개설했다고 확인했다.[24] 1980년대 중반에 이르러 '검은 네트워크'는 카라치 항을 통제했고 아프간으로 들어가는 CIA 물자의 세관 통관을 대행했다. 물론 ISI에게 건네주는 뇌물도 대신 처리했다. 무기와 장비가 재빨리 아프간에 전달되도록 확인하는 것도 BCCI의 임무였다.[25]

전쟁이 계속 되면서 비용은 계속 치솟았다. 무자헤딘에게 물자를 공급하는 파이프라인 주위에는 언제나 현금이 부족했고 그래서 ISI와 CIA는 추가 수입원을 찾기 시작했다. 가장 그럴 듯한 수입원 중 하나는 마약 밀수였다. 아프가니스탄은 이미 대규모 아편 생산국이었지만 주위의 지역 시장에만 물건을 공급하고 있었다. ISI는 아편 생산을 독려하고, 아편을 가공하여, 부유한 서방 시장에 헤로인을 밀수출하는 일을 떠맡았다. 무자헤딘이 계속 진격하여 새로운 지역을 점령하자 그들에게 혁명 비용을 대주기 위하여 아편에 세금을 부과하라는 주문이 내려갔다. 이 세금을 내기 위해 농부들은 더 많은 양귀비를 심어야 했다.

이란 혁명 후 아프가니스탄으로 옮겨온 이란 마약 상인들은 농부들에게 입도선매 방식으로 미리 돈을 빌려주었다.[26] 또한 아편을 헤로인으로 정제하는 기술도 가르쳐주었다. 2년도 안 되어 아편 생산이 늘어나기 시작했다. 곧 마약 경제가 아프간의 전통적인 농업 경제를 대체했다. 또 무자헤딘은 ISI의 도움을 받아가며 수백 군데의 헤로인 정제소를 세웠다. 2년 사이에 파키스탄-아프간 국경 지대는 세계 최대의 헤로인 생산 센터가 되었고 미국 시장의 최대 헤로인 공급자로 떠올랐다. 여기서 생산되는 헤로인은 미국 마약

시장 수요의 60%를 충족시켰다. 연간 이익은 1천억 달러에서 2천억 달러 사이였다.[27]

선호되는 밀수 루트는 파키스탄을 통과하는 것이었다. ISI는 파키스탄군을 이용하여 마약을 전국에 수송했고[28] BCCI는 밀수작전에 필요한 재정과 군수를 책임졌다. 이 마약의 대부분은 북아메리카에서 매매되고 소비됐지만 미국의 마약단속 당국이나 DEA(미국연방 마약수사국: 편집자)의 조사나 감시는 없었다. 헤로인이 파키스탄을 거쳐 미국으로 흘러들어오는 경로를 차단하려는 시도도 없었다.[29] 1991년에 이르러 무자헤딘이 장악하고 있는 부족 지역에서 한 해 동안 생산된 최고급 헤로인[30]은 무려 70톤이나 되었다.[31] 이것은 전년도에 비해 35%나 늘어난 양이었다.[32] 1995년 전 아프간 주재 CIA 책임자였던 찰스 코건은 CIA가 냉전을 계속 수행하기 위해 마약의 흐름에 눈을 감았다고 말했다.

헤로인이 이 지역에서 계속 수출됐다면 그 대신 최첨단 장비는 계속 수입됐다. ISI와 이슬라믹 파티스는 아프간 통과무역협정 ATTA을 활용하여 면세품 밀수 사업을 벌였다. 1950년 파키스탄과 아프가니스탄은 ATTA를 체결했다. 이 협정은 사방이 땅으로 둘러싸인 나라인 아프가니스탄에게 카라치 항을 통해 면세품을 수입할 수 있는 권한을 주기 위한 것이었다. 아프간으로 가게 되어 있는 면세품들은 밀봉 컨테이너에 실려 카불 행 트럭에 옮겨졌다. 면세품들 중 일부는 실제로 아프간에서 팔렸다. 그러나 면세품의 대부분은 트럭에 올려진 채 아무 데도 가지 않았다. 면세품은 파키스탄으로 되돌아와 현지 시장에서 팔렸다. 그 트럭들은 수송 도중 부패한 파키스탄 세관 관리들과 수송 마피아에게 '세금'을 뜯겼다. 이 트럭의 통과 지역을 장악한 군벌들도 세금을 챙겼고 심지어 카불의 세관 관리들도 일정 몫을 챙겼다. 이렇게 여러 군데에서 뜯겼어도 ATTA 면세품은 정식 통관 절차를 거쳐 파키스탄에 들어온 동일 제품보다 값이 쌌다. ATTA 제품을 그토록 매력적인 물건으로 만든 견인차는 파키스탄 당국이 수입품에 물리는 높은 관세였다. 특히 극동에서 들여오는 전자 제품에는 아주 높은 관세를 부과했다. 그리하여 ATTA 스테레오, 텔레비전, 비디오 레코더, CD 등은 시중의 동일 물건보다 40~50%가 쌌다. 이런 밀수 과정 때문에 파키스탄은 값싼 면세 해외 제품을 제한적으로 공급할 수가 있었고 ISI는 추가 소득원을 확보했다. 1980년대 내내 ATTA 불법 무역은 공산당이 장악한 아프간 도시들에서 번성했고 연간 약 1억 5천만 달러의 수입을 가져다주었다.

반소 지하드 내내 엄청난 비용이 들어갔다. 지출이 늘 수입보다 많았다. 미국과 사우디아라비아의 자금 지원에다 마약과 밀수의 추가 수입을 보태도 파이프라인을 정상적으로 운영하는 데에는 턱없이 모자랐다. 현금의 대부분은 은밀한 작전을 유지하는 데 들어갔다. 파이프라인이 제대로 돌아가기 위해서는 전 세계의 값비싸고 복잡한 인프라를 이용해야 했다. 무기, 마약, 면세품, 밀수품, 현금 등을 계속 원활하게 움직이려면 돈이 여러 번 사람의 손을 거쳐야 했고 한 번씩 손을 바꿀 때마다 비용이 발생했다. 금융 거래는 고비용의 비밀 은행 구조에 의해 처리돼야 했다. 그런 은행이 없으면 자금의 흐름을 보장할 수 없었다. 게다가 모든 시스템이 뇌물과 검은 돈으로 기름칠을 해야 돌아갔다. 절도도 만연되어 있었다. 파키스탄을 통과중인 무기와 장비는 종종 도난당했다. 사실 수송된 무기의 30% 정도만 최종 사용자 손에 들어갔다.[33] 전에 지하드 전사였던 사람의 증언에 따르면, 반소 지하드 앞으로 내놓은 미국 돈 1달러 중 무자헤딘이 20~30센트만 받아도 다행이었다. 따라서 최종 소비자인 이슬라믹 파티스, 지휘관들, 무자헤딘은 늘 현금, 탄약, 때때로 식량도 부족했다. 한 무자헤딘 전사는 이렇게 털어놓았다.

"우리는 먹을 것이 하나도 없을 때도 있었습니다."

보급품은 종종 늦게 도착했고, 지원은 불충분했고, 현금은 아주 부족했다. 그래도 부유한 아랍 단체와 개인들의 자발적인 기부금 덕분에 이슬라믹 파티스는 부족분을 메우고 결핍을 이겨낼 수 있었다. 이 기부금은 파티스에게 직접 들어갔기 때문에 파이프라인의 추가 비용이나 절도를 면할 수 있었다. 그러나 이런 기부금은 4대 근본 이슬라믹 파티스에게만 흘러들어 갔고 세력이 적은 이슬람 파티(당)들은 그나마 충분히 지원을 받지 못했다.[34]

전 무자헤딘 전사는 이렇게 말했다.

"독립된 소스에서 나온 아랍 돈이 반소 지하드를 먹여 살렸습니다. 이런 자금 덕분에 전쟁에 이길 수 있었습니다."[35]

전쟁 내내 이슬람 전사들은 미국의 역할에 대해 알지 못했다. 그들은 자신들이 지금 대리전을 치르고 있다는 생각을 전혀 하지 않았다. 오사마 빈라덴처럼 많은 연줄을 갖고 있는 사우디아라비아인도 CIA가 그토록 광범위하게 개입했는지 몰랐다고 말했다. 빈라덴은 말했다.

"나와 내 형제들은 미국이 도와준다는 증거를 전혀 발견하지 못했습니다." [36]

CIA는 ISI의 뒤에 숨어 있었기 때문에 전사들과의 직접 대면을 피할 수 있었다. 고위 CIA 관리인 밀튼 비어드맨은 말했다.

"우리는 아랍인들을 훈련시키지 않았습니다." [37]

그 훈련은 파키스탄 내의 여러 곳에 흩어져 있는 군 캠프에서 ISI가 맡았다. 전쟁 동안 이 캠프에서 약 8만 명이 훈련을 받았다. 무슬림 전사들은 전쟁이 끝난 후 미국이 배후에서 반소 지하드를 조종했다는 사실을 알고서 굴욕감을 느꼈다. 이 굴욕감 때문에 이슬람 무장 단체들은 미국에 대해 강한 증오심을 갖게 되었다.

냉전 모델 깨트리기

전반적으로 보아 반소 지하드는 냉전의 대리전 모델을 깨트렸다. 그 전쟁은 한 나라 내에서 벌어졌지만 다민족 무슬림 군인 무자헤딘이 앞장서서 싸운 전쟁이었다. 따라서 이 경험은 무슬림 세계 전역에 커다란 영향을 주었다.

이 전쟁에는 미국과 사우디아라비아라는 두 스폰서 국가가 있었다. 하지만 두 나라의 목적은 달랐다. 사우디아라비아는 종교적 식민주의라는 동기를 갖고 있었고 미국은 노골적인 복수復讐의 목적을 갖고 있었다. 그것은 중앙아시아 내의 세력 균형이라는 결과에 대해서는 전혀 개의치 않고 치러진 전쟁이었다. 미국의 1차적 목표는 소련에 치명타를 가하자는 것이었다. 그렇게 함으로써 베트남 전에서 죽은 5만 8천 명의 미국 병사에 대한 복수를 하겠다는 것이었다. 그것은 아프간 내에서의 소련의 취약한 입장은 전혀 고려하지 않은 채 수행된 전쟁이었다. 1983년 초 소련은 그들의 실수를 깨닫고 철군을 고려하고 있었다. 고르바초프가 집권한 1985년, 소련 정치국은 1년 이내에 철수한다는 입장을 갖고 있었다. 그러나 복수의 감정이 앞섰던 미국 행정부는 전쟁을 격화시켰다. 케이시는 심지어 싸움의 범위를 넓혀서 중앙아시아 지역까지 확대하라고 ISI에 요구했다.[38] 이처럼 미국이 아프간 지원을 계속 늘렸기 때문에 소련은 1986년 아프간에서 철군하지 못했다.[39]

아프간 전쟁은 종전 후 여러 해 동안 중앙아시아 지역을 뒤흔들게 되는 경제적 무질서의 씨앗을 갖고 있었다. 전쟁은 미국과 파키스탄의 동맹을 가져왔고 강화시켰다. 부패한 독재국가인 파키스탄은 이런 동맹 관계를 이용해 핵을 손에 넣었고 아시아 지역에서 강력한 국가로 부상했다. 아프간 전쟁은 소련의 붕괴를 촉진했고 소련 붕괴는 중앙아시아, 코카서스, 발칸 등 소련 주변부의 방대한 지역을 혼란 속으로 빠트렸다. 게다가 아프간 전쟁은 미국으로 하여금 이슬람 폭동과 그 경제적 힘을 과소 평가하게 만들었다. 냉전의 적수였던 소련이 패배하자 미국의 정치 엘리트들은 승리에 도취해 승리의 결과를 제대로 살펴보지 못했다. 미국의 외교 정책은 새로운 세계 질서에 적응하지 못했다.

미국의 외교 정책은 냉전 50년 동안 갈고 닦아져 온 것이다. 같은 세대의 미국 외교관들은 '소련 억제'라는 그늘 속에서 성장해 왔다. 그러다가 소련이 붕괴하면서 미국 외교관들은 아무런 방향도 없는 정치적 공백 속으로 빠져들었다. 그 공백을 메우기 위해 미국의 외교는 미국 기업 지원이라는 비즈니스 쪽으로 시선을 돌렸다. 외교관들은 자신들을 지지하는 기업을 위해 워싱턴에 로비하는 로비스트 또는 경제 대사의 역할을 맡았다. 거의 하룻밤 사이에 미국의 외교 정책은 미국 기업들의 강력한 행동대원이 되어 전 세계 어디에서나 비즈니스 기회를 찾아다녔다. '국제 질서 안정'이라는 목표는 내팽개치고 말이다. 이런 제국주의적 접근 방식은 여전히 조지 부시의 외교 정책에 동력을 제공하는 엔진 노릇을 하고 있다.

1990년대 초, 정유 업계의 로비에 밀려 아버지 조지 부시는 소련의 해체가 가져온, 1945년 얄타에서 만들어진 중앙아시아 내의 경제적 균형이 붕괴된 결과를 과소평가했다.[40] 당시 미국에서는 소련의 붕괴로 이 지역에 새로운 고수익의 착취 시대가 도래했다는 인식이 널리 퍼졌다. 미국 정유 회사들은 곧 중앙아시아 지역의 거대한 유전을 장악했다.

백악관은 이러한 수익의 전망을 너무나 확신했기 때문에 중앙아시아에 대한 새로운 정치적 틀을 짜거나 포스트 소비에트 시대의 가이드라인을 내놓지 못했다. 그 대신 미국은 중동에서 그 지역의 과두 세력들, 즉 아랍 자본과 독재적 무슬림 국가들과의 동맹을 추구하는 데 집중함으로써 이 지역에 불어 닥친 변화의 힘을 간과해버렸다. 미국은 그런 힘을 주목하지도 이해하지도 못했다. 미국은 레바논의 인질 위기, 이슬람 국가로서의 이란의 역할, 스폰서 국가로부터 독립한 무장 단체의 부상 등을 과소평가했다. 더욱이 미국은 제1차 오일 쇼크로 인한 엄청난 부의 이동이 가져온 정치적 결과, 미국에 대한 적개심의 강화, 무슬림 민중의 아랍 지도자에 대한 환멸 등을 무시했다. 이런 사건들로 인해 이슬람 무장 단체로 인력과 자금이 몰려들게 되었다.

우리가 앞으로 살펴보게 되겠지만 이러한 현상들은 테러의 신경제라는 강력한 적수의 성장을 도와주는 이상적 조건이 되었다.

7 이슬람 경제

"전쟁은 … 다른 수단에 의한 정치의 계속이다."

– –

카를 폰 클라우제비츠Karl von Clausewitz

모하마드 지아 울 하크 장군(파키스탄의 군부 독재자: 편집자)은 꿈이 하
나 있었다. 그것은 파키스탄의 주도 아래 투르크메니스탄에서 카슈
미르에 이르기까지 강력한 범汎이슬람 연맹을 창설하는 것이다. 케
이시 CIA 국장과 미국 행정부는 그의 이러한 환상을 교묘하게 자극
해 격려했다. 파키스탄을 미국의 동맹국으로 만들고 또 이란에 대
항하는 최전선으로 합법화하기 위해 워싱턴은 파키스탄을 세속 국
가(다양한 종교 제도들에 대해 중립적 입장을 취하는 국가: 편집자)라고 선언
했다. 파키스탄에서는 샤리아 법이 성문법에 우선하고 있는데도 말
이다.

파키스탄이 미국 정책을 지원한 것이 큰 도움이 되어 소련의
힘은 중앙아시아에서 소멸했다. 이런 수고에 대한 보답으로 미국

은 파키스탄이 아프간 전쟁 후 이슬람 근본주의 그룹에 자금을 지원하는 것을 눈감아 주었고 파키스탄이 핵을 개발할 때도 수수방관했다.[1]

반소 지하드가 끝났어도 ISI의 강력한 군사 정보망은 해체되지 않았다. 오히려 아프간 전쟁 때의 체제를 그대로 유지했으며 CIA와의 특별 관계도 계속됐다. ISI는 이슬람 전사들을 파키스탄에서 중앙아시아와 코카서스로 계속 수출했다.

소련군이 아프가니스탄에서 고통스러운 철수를 하고 있는 동안 일련의 은밀한 작전이 중앙아시아에서 전개됐다. ISI는 '중앙아시아에서의 소련 연방 해체와 새로운 공화국들의 등장에 촉매제' 역할을 했다.[2] 1991년 카자흐스탄, 키르기즈스탄, 타지키스탄, 투르크메니스탄, 우즈베키스탄 등이 마지못해 모스크바로부터 독립할 때 ISI는 이슬람 무장 폭동을 배후 지원해 이들 공화국을 혼란 속에 빠트렸다.

반소 지하드의 청사진을 모방해 파키스탄은 그들 고유의 무기 파이프라인을 설치했다. 아시아 지역에서 최대 규모의 하나인 파키스탄 병기창은 아프간 전쟁 때 조성, 축적된 것이다. ISI는 아프간 파이프라인을 통과하는 무기와 장비를 상당수 뜯어내어 파키스탄 병기창을 건설했다. 이렇게 해서 아프간 전쟁 후 파키스탄은 중앙아시아와 남아시아에서 주요 무기 공급처로 등장했다. 파키스탄 내부에는 3개의 파이프라인이 설치됐다. 하나는 인도의 이슬람 반군을 지원하는 것이고, 다른 하나는 태국, 말레이시아, 싱가포르를 통해 동남아시아로 가는 것이고, 마지막 하나는 중앙아시아를 지원하는 것이다.

ISI는 이웃 국가에서 은밀한 작전을 벌이기 위한 두 가지 자금줄을 갖고 있었다. 하나는 ATTA이고 다른 하나는 마약 밀수업이었다. 1992년 이후 밀수 활동이 기하급수적으로 증가했다. 소련이 붕괴함에 따라 새로운 밀수 루트가 개발됐는데, 주로 카불과 중앙아시아 공화국들을 연결하는 상업 루트가 곧 밀수 루트가 되었다. ATTA 면세품들이 이들 나라의 신규 시장에 도착하기 시작했다. 1992~1993년의 사업 규모는 1억 2천 8백만 달러였고 사업 성장은 계속됐다. 1997년에 이르러 파키스탄과 아프가니스탄 두 나라만의 사업 규모가 25억 달러에 달했는데 이것은 아프간의 추정 GDP보다 더 규모가 큰 것이다. 같은 기간에 중앙아시아 전역의 사업 규모도 무려 50억 달러로 증가했다.[3] 이러한 수치는 공화국들의 독립 이후 이들 지역에서 발생한 경제적 무질서를 고스란히 보여주는 것이다.

러시아 군대가 새로 발족한 중앙아시아 공화국들로부터 철수함에 따라 현지의 군대와 정치가들은 그들 자신의 힘으로 나라를 꾸려가지 않으면 안 됐다. 공화국들 내에서 수출입은 거의 제로로 떨어졌다. 모스크바가 소련 연방 시절에 수입품을 높은 가격에 사주던 관행을 거부했을 뿐 아니라 수출품에 대해서도 현찰을 요구했기 때문이었다. 목면, 광물, 석유의 가격이 급락했다. 이 지역의 돈줄이었던 소련의 차관도 취소됐다. 모스크바 은행들은 미제로 남은 차관에 대해 조속한 상환을 요구했다. 중앙아시아 공화국들의 부채에 대해 더 이상 기간을 연장해 주지 않고 미 달러로 신속히 갚을 것을 요구해 왔다. 공화국들의 경제를 외부 세계에 개방하려던 계획은 외교적, 경제적 채널이 없어서 실패했다. 독립에 따른 경제적 혼란 때문에 실업이 증가했고, 인플레가 치솟았으며, 생활수준은 급락했고, 공업과 농업용 원자재 등 모든 수준에서 물자가 부족했다.[4] 중앙아시아는 이슬람 테러의 온상이 될 수 있는 모든 조건을 갖춘 것이었다.

우즈베키스탄에서의 이슬람 운동의 등장

정치 불안이 가중되자 공화국들의 지도자들—소련의 위계질서를 밟고 올라와 권력을 잡은 골수파 공산주의자들—은 자유를 억압하는 방식으로 대응했다. 이런 억압적인 상황에서 정치적 폭력은 가중됐다. 이슬람 무장 단체가 유일한 반대 세력이었고 그들이 일으키는 전시경제가 상당수 주민들의 유일한 생계 수단이었다. ISI가 이슬람 폭동 전사들을 훈련시키고 무기를 공급하는 동안, 터키, 사우디아라비아, 여러 걸프 국가들, 탈레반 등이 자금을 대주었다.

1988년 토히르 압두하릴로비치 율데세프와 주마 나만가니는 우즈베키스탄 이슬람 운동IMU을 창설했다. 중앙아시아의 여러 공화국에 네트워크를 갖고 있는 이 조직은 우즈벡 정부에 대항해 지하드(성전)를 선언했다. IMU는 해외 스폰서의 지원과 자기 자본을 통해 조직을 꾸려나갔다. 1999년 이 조직은 해외 스폰서로부터 2천 5백만 달러를 받았다. 자금은 여러 갈래에서 흘러들어 왔다. 터키의 이슬람 지도자인 넥메틴 에르바칸은 우즈베키스탄의 '공작'을 위해 10만 달러를 보내왔다. 에르바칸의 후원 아래 콜로뉴에 자리 잡은 터키 이민자 조직은 율데세프와 수천 달러에 달하는 무기를 무상으로 공급하겠다는 계약을 맺었다.[5] IMU의 한 대표는 사우디 아라비아에서 27만 달러를 모금했는데 이때 모하마드 아민 투르키 스투니라는 독지가는 혼자서 무기 구입비로 26만 달러를 내놓았 다.[6] 심지어 탈레반 지도자인 물라 오마르도 5만 달러를 기부했다.[7]

같은 해 IMU는 키르기즈스탄 남부 산악 지대에서 지질 조사를 벌이던 일본인 지질학자 4명을 납치해 몸값으로 5백만 달러를 뜯어 냈다. 그러나 수입의 상당 부분은 IMU가 장악한 지역에서의 마약 밀매업으로부터 나왔다. 타지키스탄과 중앙아시아에 있는 나만가 니의 네트워크는 아프가니스탄으로부터 아편을 밀수하는 데 이용 됐다. 또 나만가니가 체첸니아에 연락 거점을 갖고 있었기 때문에 헤로인을 유럽에 수출할 수 있었다. 인터폴에 따르면 2002년에 수 출된 아프간 마약의 약 60%가 중앙아시아를 통과했다. IMU는 이 지역을 통과하는 아편과 헤로인의 70%를 장악하고 있고[8] 그들이 점령한 지역 내에서 헤로인 정제소를 운영한다.[9]

무장 그룹의 거점은 타지키스탄에 있는 타빌다라 계곡이다. 1999년부터는 페르가나 계곡을 장악하기 위해 투쟁 중이다. 길이 200마일, 너비 70마일인 페르가나 계곡은 중앙아시아의 경제적 중 심부를 형성한다. 이 지역에서 인구가 가장 조밀한 곳으로 중앙아시 아 전체 인구의 20%인 약 1천만 명의 주민이 산다. 페르가나 계곡은 전통적으로 이슬람의 축이었고, 종교적 후광으로 둘러싸인 곳이다. 그러나 이 지역에서 무장 폭동이 발생하고 IMU가 성공을 거둔 것은 순전히 종교적 열광 때문만은 아니다. 그보다는 소련 해체 이후에

이 지역을 괴롭혀온 가난의 직접적 결과라고 할 수 있다. 소비에트 연방 시절, 경제는 아주 강력하게 통합되어 있었고 몇 개의 중앙집중적인 시장이 이 일대 전역에 서비스했다. 공화국의 탄생과 소련으로부터의 이탈은 탈중앙집중화의 과정을 가속화시켰고 이 지역의 농업 및 공업 인프라를 상당 부분 파괴했다. 독립에 따라 공화국들 사이에는 국경이 그어졌고 마을, 농장, 심지어 가족들 사이에도 경계가 형성됐다. 다른 나라에 소속된 현지 시장에 가기 위해서는 이제 여권이 필요했다. 여러 국경을 가로지르는 관개 시설도 이제 중단됐고 이 나라에서 저 나라의 물 공급도 원활하지 못하게 됐다. 페르가나 계곡과 중앙아시아 최대 시장인 타시켄트 사이의 무역도 중단됐다. 이제 더 이상 이 시장을 자유롭게 드나들 수 없었다.

ISI로부터 군사적으로 또 재정적으로 지원을 받는 IMU는 신생 공화국 정부와의 투쟁에 있어서 페르가나 계곡의 지역 부족민들로부터 폭넓은 지지를 받았다. 정부의 무관심과 부정부패는 한때 비옥했던 계곡 지역을 가난에 시달리는 지역으로 추락시켰다. 씨앗과 융자 부족으로 인해 농업은 엉망이 되었고 공업은 원자재 부족으로 제대로 가동되지 못했다.

우즈벡 대통령 카리모프의 부정부패와 무능력으로 인해 계곡 일대는 몇 안 되는 자금줄인 국제통화기금IMF 차관도 얻지 못했다. 2001년 4월 경제 안정을 위해서 개혁을 해야 한다는 IMF의 권고를 카리모프가 받아들이지 않자 IMF는 우즈베키스탄에서 완전 철수했다. 그때 이후 자금 유입은 아주 빈약하다. 터키가 몇몇 합작 사업에 수억 달러를 투자했고, 미국이 광산과 에너지 분야에 계속 투자중이며 한국과 독일 회사들이 자동차 산업의 주식을 사들인 게 전부였다. 이러한 산발적인 해외 차관과 투자는 페르가나 계곡의 경제는 말할 것도 없고 우즈베키스탄의 만연된 자금 부족을 해소해 주지 못했다. 대부분의 해외 투자는 카리모프 자신이 직접 관리하고 계약하면서 상당한 금액을 개인적으로 챙겼다. 그 결과 실업과 인플레가 만연했다. 최근 몇 년 동안 페르가나 계곡에서의 실업이 80%에 도달했다. 계곡 주민들의 60%가 25세 이하의 젊은 인구이기 때문에 이곳은 이슬람 무장 단체가 인력을 충원하는 비옥한 땅이 되었다.

무장 단체의 일반적 패턴에 따라 IMU 게릴라들은 일정 지역을 장악하면 그 마을과 일대를 '해방구'로 선언했다. 또 현지 주민에게 생계 수단을 제공함으로써 그들을 전시경제에 통합시켰다. 게릴라들의 인력 충원은 이런 경제 통합을 달성하는 가장 흔하고 인기 있는 방식이다. 나만가니는 부하들에게 월 100달러에서 500달러를 지급하는 것으로 알려져 있다. 키르기즈스탄의 바크텐 지역에서 일하는 한 사회사업가는 저술가 아메드 라시드에게 이렇게 말했다.

"이런 현상은 어디에서나 마찬가지입니다. 마을에는 젊은이들이 없어요. 그들은 취직을 위해 러시아로 갔거나 아니면 나만가니의 부하로 들어갔습니다. 여기는 아주 가난한 지역인데 나만가니는 월급을 주니까 젊은이들이 그에게 달려갔습니다."[10]

이렇게 충원된 인력이 모두 싸움터에 보내지는 것은 아니다. IMU는 페르가나 계곡과 기타 지역에 상당히 광범위한 슬리퍼 sleeper(동원될 때까지 대기하고 있는 테러 세포)의 네트워크를 가지고 있다. 다른 인력들은 타지키스탄과 키르기즈스탄에서 식량, 무기,

군수품을 조달하는 업무를 맡는다. 나만가니는 페르가나 계곡의 부하들에게 군수물자를 지원하기 위해 타지키스탄 정부와 현지 부족들과 협약을 맺었다. 타지키스탄 정부가 과거의 중요한 무역 루트를 다시 열어주는 조건으로 타지키스탄 정치에 관여하지도 않고 이 나라에서 이슬람 무장 운동을 하지도 않겠다는 약속을 한 것이다.

이렇게 해서 IMU는 페르가나 계곡 일대를 혼란에 빠뜨렸고 중앙아시아에서 그들의 의사국가를 세울 수가 있었다. IMU 네트워크는 새로 수립된 국가들의 정치적 국경을 모두 아우르고 있다. 그 조직은 3개 공화국의 국경에 걸쳐 퍼져 있고 침투하기 어려운 계곡과 협곡에 깊숙이 뿌리를 내렸다. 게릴라들은 현지 마을로부터 보급품을 사들이는데 돈을 잘 지불할 뿐 아니라 현지 주민들을 보호한다. 몇 해에 걸친 내전 끝에 IMU는 몇몇 마을에 사회 안정과 경제적 성장을 가져왔다. 현지 주민들은 이러한 변화를 반기고 있다. 이런 결과는 ISI가 파키스탄 팽창 정책을 추구하는 수단으로 이슬람 테러를 꾸준히 추진한 직접적 결과였다.

마약 밀매업

ISI가 이슬람 무장 폭동을 지원하기 위해 이용하는 또 다른 돈줄은 마약 밀매업이다. 세계 아편 생산량의 4분의 3이 소위 '황금의 초승달' 지역이라는 중앙아시아에서 생산된다. 국제연합에 따르면 1990년대 말, 마약 밀매업의 총 매출액은 5천억 달러인데 이 중 황금의 초승달 지역이 2천억 달러를 기여했다.[11] 1983년과 1992년 사이에 파키스탄의 마약 수입은 ISI의 개입으로 인해 3억 8천 4백만 달러에서 18억 달러로 늘어났다.[12] ISI는 아프간의 양귀비 생산을 개발했으므로 이 분야에 대해 폭넓은 경험을 갖고 있다. 전 파키스탄 총리 나와즈 샤리프는 파키스탄군 참모총장인 아프잘 베그 장군이 ISI의 책임자 장군을 대동하고 자신을 찾아와 비밀 작전의 돈줄을 확보하기 위해 헤로인을 밀수출하고자 하니 허가해 달라고 요청했다고 말했다.[13] 그 요청은 ISI가 펀잡과 카슈미르의 이슬람 게릴라를 지원하기 시작했다는 간접적이면서도 공손한 통지였다.

ISI는 펀잡과 카슈미르에 무기를 지원하는 한편 그들이 파키스탄 내부에서 통제하고 있는 군 캠프에서 전사들을 훈련시키기 시작했다. 아프간 전쟁 종전 후 10년 동안 무기 거래는 급증했다. 1987년 인도 국경의 보안군은 33정의 소총과 92정의 권총을 압수했는데 1997년에는 16,772정의 칼라슈니코프 소총을 압수했다.[14]

ISI와 카슈미르 게릴라군 사이의 관계는 돈독했고 그 후 더욱 강화됐다. 1989년 ISI는 자미아트Jamiat와 이슬람 추종자들을 주축으로 하는 잠무와 카슈미르 히즈불 무자헤딘Jammu and Kashmiri Hizbul Mujahedin 그룹 창설에 결정적 역할을 했다.[15] 1993년 ISI는 페샤와르 지방에 하르카툴 안사르를 창설했는데 이 무장 집단은 이슬람 전사와 반소 지하드의 베테랑들로 구성된 비非카슈미르 전사 그룹이다.[16] 같은 해 베나지르 부토가 총리에 당선되면서 강력한 반미 정책을 펴는 데오반디 당, 즉 자미아트 울레마 에 이슬람JUI이 주류 정치권에 들어왔다.[17] JUI는 탈레반이 아프간 장악을 위해 싸우는 동안 물심양면으로 탈레반을 지원했다. 또 카슈미르의 갈등도 부추겼다. 하지만 파키스탄이 가장 성공적으로 이슬람 무장 폭동을 배후 조종한 지역은 구소련 연방의 북부, 서부, 그리고 남부 국경 지역이었다.

코카서스를 혼란에 빠트리기

코카서스를 혼란에 빠트린 것과 체체니아가 러시아에 대항하는 강력한 거점으로 등장한 것이 이슬람 무장 단체에게는 중요한 요소였다. 지아 장군의 뒤를 이어 총리에 오른 부토는 독재자 지아 장군의 꿈을 계속 이어갔다. 그것은 파키스탄의 주도 아래 아시아를 관통하는 하나의 축을 건설하려는 꿈이었다. 그것은 중국과 맞닿은 동부 국경, 아프가니스탄, 중앙아시아 공화국들, 카스피 해의 유전 지역 등을 하나로 잇는 꿈이었다.[18] 흥미롭게도 유럽으로 가는 아프간 마약 루트가 이 지역들을 통과했다. 파키스탄 팽창 정책의 꿈을 실현하기 위해 파키스탄은 중앙아시아와 아프간에서 패권을 확립해야 할 필요가 있었다.

한편 아프간에서는 러시아가 여전히 북부동맹을 지원했다. 북부동맹은 부족 군벌들과 적절히 연합한 단체로 아프간의 북부 지역을 확고하게 장악하고 그 지역을 발판으로 해서 탈레반과 싸우고 있었다. 그런데 소련의 지원을 받는 군벌인 아마드 샤 마수드가 특히 파키스탄의 계획에 심각한 위협을 가하고 있었다. 마수드는 투르크메니스탄, 우즈베키스탄, 타지키스탄 등과 국경을 맞대고 있는 북아프간의 전략 지역을 장악하고 있었다. 파키스탄 통치 엘리트들은 아시아를 관통하는 축을 구축하기 위해서는 이 지정학적 중요 지역을 우군으로 만들어야 한다고 생각했다. 그런데 당시 러시아로부터 완전 독립을 위해 싸우던 체첸니아의 갈등 상황이 심각해지자 러시아는 이 지역에 집중하느라고 마수드의 지원이 잠시 소홀해졌다. 파키스탄의 계획은 체첸니아 내에서 이슬람 폭동을 사주해 러시아가 코카서스에서 싸우도록 하자는 것이었다. 이에 따라 ISI는 1994년 젊은 체첸 야전군 사령관인 샤밀 바사예프를 지원하기 시작했다.

바사예프는 아프가니스탄의 코스트에 있는 아미르 무아위아 캠프에서 다른 젊은 장교들과 함께 군사훈련을 받았다. 그 캠프는 1980년대에 ISI가 CIA에 협력해 건설한 곳으로 아프간 군벌인 굴바딘 헤크마티아르가 운영했다. 일단 여기서 훈련을 마치자 젊은 장교들은 다시 파키스탄으로 보내져 추가 훈련을 받았다.[19] 아프간 지하드의 베테랑인 노련한 교관을 체첸니아로 파견해 미래의 전사들을 훈련시키기도 했다. 이런 교관들 중에는 바사예프가 파키스탄에서 만나 친하게 된 요르단 출신의 카타브Khattab도 있었다. 반소 지하드의 영웅인 카타브는 오사마 빈라덴과 그의 자금 네트워크에도 가까웠다. 1995년 카타브는 그로즈니(체첸니아의 수도: 편집자)에 초청을 받아 무자헤딘 전사들의 훈련을 맡았다.

아프간 지하드에서 크게 효력을 발휘했던 파트너십과 동맹 관계가 체첸니아에서 재창조됐다. 코카서스와 카슈미르에서의 이슬람 무장 폭동을 위한 마스터플랜은 1996년 소말리아의 모가디슈에서 개최된 회의에서 결정됐는데 여기에는 ISI와 다양한 이슬람 무장 그룹들뿐 아니라[20] 오사마 빈라덴과 이란의 고위 정보 장교도 참석했다. ISI의 자베드 아쉬라프 장군은 체체니아와 카슈미르 무장단체에 무기와 탄약을 공급하는 임무와 아프간, 파키스탄, 레바논, 수단 등의 훈련 캠프에서 양성한 이슬람 전사들을 그 지역까지 수송하는 임무를 맡았다.[21]

소련 정보통에 따르면 빈라덴은 체체니아에서의 투쟁에 2천5백만 달러를 기부했다.[22] 그 이전까지 이슬람 게릴라 그룹은 국가와 개인들이 혼합된 스폰서의 지원(주로 파키스탄과 사우디아라비아)과 범죄를 바탕으로 하는 자체 조달 자금으로 버텨나갔다. 제1차 체첸 전쟁 동안 이슬람 무장 그룹은 주로 외국의 스폰서와 국내 밀수에 의존해 살아나갔다. 가령 1991년에는 노고르노-카라바크 아르메니아 민병대와 체첸국민국가회의 사이에 물물 교환 거래가 이루어졌다. 그루지아의 무장 조직인 텡기즈 키토바니[23]가 브로커로 활약하면서 아르메니아의 소형 무기들과 체첸의 석유 및 석유 관련 제품들을 서로 맞교환하도록 주선했다.[24]

또한 1995년 카타브가 그로즈니로 이동한 것은 국제 이슬람 구제 기구의 주선에 의한 것이었다. 이 기구는 사우디아라비아에 본부를 둔 자선 단체로 걸프 지역의 모스크와 부유한 기부자들의 돈으로 운영된다.[25] 같은 해, 바사예프(카타브는 나중에 합세)는 아르메니아 조직 범죄단, 코소보 해방군KLA 그리고 러시아 내의 범죄 조직 등과 차례로 연계를 맺었다. 이러한 동맹 관계는 마약 사업과 밀수, 특히 무기 밀매로부터 이익을 올리는 데 큰 도움을 주었다.

체체니아는 곧 납치, 위조지폐 유통 등 다양한 불법 사업의 중요한 축이 되었다. 바사예프는 체체니아의 돈세탁 역할로부터도 재정적인 혜택을 보았다.[26]

　테러 경제는 전통 경제를 정지시키거나 파괴시킬 뿐 아니라 이웃 국가들에게도 영향을 미친다. 이를테면 1990년대 후반의 코카서스가 그 좋은 예다. 체첸의 전시경제가 이웃 국가들에도 여파를 미치자 인구세티아, 다게스탄, 노스오세티아 등에서도 이슬람 무장 폭동이 발생했다. 이 지역에서 당초 이슬람 무장 단체가 확산된 것은 사우디아라비아, 레바논, 이란 등의 자금 지원 때문이었다. 하지만 여러 무장 단체들은 곧 코카서스의 번성하는 전시경제와 연계를 맺게 되었다. 예를 들어 트빌시의 한 무기 판매상은 칼라슈니코프 소총을 판매한다는 네온사인을 내걸고 노골적으로 광고했다.[27] 강대국들은 테러 경제의 확산을 막기 위한 조치를 전혀 취하지 않았다. 독립국가 연방의 주도적 국가인 러시아는 자국의 문제를 해결하기에도 역부족이었다. 한편 미국은 이 지역을 완전히 무시해버렸다. 그래서 이 지역은 파키스탄 같은 무슬림 팽창 정책이나 사우디아라비아 같은 종교적 식민정책의 만만한 상대가 되어 버렸다.

발칸 반도의 이슬람화

지아와 부토가 예상한 것처럼 코카서스에서 새로운 전선을 구축하자 북부동맹에 대한 러시아의 지원은 현격히 줄어들었다. 북부동맹은 탈레반에게 위협이 되기는 했지만 그것은 어느 정도 관리와 통제가 가능한 위협이었다. 그런데 파키스탄 지도자들이 예상하지 못했던 것은 이런 것이었다. 무자헤딘 전사들은 체첸니아에서 마약 루트를 따라 알바니아와 코소보로 계속 이동했고 그리하여 유럽의 동쪽 경계 지역에 도착했다. 이런 팽창에 따라 유럽으로 보내는 마약의 양이 엄청나게 증가했다. 유럽으로 흘러드는 헤로인의 거의 75%가 터키를 통과했다. 여기서 다시 엄청난 양의 헤로인이 불가리아, 그리스, 코소보, 알바니아, 전前유고 영토 등 발칸 반도로 유입됐다. 이 유입 루트는 곧 '발칸 루트'로 알려졌다. 매달 약 4~6톤의 헤로인이 터키를 떠나 발칸을 거쳐 서유럽으로 유입됐다.[28]

코카서스와 발칸 반도에서 테러 경제는 이슬람 무장 단체에게 새롭게 숨쉴 여유를 주었다. 무장 단체들은 전투를 계속해 나가는 데 있어서 파키스탄 같은 해외 스폰서 국가들을 필요로 하지 않았다. 마약 밀매업은 해외 국가의 지원에서 탈피해 재정 자립을 이룩하는 기회가 되었다. 이런 목표를 달성하기 위해 체첸 군벌들은 코소보의 KLA와 좋은 관계를 유지하게 되었고 수익 높은 밀수업에 적극 가담했다. KLA와 알바니아의 마피아가 발칸 반도에서 통과되는 헤로인을 장악할 수 있었던 것은 체첸 범죄 집단의 중개 덕분이었다. 그 혜택은 곧 드러났다. KLA의 재정 자립의 주된 원천 중 하나는 아프간으로부터의 마약 밀수였다. KLA는 마약 대금의 돈세탁뿐 아니라 마약 대 무기 맞거래의 핵심 역할도 수행했다. 독일의 반反마약 기관들은 1998년 한 해에 15억 달러의 마약 밀매 이익금이 200개의 개인 은행과 환전소를 통해 코소보에서 돈세탁됐다고 추

산했다.[29]

KLA의 테러 경제는 알바니아의 점증하는 지하 경제와 불법 국경 무역과 긴밀하게 연결되어 있었다. 1992년 마약, 석유, 무기의 삼각 무역이 알바니아에서 뿌리를 내렸다. 1993년의 세르비아와 몬테네그로와의 통상 중지, 1994년 그리스에 의한 마케도니아 봉쇄 등이 이런 불법 거래를 촉진시켰다. 사실 마약과 무기 거래는 통상 중지를 단속하기 위해 파견된 미군 부대의 감시 아래서도 번성했다. 서방은 이러한 사태 발전을 모르는 체했다. 그들은 석유와 마약 수입으로 무기를 사들일 수 있었고 종종 물물 교환도 했다.

"그리스의 통상 금지를 피하기 위해 헤로인 대금으로 마케도니아에 석유가 전달됐다. 또 코소보의 알바니아 '형제들'에게는 칼라슈니코프 소총이 전달됐다."[30]

통상금지는 오히려 테러 경제를 확산시키는 좋은 조건이 되었고 전통 경제의 붕괴에도 원인을 제공했다. 코소보의 실업률이 거의 70%에 이르자 수천 명의 젊은이들이 KLA에 가입했다.[31]

파키스탄의 배후 조종에 의해 패권 쟁탈의 꿈을 키워온 이슬람 무장 단체들은 경제적 자립을 얻었고 그들의 독자적인 정치적 목표를 추구하기 시작했다. 1990년대 후반에 이슬람 폭동은 코카서스에서 유럽의 문턱인 발칸 반도까지 퍼졌다. 앞으로 9장과 10장에서 살펴보겠지만 새로운 스폰서들이 이들의 대의를 지원하게 되는데 그중에 대표적인 것은 이슬람 은행과 기업들이다.

8 테러 지하드: 이슬람의 십자군 운동

"이 종교의 꼭지점은 지하드다."

— —

오사마 빈라덴, 자신의 아프간 전쟁 경험을 회상하면서

1095년 11월 27일, 교황 우르반 2세는 프랑스의 클레르몽 대성당에서 공식 회의를 개최했다. 사람들은 중대한 소식의 발표가 있을 거라고 예상하면서 성당으로 몰려들었다. 곧 교회는 귀족, 사제, 일반 신자들로 넘쳐나게 되었다. 성당의 문밖에는 더 많은 사람들이 모여서서 그 특별한 소식을 기다렸다. 이런 많은 사람들을 보고서 가마에 올라 탄 교황은 가마를 도시의 동쪽 문 밖으로 메고 가 커다란 단위에 내려놓으라고 지시했다. 무수한 인파에 둘러싸인 우르반 2세는 가마에서 일어서서 연설을 하기 시작했다. 그는 열정적인 웅변으로 동방에 거주하는 기독교 형제들의 고통을 묘사했다.

"동방의 기독교 사회는 도움을 요청해 왔습니다. 투르크족이 기독교 세계의 중심지로 진격해 오면서 그 지역의 주민들을 학대하고 기독교 성소를 훼손하고 있습니다."[1]

교황 주위에 있는 사람들은 동의한다는 듯이 고개를 끄덕였다. 교황은 이어 예루살렘에 사는 기독교 신자들의 비참한 상태와 성지로 여행하는 순교자들에게 가해지는 고통을 말했다.

"서방의 기독교 사회는 동방을 구원하러 가야 합니다. 부자든 가난한 사람이든 함께 가야 합니다. 서방의 기독교 신자들은 이제 서로 죽이는 일을 그만 두고 그 대신 하느님의 일을 수행하는 정의로운 전쟁에 참가해야 합니다. 하느님께서는 기꺼이 우리를 인도하실 것입니다."

대중은 그 연설에 열광적으로 반응했다. 전쟁을 벌이지 못해 안달이던 귀족들은 팔레스타인 도시들과 앞으로 정복할 도시를 약탈하는 광경을 상상했다. 성직자들은 다시 한 번 대중의 정신적 지도자로 부상하는 꿈을 꾸었고 교황의 성전聖戰 호소가 가져올 거대한 부와 권력을 상상했다. 지중해와 국제무역을 장악한 아랍의 상인, 은행가, 무역업자들 때문에 사업에 커다란 제약을 받았던 서방의 상인, 은행가, 무역업자들은 우르반 2세의 성전 호소에서 사업을 확대할 수 있는 좋은 기회를 엿보았다. 기아, 질병, 빈곤에 시달리던 가난한 사람들은 새로운 기독교 군대에 들어가 일용할 양식을 얻게 된 것을 하느님에게 감사했다. 교회의 엄격한 규칙을 지키지 못해 죄인이 된 자들조차도 기뻐했다. 왜냐하면 우르반 2세는 그들에게 과거의 죄를 씻어버릴 기회를 주었기 때문이다. 교황은 십자군 전쟁 중에 사망한 병사들에게 대해서는 죄를 용서하고 전대사全大赦(로마 가톨릭 교회에서 교황이나 주교가 일정한 규례에 따라 죄

214

를 고백하고 사죄받은 신자의 보속補贖을 전부 면제해 주는 것: 편집자)를 내릴 것이라고 말했던 것이다. 일반 대중은 그들 앞에 천국의 문이 활짝 열렸다고 생각했다.

교황은 순교의 신성함과 보람을 강조하면서 현세의 비참함을 열거했다. 지상에서 인간은 악마로부터 끊임없이 위협당하고 유혹받는다. 인생은 살肉과의 지속적인 싸움이다. 인간은 육체의 욕구와 영혼의 미덕을 지키려는 의지 사이에서 고통 받는 존재다. 교황은 십자군 전쟁에서 장렬하게 전사하는 모든 사람들에게 천국행을 약속했다. 그곳에 가면 인간은 하느님의 그늘 아래 영원한 휴식을 취하면서 행복하고 즐거운 생활을 영위하게 될 것이다. 우르반 2세는 단호하게 결론을 내렸다.

"이제 더 이상 지체해서는 안 됩니다. 이제 여름이 오면 하느님을 우리의 인도자로 삼아 출발하도록 합시다."

몇 달 뒤 제1차 십자군은 성지를 향해 떠났다. 그로부터 근 1천년 뒤 아프리카의 동부 해안에서 오사마 빈라덴은 무슬림 세계를 향해 우르반 2세와 비슷한 호소를 했다.

"이슬람의 사람들은 시온주의자 십자군 연맹과 그들의 협조자들이 부과한 불공정, 불의, 공격적 태도로부터 고통받고 있습니다."[2]

1996년 빈라덴은 그의 추종자들에게 전 세계에서 자행되고 있는 무슬림 학살을 상기시켰다. 무슬림의 피가 팔레스타인과 이라크뿐 아니라 레바논, 타지키스탄, 미얀마, 카슈미르, 필리핀, 소말리아, 에리트레아, 체체니아, 보스니아-헤르체고비나, 인도네시아 등지에서 흘려지고 있다는 것이었다. 빈라덴은 이스라엘의 예루살렘 점령을 비난하면서 점령 지역 안에 갇힌 팔레스타인 사람들의 고통을 개탄했다. 빈라덴은 말했다.

"그들(이스라엘인)은 예루살렘 주위의 축복 받은 땅, 예언자의 여행 루트(알라의 축복이며 예언자에 대한 인사인 그 여행 루트)를 점령했습니다. 그들이 두 성지의 땅(사우디아라비아)을 침범했기 때문에… 이슬람 사람들은 서로 힘을 합치고 의지해 '쿠피르'(이교도)를 제거해야 합니다."

이어 그는 전쟁에 이기려면 무엇보다도 단결해야 한다고 강조했다. 무슬림은 서로 싸우는 것을 당장 중지하고 과거에 그렇게 했던 것처럼 단결해야 한다고 말했다.

"두 성지의 땅의 아들들은 아프가니스탄에서 러시아를 상대로, 보스니아-헤르체고비나에서는 세르비아인을 상대로 싸웠고 이제 체첸니아에서도 열심히 싸우고 있습니다. 알라가 허락하신다면 그들은 이번에도 승리할 것입니다."

1천 년 전에 우르반 2세가 그렇게 했듯이 빈라덴은 추종자들에게 전쟁 중에 장렬하게 죽는다면 사후의 보상이 있을 것이라고 말했다.

지하드의 순교자는 천국에 들어갈 것이고, 그들의 죄는 씻겨질 것이며, 고통과 슬픔의 현세는 72명의 아름다운 처녀들과 결혼하는 영원한 내세의 즐거움으로 대체될 것이다.

연설의 수사修辭, 동기와 국적을 초월하는 종교적 단결, 예루살렘의 굴욕과 순교의 보상 등 교황 우르반 2세와 빈라덴이 내세우는 조건의 유사성은 아주 뚜렷하다. 기독교의 십자군 운동과 이슬람 테러를 가져온 테러의 신경제 사이의 유사성 또한 주목할 만하다. 십자군 전쟁은 유럽이 동쪽으로 팽창해 나간 과정의 중요한 한 사건이다. 그것은 식민화와 유럽 제국주의의 한 형태였다.

첫 번째 밀레니엄이 끝나가는 시점에서 서유럽을 움직인 주요 힘은 이런 것들이었다. 인구 증가와 척박한 경제 환경 때문에 사회적 불안의 느낌이 팽배했다. 교황의 권위가 추락해 사람들의 신임을 되찾기 위한 새로운 전략이 필요했다. 상인, 은행가, 무역업자 등 새로운 사회 계급이 새로운 상업적 출구를 마련해야 한다는 강력한 요구사항을 내놓았다. 우리가 앞으로 살펴보겠지만 오늘날 이와 유사한 힘들이 이슬람 근본주의의 팽창 과정에 강력한 추진력을 제공하고 있다.

로마 제국의 붕괴는 서유럽 경제에 아주 처참한 결과를 가져왔다. 팍스로마나Pax Romana의 붕괴는 야만족의 침입에 아주 좋은 기회를 제공했다. 로마의 보호망이 걷히자 전 지역이 약탈당했고 경제는 로마 제국 이전의 수준으로 되돌아갔다. 서로마 제국에 속했던 옛 영토의 무역과 상업은 완전 정지됐다. 거의 하룻밤 사이에 번영하고 흥청거리던 경제 체제는 사라져버렸다. 교환의 수단인 돈은 사라졌고 경제 거래는 원시적 수준의 물물 교환으로 퇴행했다. 도로와 삼림은 비적들로 들끓었기 때문에 여행은 아주 어렵고 위험한 일이었다. 군벌들은 합법성을 세우고 유지하는 유일한 수단인, 폭력을 사용해 옛 로마 제국의 일부 지역에 의사국가를 만들어냈다. 이런 새로운 통치자들은 곧 일부 지역을 장악해 그 지역을 통과하는 사람들에게 무거운 도로세를 부과했다. 따라서 서유럽의 경제는 농업과 전쟁에 바탕을 둔 생계 수준의 상태로 뒷걸음질쳤다.

소비에트 연방(소련)의 붕괴는 옛 소련의 주변부 지역에 로마 제국 붕괴와 유사한 효과를 가져왔다. 많은 무슬림 인구를 가지고 있는 중앙아시아와 코카서스는 소련 경제의 해체로 인해 커다란 타격을 받았다. 결제 수단이었던 태환 루블 화의 폐지는 교역을 망쳐놓았고 모스크바 금융 시설의 폐쇄는 각국의 돈줄을 말라붙게 했다. 미시 경제의 수준에서 볼 때 새로 수립된 국가들 사이의 새로운 경계는 과거의 무역 루트를 끊어놓았고 관개 시설을 막아버렸으며 농업 경제를 방해했다. 중앙아시아의 페르가나 계곡은 지난 수세기 동안 하나의 경제 단위로 활동해 왔는데 이제 여러 국가로 쪼개져 경제 활동에 엄청난 장애를 겪게 되었다. 마을들은 시장으로부터 격리됐고 부족들은 빈곤 상태에 떨어졌다. 그렇잖아도 느린 경제 성장은 완전 멈춰 버렸고 경제 체제는 붕괴하기 시작했다.

우리가 9장에서 살펴보겠지만 전에 소비에트 연방에 속해 있던 여러 공화국들의 GDP는 1990년대 내내 떨어졌고 실업과 가난이 만연했다. 소비에트 체제의 잿더미에서 생겨난 대부분의 정부들에는 부정부패와 억압적인 정책이 널리 퍼져 있었다. 반론의 공식적 제기라는 민주적 의사 표시가 전혀 인정되지 않는 상황에서 정치적 반대파는 점점 더 페르가나 계곡의 IMU 같은 이슬람 과격 단체에 의존하게 되었다. 그 뒤 벌어진 정부와 무장 단체 사이의 투쟁에서 군벌과 테러 단체들은 주로 농업에 바탕을 둔 생계 경제(즉 마약 생산과 전시경제) 위주로 의사국가를 건설했다.

십자군 전쟁과 이슬람 테러 사이의 유사성은 '적'의 경제적 조건들, 즉 상대방의 사회적, 경제적, 정치적 체제에서도 찾아볼 수 있다. 11세기에 서유럽 농촌의 황폐한 상황은 아랍 문명의 찬란함과 극명한 대조를 이루었다. 바그다드, 카이로, 기타 지중해 연안의 동방 도시들은 문화와 부로 흥청거렸다. 서구 제국의 몰락은 이슬람의 번성과 시기적으로 일치했으므로 더욱 눈에 띄는 현상이었다. 7세기에 이슬람은 지중해의 동쪽 해안과 북아프리카에 도착했다. 그 뒤 2세기에 걸쳐 이슬람은 이탈리아 남부와 중부 그리고 스페인을 정복했다.

아랍의 식민 정책은 모든 식민화가 그러하듯이 잔인하고 무자비했다. 아랍 해적들이 지중해의 여러 섬에 들끓었다. 그들은 키프러스와 로데스 섬을 약탈했고 코르시카, 사르데냐, 발레아릭 제도를 침공했다. 8세기 말에 이르러 로마인들이 마레 노스트룸mare nostrum(우리의 바다)이라고 지칭했던 지중해는 아랍의 호수가 되어 기독교 선박은 통행이 불가능했고 아랍권의 무역국들만 이용할 수 있었다. 지중해를 독점한 아랍의 경제와 공업은 비약적으로 발전했다.[3] 지중해 연안에서의 상업은 번성했다. 중세 동안 무역을 고리대금업의 한 형태로 생각했던 서방의 기독교권과는 다르게 무슬림은 무역을 높이 평가했다. 예언자인 무하마드 자신이 각종 상품과 물품을 가지고 국경을 드나든 무역업자였기 때문에 상품의 자유로운 이동과 새로운 시장의 개발을 적극 장려했다.

"무하마드의 전승은 예언자의 말씀을 기록하고 있다. 그는 신자信者의 수입원으로 농업, 목축업, 상업 세 가지를 축복했다…칼리프들은 상업의 평화롭고 정당한 유통을 위해 도로상에 엄격한 보안을 확립했다."[4]

그리하여 상업은 이슬람 문화를 전 세계에 전파했다. 그 증거로서 전 세계적으로 아랍 디나르가 거래 수단으로 널리 사용된 것을 들 수 있다. 7세기에서 11세기까지 통용된 아랍 동전은 러시아, 스칸디나비아, 발칸 반도, 영국, 아이슬란드 등지에서 발견되고 있다.[5]

동방과 서방의 관계에 대해 오늘날 십자군 전쟁 때와 비슷한 시나리오가 존재한다. 단지 세력 균형의 주역이 바뀐 것만이 다르다. 서방의 식민화는 동방에 깊은 영향을 주었고 경제문화적 의존 상태의 씨앗을 뿌렸다. 가말 나세르[6] 같은 아랍 지도자들은 서방의 세속적 요소를 받아들여 유럽 식 경제 모델에 바탕을 둔 급속한 근대화 과정으로 달려 나갔다. 식민 지역에서 탈식민화 과정이 진행될 때 자본주의와 자본 축적 같은 서방의 경제 원칙은 유지됐지만 대의 민주주의 같은 정치사회적 가치들은 도입되지 않았다. 이로 인해 아주 부유한 새로운 과두 체제가 들어서게 되었다. 서방에서 교육받고 성장한 무슬림 엘리트들은 서방의 자본주의와 동방의 자원과 시장을 서로 이어주는 가교가 되었다.

동방의 자원과 시장을 착취하기 위해 새로운 과두 체제와 서방의 자본은 각종 파트너십과 합작 사업을 전개했다. 이 파트너십이 통제하는 주요 무역 흐름은 두 가지다. 하나는 동방에서 서방으로 흘러가는 석유와 가스 같은 천연자원의 흐름이고, 다른 하나는 서방에서 동방으로 건너오는 소비재의 흐름이다. 이런 동맹 관계는 포스트 콜로니얼(식민지 이후의) 시대에 동방의 문화가 발전하는 것을 방해했고 동방 국가들의 부를 빼앗아갔다. 1990년대에 서방은 경제와 금융이 붐을 이루고 있는데 비해 동방은 퇴락의 길을 걸었다. 동방과 서방의 격차가 벌어지면서 그들의 정치적 정체성을 추구하던 젊은 세대들은 현재의 상황에 의문을 품기 시작했다.

이러한 정치적 정체성의 문제는 11세기 당시 서유럽 사람들이 절망했던 바로 그 문제이기도 했다. 로마 제국이 붕괴하면서 '야만족들'의 침입으로 사회는 대혼란에 빠졌다. 대중들이 기댈 수 있는 유일한 사회경제적 지주는 기독교뿐이었다. 일련의 기독교적 신조에 복종하면 사회로 편입되는 것이 허용됐다. 따라서 중세 유럽의 정체성은 곧 기독교의 정체성과 동일한 것이었다.

"모든 기독교 신자는 자신에게 구제해야 할 영혼이 있다고 믿었다."[7]

따라서 클레르몽 대성당에서 우르반 2세가 성전을 제안했을 때 '기독교적 정체성'에 직접 호소했고 전쟁은 기독교 형제들을 돕는다는 대의로 정당화됐다. 제1차 십자군 전쟁의 정치적, 경제적 동기는 종교적 대의 뒤에 영리하게 감춰져 있었다. 만약 교황이 그런 세속적 동기를 제시했다면 그의 격려에 호응해 싸움에 나설 사람들은 거의 없었을 것이다. 마르크시즘이 경제적 문제로 대중을 동원하기까지 세상은 그 후 900년을 더 기다려야 했다. 우르반 2세는 적을 묘사할 때 그들의 종교적 모습만 언급했다. 서유럽의 상업과 새로운 사회 계급의 출현을 방해하는 칼리프Caliph(이슬람 제국의 주권자의 칭호: 편집자)의 경제적 우위는 언급하지 않았다. 그 대신 성지 예루살렘에 사는 기독교 신자들과 그 성지를 여행하는 순례자들의 어려움, 그리스도가 자발적으로 십자가형을 받았던 도시의 거룩함만을 강조했다.

오늘날 이슬람 지도자들은 이와 비슷한 수식어를 동원해 가며 추종자들을 격려하고 있다. 왜냐하면 그것이 무슬림 대중들이 가장 쉽게 이해하는 언어이기 때문이다. 중앙아시아, 코카서스, 아프리카의 많은 부족들, 동남아시아의 무슬림들, 유럽의 공업 도시들에서 태어난 무슬림들에게 있어서 이슬람 사상은 그들의 정체성을 가리키는 주요 지표가 되었다. 이슬람 공동체의 일원이 된다는 것은 《꾸란》이 부과하는 율법에 복종하는 것을 의미한다. 수백만 무슬림들에게 있어서 전 세계의 모스크mosque(이슬람 교의 사원)는 험난한 세상에서 그들을 단단하게 붙잡아 주는 사회경제적 닻이다. 많은 사람들에게 있어서 이슬람은 곧 무슬림 세계와 동의어가 되었다. 이제 다시 한 번, 분쇄해야 할 적은 '종교적 의상'을 걸친 모습으로 제시됐다. 빈라덴은 '시온주의 십자군 운동가'라는 말을 썼다. 따라서 성실한 무슬림이라면 적들과 싸우는 것은 선택이 아니라 의무다.

"민간인이든 군인이든 가리지 말고 미국인과 그 동맹자를 죽이라는 명령은 모든 무슬림이 지켜야 할 개인적 의무며 그 어떤 나라에 거주하던 상관없이 그렇게 하는 것이 가능할 때에는 그것을 이행해야 한다."[8]

1천 년 전 우르반 2세가 예루살렘과 그곳에 사는 기독교 신자들과 순례자들에 대한 학대를 전쟁의 구실로 내세웠던 것처럼 이슬람 지도자들은 이스라엘과 그 서방 동맹국들을 타도해야 할 적으로 지목하고 있다. 이스라엘과 그 동맹국들이 저지르는 팔레스타인 차별 대우는 '모던 지하드'의 정당한 개전 사유casus belli가 되는 것이고, 서방을 향해 전면적 전쟁을 벌여야 할 원인이 되는 것이다.

사실 모던 지하드의 원인을 거시적 안목에서 살펴볼 때 예루살렘과 이스라엘은 빙산의 일각일 뿐이다. 동방과 서방이 격렬하게 갈등하는 진정한 동기는 복잡한 경제적 의존 관계에 그 뿌리를 두고 있다. 갈등의 본질은 이것이다. 오늘날 진정한 갈등은 서방의 대자본과 동방의 과두적 동맹자들을 한 축으로 하고, 동방의 대중과 신흥 상인 및 은행 계급을 또 다른 축으로 하는 두 축 사이에서 벌어지고 있는 것이다. 1천 년 전, 서유럽의 황폐한 경제력과 이에 좌절감을 느낀 신흥 계급이 이슬람의 막강한 경제력과 상업적 기반에 대항해 십자군 전쟁을 일으킨 것이라면 오늘날의 갈등은 세력 균형의 당사자가 서로 입장만 바뀌었을 뿐이다. 아이러니컬하게도 빈라덴은 그의 추종자들에게 갈등의 본질을 가르쳐주고 있는 소수의 이슬람 지도자 중 하나다.

사람들은 그들의 일상생활에 대해 진정으로 걱정한다. 모든 사람이 경제의 악화, 인플레, 늘어나는 빚, 죄수들로 가득 찬 감옥 등에 대해 이야기한다. 제한된 수입을 가진 정부 관리들은 수만 또는 수십만 사우디아라비아 리알에 달하는 빚을 걱정한다. 그들은 리알 화가 주요 통화들 중에서 계속 가치가 떨어지고 있다고 불평한다. 대규모 상인이나 계약 업자들은 사우디아라비아 정부가 그들에게 수억 리얄 또는 수십억 리얄의 빚을 지고 있다고 말한다. 정부는 해외 차관은 말할 것도 없고 매일 늘어나는 이자 이외에도 총 3천 4백억 리얄 이상을 국민들에게 빚지고 있다. 사람들은 과연 사우디아라비아가 최대 산유국이 맞나 하고 의아해한다! 그들은 이런 상황이 알라가 그들에게 내린 징벌이라고 생각하기까지 한다. 집권층의 억압적이고 불법적인 행태를 그저 가만히 보고만 있은 데 대한 징벌…[9]

첫 번째 밀레니엄이 시작될 때 서유럽은 경제적으로 황폐했었다. 그리고 두 번째 밀레니엄이 시작된 지금 많은 무슬림 국가들이 경제적으로 고통당하고 있다. 11세기 당시 북유럽 농민들의 삶은 음울했다. 야만족의 침입과 노스맨(북유럽의 해적: 편집자)의 침공으로 농지는 아무 쓸모없어졌다. 관개 시설과 댐은 파괴됐고 많은 농지가 침수당했다. 농민들은 숲속에 들어가 식량이나 화목을 구해오는 것이 금지됐다. 그곳은 귀족들의 놀이터였고 사냥터였기 때문이다. 지방 영주와 성채에 의해 보호받지 못하는 농촌 마을은 끊임없이 약탈하는 군인들과 무장 집단의 희생물이 되었다. 교회는 마을의 건설을 장려해 가난한 사람들을 보호하려 했으나 많은 영주들은 그런 조치가 자신들의 권력을 축소시킬 것을 두려워해 그에 반대했다. 동시에 폭발적으로 증가하는 인구도 마을들에 심각한 압력으로 작용했다. 마을에서 생산하는 식량만으로는 늘어나는 인구를 먹여 살리기에 충분하지 않았기 때문이다. 우르반 2세는 이런 상황에 대해 이렇게 말했다.

"이 땅에서 당신들은 주민들을 충분히 먹일 수가 없습니다. 바로 이 때문에 당신들은 물자를 저장하지 못하고 당신들끼리 싸우게 되는 것입니다."[10]

이런 시나리오는 1094년 북서유럽을 휩쓴 홍수와 전염병, 그리고 1095년의 가뭄과 기근으로 인해 더욱 악화됐다. 유일한 생존 전략은 이주뿐이었다.

오늘날 핵보유국인 파키스탄은 첫 번째 밀레니엄의 초입에 서유럽이 겪었던 극심한 경제적 쇠퇴와 비슷한 양상을 보이고 있다. 이 나라의 공식 경제는 붕괴 일보 직전에 있다. GDP의 65.5%는 빚을 갚는 데 사용되고 있고 40%는 국방비가 차지하고 있다. 그래서 이 나라의 회계 연도는 아예 시작부터 적자로 운영된다. 이 나라의 부는 부패한 과두제 때문에 크게 고갈됐는데 과두제의 엘리트들은 대규모 자본을 해외로 빼돌린 장본인들이다. 약 880억 달러가 미국과 유럽의 은행에 예치되어 있는데 이 나라의 국내 부채 67억 달러, 해외 부채 82억 달러보다 더 많은 액수다.[11]

실업도 만연되어 있다. 해마다 노동 시장에 편입되는 80만 명 중 취직하는 사람은 극소수다. 존재하지도 않는 사회적 서비스에 대해 직접세나 간접세를 정부에 납부하려는 사람은 아무도 없으므로 조세 포탈이 일반적 현상이다. 보건 서비스도 급속히 붕괴하고 있다. 2002년에 인구의 77%가 개인적으로 건강 보험을 부담해야 했다. 해마다 13만 5천 명의 임산부가 의료 지원이 불충분해 애를 낳다가 죽는다. 한편 파키스탄 정부는 GDP의 0.7%를 보건 분야에 할당하고 있는데 이는 보건 담당 공무원들의 봉급을 지불하기에도 부족하다.

이런 황량한 배경에 반해 지하 경제는 날마다 커져서 1990년 대 말에는 공식 경제의 3배 규모에 도달했다. 만연된 밀수는 공식 경제 전 분야에 부정적인 영향을 미치고 있는데 특히 공업 분야의 피해가 크다. 1995년에서 2000년까지 6천 개가 넘는 공장이 문을 닫았다. 1999년 말에 이르러 경제는 2.4% 수준으로 추락했는데 인구는 매년 3% 수준으로 증가하고 있다. 지난 몇 년 동안 가난한 사람들이 계속 늘어났다. 지난 10년 동안 빈곤선 아래에서 사는 인구의 비율이 17.2%에서 35%로 2배나 늘어났다. 인구의 15% 정도만이 위성 시설을 갖춘 집에서 살고 있고 겨우 22%만이 깨끗한 수돗물을 이용한다. 영아 치사율은 세계 최고 수준이다. 이 때문에 젊은 사람들은 이주를 최고의 생존 수단이라고 생각한다.[12]

십자군 운동은 서유럽의 굶주린 주민에게 죽음을 피할 수 있는 기회, 전쟁에서 혜택을 볼 수 있는 기회, 영혼을 구제할 수 있는 기회를 주었다. 그것은 정말 매력적인 패키지였다. 오늘날 많은 무슬림 젊은이들의 현재와 과거는 서방의 착취 때문에 긴 그림자가 드리워져 있어서 미래는 전혀 바라볼 게 없다. 그래서 많은 젊은이들은 새로운 지하드—내가 모던 지하드라고 이름 붙인 전 세계적인 이슬람 폭동—에 가담하는 것을 매력적인 탈출구라고 생각한다. 봉급을 받을 수 있고, 인생에 목적과 사명 의식을 느끼며, 장기적으로 더 좋은 미래를 내다볼 수 있고, 전사하면 순교의 기쁨을 맛볼 수 있는 것이다.

십자군 운동이든 모던 지하드든 그것을 움직이는 실제적인 힘은 경제적 목표를 가진 새로운 사회 계급에서 흘러나온다. 11세기 서유럽의 경제 황무지에서 새로운 계급의 상인, 무역업자, 은행가가 탄생했다. 그들은 동방과 상업적 연계를 맺고 비단과 향료를 수입하는 한편, 목재, 쇠, 옷감 등을 수출했다. 이 새로운 계급은 그들의 사업 기회를 확장하기 위한 기회로 동방을 바라보았으나 이슬람의 상업적 우위성 때문에 많은 제약을 받았다. 이들은 돌파구가 필요했다. 그래서 교회와 동맹해 십자군 운동을 벌이면서 무한한 상업적 기회를 촉진했다.[13]

1970년대 중반, 1차 석유 파동과 그에 따른 오일달러의 재처리 recycling of petrodollar는 새로운 계급의 무슬림 기업가와 은행가를 만들어냈다. 이들은 무역 회사와 은행을 설립했으나 서방의 우위에 눌려 활동과 성장에 제한을 받았다. 흥미롭게도 동방의 과두 지배 체제가 축적한 부는 아랍의 은행보다는 서방 은행으로 몰려들었다. 9장에서 설명될 예정이지만, 이슬람 은행과 금융 기관들은 국제 금융 시스템에게서 주역으로 부상하지 못했고 늘 세계 금융의 주변부에 머물렀다. 그러나 소비에트 연방의 붕괴는 많은 무슬림 인구를 가진 나라들로부터 새로운 기회를 가져왔고 이들 경제, 금융 세력은 그 기회를 적극 활용하려 했다. 그 결과 이 세력은 엄격한 이슬람 해석주의인 와하비즘Wahabism[14]과 동맹해 9장에서 설명할 이슬람 금융 식민화를 실시하게 된다.

1천 년 전 교회는 서유럽 농민과 신흥 상인, 은행가 계급(유럽 부르주아지의 효시)의 기이한 파트너십을 승인하면서 십자군 운동을 발족시켰다.[15] 이와 마찬가지로 오늘날 이슬람 사상은 모던 지하드에 종교적 인장印章을 찍어 놓았다. 무슬림 신흥 세력들, 즉 새로 부상하는 금융, 기업가 계층(과 가난한 대중들)은 그런 종교적 외피를 두르고서 그들의 정치경제적 이익을 촉진하려고 하는 것이다. 무슬림의 과두 지배 체제와 그 후원자인 서방 자본가들에 맞서 싸우기 위해 이들은 전혀 예측하지 못한 새로운 동맹을 결성했다. 모던 지하드는 무슬림 과두 지배 체제와 서방 자본의 두 기둥을 무너트려야 한다고 판단하기에 이른 것이다.

9 이슬람의 금융 식민화

"우리는 가난에 대항해 싸운다.
잘살 수 있다는 희망이야말로
테러에 대한 강력한 무기인 것이다."

― ―

조지 W. 부시|George W. Bush 대통령, 해외 원조의 증가를 발표하면서

냉전의 종식은 동서간의 경제 균형을 서방에 유리하게 기울여 놓았
고 가난한 나라와 부자 나라 사이의 격차를 더욱 넓혀 놓았다. 가난
과의 싸움은 인도와 중국을 제외하고는 1990년대에 중지됐다. 중
앙아시아와 코카서스 등 세계의 많은 지역에서 극심한 빈곤이 발생
했다. 중앙아시아의 모든 공화국은 실질 GDP의 감소를 겪었다.[1]
타지키스탄의 2000년 실질 GDP는 1989년의 절반에 불과했다. 같
은 기간, 빈곤 경제 체제 속에서 하루 1달러 미만의 돈으로 살아가
는 주민들은 3배나 늘어났고,[2] 아프리카의 세계 무역 점유율은 겨
우 1.2%에 불과했다.[3] 세계은행에 따르면 1990년대 동안 아프리카
대륙에서는 자본의 해외 유출이 심각해져서 국부國富의 40%까지
해외로 빠져나갔다.[4] 세계의 여러 지역이 점차 빈곤해지면서 가난

한 나라들에서는 무장 투쟁이 크게 증가했다.[5]

지난 10년 동안 여러 가지 요소들이 가난을 더 악화시켰다. 소비에트 연방의 붕괴는 예전 회원국들의 경제 조건에 치명적인 영향을 안겼다. 1990년부터 2000년까지 소득의 불균형은 3배나 늘어났고,[6] 세계 인구의 3분의 1이 빈곤선 아래에서 생활해야 했으며[7], 화폐 공급은 축소됐다. 심지어 일부 지역에서는 1차적인 교환 수단으로 루블 화 대신 물물 교환을 선호했다.[8] 7장에서 이미 설명된 바와 같이 소비에트 연방의 해체와 그에 따른 러시아 연맹으로의 재편은 많은 나라들, 특히 중앙아시아의 공화국들에게서 개별 국가로 생존하고 성장할 수 있는 경제 메커니즘을 앗아갔다.

옛 소련의 주변부에서 극심한 가난이 발생하면서 이런 상황은 무장 단체들에게 인력 동원의 좋은 배후지를 마련해주었다.[9] 코카서스 등 새로운 연방 내에서의 분리주의 운동은 새로 발족한 공화국들 내에서 민족주의 운동과 마찬가지로 인종 갈등을 가져왔다. 무장 단체들에 의해 촉발된 내전의 발발은 옛 공산주의 경제 체제의 인프라를 파괴했다. 이들 공산주의 경제가 점차적으로 테러 경제로 대체되면서 아브카지아, 체첸니아, 나고르노-카라바크, 코소보, 알바니아 등지에서 일련의 의사국가들이 탄생했다.[10]

소비에트 연방의 해체에 따라 러시아는 옛 연방 가맹국들에 대한 재정 지원을 철폐했다. 1990년대에 모스크바에 살았던 한 이탈리아 사업가는 이렇게 회상했다.

"모스크바를 살리기 위해 해외에 나가있던 자원을 본국으로 회수했다. 따라서 경제 생존을 위한 투쟁이 벌어졌을 때 1차적 희생자는 주변부의 공화국이 될 수밖에 없었다."

이들 지역에 해외 원조가 흘러들어 오기는 했지만 그것은 소련 자본의 극심한 유출을 보충해 주지 못했다. 서방의 직접 투자는 다른 지역으로 몰려갔고 냉전의 올무에서 해방된 전략적 자본 투자는 좀 더 안전하고 소득이 높은 곳으로 흘러갔기 때문이다. 1990년대에 해외 원조는 실질적으로 10% 줄어들었다. 기증자의 GNP 점유라는 측면에서 볼 때, 1990년의 0.33%에서 2000년의 0.22%로 감소됐다.[11] 같은 기간 동안 가난한 나라들에 유입된 순 장기 자본은 겨우 20억 달러가 증가한 222억 달러였다. 이 중 공식적인 유입은 170억 달러에서 130억 달러로 줄어들었다.[12] 자본 시장 유입은 0.5%에서 0.3%로 줄어들었다. 민간 자본 투자만이 1991년 13억 달러에서 1999년 28억 달러로 늘어났다. 그렇다면 돈은 어디로 흘러갔을까. 그것은 라틴 아메리카와 동유럽의 중간 소득 국가들에게만 집중적으로 몰려들었다.

냉전의 정치적 올무에서 풀려난 기증자들의 원조는 경제의 법칙을 따라갔다. 해외 직접 투자FDI는 효과적인 규제 장치를 갖추고 안정된 경제 체제를 운영하려는 국가들에게 돌아갔다. 이렇게 해서 멕시코는 북미 자유무역 협정에 가입했고 중국은 시장 개혁을 실시해 엄청난 해외 자본을 끌어들였다. 세계은행의 정책 평점표 또한 해외 자본의 유치에 핵심적 역할을 했다. 해외 직접 투자의 가장 큰 수혜국은 브라질, 중국, 멕시코였다.[13] 이 3개 국가는 세계은행으로부터 4.1의 평점을 받았는데 이에 비해 다른 가난한 국가들은 3.3을 받았다.[14]

게다가 1990년대 후반 인터넷의 등장으로 생겨난 경제 혁명인 '신경제'는 다른 데 투자될 수도 있었던 엄청난 규모의 자금을 삼켜버렸다. 한 미국 브로커는 이렇게 말했다.

"높은 리스크를 받아들이는 사람들은 신경제에 투자했습니다. 만약 신경제가 없었다면 이들은 높은 리스크를 감수하고 개발 도상 국가의 신규 시장에 투자했을 것입니다."

미국은 근 10년이나 계속된 대규모 자본 유입을 경험했다. 미국에는 대규모 자본 유입이 근 10년이나 계속됐다. 1990년에서 1996년까지 외국인들의 주식 순매입은 1990년의 290억 달러에서 1천 5백억 달러로 늘어났다.[15] 같은 10년 동안, 나스닥의 종합 주가 지수는 500에서 5,000으로 폭등했다. 나스닥의 텔레콤 지수도 동일한 폭등의 패턴을 보였다.[16] 전에 나스닥의 딜러로 일했던 사람은 이렇게 설명했다.

"해외 투자자들은 미국 시장에 돈을 쏟아 부었습니다. 이러한 자본의 대규모 유입은 닷컴 혁명을 불러왔습니다."

이 현상은 서구 자본주의 중심에 새로운 산업을 창조했고 인터넷 기업가들을 선호하는 부의 재분배를 가져왔다.

소수의 전환 경제 체제(공산주의에서 시장경제로 전환한 체제)들을 제외하고 해외 투자는 옛 소비에트 연방을 회피했다. 전직 유럽 은행가는 이렇게 말했다.

"서방은 악의 제국을 무너트린 후 그곳을 떠났습니다. 거기에서는 아직도 쓰레기와 잔해가 떨어져 내리고 있습니다."

석유 매장량이 풍부한 중앙아시아 공화국들도 서방의 투자가들에게는 매력적인 곳이 되지 못했다. 영국의 석유 분석가는 이렇게 말했다.

"이곳에 과감하게 투자했던 정유 회사들은 큰 코 다쳤습니다. 러시아에 들어갔던 브리티시 페트롤리엄이 좋은 예입니다."

아이러니컬하게도, 만연된 부정부패가 철의 장막보다도 더 강력한 힘으로 자본주의를 밀어냈다. 서방의 외교관들은 심지어 오늘날에도, 중앙아시아의 경제는 뇌물, 관료 근성, 대통령과 측근들의 시장 개입 등으로 인해 해외 자본을 유치하지 못한다고 말한다. 지난 10년 동안 공화국의 독재적인 지도자들은 각종 형태의 탈규제와 근대화를 일절 거부했다. 우즈베키스탄의 카리모프 대통령의 행정부는 최대 수출품인 목면을 비롯해 많은 제품의 가격을 인위적으로 통제하고 있다. 외환은 엄격하게 규제되고 그래서 기업들은 외환을 자유롭게 이용하지 못한다. 이런 상황이기 때문에 현지의 사업가들은 종종 물물교환을 선호한다.[17]

서구 자본주의는 중세의 봉건제를 연상시키는 경제 환경을 좋아하지 않는다. 한 유럽 대사에 따르면, 타지키스탄의 수도인 두샨베에서 정부 관리들은 건설 회사들에게 공공사업을 무료로 해달라고 압력을 넣는다. 이것은 중세 영주가 가신들에게 무보수 노동을 강제하는 것과 조금도 다를 바가 없다.[18] 유럽의 한 투자 은행가가 이렇게 말했다.

"이런 상황에서 건설 공사의 파이낸싱(공사비 융자)을 해주겠다고 나서는 사람은 아무도 없을 것입니다."

유럽 은행들의 가난한 나라 진출도 해외 직접 투자에 적용되는 동일한 경제 논리를 따라 움직인다. 서방에서 금융 시장의 자유화와 무역업의 급속한 신장은 사상 유례가 없는 은행업의 확충을 가져왔다. 국경을 넘나드는 은행 합병이 1980년대에는 320건에 머물렀으나 1990년대에는 무려 2천 건으로 늘어났고 1992년부터 2000년까지 더욱 증가됐다.[19] 이러한 팽창 정책의 최대 수혜자는 또 다시 라틴 아메리카, 동아시아, 동유럽의 중간 소득 국가들이었다.[20] 이와는 대조적으로 아프리카, 중앙아시아, 코카서스, 발칸 반도 일부 지역은 아예 수혜 대상에서 제외됐다. 1989년에서 2002년까지 옛 유고슬라비아의 1인당 GDP는 48%나 감소했고, 보스니아-헤르체고비나는 26%, 크로아티아는 13%, 마케도니아는 23%가 감소했다.[21] 이들 지역에 관심을 보인 은행은 터키, 이란, 아랍 등 이슬람 은행들뿐이었다.

서방의 은행과는 달리 이들 이슬람 금융 기관들은 모스크바의 돈줄이 떨어져나가 이슬람 금융에 크게 의존하던 옛 공산주의 국가들을 구원하는 데 적극적으로 나섰다. 앞으로 다음의 여러 장에서 살펴보게 되겠지만 이 과정은 이슬람 금융업과 의사국가들 사이에 범이슬람 경제협력 체제를 구축했다. 따라서 금융업의 탈규제가 서방 은행들의 라틴 아메리카 및 동아시아 진출을 도왔다면 소비에트 연방의 해체는 이슬람 은행들이 아프리카, 중앙아시아, 코카서스, 발칸 반도에 침투하는 계기가 되었다.

서방 국가들은 아랍의 부가 대규모로 이탈해 아랍으로 되돌아가는 것을 두려워해 이슬람 금융 기관들이 큰돈을 만지는 것을 허용하지 않았다.[22] 이처럼 서방에 의해 소외당하고 격리당한 이슬람 은행들은 최근까지 국제적으로는 큰 사업을 수행하지 못했다. 또 국제 금융의 주역이 되겠다고 감히 나서는 아랍 은행도 없었다. 한 영국 은행가는 이렇게 말했다.

"사우디아라비아와 아랍 부의 상당 부분은 유럽과 미국 은행들이 관리해 왔습니다."

그러나 소비에트 연방이 붕괴하면서 1976년 이래 꾸준히 성장해온 이슬람 금융업은 커다란 도약의 계기를 맞이했다.[23] 전직 중동 은행가가 말했다.

"그들은 금융을 이용해 무슬림들이 많이 사는 나라를 식민화하려 했습니다. 궁핍한 무슬림 주민들에게 물질적인 지원을 하는 것은 곧 무슬림 사회에 이슬람 근본주의 원칙을 부과하는 수단이 되었습니다."

예를 들어, 사우디아라비아는 와하비 이슬람(근본주의 이슬람)을 추진하기 위해 엄청난 금융 자산을 이용했다. BCCI의 청사진에 따라 이슬람 은행들은 모스크바의 붕괴와 워싱턴의 무관심이 만들어낸 금융의 공동空洞을 착실히 파고들었다.

냉전의 종식은 새로운 사업 기회들을 가져왔다. 그것은 레이건과 대처의 통화주의가 가져온 경제적 탈규제를 더욱 강화했고 금융업의 지평을 최대한으로 넓혀놓았다.

'공산주의의 억제'라는 경계가 철폐되자 서방과 이슬람 은행들은 전 세계를 향해 자유롭게 날개를 펼쳤다. 국내적으로 이슬람 은행들은 사업을 아주 잘 했다. 그들은 비공식 상거래와 지하 경제에 각종 재정적 수단과 방편을 제공했다.[24] 이슬람 은행들은 경제

파탄 일보 직전에 있는 무슬림 국가들에서 공격적으로 금융 식민화를 추진했다. 그들은 이들 나라에서 경제 활동의 견인차인 금융 기반을 공고히 다지기 위해 노력했다.

알바니아 경제의 재편

알바니아는 인구 3백만이 조금 넘는 가난한 나라인데 총 인구의 70%가 무슬림이다. 이 나라는 이슬람 금융 식민화의 좋은 사례다. 1992년 터키의 이슬람개발은행IDB은 티라나를 방문해 양국 간 경제 협력의 단단한 기초를 닦았다. 그 직후 비료를 수출하는 터키의 무역 회사들이 알바니아의 수출입 업자들에게 아주 좋은 조건을 제시하기 시작했다. 터키 회사들은 공격적으로 시장을 장악하면서 알바니아가 농업 경제에서 시장경제로 전환하는 데 있어서 농업 무역을 도와주던 미국 고문단, 국제비료개발센터IFDC를 옆으로 밀어냈다. IFDC의 원래 업무는 융자를 제공하고 수출입을 감시하는 것이었는데 이 업무는 이슬람 은행들의 무역 파이낸싱을 등에 업은 터키 무역 회사들이 점차적으로 떠맡게 되었다. 1998년 말, IFCD 직원들은 테러의 공격을 두려워해 알바니아에서 철수했다. 소규모의 직원들은 인근의 마케도니아로 옮겨갔고 다시는 알바니아로 돌아가지 않았다.

터키의 이슬람개발은행이 다녀간 몇 달 후 이번에는 쿠웨이트 파견단이 알바니아를 찾아와서 몇 채의 모스크를 짓게 해준다면 야심에 찬 투자 계획을 집행하겠다고 제안했다. 그 제안은 즉각 수락됐고 쿠웨이트는 알바니아 전역에 모스크와 종교 학교들을 짓기 시작했다. 헬싱키인권위원회에 따르면 이슬람 전도사들은 알바니아의 정신적, 물질적 위기를 이용해 극단적 광신주의의 모델을 이 나라에 심으려 한다는 것이다. 알바니아 학생들은 무슬림 자선 단체들이 내놓은 장학금을 받아 이슬람 신학을 공부하기 위해 터키, 시리아, 요르단, 말레이시아, 리비아, 사우디아라비아, 이집트 등지로 유학을 떠난다.

이슬람의 전도 활동은 반소 지하드에 참가했던 아랍-아프간 베테랑들로 구성된 오사마 빈라덴 그룹의 도착과 시기적으로 일치했다. 그들은 이슬람 자선 단체의 사회복지사로 위장하고 알바니아에 들어왔다. 하지만 그들의 진짜 임무는 공식적인 자선 기금을 유용해 테러 그룹을 지원하는 것이었다.

1999년 이슬람 지하드에 저항하는 이집트 테러 그룹의 조직원들에 대한 재판이 카이로에서 열렸는데, 이때 피고로 법정에 선 조직원들은 알바니아의 아랍-아프간 네트워크에 대해 흥미로운 정보를 털어놓았다. 이 네트워크의 조직원들은 티라나에 있는 이슬람 단체에 고용되어 있었고 그들의 봉급 중 26%를 이슬람 지하드에 바친다는 것이었다. 또 알바니아를 돕기 위한 아랍 자선 단체의 돈은 이집트로 가서 테러 그룹을 지원하는 데 전용된다는 것이었다. 쿠웨이트 자선 단체의 한 직원은 알바니아 고아들을 돕기 위한 자금을 일부 떼어 감옥에 들어간 이슬람 지하드 전사의 가족들에게 보내주기도 했다.[25]

아랍—아프간 네트워크의 주된 임무는 인도주의적 구조救助와
는 거리가 멀었다. 그들은 유고슬라비아 전쟁을 위해 전사들을 모
집하고, 돈을 대고, 무기를 주어 훈련시켰다. 알 카에다의 알바니아
세포 조직책인 샤우키 살라마 무스타파의 아내 지한 하산은 법정에
서 이렇게 증언했다.

"남편은 티라나의 은신처에서 여권에서 출생증명서에 이르기
까지 각종 문서들을 위조했다."

무스타파는 1994년 수단에 살 때 이러한 문서 위조 기술을 터
득했으며 그의 집 지하실에서 문서 위조 일을 했다고 한다.[26] 샤우
키가 소속된 세포는 해외에서 보내주는 자금 중에서 2천 달러까지
의 소규모 자금을 받아들이는 은행 계좌들로부터 돈을 꺼내 쓸 수
있었다. 알바니아에서 오사마 빈라덴의 사업과 연관되어 있는 지하
드 멤버인 아메드 이브라힘 알 사예드 알 나가르는 이집트 재판에
서 그의 동료들이 빈라덴의 각별한 지원을 받았다고 자백했다. 알
나가르는 이렇게 말했다.

"알바니아의 상황이 어려워지면 오사마 빈라덴은 아프간으로
이주할 동지들을 지원할 용의가 있다고 말했습니다. 오사마는 탈레
반의 연결 창구를 통해 이주한 가족들에게 매달 1백 달러를 건네줄
수 있다는 것이었습니다."[27]

알바니아에서 이루어진 이슬람 지하드와 빈라덴 사이의 긴밀
한 협조는 다가올 이집트 테러 그룹의 점진적 통합을 보여주는 예
고편이었다. 닥터 아이만 알 자와히리가 이끄는 이집트 테러 그룹
은 곧 빈라덴의 네트워크 속으로 편입될 예정이었다. 1998년 초, 이

두 그룹은 마침내 통합되어 '유대인과 십자군에 저항하는 지하드를 위한 세계 이슬람 전선'이 되었다. 이 새로운 그룹의 목적은 지하드를 국제화하는 것이었다. 이슬람 무장 단체의 확산은 이슬람 금융 기관들의 커져 가는 영향력 때문에 가능해졌는데, 바로 이런 과정이 테러 경제의 국제화라는 새로운 현상을 가져왔다. 알바니아에서 빈라덴의 추종자들은 그 나라를 무장 단체들의 테러 경제 속으로 편입시키는 일을 맡았다. 주로 코소보와 마케도니아에 사는 알바니아 사람들이, 마약과 무기를 유럽으로 밀수출하는 일에 가담하기 위해 체첸 등 다른 이슬람 무장 단체들과 연결망을 구축했다. 그들은 이어 마약 판매와 배급을 책임지는 이탈리아 마피아와 사업 관계를 맺었다.[28] 이렇게 해서 알바니아는 아프간에서 유럽으로 가는 마약 루트의 중간 기착점이 되었다.

빈라덴의 부하들은 무슬림들 가운데서 전사들을 모집했는데 코소보, 마케도니아, 알바니아 등에서 6천 명의 알바니아 젊은이들을 모집했다. 이들은 아랍-아프간들이 이끄는 무자헤딘에 합류해 보스니아에서 싸웠다. 이 기간 동안 알바니아는 다른 나라의 과격 이슬람주의자와 도피중인 무장 단체 요원들의 피신처가 되었다.[29] 1998년 알바니아가 발칸 반도에서 맡게 될 역할은 더욱 커지게 되었다. 바로 이 해에 빈라덴과 '이란혁명경비대'는 장차 유럽에 무장 단체를 진출시키기 위한 교두보로 알바니아와 코소보를 이용하기로 한 협정을 맺었던 것이다.[30]

이란이 알바니아에 개입하기 시작한 것은 1997년으로 거슬러 올라가는데 이 해에 이란 정부는 경제 식민화의 기회가 무르익었다고 판단했다. 알바니아는 코소보와 마케도니아와 함께 '이슬람 축'[31](유럽의 문턱에 마련한 이슬람의 거점)의 일부분이 되어야 했다. 이 당시 알바니아 경제는 붕괴하고 있었다. 1990년대에 서방이 민주주의를 추진하기 위해 강제 부과한 자유 시장 개혁은 국가 기관 내의 부패와 절도竊盜를 가속화시켰다. 이러한 실패의 대표적 사례가 피라미드 투자 계획의 붕괴였다. 월 10% 이상이란 높은 이자율의 유혹에 말려들어 알바니아 가구의 70%가 피라미드 투자 계획에 그들의 저금을 맡겼다. 1990년에 알바니아 GNP는 약 45억 달러였는데 그것의 약 3분의 1에 해당하는 15억 달러가 이 피라미드 계획 속으로 들어가 사라져 버렸다. 그에 따른 국가 경제의 붕괴는 필연적으로 국부를 고갈시켰다.[32] 이 금융 붕괴의 여파는 이웃 마케도니아에도 심각한 후유증을 남겼다. 마케도니아의 개인 금융 제도는 거의 붕괴 일보 직전이었는데 이 사금융 중 상당 금액이 피라미드 계획에 참가하기 위해 알바니아로 흘러들어 갔기 때문이다.[33] 피라미드 계획이 물거품으로 돌아간 후,[34] 알바니아는 해외 원조를 절실히 필요로 했다. 극심한 가난이 만연했고 주민은 하루하루 살아가는 일도 힘겨웠다. 강도, 테러, 마약 밀수, 무기 밀수, 납치, 백인 노예 등이 수입의 주된 원천이 되었다.

이러한 상황에서 테헤란의 계획은 두 가지였다. 공식적으로는 이슬람 은행들은 알바니아의 은행, 금융 기관, 자선 기관 및 인도적 단체, 경제 부양을 위한 기본 인프라 등을 지원하기 위해 알바니아에 돈을 투자하는 것으로 되어 있었다. 그러나 이란은 내심 유럽에 가까운 나라에다 이슬람 무장 단체 네트워크를 구축하려는 야망을 갖고 있었다. 이러한 계획을 달성하기 위해 이란 중앙은행의 총재인 모셴 누르바칸은 저수익이나 고위험 따위는 따지지 말고 알바니아에 투자하라고 이란 국내 은행들에게 지시했다. 이렇게 해서 이란의 금융 기관들이 알바니아에 현금을 제공하는 1차적 원천이 되었다. 이 은행들은 현지 수입업자, 수출업자, 이슬람 무역 회사들 사이의 연결 관계를 맺게 해주었다. 그들은 이란 사업가들과의 거래도 장려했고 지원했다. 이슬람 은행들과의 제휴 관계를 적절히 관리하는 쪽으로 현지 은행과 금융 기관들이 재편됐다. 몇 년 사이에 이란 금융 기관들은 알바니아 국내 금융업의 우뚝 선 존재가 되었고 더 나아가 알바니아 기성 체제의 일부분이 되었다.[35]

이슬람을 추진하기 위한 수단으로서의 은행업

알바니아와 마찬가지로 인도네시아도 이슬람 식민화의 목표였다. 1998년 수하르토가 실각하면서 이슬람 금융 기관들에게 이 나라의 문이 활짝 열렸다. 인도네시아에 아랍 국가들의 돈이 쏟아져 들어오기 시작했다. 2002년에만 건당 평균 40만 달러에 달하는 수백 건의 수출입, 투자 프로젝트가 진행됐다. 2002년 상반기 동안 인도네시아와 9개 아랍 국가들 사이의 무역은 19억 5천만 달러로 늘어났고 이 중 95만 달러가 인도네시아의 수출이었다.[36] 2002년 9월 인도네시아 정부는 10년간 1만 대의 버스를 이집트에 공급하기로 계약했다. 2002년 10월 인도네시아 국제 전화 회사인 인도사트는 1천억 루피(1천 10만 달러)의 '샤리아 채권'을 발행한다고 발표했다. 그것은 이슬람 율법이 규정하고 있는 이자 수령 금지를 수용하는 공식 채권이었다.[37] 이 채권이 이슬람 투자자들을 노린 것은 분명했다.

"이슬람 은행업의 최종 목표는 이슬람에 봉사하고 이슬람을 추진하는 것입니다. 은행은 하나의 수단에 지나지 않아요."

한 아랍 은행가는 여러 해 전 나에게 그렇게 설명했다. 이슬람이라는 사회정치적 문화의 선양을 최종 목표로 가지고 있는 금융 제도에 자본주의나 그 규칙은 적용될 여지가 없다. 대부분의 무슬림들이 볼 때 자본주의는 서구 문화와 동의어고 그 착취적 성격 때문에 비윤리적인 것이다. 이슬람 무장 그룹은 벌써 수십 년 동안 자본주의 사회를 이런 식으로 설명해 왔는데 이것은 역설적이게도 시장 경제를 약탈적이고 퇴폐적인 것으로 매도한 급진 마르크시스트 운동과 궤적을 같이 하는 것이다. 서방의 자본주의를 이처럼 불신하다 보니 서방의 민주주의 역시 불신하고 있다. 타리크 마수드는 이렇게 말했다.

"아랍 세계에서는 민주주의를 위한 풀뿌리 운동 같은 것은 없습니다. 아랍의 과거에는 민주주의라는 기반이 없고 민주주의는 서방의 자본주의에 의해 오염된 체제라고 보고 있습니다."[38]

빈라덴은 '대중 참여는 이슬람과 양립할 수 없는 개념'이라고 덧붙였다.[39]

아프간 지하드 전사들은 공산주의에 대해 승리한 것은 알라신의 지도 아래 무기를 가지고 쟁취한 것이라고 말한다. 미국식의 근대화인 민주주의는 이 승리와는 아무런 상관이 없다. 지하드가 언젠가는 끝나고 국가 건설은 결국 서방 외교관들이 주도하게 될 것이라는 사상—즉 아프가니스탄이나 이라크가 텍사스의 복사판이 될 수 있다는 사상—은 낯설고 시대착오적인 것일 뿐 아니라 무슬림 전사들을 모욕하는 것이기도 하다. 전 무자헤딘 전사는 이렇게 말했다.

"우리는 알라신이 그 분의 통치 방식을 수립하실 수 있도록 싸우고 있습니다. 서구식의 민주주의를 가져오기 위해 싸우는 것은 결코 아닙니다."

콜롬비아 대학의 교수인 에드워드 사이드가 지적했듯이 서구식 모델(민주주의, 근대화, 서구 시장경제, 자유로운 경쟁)을 지지하는 무슬림의 목소리는 소수일 뿐이며 그것은 친親서방적인 아랍 지식인들에게서 나오는 목소리에 불과하다. 그들은 결코 무슬림 세계의 대표자가 되지 못한다. 아랍 지식인들이 지금처럼 무슬림 민중, 무슬림 세계로부터 소외되어 본 적이 없었다.[40]

"소비에트 다음으로 아프간 전쟁에서 최대로 패배한 세력은 서구 지향의 사상을 가진 아랍 학자들, 정치가, 지식인들일 것입니다. 이들은 무슬림 세계에서 민주주의와 정치적 다원주의를 구축하기 위해 애를 써왔지만 그것은 부질없는 일로 판명됐습니다."[41]

실제로 냉전의 거품이 꺼진 상태에서 서방이 개발도상국가들에 개입한 과정을 살펴보면 결코 윤리적이라 할 수 없는 그림이 나온다. 은밀한 자금 지원, 마약 밀수, 부정부패, 기만, 국가 후원의 테러, 이중 잣대 등의 특징이 드러나는 것이다. 서구 민주주의 국가들의 비윤리적 행태는 온건한 무슬림의 눈으로 볼 때 급진적인 이슬람 그룹의 존재를 정당화한다. 한 사우디아라비아 반체제 인사는 나에게 이렇게 물었다.

"서방이 이중 잣대를 갖고 있다는 것을 누가 부정할 수 있겠습니까? 이스라엘은 자기들 마음대로 해도 아무 제재를 받지 않는데 왜 이라크가 유엔 결의안을 존중해야 합니까? 사담 후세인이 이란을 상대로 싸울 때에는 화학 무기를 개발하도록 허용했습니다. 하지만 사담이 그의 스승들에게 등을 돌렸을 때 그는 사악한 자가 되어버렸습니다."

전 세계에 퍼져 있는 비非이슬람 무장 단체들도 서방에 대한 이런 비판적 시각에 동조한다. 센데로 루미노소는 미국 내의 코카인 소비가 미국의 국내 문제인데도 불구하고 워싱턴은 경제적인 이유 때문에 이 사실을 인정하지 않는다고 주장한다. 플로리다에 있는 미국 은행들이 라틴 아메리카 마약 재벌들이 돈세탁한 마약 대금을 상당 부분 챙긴다는 이야기였다. 따라서 미국 정부는 마약의 국내 소비를 억제할 생각은 하지 않고 마약 생산을 근절하라며 라틴 아메리카 정부들을 압박한다는 것이다. 만약 이러한 마약 근절이 성공한다면 그로 인해 페루의 농가 사람들은 빈곤선 아래에서 허덕이게 된다는 것을 워싱턴은 전혀 신경 쓰지 않는다는 것이다.

서방의 이중 잣대

자본주의가 윤리적 가치는 별로 없는 착취의 수단이라면 이슬람 은행이나 지도자들은 굳이 그 규칙이나 규정을 지켜야 할 의무는 없는 게 아닐까? 오늘날 이러한 질문이 많은 무슬림들의 마음을 사로잡고 있다. 미국과 탈레반의 관계를 언뜻 살펴보면 이러한 주장이 더욱 설득력을 얻게 된다. 수상 경력이 있는 언론인 존 필저는 미국과 탈레반 관계를 이렇게 묘사했다

　　탈레반이 1996년 카불을 점령했을 때 워싱턴은 아무런 말도 하지 않았다. 왜냐고? 왜냐하면 탈레반 지도자들이 곧 텍사스 주 휴스턴으로 와서 그곳의 정유 회사인 유노칼의 간부로부터 접대를 받기로 되어 있었기 때문이다. 미국 정부의 은밀한 승인 아래 유노칼 사는 미국인들이 아프간을 횡단해 건설하게 될 파이프라인에서 나오는 석유와 가스의 이익 중 상당 부분을 떼 주겠다고 탈레반에 제안했다. 그 파이프라인은 투르크메니스탄의 유전과 파키스탄 및 인도의 해안을 연결하는 지하 고속도로였다. 자연스럽게 미국이 그 파이프라인의 운영을 전담하게 될 터였다.
　　"탈레반은 사우디아라비아 식으로 발전하게 될 것입니다."
　　한 미국 외교관은 그렇게 논평했는데 그 말은 백악관의 희망을 잘 요약하고 있었다. 워싱턴은 아프간을 많은 이익을 내는 미국의 석유 식민지 정도로 생각했고 이 나라의 민주주의 파괴나 여성들에 대한 학대 따위는 안중에도 없었다.
　　"우리는 그 정도는 묵과해야겠지요."
　　미국 외교관은 그렇게 덧붙였다. 비록 탈레반과의 거래는 성사되지 못했지만 파이프라인 건설은 석유 산업과 긴밀한 관계

에 있는 조지 부시 행정부의 긴급한 우선 과제로 남아 있었다. 조지 부시의 감추어진 의제(속셈)는 지구상에서 아직 사용하지 않은 거대한 화석 연료 원천인 카스피 분지의 유전과 가스전을 이용하려는 것이었다. 한 연구 기관의 조사에 따르면 그 유전의 매장량은 미국의 엄청난 에너지 수요를 한 세대 동안 충족시켜줄 수 있다는 것이었다. 일단 파이프라인이 아프간을 통과하면 미국은 당연히 그 파이프라인을 장악하게 될 터였다.[42]

서방이 동방의 천연 자원을 착취하려는 의도는 아프가니스탄 등의 의사국가들과 서방 회사들 사이의 관계를 악화시켰다. 정유 회사들과의 거래는 깊은 불신과 음모에 대한 우려로 얼룩졌다. 그래서 탈레반은 파이프라인의 건설을 놓고 미국의 유노칼 사와 아르헨 브리다스 정유사 사이에 경쟁을 붙였다. 이것을 기회로 삼아 워싱턴의 정치적 인정을 받아내고 거액을 뜯어내려고 했다. 유노칼은 탈레반의 환심을 사려고 혼자서 2천만 달러를 쓴 것으로 알려졌으나 성공하지는 못했다. 투르크메니스탄의 독재적인 대통령 니야조프도 이와 비슷한 게임을 벌여서 브리다스에게 잠정적인 유전 개발권을 주었으나 나중에 그것을 취소하고 더 높은 가격을 부른 유노칼에 권리를 주었다.[43]

이중 잣대와 윤리 부재는 서방의 정보부와 이슬람 국가들 사이의 경제 관계에도 악영향을 미쳤다. 반소 지하드의 성공 결과에 따라 워싱턴은 아프간 비밀 작전이 유고슬라비아에서도 통할 것이라고 확신했다. 그래서 1991년 펜타곤은 유고슬라비아의 이슬람

246

그룹들과 비밀 동맹을 맺었다. 미국, 터키, 이란의 정보부는 아프간 파이프라인(무기 조달 루트)의 청사진을 이용해 '크로아티아 파이프라인'을 설립했다. 이란과 터키의 무기가 이란 에어 항공사에 의해 크로아티아에 들어갔고 나중에는 C-130 허큘리스 수송기 편대가 무기를 실어 날랐다. 사우디아라비아는 무기와 장비 대금을 지불했다. 다른 무슬림 국가들—브루나이, 말레이시아, 파키스탄, 수단, 터키—은 돈, 무기, 장비를 제공했다. 이 파이프라인에 조달하기 위해 미국 정보부는 UN의 대對보스니아 통상금지도 위반했다.[44] 무기가 보스니아에 들어오면서 이란혁명경비대, 즉 베바크VEVAK[45]의 스파이들, 무자헤딘 등도 같이 보스니아에 들어왔다. 1994년에는 나중에 CIA의 국장이 되는 안소니 레이크와 크로아티아 주재 미국 대사 피터 갈브레이스의 제안에 따라 클린턴 대통령은 보스니아에서 이란과 협조하는 정책을 친히 재가했다. 이런 결정으로 인해 이란이 이 지역에 침투하는 것이 더 수월해졌다.[46] CIA 고위 관리는 1996년 의회에 이런 비밀 진술서를 제출했다.

"보스니아에 무기를 지원하는 정책은 이란이 이 지역에 들어와 보스니아 정부와 좋은 관계를 유지하는 데 큰 도움이 되었다. 하지만 우리는 이 정책을 두고두고 후회하게 될 것이다. 그들은 이 일이 끝나기도 전에 미국인들을 폭살하려 들 것이기 때문이다. 만약 이란인들이 그런 잔인한 짓을 하고 나선다면 그것은 보스니아에서 충분히 시간을 벌어두고 접촉할 사람들을 많이 확보했기 때문일 것이다."[47]

하지만 클린턴 행정부는 그 계획을 밀고 나갔다. 그리하여 이란 미사일이 파이프라인을 통해 보스니아로 흘러들어 가는 것까지 허용했다.

수단에 본부를 두고 인도주의 단체로 위장한 '제3세계 구제기관TWRA'[48]은 보스니아 무기 공급자와 전사들 사이에서 미들맨(중간 연락책)으로 이용됐다. 미국 공화당이 내놓은 보고서에 따르면 TWRA는 1차 미국 무역센터 공격에 참가했던 셰이크 오마르 압둘라만(눈먼 셰이크)과 오사마 빈라덴 등 이슬람 지도자들과도 연계를 갖고 있다.[49] 흥미롭게도 1991~1995년 유고슬라비아 전쟁 때 이란과 사우디아라비아는 이 지역의 지도를 다시 그리려는 미국의 계획을 지원하고 있다고 미국을 설득했었다.[50] 그러나 두 나라는 다른 속셈을 갖고 있었다. 그것은 이 지역에서 이슬람 식민 사업을 널리 퍼트리겠다는 은밀한 계획이었다. 이 지역에 폭넓은 경험을 갖고 있는 서방 원로 외교관은 이렇게 말했다.

"만약 당신이 보스니아 대통령 이제트베고비치[51]의 저서를 나처럼 열심히 읽는다면 그가 이슬람 근본주의자라는 것을 알게 될 겁니다. 근본주의자치고는 말이 어느 정도 통하는 사람이지만 그래도 근본주의자는 근본주의자입니다. 이것은 바뀌지 않습니다. 그의 목표는 보스니아에 무슬림 국가를 세우는 것입니다. 세르비아인과 크로아티아인들은 우리보다 이 사실을 더 잘 알고 있습니다."[52]

미국이 속았다는 것은 1990년대 중반에 가서야 분명해졌다. 그 파이프라인은 유럽의 관문 근처에 강력한 이슬람 거점을 확보하려는 방편이었던 것이다.[53] 하지만 그때는 이 정책의 결과를 회피하기에는 너무 늦었다. 전에도 그런 일이 있었지만 걸프전 동안 미국은 이전에 무기를 지원해 주었던 바로 그 사람들과 싸움을 하는 결과가 되었다.

이와는 대조적으로 의사국가, 무슬림, 이슬람 국가들 사이의 관계는 아주 협조적이고 신뢰하는 관계로 발전했다. 심지어 그들 사이에서는 서로 적이라 할지라도 이런 협조 관계가 잘 유지됐다. 이런 일이 있었다. 1990년대 후반, 파키스탄이 지원하는 탈레반과 이란의 지원을 등에 업은 라바니 대통령의 아프간 군은 치열하게 싸웠다. 그런데 이 싸움은 체첸의 마약 밀매업을 파괴할 지도 몰랐다. 탈레반이 체첸 전사들의 훈련장인 코스트 지역을 점령하면서 전선이 마약 루트 가까이까지 이동했기 때문이다. 사태가 이렇게 돌아가자 파키스탄과 이란의 대표를 포함하는 양측의 대표들이 서로 만나서 협상하고 합의를 이끌어냈다. 이에 따라 북부동맹과 탈레반 전사들이 서로 인정사정없이 죽이는 전투를 하는 중에도 두 세력의 점령 지역 사이로 마약 전달 루트가 마련되어 마약이 예전처럼 흘러갔다.

무슬림 국가와 의사국가들의 이슬람 식민화는 서방의 경제 인프라 바깥에서 경제적 협력을 촉진하는 터전을 제공했다. 이 우산 아래에서 특별한 관계가 형성됐다. 러시아측 자료에 따르면 파키스탄은 1990년대에 스팅어 미사일을 아주 싼 가격으로 체첸에 판매했다. 이슬람 무장 단체들은 가능한 한 넓은 지역에 테러 경제의 씨앗을 뿌리기 위해 그 경제 협력 관계를 이용했다. 아프간 헤로인 밀매업의 후원 세력은 중국을 포함해 아시아 전역에서 이슬람 그룹을 재정 지원했다. 아편과 헤로인은 신장성新疆省에 물밀 듯이 밀려들어가 베이징 정부에 반기를 든 위구르 반란군을 지원했다.[54] 탈레반의 스폰서십과 ISI의 군수 지원에 힘입어 위구르 전사들은 아프간에서 군사 훈련을 받은 다음 고국으로 돌아갔다. 무슬림 인구가 과반수를 차지하는 유일한 지역인 신장성이 중국판 카슈미르가 될지 모른다는 중국 당국의 우려는 아주 현실적인 것이다.[55]

사실 중국의 이 지역에서 반란을 일으킨 주된 목적은 우즈베키스탄, 타지키스탄, 키르기즈스탄, 위구르 등지를 통합해 하나의 이슬람 국가를 만들자는 것이다. 따라서 이슬람 경제 협력은 무슬림 국가들 사이에 새로운 경제 협력의 기초를 놓아주었다. 우리가 다음 장들에서 살펴보게 되겠지만 이러한 협력 기반은 서방에 대항하는 이슬람 무장 단체들에게 강력한 세력의 발판을 제공했다.

10 이슬람 식민화의 경제력

자본주의와 이슬람 식민화의 2분법은 BCCI 사건을 되돌아보는 이
념적 틀을 마련해준다. BCCI 은행은 무담보 융자 정책의 선구자였
다. 이 정책은 주요 고객들이 서구 자본주의 체제 내에서 열심히 사
업을 벌일 수 있는 수단을 제공했는데, 주된 수혜자는 BCCI의 주주
들이었다. 가령 NCB(National Commercial Bank)의 사우디아라비
아인 오너인 칼리드 빈 마푸즈Khalid bin Mahfouz는 자신이 이 은행
주식에 20% 투자한 것보다 더 많은 액수를 융자받았다.[1] 전 사우디
아라비아 정보부 책임자였던 카말 아드함, 12명의 아랍 셰이크들과
파키스탄 은행가들[2] 등도 무담보로 많은 돈을 빌려갔다.

그 혜택은 결코 일방적인 것이 아니었다. BCCI 은행은 이들 주
주와의 '특별한' 관계 덕분에 상당한 이익을 보았고 그래서 제3세

계의 가장 큰 은행으로 올라섰다. 예를 들어, 1970년대와 1980년대에 사우디아라비아 재벌인 가이스 파라온Ghaith Pharaon은 약 5억 달러의 무담보 융자를 받았다.[3] 이 돈은 BCCI를 대신해 조지아 주의 내셔널 뱅크, 캘리포니아 주 엔시노의 인디펜던스 뱅크 등 두 군데의 미국 은행을 포함한 여러 회사들의 주식을 사들이는 데 사용됐다. 가이스 파라온은 국제은행업의 규정과 감시를 피하는 연막으로 활용된 앞잡이일 뿐이었던 것이다. BCCI는 미국 은행 당국의 감시를 피하기 위해 여러 번 파라온의 등 뒤에 숨었다.[4]

이처럼 주요 주주들에게 거액을 융자할 수 있었던 것은 예금이 꾸준히 들어왔기 때문이다. 현금이 계속 들어오는 한 은행은 아무 문제 없이 굴러갈 수 있었다. 그러나 이 정책은 불가피하게 은행의 자금을 고갈시켰고 그리하여 은행의 도산을 가져왔다.[5]

비록 도산은 했지만 국제 금융이라는 미끄러운 기둥을 타고 올라가려 했던 BCCI의 노력은 제3세계와 아랍 은행가들에 의해 성공작으로 평가됐다. 왜냐하면 BCCI 방식은 서방의 자본주의적 착취에 대해 하나의 타당한 대안을 제공했기 때문이다. BCCI는 미래 이슬람 금융 기관의 원형이 되었다. 사실 많은 무슬림들은 이 은행이 경영 부실보다는 서방 금융 기관들 탓에 도산했다고 생각한다. 이 은행에서 일했던 한 터키 은행가는 이렇게 말했다.

"은행이 도산했다고 하지만 은행의 좋은 이미지는 제3세계에 그대로 남아 있습니다. 터키 사람들은 BCCI가 무역과 농업을 위해 많은 좋은 일을 했다고 생각하고 있어요. 지중해 해안 지역과 내륙에서 경제가 지금 살아나고 있습니다. 왜 그럴까요? BCCI가 이 지역의 무역과 농업을 위해 적극적으로 자금을 지원했기 때문입니다."

BCCI는 개발도상국들의 사업가와 소규모 예금 고객들에게 다양한 서비스를 제공했다. 이들 나라는 대부분 외환을 엄격하게 통제했으므로 BCCI는 고객들에게 세련되고 효율적인 불법 해외 송금 방법을 알려주었다. 특히 '우호적인' 나라들의 지도자들이 이 은행의 신세를 많이 졌다. 수사국 요원인 크롤에 따르면, BCCI는 사담 후세인이 석유 대금을 횡령해 그 돈을 전 세계 은행에 예치하는 데 많은 도움을 주었다.[6] 파나마의 노리에가 장군을 위해서도 비슷한 서비스를 해주었다. 이 은행이 문 닫기 전인 1991년까지 인도, 파키스탄, 아프리카 국가들에서 많은 자금이 해외로 유출됐다.[7]

BCCI는 훨씬 통 크게 무슬림 지도자들의 정치적 야망을 지원하기도 했다. 1980년대 중반부터 이 은행은 핵물리학자 압둘 카데르 칸Abdul Qadeer Khan 박사가 운영하는 비밀 과학 연구소에 약 1천만 달러의 거액의 지원금을 내놓기도 했다. 칸 박사는 핵무기 개발을 서두르던 지아 장군의 핵심 브레인이었다.[8] 이 돈은 BCCI가 파키스탄에 설립하고 파키스탄의 당시 재무장관이며 장래 대통령이 될 굴람 이샤크 칸이 운영하던 재단에서 나왔다.[9] 1987년 이 은행은 파키스탄의 핵무장 프로그램의 책임자인 이남 울 하크 장군을 위해 고강도 철[10]을 매입하는데 자금을 지원했다.[11]

사우디아라비아의 종교 식민화

BCCI가 문 닫은 지 몇 해 후인 1998년, 파키스탄의 핵실험에 따른 경제 제재를 파키스탄이 극복하도록 자금을 지원해준 금융 기관은 사우디아라비아의 주요 금융 기관인 '이슬람개발은행IBD'이었다. 사우디아라비아가 이처럼 관대하게 나온 것은 사우드 왕가가 추진해온 종교 식민화와 경제 유대 정책의 직접적 결과였다.

사우디아라비아 정부는 와하비즘(11장에서 설명)이라는 이슬람 근본사상을 널리 전파하는 것을 경제적 손익보다 더 중요하게 생각했다.[12] 이집트 야당인 타감무Tagammu(진보 동맹)의 사무총장 리파아트 엘 사이드에 따르면 1993년 사우디아라비아 정부는 이집트의 무바라크 정부에게 이집트 사회의 이슬람화를 촉진시켜 준다면 돈을 내놓겠다고 제안했다.[13]

"사우디아라비아 사람들은 이집트의 문화, 경제, 정치 등 거의 모든 분야에 침투해 들어왔습니다."[14]

그들은 이슬람 투자 기관의 확장도 꾀했다. 이슬람 율법과 전통을 엄격하게 지키는 사람들에게는 손쉽게 융자를 해주었다. 이런 투자 기관들 중 하나인 알 라얀은 베일을 쓰는 여학생들에게 월 용돈으로 15이집트 파운드(5달러)를 지급했다.[15] 이와 유사한 여인들에 대한 '장려책'이 다른 무슬림 국가들에서도 실시됐다.

사우디아라비아의 막대한 석유 수입은 와하비즘의 확산을 위해 사용됐다. 사우디아라비아 정부는 엄청난 기금을 확보해 이 사상의 전파를 지원했다. 어디에서나 종교 법정을 세우고 샤리아 법을 적용하면 금전과 물자가 지원됐다. 이러한 형태의 종교 식민화는 체체니아 등 여러 나라에서 벌어졌다. 제1차 체첸 전쟁(1994~1996)은 이 나라의 세속적 기관들을 파괴했다. 그에 따른 정치적 공백 상태에서 이슬람 무장 단체가 운영하고 사우디아라비아의 자금 지원을 받는 여러 의사국가들이 생겨났다. 일부 도시와 마을의 의사국가들은 샤리아 법을 적용하는 종교 법정을 도입했다. 하지만 전반적으로 볼 때 민간인들은 이런 조치에 적대적이었다.

체체니아는 강력한 세속적 전통을 갖고 있었지만 사우디아라비아가 지원하는 이슬람 무장 단체들과 러시아 침공에 따른 갈등의 격화에 대해 아무런 조치도 취하지 못했다. 무슬림 세계의 많은 다른 지역에서도 그렇지만 체체니아에서도 와하비 운동은 '비록 세력은 작지만 잘 지원 받는 무장 집단'을 만들어냈다. 이들 집단의 목적은 대중의 마음에 공포를 심어 무정부 상태와 무법 상태를 창조함으로써 그들 나름의 가혹하고 비관용적인 이슬람 사상을 강제하려는 것이다.[16]

보리스 옐친과 IMF가 부과한 엄격한 경제 조치 때문에 소비에트 연방이 붕괴되자 곧 이슬람 법정이 기존의 제도를 대체하기 시작했다. 1차 체첸 전쟁이 끝나갈 무렵 셰이크 아부 우마르[17]는 이슬람 수석 재판관인 무피르Mufir로 임명되어 이슬람 율법에 관한 판단과 의견을 내놓기 시작했다. 그는 1995년 체체니아에 도착한 강경파 이슬람주의자인데 이븐 울 카타브의 무자헤딘에 가담해 전사들에게 와하비즘의 원리를 가르치는 일을 해왔다.[18]

그는 체첸의 역사나 문화에 대해서는 아무런 지식도 연계도 가지고 있지 않았다. 그의 임무는 오직 이 나라를 샤리아 법에 따라 재편하는 것이다.

사우디아라비아의 종교 제국주의와 자금 조달

사우디아라비아의 제국주의는 주로 그 금융 제도로부터 자금을 지원받는데 핵심 기관은 '다르 알 마알 알 이슬라미DMI'와 '달라 알 바라카DAB'다. 이 두 은행은 중동, 아프리카, 아시아 등지에 많은 지점을 갖고 있다. DMI는 1981년 투르키 왕자의 동생인 모하마드 알 파이잘이 설립했다. 지금은 파하드 왕의 사촌인 프린스 모하마드 알 파이잘 알 사우드가 총재로 있다. 사우디아라비아는 이 거대한 은행 재벌을 수단으로 해서 이슬람 근본주의 확산에 필요한 자금을 지원한다.

이슬람 은행 네트워크는 다른 금융 네트워크와 마찬가지로 복잡하고 치밀해 거의 침투가 불가능한 조직망이다. DMI의 자회사 중 하나가 수단의 알 샤밀 이슬람 은행이다. 미국 국무부는 오사마 빈라덴이 이 은행의 소유주에게 5천만 달러를 지불하고 은행의 경영권을 사실상 장악했다고 주장했다.[19] 하지만 그보다는 빈라덴이 이 은행의 대주주일 가능성이 더 많다. 빈라덴의 전 사업 동료인 자말 아메드 모하마드 알 파들은 재판에서 두 군데의 미국 대사관 폭파(1998)를 책임진 알 카에다 조직원에 대해 증언하면서 빈라덴이 타다몬 이슬람 은행[20], 파이잘 이슬람 은행[21]과 함께 샤밀 이슬람 은

행을 이용해 전 세계의 부하들에게 돈을 보냈다고 말했다.[22]

2001년 9월까지 빈라덴과 그의 부하들은 주로 위의 세 은행을 통해 활약했다. 이들 은행은 중동의 부호들을 고객으로 둔 수백만 달러 규모의 예금과 여신을 다루는 주요 은행이었다. 파이잘 이슬람 은행의 총재는 프린스 모하마드 알 파이잘 알 사우드다. 이 은행의 창업자들 중에는 사우디아라비아 재벌이며 왕의 처남인 살레 압둘라 카멜도 있다. 경제 전문지인 「포브스」에 따르면 카멜은 약 40억 달러의 재산을 가진 세계 137위의 부자다.[23] 1981년 카멜의 주도로 사우디아라비아의 또 다른 주요 금융기관인 DAB 지주 그룹이 설립됐다. DAB는 15개 나라에 23개의 지점과 여러 개의 투자 회사를 거느리고 있다.

이슬람 은행들은 그들이 다루는 모든 계약과 거래에 무슬림의 의무 조항인 자카트Zakat(구빈세救貧稅)를 거둬들인다. 은행은 거래액의 약 2%에 달하는 금액을 공제해 이슬람 자선 단체에게 보낸다. 자카트는 회계 장부에 기록되지 않기 때문에 추적이 불가능하다. 게다가 거래가 이루어지는 즉시 모든 기록은 말소된다.[24] 이 돈의 행방을 추적한 파키스탄 언론인은 자선 단체에 보내진 자카트가 테러 그룹 지원책의 하나라고 주장했다. 람지 유세프는 메카에서 파키스탄으로 성수聖水를 수입하는 회사에서 거둬들인 자카트로부터 자금을 일부 지원 받았다.[25] 자카트는 엄청난 수입원이다. 사우디아라비아 왕실의 6천 명 프린스들이 올리는 연간 수입이 6천억 달러인데 이 중 2%인 120억 달러가 자카트로 지불되는 것이다.[26]

이슬람 은행은 이슬람 폭동의 돈줄 노릇을 해 왔다. 1999년 사우디아라비아 정부는 NCB의 총재인 칼리드 빈 마푸즈가 NCB를 통해 빈라덴 네트워크의 프론트(앞잡이) 노릇을 하는 자선 단체에 3백만 달러를 송금한 사실을 발견했다. 그런 프론트 단체로는 '이슬람 구제Islamic Relief'와 '축복 구제Blessed Relief' 등이 있다.[27] 미국 정보부가 입수한 사우디아라비아의 회계 감사 보고서에 따르면, 그 3백만 달러는 사우디아라비아의 5대 사업가로부터 나온 것으로 알려졌다. 미국 관리들은 이 사업가들이 사우디아라비아 내의 그들 사업을 보호하기 위해 빈라덴에게 보호세를 물었다고 말했다. 미국의 사건 조사 기자 그레그 팔라스트는 그의 책 『돈이 사들일 수 있는 최선의 민주주의The Best Democracy Money Can Buy』에서 이렇게 썼다.

한 국제 무기 거래상은 이렇게 말했다. 사우디아라비아의 억만 장자들이 1996년 5월에 파리의 몽소 호텔에서 만나 오사마 빈라덴에게 누가 얼마를 내놓을지 결정했다. 우리가 입수한 정보에 따르면 그것은 오사마를 지원하기 위한 것이 아니라 광적인 테러리스트를 사우디아라비아에서 멀리 쫓아 보내려는 보호세 명목이었다.[28]

하지만 이처럼 강탈하는 것이 빈라덴 네트워크가 사우디아라비아에서 자금을 조달하는 유일한 방식이라는 증거는 별로 없다.[29] 사우디아라비아 사업가들은 자발적으로 빈라덴에게 돈을 내놓기도 했다. 빈라덴은 사우디아라비아의 모든 사회 계층에서 인기 높은 인물이기 때문이다.

NCB의 마푸즈에게 보내진 3백만 달러 중 일부는 필리핀의 '국제 이슬람 구제 기관'에 보내졌다. 이 기관은 빈라덴의 처남인 모하마드 자말 칼리파가 1990년대 초에 필리핀에 세운 사우디아라비아 자선 기관이다. 아무튼 이런 기부금들이 아부 사예프 무장 그룹을 재정 지원하기 위해 사용된 것은 확실하다.[30] 미국 정보 기관의 조사관들은 그 후 칼리파가 사우디아라비아로 돌아와 빈라덴을 비판하기는 했지만 필리핀 체류 시에는 말레이시아, 모리셔스, 싱가포르, 필리핀 등에서 빈라덴을 위해 테러 자금을 주물렀다고 믿고 있다. 전 CIA 대對테러 책임자였던 빈센트 캐니스트라로는 칼리파가 아덴 이슬람군에게도 재정을 지원했다고 주장했다. 아덴 이슬람군은 미국 전함 USS 콜Cole의 폭발에 자신들의 책임이 있다고 주장한 단체다.[31]

마푸즈가 보낸 3백만 달러는 이슬람 무장 단체들에게 이슬람 금융 기관들이 보내는 개인 기부금의 방대한 네트워크 중 일부일 뿐이다. 이슬람 무장 단체는 이런 돈을 받아서 전 세계에 이슬람 근본 사상을 심으려고 애쓰고 있다. 이것은 무슬림 세계에 종교적 제국주의를 확립하기 위한 또 다른 채널이기도 하다. 2000년 미국 정부의 강력한 압박에 밀려서 사우디아라비아 정부는 자금 유출을 자발적으로 막겠다는 제스처의 일환으로 NCB의 주식 50%를 사들였다. 이렇게 되자 마푸즈는 대주주에서 소액 주주로 그 위상이 추락했다.

그러나 이렇게 하나의 채널을 막는다고 해서 사우디아라비아 자금의 유출에 영향이 있냐 하면 그것도 아니었다. 많은 다른 이슬람 은행들이 전 세계의 무장 단체들을 지원하기 위해 자선기금을 계속 활용하고 있다. 2001년 사우디아라비아 단독의 공식 기부액이 2억 6천 7백만 달러에 달했다. 이 자금의 대부분이 무슬림들이 무장투쟁을 벌이는 데로 흘러들어갔다. 한 사우디아라비아 사업가는 「파이낸셜 타임스」의 두 기자에게 이렇게 말했다.

"카슈미르와 체첸니아를 위해 돈을 내지 않은 사람이 어디 있습니까? 그곳에서 무슬림들이 박해받고 있기 때문에 사람들은 그 돈이 어디로 가느냐고 묻지 않았습니다. 그것은 우리의 동포를 지키는 문제였습니다." [32]

조지 부시 행정부는 빈라덴의 핵심 파이낸싱 네트워크는 제다에 기반을 두고 있는 사우디아라비아 사업가 와엘 하마즈 잘라이단에 의해 운영된다고 주장한다.[33] 2001년 9월 11일의 테러 사건 이후에도 이 네트워크는 거의 바뀌지 않았다. 2002년 여름에 제출된 알 카에다 파이낸싱(자금 조달)에 관한 유엔 보고서에 따르면, 알 카에다는 무역센터 공격 이후에 사우디아라비아로부터 1천 6백만 달러를 받은 것으로 되어 있다.[34] 빈라덴이 사우디아라비아 내의 폭넓은 지지자들로부터 돈을 지원받을 수 있는 것은 분명해 보인다. 그 지지자들의 대부분은 독립적이고 성공한 사업가들이다.

그런 사업가들 중에는 사우디아라비아의 재벌인 야신 알 카디도 있다. 미국 당국자에 따르면 그는 무와파크 재단('축복기금'의 아랍 식 이름)을 통해 수백만 달러를 지원했다. 이 재단은 유수한 사우디아라비아 가문들이 지원하고 관리한다. 야신 알 카디Yasin al Kadi는 부동산, 화학 제품, 은행업, 컨설팅 등으로 사우디아라비아, 터키, 카자흐스탄, 알바니아, 파키스탄 등지에서 활약하는 국제적인 사업가다. 그는 1990년대에 사우디아라비아 자본에 의해 식민화된 무슬림 국가와 의사국가들에서 활약하는 사우디아라비아의 현대적 사업가다. 1998년 알 카디는 쿠라닉 리터러시 인스티튜트 QLI를 통한 하마스의 돈세탁 업무에 연루되기도 했다. 그리고 시카고에 본부를 두고 있는 QLI를 창업한 모하마드 살라는 실은 하마스의 프론트 맨(앞잡이)이다.[35]

2001년 9월 11일 이후 야신 알 카디의 자산과 투자는 무슬림 여러 나라에서 동결됐다. 티라나의 경우, 알바니아 당국은 그의 자회사인 카라반 건설 회사가 시공 중이던 두 채의 고층 빌딩 공사를 중지시켰다.

사우디아라비아 정치에 내재된 여러 가지 불투명성과 모순 때문에 빈라덴 네트워크와 사우디아라비아 자선 기관들 사이의 연결고리는 아직도 매우 강력하다. 2002년 3월, 사우디아라비아 정부는 마지못해 하라마인 이슬람 재단의 기부 행위를 제한하는 데 동의했다. 메카에 본부를 두고 있는 이 재단은 이슬람 사업부 장관인 셰이크 살레 빈 압둘 아지즈 알 아샤이크가 책임자로 있는 기관이었다. 이런 제한 조치가 취해지자 소말리아와 보스니아에 있던 이 기관의 기금들도 동결됐다.[36] 하지만 2002년 9월, 한 사우디아라비아 신문은 이 기관이 보스니아와 소말리아에서 활동 범위를 넓히고 있으며 53만 달러를 들여 사라예보에 이슬람 센터를 개관했다고 보도했다.[37] 다른 무슬림 국가들에서는 물론이고 사우디아라비아에서도 자선 기관들에게 취해진 제한 조치는 자금 유출에 일시적인 영향을 주었을 뿐이다. 각국 정부들은 기부금 억제 조치를 실시할 의사가 별로 없다. 전 세계적으로 이슬람 대의를 지지하는 국민들에게 그런 조치는 인기 없는 조치이기 때문이다. 한 쿠웨이트 신문 편집자는 이렇게 말했다.

"정치적 이슬람이 쿠웨이트의 거리를 장악하고 있다. 아무도 아직까지는 이슬람주의자들에게 등을 돌리려 하지 않는다. 심지어 내무부 장관도 그러하다. 그래서 다들 그들을 그냥 내버려두고 있는 것이다." [38]

2001년 9월 11일 이래 이슬람 전사들에게 돈을 전달해주는 교묘한 방식이 새로 발견됐다. 몇몇 쿠웨이트 사업가들이 현금이 가득 든 서류 가방을 들고 파키스탄으로 날아갔다. 그들은 부족 지대 tribal belt로부터 멀찍이 떨어진 카라치의 고급 호텔에 묵으며 수염을 기르지도 않고 노트북 컴퓨터를 들고 양복을 입고 다니기 때문에 그 누구의 의심도 사지 않는다. 그 현금은 이슬람 무장 단체들이 은밀히 수거해 가고 그 후 그들의 투쟁을 지원하는 데 쓰인다.

여러 추정 자료들에 따르면 무장 단체에 연계되어 있는 많은 이슬람 기관들이 매년 50억 달러에서 160억 달러에 이르는 엄청난 돈을 조달한다. [39] 사우디아라비아 정부 혼자서 종교 사업부를 통해 매년 100억 달러를 기부한다. [40] 이런 기금이 어디서 나오는지는 대체로 밝혀지지 않는다. 이슬람 국가들의 회계 구조상 자선 단체나 기관들을 감사하는 것은 대단히 어렵다. 사우디아라비아에는 공식 국세청에 의한 과세 제도가 없다. 따라서 회계 장부를 추적해 자금의 유입과 지출을 파악하는 것은 원천적으로 어렵게 되어 있다. 회사들은 정기적으로 자카트를 납부하지만 그것은 공식 세금이 아니라 자발적 납부금이기 때문에 기록을 남겨놓아야 하는 의무는 없다.[41] 이슬람의 금융 구조도 별 도움이 되지 않는다. 대부분의 거래는 현금으로 이루어진다. 전직 중동 은행가는 이렇게 말했다.

"중동에서는 고객들이 현금으로 가득 찬 서류가방을 들고 은행에 들어왔다가 빈 가방으로 나가는 경우가 흔합니다."

사우디아라비아 같은 나라는 석유 수입으로 막대한 돈을 벌어들이고 있지만 왕국은 아직도 현금 문화가 강한 부족 사회인 것이다.

이슬람의 통화제도

전 미국 국무차관보인 조나단 윈터는 중동의 추적 불가능한 자금 규모가 전체 거래의 25~50%에 달한다고 말했다. 그런 거래들 중 하나가 하왈라hawala인데 현금을 한 나라에 맡겼다가 나중에 다른 나라에서 찾는 제도다. 거래가 완료된 직후 모든 기록은 없애버린다.[42] 이것은 원래 고대 중국에 있던 페이치안飛錢이라는 제도인데 실크로드의 비적匪賊을 우려한 아랍 상인들이 채택하면서 아랍권에 퍼지게 되었다. 1960년대와 1970년대에 개발도상국으로부터 이민자들이 몰려오면서 또 동남아시아의 황금 수입 금지 조치를 피하기 위해 하왈라 제도가 되살아나게 되었다.[43]

오늘날 현대판 하왈라는 수백만 아시아, 아프리카 이민자들이 고국에 돈을 보내기 위해 이용되고 있다. 돈을 보내는 사람이나 받는 사람은 신원을 밝힐 필요가 없다. 암호 한 마디만 제시하면 돈을 받으려는 사람은 하왈라 딜러hawaladar[44]의 현지 동업자로부터 돈을 받을 수가 있다. 이 제도는 하루 24시간, 일주일에 7일 운영된다. 때때로 돈을 목적지까지 보내기 위해서는 전화 한 통, 텔렉스 한 통이면 된다.

"이것은 서구의 금융 제도보다 우수하다⋯ 신분증을 제시할 필요가 없고 수수료도 더 싸며 훨씬 신속하다."[45]

하왈라다르(하왈라 딜러)는 거래가 완료되면 거래 금액의 1%를 수수료로 받는다. 하왈라의 주된 이익은 환율 변동에서 생기는 차익과 대규모 자금의 특별 수수료에서 발생한다. 거액 자금은 마약과 무기 밀매 대금, 밀수업자와 무장 단체의 불법 자금 이체 등이 대부분이다.

하왈라 제도의 보안과 신속은 테러 그룹들에게 특히 매력적인 사항이다. 이슬람 극단주의자들이 이 제도를 널리 사용한다는 보고가 많이 있다. 한 파키스탄 하왈라다르는 1998년 아프리카 주재 미국 대사관을 공격할 때 자금 이체를 맡아주었다. 2001년 인도 정부는 카슈미르 무장 단체에 자금을 지원하는 하왈라 제도의 네트워크를 밝혀냈는데 이들은 파키스탄 ISI의 지원을 받고 있었다.[46] 흥미롭게도 하왈라 네트워크는 아랍인들이 통제하는 것이 아니라 걸프 만 지역으로 이민 온 인도인과 파키스탄인들이 도맡아서 하고 있다. 인디라 간디는 인도 내의 하왈라 제도를 뿌리 뽑았지만 파키스탄에서는 아직도 널리 이용되고 있다. 공식적 수치에 따르면 파키스탄에서만 한 해 50억 달러가 이 네트워크를 통해 움직인다. 1990년대 말 파키스탄에는 1,100명의 하왈라다르가 있는 것으로 알려졌는데 이들 중에는 1천만 달러의 대규모 자금을 단건單件으로 처리한 자도 있었다.[47] 유엔에 따르면 하왈라 산업의 연간 총 매출은 2천억 달러다.[48]

하왈라 제도 이외에도 돈을 들키지 않고 움직이는 것에는 많은 방법이 있다. 돈세탁 전문가들은 자금이 박스에 담겨 보내지는 경우도 있다고 하는데, 특히 두바이(아랍에미리트연합을 구성하는 7개국 중의 한 나라: 편집자)에서 많이 보낸다. 이 도시는 오랫동안 황금과 현금 시장으로 알려져 왔는데 이란과 단단한 무역 관계를 유지하고 있다. 두바이에 본사를 차려놓고 금전 거래를 하는 어떤 이란 패밀리는 2001년 초까지만 해도 달러 지폐로 가득 들어찬 박스들을 실은 비행기가 두바이에서 칸다하르까지 일주일에 2번 떴다고 말했다.[49]

서방의 회사들도 추적 불가능한 돈을 개발도상국들에 들여오기 위해 그와 비슷한 방법을 사용하고 있다. 전에 아프리카의 제약 공장에서 책임자로 일한 적이 있는 한 사업가는 그의 회사가 생산을 계속 유지하기 위해 군벌과 정부 관리에게 줄 뇌물을 매달 현금 박스째로 나른 적이 있다고 말했다. 제약 공장의 맞은편에 있던 대규모 양조 회사도 똑같은 수법을 썼다.

"이번 달에 우리가 비행기를 전세 내면 그 다음 달에는 양조 회사가 전세를 내는 식이었습니다. 아주 훌륭한 수송 방법이었지요."

이슬람 은행들은 통화 환경이 아주 열악한 원시적 시장에서도 탁월한 금융 거래 관계를 확립했다. 하지만 수십 년에 걸친 내전에서 생겨난 의사국가에서는 이런 관계를 설정하기가 그리 용이하지 않았다. 아프간이나 소말리아에는 전통적인 금융 제도가 없었다. 모든 거래를 하왈라를 통해서 해야 했다. 2001년 말까지 탈레반 통화(북부동맹의 통화보다 갑절이나 가치가 있었다) 이외에 4개의 다른 아프간 지폐가 유통됐다. 전 자히르 샤 왕이 발행한 화폐, 부르하누딘 라바니 정부가 발행한 지폐, 우즈벡 군벌 라시드 도스툼 장군을 위해 러시아가 대신 발행해준 화폐(이 지폐는 앞의 두 지폐의 절반 정도의 가치에 유통됐다), 그리고 북부동맹의 지폐가 있었는데 이것은 많이 할인된 가격에 유통됐다.[50] 아프간 내부에서는 뭐니 뭐니 해도 황금이 가장 믿을 만한 교환 수단이었다. 한 유엔 관리는 이렇게 말했다.

"사람들은 금의 가치를 알아보았고 신용했습니다. 그것은 눈에 보이는 구체적 자산이니까요."

하왈라다르는 회계 장부를 맞추기 위해 금을 사용한다. 하왈라 딜러는 전 세계를 상대로 사업을 하면서 지폐 대신에 황금을 비축해 놓고 있다. 황금은 누가 나라의 통치자가 되든 동일한 가치를 유지했다. 2001년 탈레반을 타도하려는 전쟁이 시작되기 전, 아프간 화는 1달러 대 6만 아프가니였다. 탈레반이 달아나자 화폐 가치가 어느 정도 안정되어 환율은 1달러 대 2만 5천 아프가니까지 내려갔다.[51] 그러나 같은 기간 동안 금값은 변동이 없었다.

무슬림 세계의 이슬람 식민화는 하왈라 제도에 의해 용이해졌다. 이 제도는 이슬람 은행들의 자금줄이 되었을 뿐 아니라 동방에서의 상품 거래에도 기여했다. 이슬람 금융업과 하왈라는 샤리아

Sharia라는 동일한 규제 수단의 제재를 받는다. 현대 이슬람 금융을 단속하는 기관은 '이슬람금융업 샤리아감독청'인데 간단히 줄여서 샤리아위원회라고 한다.

오늘날 이슬람 은행들은 전 세계에서 활동하면서 국제 무슬림 공동체에 서비스를 제공하고 있다. 미국에만 200개 이상의 은행이 진출해 있고 유럽, 아프리카, 아랍 국가들, 아시아 등에는 수천 개가 진출해 있다. 1998년 이슬람 금융 기관들의 총부채는 1,480억 달러였다.[52] 이것이 얼마나 큰 수치인가를 알기 위해서는 사우디아라비아의 같은 해 GDP가 1,380억 달러였다는 것을 감안하면 될 것이다.[53]

현대의 서구 통화 제도는 신용을 바탕으로 하고 있다. 다시 말해 시민들이 통치자를 신용하기 때문에 통화가 유통되는 것이다. 지폐의 가치는 그것을 발행하는 정부에 대한 신용에 전적으로 의존한다. 의사국가들에는 이런 신용 관계가 없다. 이것은 탈레반이 아편 생산에 대한 세금을 현금이 아니라 황금으로 받은 데서도 엿볼 수 있다. 인도와 파키스탄의 트럭 회사들은 도로세로 황금을 지불해야 했다. 종종 빈라덴과 그 추종자들에 대한 기부금은 황금의 형태로 도착했다. 지금地金을 가득 담은 상자들이 아프간 항공사인 아리아나의 정기 비행기 편에 실려 두바이에서 칸다하르로 수송됐다.[54] 유럽과 파키스탄의 조사관들에 따르면 아프간 정권이 붕괴되던 2001년 말, 알 카에다는 황금을 여러 대의 컨테이너에 실어 수단으로 날랐다.[55] 탈레반은 아프간으로부터 약 1천만 달러어치의 황금을 빼내갔다. 그런 전달책의 한 사람으로 카라치 주재 탈레반 총

영사인 카카 자다가 있었다. 자다는 약 60만 달러어치의 황금을 두바이로 날랐다.[56] 두바이는 2001년 아프간 전쟁이 벌어지기 전 탈레반의 황금과 외환이 집결되던 곳이었다.

어떤 전달책은 다른 사람들에 비해 이슬람 사상 전파에 더 적극적이었다. 예를 들어 두바이는 탈레반 정권과 빈라덴 네트워크에게 가장 중요한 재정 집결지였다. 중동에서 금융 규제가 가장 느슨한 나라 중 하나인 두바이는 탈레반을 아프간의 정식 통치 세력으로 인정한 3개국 중 사우디아라비아와 파키스탄에 뒤이어 세 번째 나라였다. 미국 조사관들에 따르면 9·11 테러를 지원한 자금의 일부는 두바이를 경유했다.[57] 9·11 납치범들의 지도자인 모하마드 아타는 아랍에미리트연합UAE으로부터 10만 달러의 현금을 이체받았다.[58] 두바이가 불법 금융업에 개입하게 된 것은 BCCI와 밀접한 관계를 맺은 1980년대로 거슬러 올라간다.

이슬람 은행들의 역할은 금융 제도가 부실한 나라들에만 국한되는 것이 아니다. 이 은행들과 무장 단체, 의사국가와의 긴밀한 관계는 전통 경제와 직접 소통하는 안전한 채널을 제공했다. 은퇴한 러시아 은행가는 이렇게 말했다.

"그들은 복잡한 통화 제도를 환히 꿰뚫어 보고 있습니다. 이런 지식을 활용해 전 세계의 테러 활동에 자금을 지원하고 자본주의 세계에서 이익을 올리고 있습니다."

예를 들어 대행 은행correspondent bank은 자금을 은닉하는 데 도움이 된다. 그 은행을 이용해 지점이 없는 나라들에도 자금을 보낼 수 있다. 일반적으로 은행들은 대행 은행을 통해 보내온 자금이 안전하고 합법적인지 확인한다. 그러나 대행 은행이 제3은행을 통해 자금을 받았을 때는 그런 확인 절차가 약화될 수밖에 없다.[59] 빈라덴의 프론트(앞잡이) 기관이라고 생각되는 '조언과 개혁 위원회'의 바클리스 은행 계좌는 수단, 두바이, 아랍 에미리트 연합의 대행 은행들로부터 자금을 받는다. 이 돈은 바클리스 은행에서 제네바, 시카고, 런던 등 서구 도시들의 테러 세포들에게 송금된다.

런던에 거주하는 사우디아라비아 반체제 인사인 칼리드 알 파와즈는 그 계좌의 주인이며 서명인이다. 그는 서방에 나와 있는 빈라덴의 부하로 의심받고 있다. 법정 서류에 따르면 빈라덴이 미국에 저항하라고 지시한 파트와fatwa의 오리지널 문서는 수단에서 파와즈에게 팩스로 보내졌다. 이 팩스를 받은 파와즈는 바클리스 은행의 계좌에서 보스니아, 코소보, 알바니아 등 전 세계에 있는 이슬람 센터와 자선 단체와의 송금 거래를 지시했다. 1996년의 한 인터뷰에서 빈라덴은 그의 경제적, 재정적 거점이 알바니아, 파키스탄, 말레이시아, 네덜란드, 영국, 루마니아, 러시아, 터키, 레바논, 이라크, 기타 걸프 국가들 등 13개 나라 이상에 걸쳐 확립되어 있다고 말했다.[60]

소비에트 연방의 붕괴는 신흥 무슬림 상인과 은행가 계급에게 새로운 기회를 열어주었다. 이 계급은 이슬람 근본주의와 동맹하는 것이 사업 확장의 기회라고 보았다. 세속적인 무슬림 시민들은 이 새로운 힘을 중심으로 해서 서방의 텃세와 무시를 물리치려 했다. 이런 신분 상승의 폭발적인 힘을 해외로 돌리기 위해 사우디아라비아는 이슬람 식민화의 추세에 뒷돈을 댔다. 이슬람 식민화는 무슬림들이 정체성과 잃어버린 문화를 찾기 위해 애쓰고 있고 물질적 도움을 절실히 필요로 하는 지역으로 흘러들었다. 구소련의 주변부에 흩어져 있는 호전적인 이슬람 운동, 무장 그룹, 의사국가 등은 이슬람 금융의 도움을 받아가며 그들 자신의 새로운 정치적 정체성을 확립하기 시작했고 '새로운 세계 무질서New World Disorder'의 1차 수혜자로 등장했다. 앞으로 12장과 13장에서 살펴보겠지만 이 새로운 세력은 모던 지하드와 합류하게 된다.

11 모스크 네트워크

"미국 사람들은 우리를 공격하는 자들에게 자금을 지원하고 있습니다.
그들은 그들이 뽑은 상원의원들을 통해 이들 세금의 지출처를 감시하고 있습니다."

－ －

알 카에다 선언서, 2002년 11월 1일[1]

매주 금요일 점심 때 무슬림들은 파키스탄 북서부 변경 지역인 마르단 근처의 모스크(이슬람 사원)에 몰려든다. 이 모스크에서 이슬람 무장 단체인 라크샤르—타이바의 요원이 신자들에게 연설을 한 다음 자선 기금을 모금한다. 무샤라프 장군은 무장 단체를 지원하는 모든 모금 행위를 금지시켰지만 파키스탄의 모스크에서 각종 이슬람 무장 단체를 지원하기 위한 모금 행위는 계속됐다.[2] 파키스탄의 모금 운동가들은 9·11 테러가 그들의 모금 능력에 아무런 지장을 주지 않는다고 생각했다. 모스크 네트워크는 여전히 건재하며 이슬람 기관, 국가, 의사국가, 무장 단체, 이 단체의 스폰서 등이 서로 연락하고 거래하는 창구다.

　모스크 네트워크는 테러 금융 네트워크의 사상적 동반자며 보완자다. 이 네트워크는 이슬람의 통화 네트워크 못지않게 복잡하고 광범위하다. 이 네트워크가 생겨난 것은 사우디아라비아 왕국의 탄생과 직접적인 관련이 있다.

아주 특별한 파트너십

1920년대에서 1930년대 사이에[3], 사우드 가家는 사우디아라비아를 통일하고 왕국을 건설하는 데 성공했다. 이런 성공을 거둔 부분적인 이유는 와하비 이슬람이라는 엄격한 이슬람 사상을 가르치던 아라비아 반도의 종교적 지도자들과 연합했기 때문이었다. 정치 권력과 종교 권력의 파트너십은 사우드 왕가의 정통성을 떠받치는 필수적 한 부분이 되었다. 왕권을 수호하는 기둥 중 하나는 '사우디아라비아와 전 세계에 와하비 이슬람을 널리 전파하는 것'이었다. 와하비즘의 궁극적 목표는 그 사상의 질서에 따라 이슬람을 재편하는 것이다.

종교 지도자와 세속의 권력자가 동맹한 사우디아라비아 정권의 선교 정책은 그 나라의 외교 정책에 커다란 영향을 미쳤다. 예를 들어, 1990년대 중반에 사우디아라비아의 이슬람 학자 협의회며 최고 종교 기관인 울라마Ulema는 사우드 왕가에 탈레반을 아프간의 합법적 지도자로 인정하라고 압력을 넣었다. 이런 특별한 파트너십은 사우디아라비아 정치에 상당한 애매 모호성을 부여했다. 특히 와하비 종교 엘리트들이 미국과 사우디아라비아 사이의 '특별한' 관계를 바라보는 시각에서 그 애매 모호성이 잘 드러난다. 가령 걸프전이 터지면서 사우디아라비아가 미군의 국내 주둔을 허용했을 때 몇몇 종교 지도자들은 강력하게 반대했다. 그로부터 10년 뒤 미군 병사들은 여전히 왕국 내에 주둔하고 있으며 울라마는 사실상 미군의 주둔을 인정했다. 이것은 울라마의 극단적 보수주의 때문인데 그들은 사우디아라비아 체제의 친미 정책은 경계하지만 그렇다고 해서 그 정권의 근본을 뒤흔들려는 마음은 없는 것이다.

사우디아라비아의 정치 지도자와 종교 지도자 사이의 삐걱거리는 관계를 가장 잘 보여주는 사례로는 오사마 빈라덴이 사우디아라비아 정치에서 발휘하는 역할을 들 수 있다. 빈라덴은 사우디아라비아 내에서도 아주 특혜적인 배경을 갖고 있는 사람이다. 하지만 빈라덴은 사우디아라비아 정치 엘리트들이 엄격한 와하비 이슬람을 실천하지 않았기 때문에 사우디아라비아 정치 지도자로서 정통성이 없다고 비난했다. 이러한 주장은 9·11 테러 납치범들의 궁극적 정치 목표에서 잘 드러난다. 그들의 목표는 현재의 친미적인 사우디아라비아 체제를 무너트리고 사우디아라비아에서 미군을 모두 축출하려는 것이다. 빈라덴은 이미 1990년부터 노골적으로 사우디아라비아 당국에 도전했다. 사우디아라비아 정부는 그의 시민권을 박탈하고 그가 체제에 도전한다고 비난하기는 했지만 그를 붙잡아서 재판정에 세우려고 하지는 않았다.

빈라덴을 보호한 힘은 무엇이었을까? 그는 사우디아라비아 울라마와 무슬림 세계의 고위 종교 지도자들과 강력한 연계를 갖고 있었던 것이다. 비록 울라마가 공식적으로는 사우드 가를 왕국의 합법적 지도자로 인정했지만 비공식적으로는 빈라덴과도 줄을 대고 있었던 것이다. 사우디아라비아 왕가의 프린스들이 엄청나게 많다는 점을 감안할 때 왕족 중에는 빈라덴을 좋아하는 사람도 있을 수가 있고 그래서 빈라덴의 정치 사상에 동조해 그를 재정적으로 지원하는 왕족도 있을 수가 있다. 사우디아라비아 반체제 인사들에 따르면 사우디아라비아 내에서 빈라덴의 인기는 9 · 11 테러 이후 오히려 높아졌으며 그를 지원하는 자금도 풍부하다는 것이다. 사우디아라비아 자선 기관들과 부유한 사업가들은 이슬람 무장 단체들을 지원하고 있는데 그런 단체들 중 일부는 빈라덴의 테러 네트워크와 관련되어 있다.

와하비즘의 개종 작업

전반적으로 보아 와하비 식민화의 선교 패턴은 이슬람 은행들의 그것과 유사하다. 이슬람을 널리 퍼트리는 데 있어서 종교와 금융이 쌍두마차를 이룬 셈이다. 1990년대 초 와하비즘은, 소비에트 연방의 붕괴를 틈타서 무슬림들이 종교적 표현의 자유를 얻지 못했던 국가들로 진출했다. 사우디아라비아로부터 재정 지원을 받는 물라들은 새로 지어진 모스크와 마다리스madaris(어린아이들에게《꾸란》과《꾸란》율법을 가르치는 종교 학교)에서 호전적인 이슬람 사상을 설교하고 가르쳤다. 이런 과격하고 난폭한 메시지가 비상한 인구 증가와 높은 실업으로 고통 받는 무슬림 인구들에게 널리 퍼

졌다. 이슬람은 이런 불안정한 지역에서 가장 빨리 성장하는 종교
가 되었다. 1990년대 중반, 무슬림 인구의 연간 증가율은 기독교권
증가율(1.46%)의 4배를 웃도는 6.4%였다.[4]

이러한 사회경제적 상황에서 젊은 무슬림들은 모스크와 마다
리스를 파고드는 와하비 메시지에 열광적으로 반응했다. 자연히 이
런 젊은 세력들로부터 새로운 이슬람 무장 단체가 생겨났다. 마르
크스-레닌이즘이 공산주의자들을 격려한 것과 마찬가지로 와하
비 이슬람은 이슬람 전사들을 단결시키는 강력한 이데올로기가 되
었다. 우즈베키스탄에서는 와하비 사상이 1998년 주마 나만가니의
지도 아래 발생한 반란의 핵심 추진력이 되었다. 나만가니의 정치
사상은 와하비 이슬람으로부터 크게 영향받은 것이었다. 나만지아
니의 최종 목표는 부패하고 비민주적인 우즈벡 정부를 타도하고 그
대신 새로 발족한 중앙아시아 공화국들—우즈베키스탄, 타지키스
탄, 키르기즈스탄—의 영토 일부를 편입해 15세기 모델의 칸제국[5]
을 건설하는 것이다.

빈라덴의 정치적 목표도 나만가니의 그것과 아주 유사하다. 빈
라덴의 장기적 목표는 무슬림 국가들을 진정한 이슬람 국가, 즉 모
하마드의 후계자들인 칼리프가 다스렸던 칼리페이트로 변모시키는
것이다. 칼리페이트는 서방의 십자군이 그들의 화려한 문화를 파괴
하기 전인 7세기에서 13세기까지 이슬람 세계를 다스렸던 나라다.
빈라덴에 따르면 새로운 칼리페이트는 알라의 율법을 열렬하게 실
천하려 했던 아프간의 전 탈레반 체제를 모델로 해야 한다.

구소련 영토 이외의 지역, 가령 아프리카와 동남아시아에서도

와하비 식민화는 동일한 선교의 패턴을 따라갔다. 와하비 이슬람으로 개종시키기 위해 사우디아라비아 돈이 각종 종교 인프라에 침투했다. 그 결과 다시 한 번 와하비즘이 이슬람 무장 단체들을 통합시키는 힘으로 작용했다. 나만가니와 빈라덴과 비슷한 방식으로, 리두안 이사무딘Riduan Isamuddin—인도네시아 무장 단체인 제마 이슬라미야의 지도자로서 2002년 10월 일어났던 발리 폭탄 테러의 배후다—은 지난 10년 동안 일관되게 폭력 사용을 옹호해 왔다. 그의 장기적인 목표는 인도네시아, 필리핀, 말레이시아, 싱가포르 등을 포함하는 거대한 이슬람 단일 국가를 수립해 샤리아 율법의 지배를 받는 칼리페이트를 만드는 것이다.

서방의 네트워크

비非무슬림 국가들, 특히 서방에서의 와하비 식민화는 좀 더 신중하게 진행되어 왔다. 그래서 서방의 이슬람 자선 기관들은 주로 모스크가 운영하는 학교나 교양 과정에 자금을 지원해 왔다. 서방에서 모스크 네트워크의 주된 임무는 인력을 모집하고 자금을 모금하는 것이다. 그들은 이런 임무를 너무나 잘 해내서 몇몇 모스크들은 이제 테러 전사들의 온상이 되었다. 그들은 미래의 전사들에게 종교와 정치적 이데올로기를 일사불란하게 가르친다. 영국에 살고 있는 팔레스타인 사람 아부 카타다는 알 카에다의 인력 선발 요원으로 의심받아왔는데 많은 무슬림들의 공통된 견해를 이렇게 말했다.

"무자헤딘의 전쟁은 예언자들의 말씀에 의해 명령된 것이다…지하드는 알라신의 말씀을 지고한 것으로 만들려는 것인데 우리는 그것을 이슬람 지하드라고 부른다."[6]

카타다의 말 그대로, 서방에 나가 있는 인력 선발 요원들은 종교적 동기를 강조하면서 특정 유형의 젊은이—서방 사회에 환멸을 느껴 표류하고 있는 젊은이—를 1차적인 포섭 대상으로 삼는다. 9·11 테러를 수행한 납치범들 중 하나인 자카리아스 무사우이는 프랑스에서 태어난 팔레스타인 젊은이인데 바로 이런 유형에 들어간다. 그는 무슬림이라는 자신의 정체성을 찾아서 무일푼의 상태로 런던에 도착했다. 모스크 네트워크는 그에게 재정적, 정서적 지원을 해주었다. 인력 선발 요원들은 이처럼 인생의 의미를 찾기 위해 모스크에 접근하는 사람들을 선호한다. 전 MI-5의 한 요원은 이와 관련해서 이렇게 말했다.

"이 젊은이들은 이슬람에 대해 별로 알지 못하기 때문에 나이든 사람들이 제대로 길을 가르쳐 주겠거니 하고 믿어버린다. 하지만 그들에게 가르치는 것은 종교의 길이 아니라 폭력의 길이다."[7]

젊은 무슬림들을 포섭하기 위해 동원되는 강력한 선발 도구는 열광적인 설교와 이슬람 전사들의 지하드를 실제로 보여주는 끔찍한 비디오들이다. 2002년 1월 이후 런던의 여러 모스크에서 틀어주는 이런 비디오들 중 하나는 〈지하드의 거울〉이라는 제목을 달고 있는데 탈레반 세력이 북부동맹 포로의 목을 칼로 치는 내용이다. 이 비디오는 런던 중심부인 패딩턴에 자리 잡은 이슬람 단체가 배포했다.[8] 이 비디오의 판매 수익금은 이슬람 무장 단체를 지원하는

데 쓰인다.

　무슬림 국가들은 물론이고 서방에서도 무슬림 인구는 폭발적으로 증가하고 있다. 하지만 무슬림 젊은이들 사이에 가난과 실업의 문제는 정말 심각하다. 그래서 많은 젊은이들이 정신적 도움보다는 물질적 도움을 얻기 위해 모스크로 몰려든다. 예를 들어 무슬림은 런던의 핀스베리 파크 모스크에서 가짜 여권과 ID 카드를 돈 주고 살 수 있는데 이런 서류를 갖고 있으면 사회 복지 기금을 수령할 수가 있다. 핀스베리 파크 모스크에 침투해 실상을 조사한 알제리 언론인 레다 하사이네에 따르면, 이런 서류를 갖고 있을 경우 국가가 무상으로 제공하는 공공단지 내의 임대 주택 이외에 주 50파운드의 생활 보조금을 받을 수 있다. 만약 한 사람이 이런 서류를 여러 장 가지고 있으면 상당한 수입을 확보하게 된다.[9]

　물론 모스크는 장래의 전사를 모집할 때 아주 조심한다. 그래서 아주 소수만이 지하드에 참가할 수 있다. 이런 전사들 중 하나가 버밍엄 출신의 24세 청년 모하마드 빌랄이다. 빌랄은 스리나가르에서 폭탄이 가득 든 차를 몰고서 인도 군 병영으로 돌진한 지하드 전사다.[10] 버밍엄은 이슬람 전사들의 온상으로 소문이 높은데 이곳의 모스크는 알 카에다와 카슈미르의 이슬람 무장 단체들에게 자살 폭탄 테러범을 공급하고 있다. 사실 무슬림 이민자 인구가 많은 영국은 서방 세계에서 가장 전사를 모집하기 좋은 나라의 하나다. 전사를 모집하기 위해서 런던에 근거지를 둔 이슬람 단체인 알 무하지룬al Muhajiroun의 창설자인 셰이크 오마르 바크리 모하마드는 이렇게 말했다.[11]

"영국의 모스크와 대학 캠퍼스에서 연간 평균 1만 8천 명의 영국 태생 무슬림들을 선발해 이슬람 무장 단체들이 싸우는 세계 각국으로 보내고 있다."[12]

마울라나 마수드 아자르—카슈미르의 이슬람 무장 단체들 중 하나인 자이시 에 모하마드의 창설자—의 동생인 모하마드 이브라힘 아자르는 인도에 대항해 싸울 자원自願 전사들을 뽑기 위해 버밍엄으로 출장간 적도 있었다. 아자르는 버밍엄에서 빈곤하기로 열 손가락 안에 드는 가난한 공영 단지에 살며, 청년 실업률이 아주 높은 카슈미르 무슬림 공동체를 대상으로 삼았다. 그는 모스크 네트워크를 통해 아주 자유롭게 돌아다니면서 장래의 전사들을 접촉해 모집할 수 있었다. 이렇게 선발한 젊은이들에게는 돈을 주면서 파키스탄, 아프가니스탄, 예멘, 나이지리아, 수단 등지의 훈련 캠프에서 군사 훈련을 시켰다. 그러나 이들 중 극소수에게만 자살 폭탄 테러의 임무가 부여됐다. 여러 무슬림들의 증언에 따르면 모스크 네트워크가 무슬림 젊은이들에게 투쟁의 동기와 목적을 부여하기는 했지만 목숨을 걸 정도의 강도 높은 가치는 부여하지 못한 것이다.

자살 폭탄 테러범은 귀중한 자산이고 그래서 모스크들은 끊임없이 그런 인재를 찾아다닌다. 자살 테러범은 아주 조심스럽게 선정되고 출신 배경이 세심하게 분석됐으며 그 어떤 사소한 인적 사항도 소홀히 취급되지 않았다. 만약 어떤 후보가 적합한 인물이라고 판정되면 그에게 특별한 종교 의식, 정신무장, 폭력 기술 등을 교육시켰다.

자살 폭탄 테러범을 양성하는 데 있어서 가장 효율적인 무장 그룹으로 꼽히는 하마스는 이들의 교육에 많은 신경을 쓴다. 장래의 순교자(자살 테러범)는 아주 젊은 나이에 선발해 최후의 임무를 맡길 때까지 서서히 양성시킨다. 하마스의 무장 집단인 이즈 알 딘 알 카삼 여단의 지휘자 살라 셰하데[13]는 자살 폭탄 테러범의 선발 과정을 이렇게 말했다:

> 선발은 다음 4가지 기준에 따른다.
>
> 첫째, 독실한 신앙의 자세를 갖고 있어야 한다.
>
> 둘째, 그 젊은이가 부모의 의사를 잘 따르고 가족에게서 사랑을 받는지 또 그의 순교가 가족 생활에 악영향을 미치지는 않는지 살핀다. 그는 집안의 장남이 아니어야 하고 형제가 있어야 한다. 우리는 외아들은 받아들이지 않는다.
>
> 셋째, 자신의 임무가 막중하다는 것을 알고 그것을 수행할 능력이 있어야 한다.
>
> 넷째, 그의 순교는 다른 사람들에게 순교의 사명을 느끼게 해야 하고 사람들의 마음에 지하드를 격려할 수 있어야 한다.
>
> 우리는 언제나 미혼인 남녀를 선호한다. 그나 그녀에게 임무를 제안하고 그나 그녀를 받아들일지 여부를 결정하는 것은 하마스 운동의 군사 기구를 담당하는 지역 지도자들이다.[14]

2001년 팔레스타인 종교 학자 협회는 순교를 공식적으로 승인하면서 자살 테러가 정당한 전쟁의 일부라고 주장했다. 그 이유는 이렇다.

"그것은 적을 파괴하고 적의 가슴에 공포를 불러일으키며 적을 혼란에 빠트리고 그 제도의 기반을 뒤흔들어 적으로 하여금 팔레스타인을 떠나게 만든다. 그것은 팔레스타인으로 이민 오는 유대인의 숫자를 떨어트리고 이스라엘인들에게 재정적 피해를 안긴다."[15]

모스크 네트워크는 하마스 같은 기관보다 훨씬 작은 인재 풀에서 훨씬 짧은 기간 내에 자살 폭탄 테러범을 양성하려고 애쓴다. 자살 테러는 경제적인 측면에서 특히 중요하다. 손익분석을 해보면 자살 테러가 군사적 관점에서 볼 때 훨씬 더 효율적인 테러 공격임을 보여준다. 자살 테러는 비교적 적은 예산이 들어가는데 비해 인명 살상과 건물 파괴라는 측면에서 커다란 효과를 발휘한다. 빈라덴과 그의 부하들은 이런 이점을 잘 알고 있다. 이집트 이슬라믹 지하드의 책임자인 닥터 아이만 알 자와히리는 이렇게 말했다.

"순교 작전(자살 테러)의 방법은 적에게 피해를 입히는 가장 성공적인 방식이고 인명 피해라는 측면에서 무자혜딘에게 가장 비용이 적게 먹히는 방식이다."[16]

9·11 테러는 신앙을 위해 기꺼이 죽으려는 테러 요원을 가지고 어떻게 테러 공격의 효과를 극대화할 수 있는지 여실하게 보여주었다. 그것은 지금껏 수행된 테러 공격 중 가장 비용−효과적인 테러였다. 19명의 납치범과 50만 달러의 예산으로 거의 3천 명에 가까운 인명 희생을 가져왔고 서구 사회에 영원히 지워지지 않을 상처를 남겼다.

모스크 네트워크는 또한 지하드를 위해 재정을 지원했다. 2001년 라시카르 에 테이바는 영국 무슬림들로부터 2백만 달러의 기부금을 받았다. 인도 정보부에 따르면 돈을 많이 낸 기부자들 중에는 이스트 런던 출신의 아메드 나시르도 있었는데 그는 월 1만 5천 파운드까지 기부했다. 나시르는 복지 자선 사업을 위해 그 돈을 기부했다고 주장했다.[17] 영국은 중동에 살고 있는 카슈미르 사람들 다음으로 무슬림 카슈미르인을 많이 받아들인 나라다.

자금의 대부분은 모스크 네트워크가 관리하고 각 모스크는 돈을 모금하는 것 이외에도 그 돈이 올바른 목적지, 즉 그들이 선택한 무장 단체까지 도착하는지 확인한다.

모스크 네트워크 뒤에는 여러 이맘들이 있다. 올드햄의 이맘인 샤피쿠르 레흐만은 라시카르를 위해 모금했다는 혐의로 국외로 추방됐다. 또 북부 런던의 과격한 무슬림 성직자인 셰이크 아부 함자는 무슬림들에게 미국인을 살해하라고 권유하는 영국 내 집회에 참석한 것이 은밀하게 촬영됐다.[18] 그가 이렇게 소리치는 것이 비디오에 잡혔다.

"미국인들을 살해하십시오. 그건 전혀 죄악이 아닙니다."

쿠르디스탄의 헤즈볼라

모스크 네트워크를 통해 거둬들인 돈은 세속적인 무슬림 지역에서 네트워크 그 자체를 확대하기 위해 사용되기도 한다. 1980년대 말, 터키 정부는 무슬림 자선 기관과 모스크들이 터키령 쿠르디스탄에 모스크를 지을 돈을 모금하도록 권장했다. 런던에 사는 쿠르드 망명객은 이렇게 설명했다.

마을들은 결국 2개의 모스크를 갖게 되었지만 어린아이들을 위한 학교나 운동 시설은 지어지지 않았습니다. 아랍 국가에서 이슬람 신학에 대한 장학금은 각종 자선 단체에 의해 어린 학생들에게 지급됐지만 의학이나 공학 같은 과목에 대한 장학금은 지급되지 않았습니다. 쿠르디스탄에 모스크를 많이 지으려는 계획은 쿠르드노동당PKK에게 충성하는 지역을 종교적으로 식민화하려는 것이었습니다.

같은 기간 동안 헤즈볼라가 이 지역에 나타나기 시작했다. 그들은 시아파 헤즈볼라에 의해 이란과 레바논에서 훈련받은 수니파 쿠르드족이었다. 일부는 아프가니스탄에서 정치군사 훈련을 받기도 했다.[19] 그들은 이슬람 지하드를 가르치고 전사들을 선발하기 위해 쿠르디스탄에 온 것이었다. 당초 그들은 주로 이란 쪽의 이슬람 자선 단체와 기금의 지원을 받았다. 그러나 그들은 곧 재정 자립을 꾀하기 위해 범죄에 눈을 돌렸다. 헤즈볼라는 모스크를 조직 구성과 인력 선발의 장場으로 이용했다.[20] 정치적으로 볼 때 그들은 나만지아니, 빈라덴, 함발리 등과 일심동체였다. 그들의 최종 목표는 터키령 쿠르디스탄을 이슬람 국가, 다시 말해 샤리아 법이 적용되는 칼리페이트로 변모시키는 것이다.

하지만 이런 정치적 목표에도 아랑곳하지 않고 터키 군부는 PKK를 분쇄하기 위해 헤즈볼라와 동맹을 맺었다. 그리하여 모스크는 이슬람 테러의 본부가 되었다. 터키의 중동 문제 전문가 파이크 불루트는 헤즈볼라가 운영하는 모스크의 역할을 이렇게 설명했다.

> 15세에서 20세 사이의 무지하고 실업 상태인 젊은이들을 모스크 중심으로 조직합니다. 이들은 잠정적으로 모두 전사 후보가 되는 거지요. 그들은 아주 용감한 젊은이입니다. 그들은 전문적인 암살단으로 일합니다. 이런 조직들의 돈줄은 어디인지 밝혀지지 않았습니다. 이 조직에 가입하는 사람은 갑자기 부자가 됩니다. 이 돈은 해외에서 오는 것일 수도 있고 아니면 자동차 절도, 강탈, 몸값, 밀수 등에서 나온 것일 수도 있습니다.[21]

터키 군부의 의도는 헤즈볼라를 이용해 PKK를 제거하려는 것인데 이는 미국이 무자헤딘을 이용해 아프간에서 소련군을 제거하려는 것과 비슷하다. 이 둘의 동맹은 겨우 몇 년 동안만 지속됐을 뿐이다. 이 기간 동안 PKK의 대표나 동조자들, 쿠르드족 사람들은 헤즈볼라의 조직적인 공격으로 많이 살해됐다.

이슬람 은행들과 함께 모스크 네트워크는 새로운 경제적 현상에 기여했다. 이슬람의 우산 아래, 또 반소 지하드의 성공에 자극받아서 테러 그룹, 의사국가, 이슬람 국가들, 이들의 스폰서들 등은 전통적인 세계 경제에 대항하는 '약탈적 대안'으로서 경제적, 금융적 유대 관계의 네트워크를 국제적으로 확립했다. 우리가 12장에서 살펴보게 되겠지만, 이런 새로운 경제 체제를 결속시키는 강력한 힘이 바로 '지하드의 소명call for Jihad'이었다.

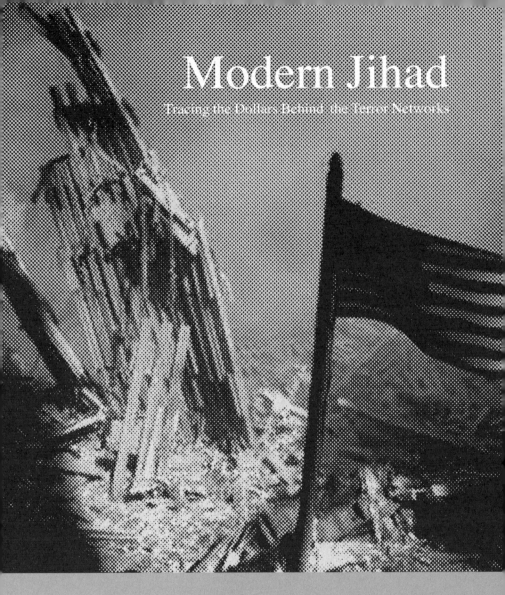

Modern Jihad
Tracing the Dollars Behind the Terror Networks

제**3**부
테러의 신경제

합법적인 수단으로 획득되고
세무 당국에 신고까지 한 자산과 이익이
테러를 지원하는 데 사용될 수 있다.
따라서 국제 불법 경제와 비교해 볼 때,
'테러의 신경제' 는 이런 추가적인 소득원을 갖고 있는데
그 규모가 연간 3천억~5천억 달러로 추산된다.

12 허약한 나라들: 테러의 온상

"국가가 들어서야 할 자리에 공백이 생기고,
군벌들이 그 자리를 채웁니다.
국제적 테러와 불법의 씨앗이
이곳처럼 뿌리 내리기 좋은 곳이 또 어디에 있겠습니까?"

－ －

월터 H. 칸슈타이너Walter H. Kansteiner, 미국 국무부 아프리카 담당 차관보

수단의 기독교 가정 아이인 프랜시스 복은 7살 때 현지 시장에 놀러갔다가 노예로 납치되어 갔다. 수단의 무슬림들이 그의 마을을 공격해 모든 어른과 청소년 남자아이들을 죽였다. 이어 그들은 살아남은 어린아이들을 당나귀에 묶어서 데려갔다. 너무 어려서 당나귀 등에 태울 수 없는 아이는 바구니에 넣고 줄로 묶어서 들고 갔다. "너는 우리에게 동물이나 마찬가지야." 수단 병사들은 프랜시스 복에게 말했다. 현재 자유의 몸이 되어 이집트에 살고 있는 복은 이렇게 회상했다.

"나는 많은 사람들이 동물처럼 죽어 가는 것을 보았고 많은 어린아이들이 노예로 팔려 가는 것을 보았습니다. 나는 사람들이 총에 맞아 죽는 것을 많이 보았습니다. 심하게 우는 어린아이들은 손

또는 발을 잘라서 다른 어린아이들에게 경고를 주었습니다."[1]

이것은 중세에 벌어진 이야기가 아니라 21세기 수단의 노예에 관한 이야기다. 수단은 사악하고 무자비한 내전에 휘말린 나라들 중 하나다. 이런 나라들에서는 법과 질서라고는 찾아볼 수 없고 그 나라 사람들은 약탈적인 군벌과 정치가의 노리개 또는 희생물이 된다. 수단의 하산 알 투라비의 세습 정권은 그 주민들을 착취함으로써 정권을 연장하고 있다. 이런 나라들은 정치적으로 불안정하고 언제 붕괴될지 모른다. 이런 나라들은 혼란에 빠진 허약한 국가들이다. 실패한 국가들의 스펙트럼은 다양해서, 콜롬비아처럼 쓰러져 가는 나라가 있는가 하면 수단처럼 아예 실패해 버린 나라들도 있다. 콜롬비아 중앙정부는 그런 대로 어느 정도 지역에 대한 통제권을 갖고 있는 반면, 수단의 중앙정부는 "더 이상 현대적 국가의 역할을 할 여력이 없다."[2] 그래도 콜롬비아나 수단은 소말리아에 비하면 나은 편이다. 소말리아는 정치적 권력이 완전 공백 상태에 빠져들었다.

어떤 유형이 되었든 허약한 국가는 무장 단체의 배양지, 즉 온상이 된다. 무장 단체는 이미 실패해버린 나라보다는 쓰러져 가는 나라를 더 좋은 환경이라고 생각한다. 스리랑카의 타밀엘람 해방호랑이LTTE는 분리 독립을 주장하는 무장 단체인데 스리랑카의 약 15%를 장악하고 있다. 하지만 스리랑카는 실패한 나라도 쓰러져 가는 나라도 아니다. 국민의 80%가 현 정부를 지지하면서 지금의 정부가 잘 해나가고 있다고 생각한다.[3]

테러는 정치적 불안정이 있는 나라, 중앙정부의 권위가 무시되는 지역에서 번성한다. 파키스탄은 그 좋은 사례다. 무샤라프 장군이 이 나라를 장악하고 있다는 사실을 아무도 의심하지 않지만, 특히 부족 지역같이 파키스탄 중앙정부의 힘이 전혀 미치지 못하는 지역이 있는 것이다. 이슬람 무장 단체가 은밀하게 힘을 키워온 곳은 바로 이런 지역이다.

실패한 지역과 갈색 지역

전 미국 국무부 장관이었던 매들린 올브라이트는 중앙정부의 권위가 약화됐거나 존재하지 않는 나라를 가리켜 '실패한 국가'라고 했다. 전통적 국가가 정치경제적으로 붕괴될 때 실패한 국가가 생겨난다. 이런 실패한 국가에서는 여러 개의 경쟁하는 세력들이 서로 다른 지역에서 서로 다른 정도의 권한을 행사한다. 따라서 이런 나라에서는 혼란, 폭력, 고통이 만연하고 대규모 인권 침해가 발생한다.[4] 올브라이트가 실패 사례로 든 나라는 소말리아였다. 그러나 실패한 국가의 개념을 중앙정부의 권위가 먹혀들지 않는 국가 내의 일부 지역—그러니까 '실패한 지역'—까지 적용시킨다면 테러가 성장할 수 있는 지역은 엄청나게 많아진다.

　파리에 있는 헬렌 켈로그 국제문제연구소의 소장인 기예르모 오도넬은 이런 실패한 지역을 '갈색 지역'이라고 명명했다. 갈색 지역에서는 국가의 기능이나 영토권이 전혀 발휘되거나 적용되지 않는다.[5] 페루의 고원 지대, 브라질의 아마조니아, 중앙아시아의 페르가나 계곡, 인도네시아, 말레이시아, 필리핀의 특정 지역 등도 갈색 지역이다.

실패한 지역 또는 갈색 지역은 실패한 국가의 몇몇 특징을 공유한다. 갈색 지역은 공동체들 사이의 잔인한 내부적 싸움으로 분열되어 있다(코소보). 갈색 지역의 경계는 통제되지 않으며 윤곽이 분명하지도 않다. 집권 세력(모부투 같은 군벌 또는 독재자, 탈레반 같은 통치 엘리트)은 시민들을 무자비하게 착취한다. 지역 GDP는 물론이고 1인당 GDP도 급속히 추락한다. 폭력과 범죄가 만연해 통제 불가능하고 무정부 상태가 심각하다. 오도넬의 정의定義를 빌려서 말한다면 이들 지역은 "국가의 공적 차원이 증발해 버린 상태고, 국가라는 것은 '이름'만 남아 있다. 그 대신 개인적인 독재 권력을 휘두르는 무장 집단들이 국가를 대신한다."[6]

정치적 공백을 두려워하는 지역 주민들은 종족 또는 부족 유대감을 지켜주겠다며 전면에 나서는 강자, 군벌, 무장 단체를 환영한다. 2002년 10월, 발리에서 폭탄 테러가 발생한 직후, 자카르타의 한 신문 판매상은 강자(독재자)를 바라는 열망을 이렇게 논평했다.

"사태가 이런 식으로 계속 흘러간다면 사람들은 군사 정부를 환영할 것입니다… 수하르토 시절도 사정은 좋지 않았습니다만 그때는 그런 대로 안전했습니다."[7]

실패한 지역에서는 무장 단체의 지도자들이 강자로 인식된다. 그들은 공동체의 사회적, 정치적, 경제적 붕괴 속에서도 권력을 휘두른다. 1946년 팔레스타인에 거주하는 많은 유대인들이 이르군이나 스턴갱 같은 테러 그룹을 지지했는데 그 이유는 이런 단체들이 영국 보호령의 붕괴에 따른 정치적 공백을 메워준다고 생각했기 때문이었다.[8] 똑같은 이유로 페루의 셀바 알타 주민들은 센데로 루미노소에게 의지하는 것이 안전하다고 생각한다. 적어도 이 무장 단체는 부패한 페루 정부와 탐욕스러운 콜롬비아 마약 재벌로부터 주민들을 보호해주기 때문이다.

따라서 이런 '실패한 지역'에서 무장 단체는, 중앙정부의 붕괴에 따른 공백을 채워주면서 쉽사리 그들의 권력과 정통성을 수립할 수 있다. 우리가 이미 5장에서 살펴보았듯이 바로 이것이 국가의 시초인 의사국가가 생겨나는 계기가 된다. 무장 그룹들은 그들 고유의 모델을 가지고 과거의 경제 인프라를 대체한다. 그렇게 함으로써 중앙정부의 경제적 역할을 대신 떠맡는 것이다. 예를 들어 세금을 부과하고 접수함으로써 권위를 세우는 것이다. 파키스탄에서는 1997년과 1998년 사이에 밀수 때문에 약 6억 달러의 세관 수입이 들어오지 않았다. 무장 그룹, 군벌, 심지어 탈레반 관리들까지 파키스탄 항구에서 카불로 가거나 파키스탄으로 되돌아오는 ATTA 면세품에 도로세를 부과한다. 이 돈은 밀수 루트를 통제하는 그룹들을 지원하는 데 들어간다.

국가가 붕괴할 때 위와 유사한 과정이 발생한다. 무장 그룹들은 실패한 국가가 뒤에 남긴 땅 또는 블랙홀을 신속하게 채운다.[9] 그들은 그런 지역들을 장악하고, 그들 자신의 인프라를 구축하고, 시장과 무역의 흐름을 규제하고, 심지어 허약한 이웃 국가들과 외교 관계를 수립하려고 한다. 2000년 8월, 페루 정부는 콜롬비아의 FARC에게 무기를 공급하는 과정에서 무기 밀수 스캔들에 휘말렸다. 사태의 진상은 이러했다. 페루 군부는 요르단 정부로부터 불가리아제 AK−47 소총 5만 자루를 매입하겠다는 정기적인 구매 지시를 내렸다. 이 물건은 러시아−우크라이나 승무원들이 탄 우크라이나 화물 비행기에 실려 암만을 출발했다. 수송 비행기는 카나리 제도, 모리타니아, 그라나다를 경유해 페루 이퀴토스에 도착하기 직전 화물을 과이니아 지역에 내려놓았다. 과이니아는 베네수엘라와 브라질의 국경 가까운 곳으로 FARC가 장악한 지역이었다.[10] 이 비행기는 약 40톤의 코카인을 싣고 되돌아갔는데 이 마약은 각각 요르단 브로커와 옛 소련으로 흘러들어 갔다. 이런 밀수 행위에 페루 정부의 고위 인사가 관련된 것이 드러나 스캔들로 번졌는데 그 결과 페루의 후지모리 대통령[11]이 2000년 11월 20일 사임했다.

코카서스: 외교정책의 혼란

무장 단체들은 합법적인 국가들이 적절한 외교 정책을 수립하지 못해 겪는 어려움으로부터 혜택을 얻는다. 코카서스 남부 지역은 이런 현상의 좋은 사례다. 아랍 전사들과 현지 이슬람 무장 단체들은 판키시 계곡 일대에서 자유롭게 돌아다닌다. 이 계곡은 체체니아, 그루지아, 코도리 계곡을 연결하는 지역이다. 코도리 계곡은 그루지아와 아브카지아의 실지失地회복운동 지역 사이에 위치한 계곡이다. 그런데 소비에트 연방이 해체된 잿더미에서 생겨난 다른 의사국가들이 그러하듯이 아브카지아는 정통성이 결핍되어 있다.

판키시 계곡과 코도리 계곡은 그루지아에서 체체니아로 들어가는 무기들의 통과 루트며 아프간에서 유럽으로 가는 마약의 통과 루트기도 하다. 만약 러시아와 그루지아가 아브카지아에 국경을 단속하는 권한을 부여해 무기와 마약이 판키시 계곡에 접근하는 것을 원천 봉쇄했다면 이들 불법 거래를 완전 뿌리 뽑을 수 있었다. 하지만 그런 단속권을 준다는 것은 아브카지아를 독립된 국가로 공식 인정하는 것이 된다. 아브카지아는 국제 사회의 강대국들로부터 인정받지는 못했지만 1993년 이래 사실상 러시아의 보호령으로 존속해 왔다. 그런데 아브카지아를 자국 영토의 일부라고 주장하는 그루지아는 아브카지아에게 밀수 단속권을 부여하면 자신들의 영토를 잃어버리게 된다고 우려하고 있다. 러시아 보안군이 그루지아 내부에서 체체니아 무장 단체와 아랍 전사들을 단속하도록 하지 않는 것도 이런 영토권의 문제가 그 배경에 깔려 있는 것이다. 그 결과 무장 단체들은 이 지역에서 수백만 달러의 무기 및 마약 밀수를 계속하면서 혜택을 누리고 있다.[12]

허약한 국가들의 이점

역설적이게도 의사국가는 붕괴해버린 국가보다는 실패한 국가를 더 파고들기 좋은 지역이라고 생각한다. 왜 그런가하면 붕괴해버린 국가는 정통성의 요소가 전혀 없기 때문이다. 그것은 정부도 없고 외교 정책도 없다. 국제적으로는 정체성이 거의 또는 전혀 없는 국가로 인식된다. 레바논, 소말리아, 시에라리온처럼 국가가 붕괴해 버리면 가짜 통치자들이 나타나서 국가의 일부 지역을 장악한다. 하지만 그들은 불법이어서 국제적으로 인정받지 못한다.

이에 비해 실패한 국가는 대외적으로 주권 국가의 요소를 가지고 있다. 이런 나라들은 수단이나 아프간처럼 국경을 장악하지는 못해도 영토권의 윤곽은 그런 대로 유지한다. 외부 세력이 이 영토를 침범하면 그것은 전쟁 행위로 인식된다. 바로 이 때문에 무장 단체들은 실패한 국가의 국경들 사이에 손쉽게 은신할 수 있다. 빈라덴이 아프간에서 은신한 것이 이런 경우다. 미국은 빈라덴을 색출하기 위해 그 나라를 침범해야 했다. 지난 여러 해 동안 알바니아의 두레스 항은 알바니아 마피아의 불법 사업 창구로 활용됐다. 이슬람 무장 단체들과 결합한 이들 마피아는 이 항구를 통해 마약, 무기, 유럽 이민자들을 보냈다. 하지만 그 어떤 유럽 국가도 이런 불법 거래를 종식시키기 위해 알바니아를 침공할 의도가 없었다.[13] 실패한 국가는 외교 업무를 그대로 유지하고 여권도 발급한다. 1997년 알바니아의 극심한 소요 사태 당시 10만 장의 여권이 도난됐다.[14] 인터폴은 이 여권을 이용해 이슬람 무장 단체 요원을 유럽으로 '밀수'하는 것이 아닐까 우려하고 있다.

허약한 국가(실패한 국가)는 또한 무기를 합법적으로 구입할 수 있는 군대를 유지하고 있다. 이렇게 구입된 무기는 무장 단체에게 넘어가거나 아니면 도난당할 수 있다. 인터폴에 따르면, 1997년 1월에서 3월까지 3개월 동안 무장 범죄 단체들이 알바니아의 무기고를 약탈해 수만 정의 소총, 기관단총, 로켓 발사기 등을 훔쳐갔다.[15] 허약한 국가는 무장 테러 단체에게 또 다른 이점을 제공하는데 그 나라는 훈련 캠프와 군 기지를 제공한다. 1990년대 후반, 인도네시아 테러 그룹인 제마 이슬라미야의 요원들은 필리핀 남부 민다나오 섬에 있는 한 캠프에서 모로 이슬람 해방 전선에 의해 훈련됐다.[16]

허약한 국가 내에 의사국가가 일단 수립되면 그것은 마약, 무기, 검은 돈, 불법 이민자들의 통과 지점이 된다. 이탈리아 정보부에 따르면 알바니아는 마약이 유럽 시장으로 흘러드는 중요 통과 지점이고 체첸니아 또한 그렇다는 것이다.[17] 치안 단속 능력이 낮거나 없는 허약한 국가는 밀수의 이상적 온상이 된다. 허약한 국가들은 합법적 사업의 기회도 제공한다. 오사마 빈라덴은 수단에 있을 때 고무 유향 농장을 구입해 국제 아라비아고무의 독점권을 획득했다. 이 고무는 달콤한 과자나 청량음료를 만드는 데 들어가는 필수 요소다.

허약한 국가와 유사한 개념인 금융상의 '갈색 지역'도 있다. 이것은 통화 거래에 대해 단속력이 거의 미치지 못하는 해안의 여러 금융 센터를 가리킨다. 이들 갈색 지역은 무장 범죄 단체들이 불법으로 조달한 자금을 돈세탁하는 데 동원된다. 현재 60개국 이상에서 추적 불가능한 금융 서비스가 제공되고 있다. 예를 들어 태평양의 조그만 섬인 나우루는 한때 약 400개의 '의사은행shell bank'을 유치했는데 이 은행들의 유일한 기능은 돈을 은닉하는 것이다. 마찬가지로 셰이셸 제도諸島도 이 섬 밖에서 이루어진 범죄에 대해서는 투자자에게 일체 묻지 않을 뿐 아니라 형사상의 소추를 면제해

주고 있다. 그래서 사람들은 이 섬에 불법 행위로 벌어들인 돈을 한 번에 1천만 달러까지 투자하고 있다. 셰이셸 제도는 그 섬 안에서 불법 행위를 저지르지 않는 한 모든 범죄 행위를 불문에 붙인다.[18]

인도네시아: 기이한 조인트 벤처

테러의 가장 이상적인 배양지는 그러므로 실패중인 또는 실패한 국가로 추락하는 허약한 국가라 할 수 있다. 중앙정부가 점진적으로 붕괴하고 정부 내의 세력 있는 기관들이 서로 싸울 때 테러 그룹들은 그런 기관들과 전략적인 동맹을 맺을 수 있다. 인도네시아 군부와 이슬람주의자들 사이의 파트너십은 이런 '기이한 조인트 벤처'의 적절한 사례다. 1970년대에 독재자 수하르토는 공산주의의 확산을 막기 위해 인도네시아 군부와 이슬람 극단주의 단체 사이의 협력을 권장했다. 이 정책은 워싱턴의 승인을 받았다. 그 당시 미국은 소련의 팽창을 억제하기 위해 이슬람 그룹들의 협력을 구애하고 있었다. 이렇게 해서 CIA가 아프간에서 무자헤딘을 배후 조종하는 동안 수하르토는 인도네시아에서 이슬람주의자들을 똑같이 조종하려 했다. 이런 협력 관계의 직접적인 결과물이 2002년 10월 발리 폭탄 테러를 주도한 것으로 알려진 이슬람 테러 그룹 제마 이슬라미야다.[19]

그 후 여러 해 동안 인도네시아 군부는 이슬람 테러 그룹과 연계를 맺어왔고 수하르토의 적들을 분쇄하기 위해 '특별 작전'의 네트워크를 구축하기도 했다. 1997년 민주화 운동을 방해하기 위해 인도네시아 군부의 도움으로 이슬람방어전선FPI이 결성됐다. 이 그룹은 나이트클럽, 창녀촌, 술집 등을 공격해 그런 유흥 시설의 주인들로 하여금 현지 경찰에 보호세를 납부하도록 강요했다.[20]

반소反蘇 지하드의 지지자와 스폰서들이 보여준 정치적 애매모호성이 인도네시아에서도 다시 등장했다. 한편으로는 이슬람 그룹이 인도네시아 군부의 지원을 받았지만 다른 한편으로는 아부 바카르 바시르—인도네시아, 말레이시아, 필리핀 남부 등은 엄격한 샤리아 율법에 의해 통치되어야 한다고 주장하는 이슬람 성직자— 같은 이슬람 지도자들이 수하르토에 의해 투옥됐다. 바시르는 자바에서 미래의 이슬람 국가 지도자들을 양성하는 학교를 운영하고 있었는데 1978년 인도네시아에 이슬람 국가를 세워야 한다고 주장하는 무장 단체 코만도 지하드를 사주한 혐의로 체포됐다. 바시르는 1985년 출옥하자 말레이시아로 갔다. 거기서 그는 인도네시아 망명 울라마의 의원이 되었다. 다른 의원들로는 리두안 이사무딘이 있었는데, 일명 함발리로 더 잘 알려진 이사무딘은 제마 이슬라미야를 접수했다. 바시르와 함발리는 함께 말레이시아 전역을 돌아다니면서 그들의 대의를 설교하고 전사들을 모집했다.[21]

수하르토가 실각했을 때 군부의 강경파들은 그들의 네트워크를 국외로 옮겼다. 오스트레일리아 디킨 대학교의 교수인 위마르 위토엘라에 따르면 그들은 인도네시아에서 '검은 세력'으로 알려졌는데 군부 내에서 또는 밖에서 극단주의자라는 뜻이었다.[22] 이 검은 세력은 이슬람주의자들과의 네트워크를 다시 가동했다. 인도네시아에 민주주의가 등장하면서 자신들의 세력이 약화되자 군부 강경파는 막후에서 그들의 힘을 강화하려고 시도했다. 이슬람 단체는 이러한 시도의 수단이 되었다. 이런 이슬람 그룹들을 통해 군부 강경파는 점차적으로 나라를 혼란 속으로 빠트리려 했다. 무슬림이 압도적으로 많은 지역에서는 종교적, 인종적 긴장을 부추겨서 실패한 지역의 범위를 넓히려고 애썼다. 반면에 이슬람 무장 단체들은 이런 협력 관계를 이용해 순수 이슬람 국가의 수립이라는 그들의 속셈을 달성하려고 했다.

1998년 이래로 인도네시아 전역에서 맹렬한 테러가 발생해 엄청난 유혈과 좌절을 가져왔다. 1998년 5월의 자카르타 폭동은 1천 명의 인명 피해를 냈다. 2000년 인도네시아 군부는 라스카르 지하드[23]의 요원 수천 명이 말루쿠 제도에 침투하는 것을 허용했다. 그 결과 벌어진 무슬림과 크리스천 사이의 갈등은 2001년 말까지 계속됐는데 이 과정에서 4천 명이 죽고 50만 명의 난민이 발생했다. 라스카르 전사들은 말루쿠 제도에서 철수해 무슬림 주민이 소수인 파푸아로 가서 전쟁을 시작했다. 또한 이슬람 전사들은 수마트라의 북단인 아세에서도 적극적으로 활동했다. 아세는 무슬림 분리주의자들이 1976년부터 독립을 위해 싸워온 곳이다. 중부 지역의 술라웨시에 있는 포소에서도 전쟁은 계속됐다. 이곳에서 라스카르 지하드, FPI, 라스카르 준둘라(제마 이슬라미야의 행동 부대) 등은 크리스천들을 상대로 무자비한 전쟁에 돌입했다. 1999년 이래 이 섬에서 2천 5백 명이 죽고 8만 명의 난민이 발생했다.[24] 이슬람 전사들이 장악한 지역에서는 샤리아 율법이 엄격하게 적용됐다.

수하르토의 실각 이래 우후죽순 격으로 솟아난 무장 폭동 세력은 엄청난 경제적 불확실성의 분위기를 조성했다. 3명의 대통령이 연달아 들어섰으나 꼭 필요했던 경제 개혁을 완수하지 못했다. 그들은 1천 3백억 달러의 해외 부채와 그 부채가 GDP에서 차지하는 엄청나게 높은 비율(2001년에 90% 이상)이라는 제약 속에서 개혁을 해나가야 되었다. 경제적 불확실성에다 정치적 불안정마저 더해지자 해외 자본의 투자가 급속히 빠져나갔다.

내가 2000년 봄, 발리를 방문했을 때 한 유럽 은행가는 발리 섬이 몇 안 되는 안전한 투자처라고 말했다. 하지만 이제는 더 이상 그렇지 않다. 이슬람 무장 단체들이 2002년 10월, 발리의 한 나이트 클럽에 폭탄 테러를 하면서 그러잖아도 어려운 인도네시아 경제에 치명타를 입혔기 때문이다. 인도네시아 정치 분석가인 데위 포르투나 안와르는 이렇게 말했다.

"발리에 폭탄 테러한 것은 인도네시아의 급소를 가격한 것과 마찬가지입니다." [25]

발리는 국제적인 관광 휴양지로서 이 섬에서만 인도네시아 GDP의 약 5%인 연간 70억 달러의 관광 수입을 올려 인도네시아 경제를 돕고 있다. 안와르는 폭탄 테러가 관광객들을 겨냥했을 뿐 아니라 '인도네시아의 경제적 안정'을 뒤흔들려는 목적을 갖고 있다고 말했다. 발리 테러 직후 인도네시아 주식 시장이 폭락했고 그러잖아도 허약한 루피 화의 외환 시장을 더욱 허약하게 만들었다. 전반적인 경제에 미친 이런 악영향은 금융 제도를 약화시켰다. 인도네시아 금융 제도는 1997년의 아시아 금융시장 위기와 부정부패

와 부실경영으로부터 아직 완전히 회복하지 못해 휘청거리던 상태였다.[26]

　인도네시아의 테러 그룹은 전형적인 사보타주 전략을 수행하고 있다. 그들은 중앙정부의 권위를 혼란에 빠트리기 위해 합법적인 경제를 겨냥해 테러를 가하고 있는 것이다. 우리가 레바논의 PLO, 페루 고원 지대의 센데로 루미노소, 엘살바도르의 FMLN에서 이미 보았듯이 일단 합법 경제가 붕괴하면 무장 단체가 그 공백을 비집고 들어와 그들의 전시경제로 대체하는 것이다.

13 모던 지하드에서 테러의 신경제로

"공산당은 그들 나름의 여단이 있고,
서방은 NATO가 있습니다.
그러니 우리 무슬림도 단결해 공동 전선을 펴야 합니다.
우리가 그렇게 하면 안 된다는 법이 어디 있습니까?"

— —

파키스탄 정보부인 ISI의 책임자 하미드 굴Hameed Gul 중장, 소련이 아프간에서 패배한 후

지난 50년 동안 테러가 활동해온 환경은 여러모로 변화해 왔다. IRA나 PKK(쿠르드노동당) 같은 '전통적' 무장 단체들은 민족통일 운동이라는 목표를 추구해 왔고 특정 지역 또는 특정 나라에서 활동했다. 오늘날 테러는 나라의 경계를 넘나들며 이 나라에서 저 나라로 자유롭게 움직인다. 알 카에다의 밀라노 세포 요원인 에시드 사미 벤 케마이스는 이렇게 말했다.

"알 카에다는 알제리에서 필리핀까지 존재한다. 우리 조직은 전 세계 어디에나 있다."[1]

이처럼 나라의 경계를 넘나드는 특징은 최근에 발달된 것이다. 그렇다고 해서 알 카에다가 다국적 범죄 집단처럼 아주 조직적이고 고도로 통합된 국제 네트워크인 것은 아니다. 무장 단체들이

활동하는 환경이 바뀌어 왔을 뿐 아니라 그 단체의 구조 또한 바뀌어 왔다. 사우디아라비아의 반체제 인사인 닥터 사아드 알 파키는 이렇게 말했다.[2]

"알 카에다는 놀라운 현상이다."

오사마 빈라덴은 단체를 조직하거나 관리하는 지도자라기보다 영감을 주는 지도자다. 유엔 안보리의 알 카에다 보고서는 이렇게 말하고 있다.

"많은 극렬 단체들이 오사마 빈라덴과 그의 슈라 마즐리스를 일종의 '최고 회의'로 여기고 있다."[3]

미국 하원위원회의 국장인 요세프 보단스키도 이러한 해석에 동의한다. 그는 빈라덴의 역할이 작전보다는 영감에 집중되어 있다고 말한다.

"빈라덴과 그의 핵심 참모들은 도덕적, 신학적 영감과 관련해 아주 중요한 역할을 수행한다."[4]

그리고 테러 공격의 군사적 측면을 담당하는 그룹이나 세포는 따로 있다.

알 카에다, 전 지구적 현상

알 카에다의 성립 경위도 위의 해석을 뒷받침한다. 반소 지하드가 시작됐을 때 미래의 아랍 전사들은 파키스탄으로 가서 그곳의 영빈관에 머물렀다. 당시 영빈관들은 아무런 기록도 관리하지 않았다.

그래서 전사들의 이름, 그들이 싸우러 간 곳, 그들이 부상했는지, 전사했는지 여부를 알 수가 없었다. 이런 핵심적인 정보가 없었기 때문에 전사의 가족들은 답답해했다. 당시 빈라덴은 여러 개의 영빈관을 관리하고 있었는데 전사들에 관련된 정보를 알려고 하는 수백 통의 전화가 답지하자 당황했다. 그래서 빈라덴은 영빈관에 묵었던 전사들의 행적을 추적하기로 결심했고 이 기록이 그 후 '알 카에다의 기록'으로 알려지게 되었다. 이렇게 해서 기반基盤 또는 두루마리란 뜻을 가지고 있는 알 카에다al Qaeda라는 명칭이 생겨났다.[5] 빈라덴이 무슬림 지원자들을 조직해 지하드 군대로 만들어야겠다고 생각한 것은 1988년에 들어와서였다(반소 지하드는 1979년에 시작됐다: 편집자).

영국에 기반을 두고 있는 반反사우드 왕가 조직인 아라비아이슬람개혁운동MIRA의 지도자인 닥터 알 파키는, 오늘날 알 카에다라고 말하는 것보다 '빈라덴 그룹' 또는 '네트워크'라고 말하는 것이 더 타당하다고 말한다. 그 네트워크에는 핵심이 있는데 빈라덴이 어디를 가든지 그를 따라 다니는 소수의 최측근이 바로 그들이다. 물론 그 외곽에는 수천 개의 소규모 그룹과 다양한 형태와 크기의 무장 단체들이 있다. 이 그룹들은 그들 나름의 지휘 계통, 군수 조달 계획, 목표 등을 갖고 있다. 이러한 그룹들의 네트워크는 아주 느슨한데 이들은 빈라덴을 카리스마의 지도자로 생각하면서 그들의 테러 행위에 대한 승인과 자금을 요청한다.[6]

1999년 중반, 함발리와 그의 그룹은 미군 병사들이 많이 출입하는 싱가포르의 버스 정류장을 폭파하는 계획을 세워서 그것을 비디오 프리젠테이션으로 만들었다. 그들은 동남아에서의 테러 활동 지원비를 타내기 위해 이 비디오를 빈라덴에게 보여주었다. 이 비디오는 2001년 후반, 빈라덴의 군사 지휘관인 모하마드 아티프의 집에서 발견됐다. 1999년 한 해에만 빈라덴과 그의 네트워크는 수백 건의 유사한 자금 요청을 받았으나 대부분 기각했다. 하지만 함발리는 자금을 지원받는 데 성공했다. 아티프는 한 사우디아라비아 자선 단체를 이용해 폭파에 필요한 4톤의 질산암모늄 구입 비용을 함발리에게 보냈다.[7] 그 이후로 함발리는 2002년 10월의 마닐라 폭파 사건을 포함해 동남아의 여러 테러 공격에 개입했다. 발리 폭발 사건이 일어난 며칠 후 마닐라에서 체포된 인도네시아 이슬람주의자는 함발리가 그 공격을 지원했다고 자백했다.[8]

무슬림이 전 인구의 과반수를 차지하는 인도네시아는 전략적으로 아주 중요한 나라다. 이것은 빈라덴의 최측근들이 이 나라를 방문한 것으로도 확인된다. 2000년 중반, 닥터 아이만 알 자와히리는 필리핀에 주재하는 빈라덴의 부하인 오마르 파루크라는 젊은 쿠웨이트인을 대동하고 인도네시아를 방문했다. 이 방문 기간 동안 자와히리는 아부 바카르 바시르 등 이슬람 지도자들과 서로 연락 관계를 수립했다. 이런 과정에서 빈라덴의 부관인 닥터 자와히리는 테러 공격 계획을 보고받고 자금 요청을 받았을 것으로 보인다.

몇 달 뒤 말루쿠 제도의 기독교 교회들에서 폭발 사건이 발생했다. 이 폭발 사고는 발리 폭파 사고의 예행 연습이었던 것 같다. CIA에 따르면 바시르는 빈라덴의 가명들 중 하나인 셰이크 아부 압둘라가 통제하는 계좌로부터 7만 4천 달러를 받았다. 이 돈은 인도네시아군 장교들로부터 3톤의 폭약을 사들이는 데 사용됐다.

　"무장 그룹들은 빈라덴 또는 그의 최측근과 접촉을 할 수도 있고 하지 않을 수도 있다"고 알 파키는 말했다. 접촉 여부는 그리 중요한 문제가 아니다. 서방에 정말 문제가 되고 위험스러운 것은 그 네트워크가 자체의 생명을 갖고 있고 자체의 성장 주기를 갖고 있다는 점이다. 다시 말해 무장 그룹은 허약한 국가 내에서 알을 깨고 나와 의사국가들로 발전하고 그 다음에는 서로 연계하고 또 다른 지역 또는 국가의 테러 범죄 조직들과 동맹한다는 것이다. 9·11 납치범들을 길러낸 것과 비슷한 세포들이 서방의 도시들에서 급속히 성장하고 있다. 그 결과 세상은 국경을 넘나드는 무장 단체와 테러 조직들의 엄청난 네트워크를 목격하고 있다. 이와 관련한 핵심적인 질문은 어떻게 이런 체제가 살아남을 수 있었을까 하는 것이다. 그 대답은 간단하다. 테러의 신경제가 그 네트워크에 생명을 불어넣은 것이다.

이슬람 테러의 진정한 목표

현대의 테러와 그 경제 사이의 상호의존성을 분석하기 전에, 두 가지 사항이 지적되어야 한다. 첫째, 소비에트 연방의 붕괴와 그 이후 이 지역에 대한 서방의 무관심은 현대의 테러에 새로운 동력을 제공했다는 것과 둘째, 이슬람 정치 폭력의 1차적 목표는 서방이 아니라 친서방적인 무슬림 정부 또는 무슬림 국가들이라는 것이다.

"빈라덴에 따르면 알라신과 그의 예언자들을 배신한 1차적 배신자는 미국에 협조하는 이슬람 정부들이다. 그 '도덕적으로 타락한' 정부를 가리켜 빈라덴은 '위선자' 또는 '거짓의 대가'라고 불렀다."[9]

알 카에다는 이 2가지 목표가 결합해 생겨난 조직이다. 1988년 빈라덴에 의해 최초로 구상되던 당시, 이 조직은 '지하드의 부름에 호응하는 젊은 군대'를 목표로 했다.[10] 아부 마흐무드[11]에 따르면 빈라덴이 그 구상을 마흐무드에게 털어놓았을 때 서방의 국가들을 상대로 지하드를 벌이겠다는 얘기는 하지 않았다. 오히려 그는 팔레스타인, 필리핀, 카슈미르, 소련의 중앙아시아 등 전 세계의 무슬림을 억압하는 이교도 정부에 대해 투쟁할 것을 구상했다.[12]

새로운 적이 등장한 것은 아프간 전쟁의 승리, 소비에트 연방의 해체, 걸프전 이후의 일이었다. 이런 새로운 환경의 결합으로 인해 서방 문화에 대한 격렬한 반감과 증오가 생겨나게 되었다. 그리고 이런 저항 의식이 생겨난 것은 민중을 착취하는 이슬람 과두 체제를 서방 정부들이 지원했기 때문이었다. 그런 이슬람 과두 체제로는 사우디아라비아, 파키스탄, 친소적인 아제르바이잔 등이 꼽혔다. 이런 과두 체제를 제거하고 이슬람 국가들의 연합을 실현하기 위해서는 서방과의 한판 싸움이 필수불가결한 조건으로 떠올랐다.

서방 세력과 무슬림 과두 체제 사이의 동맹은 착취적인 성격을 갖고 있는데 바로 이것 때문에 전 세계의 무슬림 대중들은 끊임없는 분노를 느끼는 것이다. 아제르바이잔의 한 반체제 인사는 이렇게 불평했다.

1990년대 중반, 미국이 냉전 이후의 세계 질서 속에서 NATO 보안 정책을 재편하기 시작하면서 아제르바이잔 유전에 대한 평가가 높아지기 시작했다. 느닷없이 이 유전이 북해 유전에 버금갈 정도인 300억~500억 배럴을 매장하고 있다는 평가가 나왔다. 그러더니 그 수치가 2천억 배럴 정도로 다시 높아졌고 급기야 사우디아라비아와 비교되기 시작했다. 그 결과 다수의 미국 정유 회사와 그 대표자들이 혈안이 되어 바쿠 유전에 몰려들어 유전 탐사 계약을 따내려고 야단이었다.[13]

1994년 브리티시 페트롤리엄BP—아람코ARAMCO가 이끄는 콘소시엄이 바쿠 근처 차리그의 유전을 탐사하는 계약에 서명했다. 현지 파트너인 소카르SOCAR는 아제르바이잔의 대통령인 헤이다에 알리예비치 알리예프[14]가 장악한 정유 회사였다.[15] 세계은행 등 서방의 국제적 금융 기관들은 그 계약을 지지했다. 정유 회사는 그 계약을 성사시키기 위해 정부 관리들에게 돈을 돌렸다.

"아제르바이잔의 지도자들은 정유 회사가 제공하는 술자리와 회식자리에 참석해 흥청망청 즐겼다. 바쿠 지역과 서부 아제르바이잔의 60만 주민들은 형편없는 판잣집 등 아주 열악한 환경에서 살고 있는데도 말이다."[16]

1990년의 '국제화 열기'는 테러 분야에도 찾아왔다. 테러 집단의 중장기 목표 역시 나라의 경계를 넘나드는 것이었다. 이슬람 무장 단체의 경우, 그 목표는 지하드의 수행과 이슬람 국가 연합인 칼리프 국Caliphate의 건설이었다. 10년 전 한 알제리 무자헤딘은 나에게 이렇게 말했다.

"이슬람 전사들은 지하드의 부름에 따라 세계 어디든지 갈 준비가 되어 있습니다."

실제로 1992년, 반소 지하드의 베테랑들이 지하드에 참전하기 위해 보스니아에 도착했다. 레바논 헤즈볼라 같은 과격 단체는 새로운 지하드를 위해 발칸 반도에 몰려드는 젊고 경험 없는 무슬림들을 훈련시키기 위해 훈련 교관을 파견했다. 그 이후 지하드의 수행은 배가했다. 이미 앞의 9장과 10장에서 지적했듯이 소비에트 연방의 붕괴와 그에 따른 새로운 정치경제적 무질서는 전쟁을 확산시켰다. 구소련의 주변부에서는 허약한 국가들이 생겨났다. 이들 국가의 상당 지역이 실패한 지역으로 전락했고 이슬람 무장 단체들의 희생양이 되었다. 서방 국가들과 유일한 초강대국인 미국의 무관심은 테러 확산에 간접적으로 기여했다. 하지만 이런 현상이 발생하기 이전에도 이미 이슬람 무장 단체들은 전통적인 무슬림 체제들을 겨냥하고 있었다.

아랍-아프간 사람들의 위협

1992년 이집트와 알제리 지도자들은 아랍-아프간 사람들의 점증하는 위협을 워싱턴에 경고했다. 그들은 아프간 지역에 평화를 가져오기 위해 이 지역에 외교적으로 개입해줄 것을 미국 행정부에 호소했다. 하지만 그들의 호소는 묵살됐다. 한편 알제리 정부는 반소 지하드의 알제리 베테랑들과 그들의 오사마 빈라덴 네트워크와의 연계에 대해 방대한 정보를 수집했다. 반소 지하드 베테랑과 빈라덴 네트워크의 파트너십은 알제리의 정치적 안정을 위협했다.

1992년 1월 알제리 군부는 이슬람구국전선FIS의 승리(의석의 60% 확보)로 끝난 총선 결과를 거부하고 계엄령을 선포했다. 그 결과 이슬람 세력과 군부 사이에 첨예한 대치 사태가 발생했고 1999년까지 약 7만 명이 희생됐다. FIS는 마침내 과격한 이슬람 지하드에게 접수됐고 그것은 1995년 반소 지하드에 참가한 알제리 베테랑들이 이끄는 무장이슬람그룹GIA으로 변신했다.[17] GIA는 북아프리카를 혼란에 빠트리려는 빈라덴 마스터플랜의 일환이었고 프랑스 내에서 이슬람 극단주의자들의 성장을 지원했다. 이슬람주의자들은 알제리와 알바니아를 유럽에 테러를 수출하는 전진 기지로 보고 있다.

아랍-아프간인들은 또한 이집트도 겨냥했다. 1990년대 초반, 아프간 전쟁의 베테랑들은 이집트 내의 이슬람 지하드를 재가동시켰고 그 지하드에 새로운 피를 수혈했다. 1993년 그들은 내무장관을 암살하려다 미수에 그쳤고 2년 뒤인 1995년 총리를 암살하려다가 역시 실패했다. 하지만 그들은 1997년 인기 관광지인 룩소르에서 4명의 경찰관과 58명의 관광객들을 테러로 살해했다.

리비아는 아랍-아프간인들이 눈독을 들이고 있는 또 다른 나라다. 1998년 카다피는 반소 지하드에 참가했던 리비아 베테랑들에 의해 1990년대 초에 창설된 이슬람 그룹인 알 무카틸라al Muqatila가 자신을 암살하려는 음모를 꾸민 것을 발견했다. 이 그룹의 전략은 특정 지역과 그 주민들에게 파고들어 쿠데타를 일으키는 것이다. 아랍 세계의 많은 유사한 이슬람 무장 단체들처럼 알 무카틸라는 수단에 본부를 두고 있고 오사마 빈라덴으로부터 자금을 지원받고 있다. 1990년대에 빈라덴도 리비아의 자발라 라르데에 머물렀다. 이 마을은 리비아의 동부 지역인 뱅가지에서 그리 멀지 않은 곳에 있다. 카다피 정부가 리비아 국민들에게 인기가 없었기 때문에 빈라덴으로서는 리비아를 이상적인 은신처라고 생각했다. 이슬람 무장 단체들이 활발하게 작전 중인 알제리와 이집트 사이에 끼인 리비아는 빈라덴 네트워크의 본부가 자리 잡기에도 이상적인 곳이었다.

1998년 4월 15일 카다피에 대한 암살이 미수로 끝난 직후 카다피는 인터폴을 통해 빈라덴을 체포하라는 명령을 내렸다. 그것은 그 후 빈라덴에게 많이 내려질 체포 명령의 첫 번째 케이스였다. 이런 체포 명령이 내려지기 전까지 빈라덴은 사실상 자유롭게 행동할 수 있었다. 한 달 뒤 인터폴은 체포 명령의 타당성을 인정했고 빈라덴을 체포하라는 국제 체포 명령서를 발부했다.[18]

영국 정보부인 MI-5와 알 무카틸라의 기이한 파트너십은 서방이 중동의 사건들에 대해 얼마나 초연한지 또 얼마나 그 상황을 낙관하는지 잘 보여 준다. 북아프리카에 주재했던 전 MI-5 요원 데이비드 셰일러는 영국 정보부가 알 무카틸라와 함께 카다피 암살 작전을 논의했다는 사실을 인정했다. 암살 계획은 한 장소에서 다른 장소로 이동하는 카다피를 덮쳐서 살해한다는 것이었는데 실시되지는 않았다. 아이러니컬하게도 9 · 11 테러 이후 영국 정보부는 리비아 정보부에 알 무카틸라 테러 그룹에 대한 정보를 요청했다.[19] 그 결과 리비아 정보부의 고위 관리가 그 정보를 MI−5에 브리핑하기 위해 런던으로 날아갔다.

모던 지하드

테러 신경제의 최종 목표는 테러를 지원하는 것이다. 이 경제 체제는 지난 50년 동안 정치적 폭력이 진화해 오면서 생겨난 부산물이다. 먼저, 국가가 후원하는 테러가 있었고 그 다음에 테러의 민영화로 발전했고 이어 의사국가가 탄생했다. 오늘날 지하드의 현대판인 모던 지하드는 지구상에서 가장 뚜렷한 정치 폭력이고 테러 신경제의 1차적 엔진이다. 국제전략문제연구소에 따르면 2000년 현재, 전 세계에서 벌어지고 있는 32건의 무장 투쟁 중 3분의 2 이상이 무슬림과 관련된 것이다.[20] 지하드의 우산 아래 무슬림 공동체는 새롭고 호전적인 정체성을 수립하고 있다. 따라서 테러의 신경제를 이해하는 첫 걸음은 모던 지하드의 의미를 파악하는 것이다. 그렇게 하자면 먼저 지하드가 발생하는 조건을 살펴봐야 한다.

현대의 두 철학자 새뮤얼 헌팅턴과 프랜시스 후쿠야마는 이 새로운 시나리오를 그들 나름대로 해명하려고 시도했다.

헌팅턴은 점증하는 이슬람 갈등의 원인을 정치에서 찾았다. 소비에트 연방이 해체될 때까지 정치는 두 초강대국과 그 그늘 사이에서 살아남은 무슬림 국가들의 전유물이었다. 석유파동과 그에 따른 아랍 국가들의 석유 수입 폭등도 이러한 세력 균형을 흔들어놓지 못했다. 최근에 발표된 유엔의 개발 보고서에 따르면 일단의 아랍 지식인들은, 석유 수입을 갖고 있는 아랍 세계는 "국가의 발전 상황에 어울리지 않는 많은 부를 갖고 있다"라고 말했다.[21] 석유 수입은 근대화를 가져오지도 않았고 더 자세히 말하자면 부의 재분배를 이끌어내지도 못했다. 오히려 서방에서 아랍 국가들로 전례 없이 막대한 부가 이동함에 따라 '아랍 체제의 동결'이 발생했다.

많은 무슬림들이 볼 때, 냉전의 종식은 서구 문화 우월성의 쇠퇴를 의미했다. 이것은 시기적으로 무슬림 국가들이 서구 문화의 족쇄로부터 해방되기 시작하는 때와 일치했다. 바로 이 시점에서 무슬림의 정체성을 규정하는 새로운 정신적 기준을 찾으려는 노력이 배가됐다. 그 결과 '이슬람'이 우세한 정신적 기준으로 등장했다. 이슬람 단체들은 처음부터, 늘어나는 무슬림 인구의 욕구를 충족시키려는 목적을 갖고 있었다. 이들 단체는 사회적·도덕적 지원, 복지, 건강 서비스, 교육, 실업 구제, 자비로운 도움 등을 제공했다. 이런 서비스는 종종 무슬림 정부가 시민들에게 소홀히 했던 것이었다(이런 서비스는 레바논의 PLO, 점령 지역의 하마스, 타빌다라 계곡의 IMU 등의 무장 단체들도 제공했던 것이다).[22] 타지키스탄에서 각종 이슬람 단체들은 무슬림 정신의 앙양을 지원했다. 다른 한편 이슬람 급진 단체들은 억압적이고 권위적인 체제에 대해 저항했다.

헌팅턴은 무슬림 세계 전역에 서방의 문화적, 물질적 식민화에 대한 비애와 분노가 널리 퍼져 있다고 지적했다. 그러나 이런 분노는 어떤 독립적인 저항의 표시라기보다는 그들의 지도자에 대한 분노라고 봐야 할 것이다. 특히 젊은 세대들은 억압적이고 비민주적인 무슬림 체제가 그대로 살아남아 있는 현상을 서방의 책임으로 돌렸는데 사우디아라비아를 그 좋은 예로 지적하고 있다.

헌팅턴은 또한 이슬람 테러의 확산에 대해 두 가지 요인을 제시했다. 하나는 무슬림 공동체 내에 만연된 종교적, 부족적, 인종적, 정치적, 문화적 분열인데 이것 때문에 무슬림 공동체들 사이에서뿐 아니라 비무슬림들에게도 폭력이 증가하고 있다는 것이다. 그리고 다른 하나는 민주주의를 지지하는 인구의 증가다.[23]

헌팅턴은 이렇게 결론 내린다. 이런 요소들이 진화하면서 문명들 사이에 충돌을 일으킬 것인데 특히 이슬람과 서방 사이에 그런 충돌이 발생할 가능성이 많다. 헌팅턴에 따르면 오사마 빈라덴의 최종 목표는 이런 격렬한 갈등을 촉발시키는 것인데 최근의 사태 발전은 그런 목표가 뚜렷해졌음을 보여주었다. 이탈리아의 엘리트 경찰인 디고스의 2001년 보고서에 따르면 알 카에다의 밀라노 세포는 9·11 테러 이후 유럽을 목표물로 겨냥하고 있다. 이탈리아 경찰이 이 사실을 발견하게 된 것은 알 카에다 요원들 사이의 전화를 감청한 결과였다. 반소 지하드의 리비아 베테랑이며 밀라노 세포 요원인 라세드 벤 헤이니는 이렇게 말했다.[24]

"유럽이 우리의 손아귀에 있기 때문에 알라신은 우리를 사랑하신다."

후쿠야마는 헌팅턴과는 달리 현대의 갈등을 민주화 과정의 산물로 본다. 무슬림 국가들과 세계의 나머지 국가들을 대의 체제, 즉

민주주의로 밀어붙이는 과정에서 나온 부산물이 바로 현대의 갈등이라는 것이다. 호메이니는 여자들에게 차도르를 쓰도록 강요했지만 그 대가로 투표권을 부여했다는 것이다.[25] 이슬람 테러가 설혹 증가한다고 하더라도 후쿠야마가 보는 역사는 필연적으로 보편적 민주주의를 향해 나아가고 있다.[26]

이슬람 테러는 이런 두 가지 세계관과 어떻게 연결되는가? 현대적 개념의 이슬람주의는 예전의 이슬람 운동의 잿더미에서 탄생했다. 하산 알 반나가 이집트에서 1928년에 창설한 급진 무장 단체인 무슬림 형제단의 경우, 이슬람주의는 카리스마적 지도자와 지도자에 대한 무조건 복종이라는 특징을 취했다. 알 반나는 이런 개념을 이탈리아 파시즘에서 가져왔다. 무슬림 형제단의 핵심 사상은 정신적인 것과 육체적인 것을 완전 결합시키는 건데, 이는 이슬람 무장 단체를 통해 지하드의 부름에 응답하는 것으로 해석됐다. 반면 이슬람 혁명 전위대라는 개념은 마르크시스트 언론인이며 1940년대에 자미아트 에 이슬라미를 창설한 마울라나 마우두디로부터 나왔는데, 이 개념은 곧 서방과 세속적 이슬람에 저항하는 반소 지하드 전사의 모범이 되었다. 마지막으로 이집트 지식인 사이드 쿠트브는 감옥에 있으면서 형제단의 이론가가 되었는데 이슬람 운동의 보편성을 구상해 이슬람당에 의해 통치되는 이슬람 단일 국가관을 주장했다.[27] 사이드는 이 최종 목표를 달성할 수 있다면 그 어떤 형태의 폭력도 정당하다고 말했다.

이슬람 근본주의는 무슬림의 좌·우파 사상가들로부터 흘러나온 초창기 이슬람 혁명 운동의 자연스러운 후계자다. 그렇기는 하지만 이 사상은 서구의 문화와는 날카로운 대립각을 세우는 현대적 정체성을 규정했다.

> 무슬림 세계를 압박하는 이런 맹렬한 유대－기독교 캠페인은 사상 유례가 없는 것이다. 이러한 캠페인은 무슬림이 군사, 경제, 선교, 기타 모든 분야에서 적을 물리치기 위해 있는 힘을 다해야 한다는 신호다. 우리는 인내심을 발휘해야 하고, 정의와 경건함의 문제에서 서로 협력해야 하고, 신앙 다음의 우선 과제가 종교와 세상을 타락시키는 뻔뻔스러운 적을 물리치는 것임을 뚜렷하게 인식해야 한다. 그리고 학자들이 지적한 바와 같이 이러한 대의를 달성하기 위해서는 많은 사소한 이견을 묻어버리고 서로 힘을 합쳐 강대한 쿠피르(이교도)를 물리치는 것이 제일 중요하다.[28]

이렇게 해서 이슬람주의는 근대화의 씨앗과 헌팅턴과 후쿠야마가 예견한 격렬한 문명의 충돌이라는 씨앗을 동시에 가지고 있다. 그러나 이슬람 테러는 또 다른 문제다. 그것은 다른 혁명적 힘과 마찬가지로 하나의 경제적 엔진인데 모던 지하드라는 특별한 힘의 원천으로부터 동력을 얻고 있다.

역설적이게도 경제가 이슬람 무장 단체에서 중요한 역할을 한다는 사실은 초창기 이슬람 혁명 운동이 구상되던 이념적 배경에서 유래되는 것이다. 그 이념적 배경은 서구의 이데올로기에 깊숙이 뿌리박고 있었다. 알 반나의 순교 의식은 수니파 이슬람이나 시아파 이슬람보다는 19세기 프랑스와 이탈리아의 우익 무정부주의자들의 사상에서 더 많은 자양을 물려받았다.[29] 혁명 선봉대라는 개념을 구성하는 데에는 마르크시즘의 영향이 현저했다. 이란 학자인 레단과 로야 보루만드는 이런 명석한 논평을 내놓았다.

"쿠트브의 이상적 사회는 자유민주주의의 '이기적 개인'이 완전히 제거되고 인간에 의한 인간의 착취가 완전 사라진 계급 없는 사회였다. 그 사회는 이슬람 법률의 시행을 통해 오로지 알라신만이 통치하는 사회였다. 이것은 이슬람이라는 복장을 걸친 레닌주의였다."[30]

파시즘, 나치즘, 볼셰비즘의 이념적 씨앗이 근 1세기가 지난 지금 이슬람에 동력을 제공하는 힘이 될 수 있을까? 경제에 관한 한 그 대답은 예스다. 이러한 운동들의 목적은 기존의 사회경제 체제를 급진적으로 바꾸어보자는 것이었다. 이념적 또는 종교적 프로파간다에 포장된 그들의 매력적 주장은 대중을 위해 부를 근본적으로 재분배하겠다는 것이었다. 바로 이런 사상적 근거 때문에 이란 혁명은 국민적 지지를 이끌어냈다.

1910년대의 러시아의 로마노프 왕가, 1970년대의 이란 왕 샤, 현대의 사우디아라비아 왕가는 국가 내부에 엄청난 경제적 불공정이 계속 되도록 방치했기 때문에 민중들의 공격 표적이 되었다. 레닌, 호메이니, 빈라덴은 그들의 지지자가 볼 때 카리스마가 넘치는 지도자, '강력한 지도자', 급속한 변화를 추구하는 사람들에게 합법성을 부여하는 혁명가였다. 이러한 인식은 이집트의 이슬람 지하드 지도자인 아이만 알 자와히리에 의해 확인됐다. 자와히리는 빈

라덴을 '새로운 체계바라'로 규정했던 것이다.[31]

　이러한 맥락에서 지하드는 원래의 전통적 의미에서 벗어나 새로운 의미를 갖게 되었다. 대체로 보아 '투쟁'으로 번역될 수 있는 지하드는 원래 무슬림의 도덕적 실패나 약화에 저항하는 무슬림의 실존적 투쟁이었다. 이것이 바로 지하드 아크바르(대성전)다. 이 개념과 나란히 지하드 아스가르(소성전)가 있는데 이것은 자기보존과 자기방어를 위한 싸움을 말한다. 군사적, 정치적 요소를 포함하고 있는 것은 바로 이 지하드 아스가르인데, 이 때문에 일련의 윤리적 제재에 의해 규제되고 있다. 예를 들어 무슬림은 공격받을 때는 반드시 지하드에 참가해야 한다. 그러나 현실 정치realpolitik의 고려사항에 의해 싸움이 벌어졌을 때에는 자제하면서 그런 싸움을 멀리해야 한다.[32]

　모던 지하드는 이스라엘, 미 제국주의와 그 서방 동맹국들, 유대교와 기독교라는 정치적 신조 뒤에 교묘하게 숨어 있는 정치 단체 등을 공격 목표로 삼는다. 그러나 모던 지하드의 1차적 목표는 이슬람 국가의 형성을 가로막는 기존 무슬림 체제 또는 기타 정부다. 카슈미르의 인도 민주주의나 인도네시아의 메가와티 민주 정부가 그렇다. 따라서 현대 버전의 지하드는 이교도와 성서의 민족―무슬림, 유대인, 기독교 신자를 가리키는 말로써 이들에 대한 전쟁은 금지되어 있다―을 구분하지 않는다. 종교는 아주 간편하게 정치경제적 동기를 감추어준다. 이 종교라는 방패가 제거됐을 때, 성전은 무슬림 국가를 침공해 오는 세력에 대항하는 것이 아니라 무슬림 대중을 경제적, 문화적으로 착취하는 국내외 세력에 대항하는 것이 된다. 2002년 11월에 발표된 알 카에다 성명서는 이렇게 되어 있다.

"우리는 우리의 공격자를 공격할 권리를 갖고 있다. 우리의 마을과 도시를 파괴하는 자의 마을과 도시를 파괴할 권리를 갖고 있다. 우리의 부를 훔쳐간 경제를 파괴할 권리가 있다. 우리의 민간인을 죽인 나라의 민간인을 죽일 권리를 갖고 있다."[33]

이러한 이분법은 모하마드보다는 마르크스에 더 가깝다. 1989년 이슬람 의회의 의장인 하셰미 라프산자니는 이 개념을 어떤 금요일 설교에서 이렇게 요약했다.

"공장을 폭파시켜라. 당신이 일하는 곳에서 당신은 행동에 나설 수 있다…그들로 하여금 당신을 테러리스트라고 부르게 하라…그들(정보와 프로파간다의 제국주의)은 범죄를 저질러 놓고 그것을 인권이라고 말한다. 우리는 그것을 억압받은 사람의 자위권이라고 말한다…그들은 의회 의장이 공식적으로 테러를 부추기고 있다고 말할 것이다…그들더러 그런 식으로 말하도록 내버려두자."[34]

지하드에 부과되는 또 다른 근본적 제약으로는 약자에 대한 배려가 있다. 이것은 무고한 사람이나 비전투원에게 폭력을 사용하지 못하도록 금지하는 조항이다.[35] 모던 지하드에 참여하는 하마스 등의 무장 단체들은 무고한 사람이나 비전투원의 개념을 거부한다. 그들이 볼 때 이스라엘 시민은 그 지도자들 못지않게 유죄이고 그래서 합법적인 공격 목표다. 언제 어디서나 미국인을 죽일 권리가 있다는 빈라덴의 말에도 바로 이런 논리가 적용됐다. 또 다시 이런 엄격한 이분법은 투쟁이라고 하면 계급투쟁밖에 없다는 프랑스 혁명이나 볼셰비키 혁명을 연상시킨다. 나쁜 사람과 좋은 사람, 젊은 사람과 늙은 사람, 여자와 남자의 구분이 없다. 적대적 계급의 구성원이면 자동적으로 적이 되는 것이다.

마지막으로 무슬림이 무장 봉기에 가담해 모던 지하드에 뛰어들게 되는 이유는 억압적인 정부를 타도해야 한다는 것이다. 지하드 전사들은 과두적인 무슬림 체제를 전복시키고 그 자리에 새로운 사회적, 경제적 제도를 수립하고 싶어 한다. 이라크 북부에 거점을 확보하고 있는 이슬람 무장 단체 안사르 알 이슬람의 이론가인 아부 무스파타 알 샤피는 이렇게 선언했다.

"우리는 민주주의와 세속주의의 법률, 또는 자힐리예(무식한) 불신앙이나 법률을 모조리 파괴해야 한다. 우리는 생활의 모든 측면에서 이슬람 율법을 적용해야 한다. 우리가 일상 생활에 적용하는 법률은 《꾸란》이나 순나(예언자 모하메드의 언행록)에 의해 명령되고 설명된 것이어야 한다."[36]

이렇게 해서 이슬람 칼리프 연방국의 창조가 이슬람 근본주의의 최종 목표로 등장했다. 인도네시아의 함발리 같은 이슬람 지도자는 그들의 목표가 인도네시아를 근본주의 이슬람 국가로 바꾸는 것이라고 공언했다.[37] 은그루키Ngruki 네트워크는 인도네시아의 무장 단체들 연합으로, 1970년대에 아부 바카르 바시르가 공동 창설한 조직이다. 이 조직의 목표는 인도네시아와 기타 동남아 국가들, 즉 말레이시아, 싱가포르, 필리핀 등을 하나로 묶는 엄격한 이슬람 국가 연합인 칼리페이트Caliphate를 만드는 것이다.[38]

이렇게 볼 때 무슬림 지하드는 이슬람의 혁명 사상, 무슬림의 정체성 추구, 사회적·경제적 개혁 의지 등이 뒤섞여서 만들어진 개념이다. 그리고 이것은 재정 자립을 이룩하려고 애쓰는 무장 단체들이 만들어낸 테러 경제의 네트워크(마약 밀매, 범죄와의 파트너십, 자선 기관을 통한 기부금의 이체, 돈세탁 등) 속으로 흘러든다. 모던 지하드가 날로 확산되는 것은 이런 네트워크의 일원이 되고 싶다는 구성원들의 욕망과 모든 이슬람 의사국가들을 기꺼이 포용하는 네트워크의 기민성이 함께 작용했기 때문이다. 내가 이런 모던 지하드 개념을 한 언론인에게 설명해 주었더니 그는 "테러 경제의 네트워크는 테러의 EU라고 해도 좋을 듯해요. 말하자면 끊임없이 팽창하는 상태의 국가들이 연합한 것이라고나 할까요. 일단 EU에 들어가면 브뤼셀에서 지원을 받기 때문에 모든 나라가 EU에 들어가려 하는데 이와 마찬가지로 모든 전사와 무장 단체들이 이 네트워크에 가담하려고 애쓰는 것 같아요"라고 대답했다.

테러 신경제의 본질은 팽창적이고 전 세계적이다. 2001년 9월 1일, 알 타우히드와 세컨드 소란 유닛이 합쳐져서 안사르 알 이슬람이 됐을 때 세 명의 아랍 반소 지하드 베테랑들이 오사마 빈라덴의 테러 조직에서 보낸 종자돈이라며 30만 달러를 그 조직의 지도부에 선물했다.[39] 그것은 시스템 속으로의 진입을 축하한다는 제스처였다. 다른 경제 체제가 그렇듯이 테러의 신경제도 그 나름의 규칙과 규정을 갖고 있다. 그 구성원들—허약한 국가, 의사국가, 무장 단체와 세포들—은 적어도 자립 경제를 꾸려나갈 수 있어야 한다. 그러자면 그들은 지출과 수입의 균형, 즉 국제수지를 유지해야 한다.

14 테러의 합법적 사업

2001년 11월 미국 정부의 압력을 못 이겨 예멘 정부는 빈라덴 네트
워크의 도관導管이라고 비난받던 몇몇 꿀 사업자와 가게 주인들의
은행 계좌를 동결했다. 하지만 이 조치는 예멘의 꿀 사업을 거의 억
제하지 못했다. 알 시파 꿀가게의 주인은 이렇게 말했다.

"자산 동결 조치는 우리에게 영향을 주지 못했습니다. 우리 수
출품의 상당 부분은 다른 제품과 물물교환 됐습니다."[1]

아랍 겨울의 포근한 날씨 속에서 예멘 꿀가게들의 사업은 계
속 번창했다. 꿀은 중동에서 널리 거래되고 소비되는 제품이다. 사
우디아라비아는 꿀 생산량이 별로 많지 않은데도 각 가정은 월평균
1kg의 꿀을 소비한다. 꿀은 주로 예멘, 파키스탄, 심지어 아프가니
스탄 등지에서 수입된다. 중동에서는 예멘 꿀이 가장 순도가 높고

가격도 비싸다.

　이슬람 무장 그룹에 대한 데이터베이스를 운영하는 스티븐 에머슨에 따르면, 빈라덴은 예멘의 꿀 회사와 긴밀한 관계를 맺었다. 특히 예멘의 수도인 사나아에 본사를 두고 있는 알 누르 꿀 회사와 가까운 사이이다. 이 회사의 소유주들 중 한 사람인 모하마드 알 아흐달은 전에 반소 지하드에서 싸웠던 베테랑이다. 1992년 한 아랍 신문은 그가 반소 지하드에 가담해 싸운 초창기 아랍 전사였다고 소개했다(하지만 1998년 알 아흐달은 사우디아라비아 정부에 테러를 하려 했다는 혐의로 사우디아라비아에서 구속됐다).[2]

　아부 주바이다는 꿀 사업가로서 빈라덴의 최측근에 올라 알 카에다의 대외사무국장을 맡았다. 미국 정보부는 빈라덴이 유령회사와 측근들의 조직망을 통해 중동에 있는 가게들의 네트워크를 소유하고 있다고 주장한다.

　오사마 빈라덴이 꿀 사업에 진출한 것은 1990년대 초, 수단으로 이주한 것과 시기적으로 일치한다. 그가 수단에 소유한 회사 중 하나인 인터내셔널 알 이클라스는 카민 공장에서 꿀과 과자를 생산했다. 꿀 사업에 뛰어든 것은 빈라덴뿐이 아니었다. 다른 중동의 무장 단체들, 가령 이집트의 이슬람 지하드 역시 꿀가게를 이용해 테러 비용을 조달했다. 꿀 사업은 또한 마약, 무기, 황금, 전자제품, 현금 등을 꿀 용기에다 감추어 반출할 수 있는 기회를 주었다. 가게 주인의 암묵적인 동의 아래 이런 물건들을 꿀 속에 감추는 것이다. 예멘의 한 세관원은 이렇게 말했다.

　"꿀은 끈적거리는 데다 냄새가 강해서 무기나 마약을 감추기가 좋죠. 게다가 세관원은 그 물건을 검사해볼 생각이 나지 않습니다. 잘못하다가는 옷을 다 버리죠."[3]

따라서 꿀 사업 같은 합법적인 기업은 합법적인 소득 원천과 밀수의 은폐 등 두 가지 이점을 제공한다.

무장 단체들이 합법적인 사업에 뛰어든 것은 새로운 현상이 아니다. 1970년대에 IRA는 북아일랜드의 가톨릭 지역에서 수송 분야의 독점권을 따냈다. IRA 소유의 택시 회사인 폴스 택시스와 피플스 택시스는 350대의 택시에 800명의 운전사를 고용하고 있다. IRA는 또한 앤더슨타운 내에 소비협동조합, 슈퍼마켓, 정육점 등을 소유하고 있다.[4] 같은 기간 동안 개신교 무장 단체인 얼스터방위연합UDA은 경호 시장을 독점했다. 벨파스트의 테스크 포인트 시큐리티나 리더 엔터프라이지즈 같은 경호 회사들은 이사회를 구성했고 세금도 납부하면서 합법적인 기업으로 운영된다. 이 두 회사의 연간 매출액은 30만 파운드가 넘는데 이런 매출은 1970년대 영국 소규모 기업과 비슷한 것이다. PLO가 창설한 팔레스타인 순교자 사업회인 사메드는 수천 명의 사람을 고용해 다양한 제품을 생산해 전 세계로 수출한다. 이스라엘이 레바논을 침공하기 전에 사메드의 공업 본부 하나가 1천 8백만 달러의 매출을 올렸다.[5]

테러가 민영화되고 그에 따라 테러의 신경제가 발생하면서 무장 단체들이 운영하는 합법적 기업의 범위가 넓어졌다. 오늘날엔 심지어 작은 세포들도 합법적, 불법적 행위를 통해 자체 경상비를 조달한다. 이는 24세의 사우디아라비아 사람인 슬리퍼sleeper(언제든지 본격적으로 활동할 준비가 되어있는 잠복중인 개인이나 세포들) 모하마드 알 오와할리도 마찬가지다. 빈라덴의 부름을 기다리는 동안 가족을 부양하기 위해 알 오와할리는 케냐의 몸바사에서 자그마한 어물상을 운영했다.[6]

종종 슬리퍼들에게 사업을 시작하기 위한 목돈이 건네지기도 한다. 전 미국 국무부 국제치안담당 차관보 조나단 와이너에 따르면, 테러 세포들은 다른 나라들에서 가게 차릴 자금을 스폰서로부터 받는다. 만약 이런 종자돈이 제공되지 않으면 그들은 현지에서 스스로 벌어서 먹고살아야 한다.[7] 밀레니엄 플롯의 요원인 아메드 레삼은 폭탄 재료를 가지고 캐나다 국경을 건너다 체포됐는데 이렇게 자백했다.

"아프가니스탄에서 훈련을 마치자 몬트리올에 돌아가 정착할 자금 1만 2천 달러를 지급 받았다."[8]

테러리스트 개인들이 아닌 무장 단체들 역시 수백만 달러의 규모로 운영되는 기업들로부터 혜택을 얻는다. 알 바라카트와 알 타크와·나다 관리 그룹 등이 관리하는 기업이 그런 경우다. 이 국제적 금융 기관은 전 세계적으로 하왈라를 운영한다. 알 바라카트는 소말리아에 본사를 둔 국제적 금융 재벌인데 미국을 포함해 40개국에 지점을 두고 있다. 9·11 테러로 미국 당국에 의해 이 기관의 자산이 동결되기 전까지만 해도 이 기관의 미국 지점은 아랍 에미리트 연합에 위치한 이 기관의 중앙 외환 센터로 국제 수익 5억 달러를 송금했다. 이 수익 중 빈라덴의 네트워크는 5%에 해당하는 약 2천 5백만 달러의 배당을 받았다.[9]

알 타크와는 이슬람 그룹들과 강력한 연계를 갖고 있는 은행이다. 1987년 자본금 5천만 달러로 나소에 설립됐다. 이 자본금의 3분의 2는 이슬람 근본주의 단체에서 나온 것이다. 이 은행의 가장 중요한 주주 중 하나는 쿠웨이트의 무슬림 형제단인 알 이슬라다. 이 은행은 여러 가지 업무를 보고 있지만 그중에서도 이집트의 시장 선거 때 이슬람 후보들의 선거 재정을 지원했다. 30개국 이상에 지점을 갖고 있는 이 은행은[10] 너무나 은밀하게 업무를 추진하기 때문에 때때로 정보 기관들이 은행의 존재 여부를 의심할 정도다. 9·11 테러 이후 이 은행의 스위스 루가노 지점은 빈라덴 일행을 위해 투기와 내부자 거래를 하지 않았는지 조사받았다.[11]

테러 신경제의 발달은 국경을 넘나드는 테러 조직의 합법적 활동을 촉진시켰다. 테러 활동은 하나의 기업 행위로 둔갑해 전 세계로 뻗어나갔다. 가장 잘 발달된 테러 제국은 빈라덴과 그 측근들이 운영하는 것이다. 이 제국은 종교적 열성보다는 기업가적 수완에 그 뿌리를 내리고 있다. 사우디아라비아의 백만장자인 빈라덴은 여러 면에서 전형적인 이슬람 지도자(정신적 지도자)의 이미지에서 벗어나 있다. 그는 종교적 권위가 없다. 탈레반의 지도자인 물라 오마르처럼 성직자도 아니고, 이집트의 셰이크 오마르 압둘 라만(제1차 세계무역센터 테러 사건으로 미국에서 투옥된 눈먼 셰이크)처럼 설교사도 아니다. 오사마 빈라덴은 전형적인 이슬람 지도자의 틀에서 탈피해 경제와 실용주의에 입각해 그의 역할과 임무를 임의로 선택한다.

빈라덴의 수사修辭에는 정치적 언사가 많이 나온다. 미군의 사우디아라비아 주둔을 허용한 사우디아라비아 왕실의 결정에 대해 논평하면서 빈라덴은 이렇게 말했다.

"미군 주둔을 허용한 사우디아라비아 당국의 큰 실수는 그들의 기만적인 태도를 잘 보여줍니다. 사우디아라비아 당국은 무슬림에 대항해 싸우는 국가들을 지원하고 있습니다. 그들은 남예멘의 무슬림에 대항해 싸우는 예멘 공산주의자들을 도와주고 있습니다."[12]

빈라덴은 이념적 논쟁을 별로 즐겨하지 않는다. 그가 자신의 추종자들에게 연설하는 방식은 아주 실용적이다. 유대인과 십자군 운동에 대해 공식적인 지하드를 선언하면서 그는 중동의 미국 정책을 이렇게 분석했다.

이러한 전쟁들을 추진하는 미국의 목적은 종교적이고 경제적인 것이지만 동시에 유대인의 나라(이스라엘)에 봉사하고 이스라엘이 예루살렘을 점령하고 그곳의 무슬림을 학살한다는 사실을 감추려는 목적도 있다. 이에 대한 가장 좋은 증거는 미국이 거의 광적으로 강력한 이웃 아랍 국가인 이라크를 파괴하려 한다는 것이다. 또 이 지역의 이라크, 사우디아라비아, 이집트, 수단 같은 나라들을 종이 호랑이로 만들려 한다는 것이다. 이런 나라들을 약화시키고 해체시킴으로써 이스라엘의 생존을 보장하고 아라비아 반도의 무자비한 십자군적 점령을 계속하려는 것이다.[13]

빈라덴의 이런 논평을 미루어볼 때 종교는 커다란 그림의 일부분에 지나지 않는다. 다른 이슬람 종교 지도자들과는 달리 빈라덴의 테러 활동은 뚜렷한 요구사항을 갖고 있다. 그것은 파하드 왕의 양위, 사우디아라비아 땅에서의 미군 철수, 탈레반 정권의 공식 인정 등이다.[14] 이러한 요구 사항은 경제적 이유에 의해 뒷받침되고 있다. 빈라덴은 이렇게 주장했다.

"미국은 아랍 석유의 판매를 대행함으로써 노골적으로 그 수입을 도둑질하고 있다."

지난 25년 동안 석유 1배럴이 팔릴 때마다 미국은 135달러를 챙겼다. 이렇게 해서 중동이 도둑맞은 금액은 무려 1일 40억 5천만 달러로 추산된다. 이것은 역사상 최대 규모의 도둑질인 것이다. 빈라덴은 이렇게 결론지었다.

"이런 대규모의 사기에 대해 세계의 12억 무슬림 인구는 1인당 3천만 달러씩 보상해달라고 미국에 요구할 권리가 있다."[15]

이처럼 빈라덴의 혁명적 메시지는 정치경제적 논리를 적절히 구사해 가며 전달된다. 그의 이러한 수사는 서구 자본가들의 가난한 나라 착취를 맹렬하게 비난한 마르크스의 논조를 연상시킨다. 종교보다는 정치, 경제, 민족주의가 빈라덴 테러 조직의 1차적 동기다. 이런 요소들은 그의 네트워크에 이념적 테두리를 제공한다.

빈라덴의 합법적 사업들

정치, 경제, 민족주의는 빈라덴의 경제적, 재정적 제국의 특징이기도 하다. 그 제국은 나라를 넘나들며 위력을 떨치는 테러의 재정적 엔진이고, 제국의 상당 부분은 합법적 사업들로 채워져 있다. 그런 합법적 회사로는 지주 회사인 와디 알 아키크(아프리카), 건설 회사인 알 히라즈(수단), 타조 농장 및 새우잡이 배(케냐) 등이 있다. 빈라덴은 중동에서 알 샤밀 이슬람 은행에 많은 주식을 투자했고 터키에는 대규모 삼림을 가지고 있다. 아시아에서는 타지키스탄의 농업 분야에 투자했다. 유럽과 미국에서는 지주 회사, 벤처 자본 회사, 은행, 수출입 회사 등에 투자했다.[16] 또한 사업상의 손실을 우회하고 이윤을 극대화하기 위해 세계 전역의 부동산에 투자했다. 부동산의 구체적 세목을 살펴보면 런던, 파리, 프랑스의 리비에라에 부동산을 갖고 있고, 덴마크에서는 낙농업 회사, 노르웨이에서는 제지 회사, 스웨덴에서는 병원 장비 회사를 갖고 있다. 빈라덴과 그 측근들은 이집트, 요르단, 이라크 등의 의료 시장에도 투자해 수억 달러의 매출을 올리고 있고 이 중 일부 자금은 세포의 네트워크에 자금을 지원하는 데 사용하고 있다.[17]

빈라덴의 합법적 사업은 그가 수단에 머무를 때 비약적으로 발전했다. 그는 수단 신공항과 공항—카르툼 고속도로 건설에 자금을 댔다. 빈라덴의 건설 회사인 알 히라즈의 서비스에 대한 대가로 수단 정부는 빈라덴에게 참깨 씨앗을 대물 지불했는데 이 물건은 국제 시장에서 거래됐다.[18] 그 결과 그는 수단의 주요 수출 품목인 옥수수, 해바라기, 참깨 등의 씨앗에 대해 사실상의 독점권을 갖게 되었다. 이러한 사업은 엘 다마진 근처에 있는 농업 회사 테마르 알 무바라카와 외환 거래 회사인 타바 인베스트먼트가 주관했다. 빈라덴은 도로 공사를 해준 대가로 카르툼 제혁製革 공장의 소유권을 얻었다. 빈라덴이 수단을 떠날 무렵 그의 수단 내 기업 제국은 제과

공장, 가구 회사, 동물자원 은행, 목축 농장, 라덴 인터내셔널 수출
입 회사 등을 포함했다. 그는 또한 염소 가죽을 가공하는 공장과 어
업선단인 카다라트 운수 회사의 주식을 상당수 갖고 있었다.

빈라덴이 손에 넣은 회사들 중 가장 큰 수입을 올리는 것은 검
아라빅 회사였다. 이 회사는 전 세계 아라비아고무의 약 80%를 공
급하는 사실상 독점권자였다. 아라비아고무는 수단에서 자라는 아
카시아 나무의 수액으로 만든 제품으로써 잉크가 신문지에 딱 달라
붙도록 하고 청량음료에서 침전물이 생기지 않도록 하고 과자나 알
약이 늘 신선하게 보이도록 하는 데 사용된다.[19]

수단에 대한 국제적 제재를 피하기 위해 이런 회사들에서 발생
하는 이익은 키프러스의 터키령 지역에 있는 은행들에 보낸다. 빈
라덴은 오래전부터 이들 은행과 긴밀하게 거래 관계를 유지해왔
다.[20] 1997년 빈라덴의 재무관이었던 사우디아라비아 재정가 시디
타에드는 유럽, 아프리카, 파키스탄, 중앙아시아 공화국들에서 은
행 계좌를 개설했음을 시인했다. 또 리스크를 줄이기 위해 일부 자
금은 중앙아시아 공화국을 경유해 터키령 키프러스에 이체됐음도
시인했다. 타에드의 증언에 따르면 터키의 키프리오트 정권과 가까
운 일단의 터키 사업가들이 그 은행들과 1차적으로 접촉하는 데 힘
을 써 주었다는 것이다.[21]

빈라덴의 합법적 사업 네트워크는 아라파트의 PLO 투자 계획
을 모범으로 삼은 듯하다. 그 네트워크는 이상적인 자본주의 포트
폴리오의 틀에 딱 맞도록 구성되어 있다. 자금은 브루나이 술탄령
에서 유럽 국가들에 이르기까지 전 세계 은행에 예치되어 있다. 그

포트폴리오는 리스크와 수익이 서로 다른 각종 재정적 투자로 구성되어 있다. 탈레반 정권이 붕괴된 후 약 75만 달러가 아라비아 반도의 여러 금융 시장에 단기 계좌로 분산 예치됐다. 이 높은 유동성의 자산은 즉각 동원될 수 있는 자금이었다. 1998년 빈라덴은 아랍 뱅킹 코퍼레이션의 인사와 접촉하여 프랑스 증권 시장에서 BNP와 소시에테 제네랄 등의 주식을 사들였는데 결과적으로 총 2천만 달러의 이익을 남겼다. 서방의 증권 시장에 단기적으로 투자하는 것은 빼돌린 자금을 효과적으로 축적하는 좋은 방법이다. 이 방법은 자금 추적이 용이한 은행 이체보다 더 안전하다. 이렇게 조성된 자금은 슬리퍼를 돕는 데 사용되고 그 결과 서구 각국에서 조직의 세포를 활성화시킨다. 테러 그룹들은 이런 소규모 자금을 신속하게 회전시킬 수 있는 투기 사업을 더 좋아한다. 무엇보다는 대규모 복잡한 자금 거래에 비해 눈에 잘 띄지 않아 추적을 피할 수 있다는 점이 매력이다.[22] 한 영국 거래업자는 이렇게 설명했다.

"신중하고 믿을 수 있는 브로커와 거래하는 한 당신은 안전하다. 매일 이런 소규모 거래가 수백만 건씩 전 세계적으로 발생하고 있다. 그런 거래를 하나하나 뒤진다는 것은 사실상 불가능하다."

9월 11일: 테러에 투자하기

빈라덴은 금융 포트폴리오를 아주 세련되게 운영하고 있다. 또 세계 증권 시장을 주름잡는 빈라덴 네트워크의 능력은 핵심 정보를 갖고 움직이는 세계적 대기업에 비견될 정도다. 월드콤이 회계 장부를 능란하게 조작하는 능력을 발휘했듯이 빈라덴 측근들은 9·11 테러 이전에 고도의 내부 정보를 이용해 증권 시장에서 투기하는 데 성공했다. 9·11 테러 공격 일주일 전에 항공업, 에너지, 보험 분야에서 엄청난 양의 관련 주식이 거래됐다. 테러 공격 직전인 9월 6일 목요일, 런던에서 약 3천 2백만 주의 브리티시 항공사 주식이 거래됐는데 이는 평소 거래량의 3배 수준이다. 9월 7일 브리티시 항공사에 대한 2,184 풋옵션(특정 주식을 미래의 어떤 날짜에 미리 정해진 가격으로 판매할 수 있는 선물 거래의 한 형태: 옮긴이)이 런던 선물옵션시장 LIFFE에서 거래됐는데 이는 평소 일일 거래량보다 5배나 많은 것이었다. 9월 10일 월요일, 시카고 옵션 거래소에서 아메리칸 항공사에 대한 풋옵션은 평소 거래량보다 60배나 많았다. 테러 공격 직전 3일간에 미국의 풋옵션 거래량은 평균 거래 수준보다 285배나 많았다. 이와 유사한 추세가 보험업에서도 나타났는데, 선물 시장에서 보험업계 선두 기업들을 대상으로 예상치 않은 대규모 투기 행위가 벌어졌다. 런던의 외환 딜러는 이렇게 말했다.

"이런 일이 벌어진다는 것은 내부자 정보를 가진 어떤 세력이 엄청난 돈을 벌기 위해 작전을 펴고 있다는 뜻입니다."

확실한 정보를 가지고 선물 시장에 뛰어들면 수백 배의 차익을 올릴 수가 있는 것이다.

테러 공격 직후 주말에 독일연방은행의 총재인 에른스트 벨테케는 9·11 테러 이전에 '테러리스트들'에 의한 내부자 거래가 있었으며 일용품 시장을 그 표적으로 삼았다고 말했다.[23] 실제로 공격

며칠 전 석유와 황금은 갑자기 가격이 치솟았다. 이어 선물 시장의 거래가 급증했다. 9월 12일, 석유값은 13% 이상 뛰었고 금값은 3% 올랐다. 그 주 내내 가격이 계속 올라갔다. 9월 11일에 어떤 일이 벌어질지 미리 아는 사람이라면 이런 추세를 예측했을 것이다. 한 지금地金 거래업자는 이렇게 말했다.

"9월 11일 이전에 석유와 황금의 가격이 올랐던 것은 브로커와 내부 거래자의 작전 때문이었습니다. 이들은 석유 계약을 싼 값에 사서 나중에 높은 값에 되팔 수 있다고 확신한 세력이었습니다. 이 세력은 뭔가 비상한 일이 벌어질 것임을 미리 아는 사람들이라고 봐야 합니다."[24]

9·11 테러 직전, 빈라덴과 측근들은 증권 시장에서 큰돈을 벌기 위해 몇몇 선물 브로커와 증권 브로커들을 알아놓기만 하면 되었다. 무장 단체들을 위해 돈을 다루어주는 아랍 또는 서방 은행들은 이런 투기를 주선해 놓고 감쪽같이 감출 수 있었을 것이다. 한 이탈리아 은행가는 이렇게 설명했다.

가장 쉬운 방법은 대행 은행을 이용하는 것이었을 것이다. 대행 사무실들을 길게 줄 세워 놓고 쫓아가면 그 끝에는 해외에 등록되어 있는 유령 회사가 있는 것이다. 만약 그 줄의 끝까지 추적할 수 있다면 당신은 운수가 좋은 사람이다. 금융 조사는 종종 그 줄의 중간쯤에서 막다른 골목에 봉착하는 게 보통이다. 해외 어딘가의 작은 사무실에 누군가가 텔렉스를 잘못 보냈거나 이메일을 잃어버렸을 것이고 그러면 당신은 더 이상 나아갈 길이 없다. 설혹 당신이 운이 좋아 그 유령 회사의 이름을 알아낸다고 하더라도 그것은 99%, 이름뿐인 빈껍데기 유령 회사다. 마피아는 항상 이런 수법을 써서 돈세탁을 한다. 테러리스트라고 이런 방법을 쓰지 못할 이유가 없다.

전에 빈라덴의 회계 관리자로 근무했던 자말 아메드 알 파들에 따르면, 빈라덴 네트워크는 전 세계에 약 80개의 프론트(유령) 회사를 운영하고 있다. 그 외에 스위스 은행 비밀 계좌, 수단, 홍콩, 모나코, 파키스탄, 말레이시아, 런던 등의 은행 계좌도 이용할 수가 있다. 1999년 국제 금융 시장에 '당신의 고객을 알고 있기' 규칙이 도입되어 은행과 해외 지점들은 고객의 신분을 파악하는 것이 필수 절차가 되었는데 이 때문에 이런 은행 계좌나 은행을 통해 돈을 움직이는 것이 전보다 어렵게 되었다. 역설적이게도 바로 이 해에 미국 의회는 인권 침해라면서 이런 규정의 철저한 집행을 거부했다. 그 바람에 미국으로부터 또는 미국 내부에서 불법 자금의 이전이 한결 여유 있게 되었다.[25] 설사 '당신의 고객을 알고 있기' 규칙이 도입되어 있다고 하더라도 9·11 테러의 배후 세력이 증권 시장에서 부당 수익을 올린 것을 입증하기는 어려울 것이라고 시카고의 한 선물 딜러는 말했다.

"그들이 여러 명의 고객을 대신하는 브로커, 소규모 회사, 개인 등을 이용해 서로 다른 은행 네트워크를 통해 거래했다면 각각의 투자자를 추적하는 것은 지극히 어려울 것입니다."

역설적이게도 서구 자본주의의 상징인 건물에 테러를 가하면서 빈라덴은 자본주의의 산물인 선물 거래 역사상 최대의 이익을 올렸던 것이다.

조직 범죄단과는 다르게 무장 단체의 주된 관심은 부의 축적이 아니라 부의 은닉과 재분배다. 무장 그룹들은 돈의 세탁보다는 돈의 분배에 더 관심이 많다. 우선, 합법적 기업에서 만들어지는 이익은 돈세탁을 할 필요가 없기 때문이다. 그 돈을 세포와 슬리퍼의 네트워크에 어떻게 전달하느냐가 더 관심사인 것이다. 바로 이 때문에 대규모 자금을 들키지 않고 움직이는 돈의 배후 조종에 더 관심을 쏟는 것이다.[26] 테러 그룹과 조직범죄단 사이에는 이런 결정적 차이가 있고 그것이 두 단체의 사업 방식에 커다란 영향을 미친다.

탐욕은 범죄의 엔진이다. 하지만 무장 그룹의 궁극적 목적은 돈이 아니라 정치다. 기존의 정부 형태를 바꾸거나 아니면 그 정부 형태를 그대로 유지하는 것이 그들의 목적이다. 옛날의 테러와 오늘날의 테러 사이에 하나의 흥미로운 차이점이 있는데 그것은 자금의 출처와 용도다. 국가 지원의 모델(옛날의 테러)의 경우, 돈은 외국에서 지원하고 냉전의 대리전에서 보았듯이 그 돈은 순전히 전투를 지원하는 데에만 사용된다. 그러나 테러의 민영화(오늘날의 테러) 모델에서는 강탈이나 납치 같은 범죄 행위를 통해 돈을 조달하고 그 돈은 무장 그룹의 운영과 투쟁을 지원한다. 현대의 이슬람 테러는 자발적인 기부금, 합법적 기업으로부터의 수입, 준법적인 수입원 등으로부터 지원을 받는다. 이런 합법적, 불법적 자금은 폭넓은 스펙트럼의 무장 그룹과 의사국가들에게 분배되며 모던 지하드의 사회경제적 인프라를 지원하기 위해 사용된다.

따라서 현대의 테러 경제는 부를 일으켜 공동체 구성원에게 골고루 나눠주는 현대 국가의 경제와 아주 비슷하다. 이와 대조적으로 조직범죄단은 민간 기업처럼 운영되며 그들의 궁극적인 목표는 이윤과 부의 축적이다. 조직범죄단의 자금 흐름은 대기업의 재무제표와 비슷한 회계 시스템에 의해 관리된다. 그러나 이러한 재무제표 등 관련 회계 문서들은 테러 조직과 의사국가의 자금 흐름을 이해하거나 분석하는 데에는 큰 도움이 되지 않는다. 오히려 테러 그룹의 국제수지가 보다 포괄적인 회계상의 도구가 되고 그들의 재정 상태를 이해하는 데 도움이 된다.

15 테러의 국제수지

"돈은 테러의 산소다.
돈을 전 세계적으로 거두고 움직일 수단이 없으면
테러리스트는 살아남을 수가 없다."

– –

콜린 파월Colin Powell, 미국 국무부 장관

1999년 차가운 바람이 부는 2월의 어느 날 저녁, 약 200명의 알바니아 이민자들이 황급히 브루클린의 한 식당으로 몰려들었다. 전통적인 발칸 복장을 한 남자들이 그들을 좌석에 안내했다. 손님들은 좌석으로 걸어가는 동안 안내자에게 돈을 건넸다. 그것은 발칸 반도의 전통 음식을 맛보기 위해 모인 음식 시식회가 아니었다. 사람들은 코소보 해방군KLA의 대표인 디나를 보기 위해 모인 것이었다. 식당이 꽉 찼을 때 조명이 약간 어두워졌고 디나는 코소보 해방을 위해 산화한 전사들을 추모하는 묵념을 올리자고 말했다. 그 직후 사람들에게 코소보에서 세르비아인들이 저지른 만행을 보여주는 비디오가 상영됐다.

　　비디오 관람 후에 디나가 연설했지만 그 연설은 비디오처럼 감동적이지 못했다. 디나는 할 말이 많지 않았다. 그는 전사였지 정치가가 아니었다. 그의 어눌하고 짧은 연설은 가끔 오 체 케(K, L, A)라는 함성 소리에 끊어졌다. 디나의 눌변에도 불구하고 사람들은 지갑을 열어 한 주먹 가득 달러를 기부했다. KLA는 미국을 포함한 서방 국가들에 의해 테러 단체로 지목됐고[1] 그 멤버들은 세르비아인과 비슷한 만행을 저질렀다. 하지만 이런 사실은 알바니아 사람들의 관대한 기부 행위를 막지 못했고 KLA가 정당한 전쟁을 하고 있다는 믿음을 흔들어놓지도 못했다. 그 모임에 참가한 사람들은 디나, 그의 동료인 KLA 전사들, 그리고 그들 자신을 애국자라고 생각했다. 그 전쟁에서 삼촌, 숙모, 조카를 잃어버린 이제트 타필라즈는 이렇게 묻는다.

"그들은 뭘 바라는 겁니까? 만약 그들이 우리를 돕지 않겠다면 이제 우리라도 달려가서 도와야죠."

그는 뉴저지에 있던 자신의 부동산 사업을 팔아 넘겼고 전투에 참가하기 위해 코소보로 떠날 예정이라고 말했다.[2]

이와 유사한 모임과 모금 활동이 거의 매일 미국과 서방 국가들에서 벌어지고 있다. IRA, 하마스, 헤즈볼라, PLO 등은 조직 운영비를 마련하기 위해 주기적으로 이민자들에게 로비를 한다. 이런 모금 운동은 결과가 아주 좋다. 1997년 12월, 브롱크스에 살고 있던 알바니아 주민들은 이슬람 그룹을 지원하기 위해 4백만 달러를 모금해 은행을 통해 고국으로 송금했다.[3] 1999년 KLA는 미국 이민자들로부터 1천만 달러를 모금했다. 그 돈 대부분은 40만 알바니아계 미국인 중 약 3분의 2를 차지하는 육체노동자들이 기부한 것이었다. 이민자 대부분은 최근에 미국으로 왔고 그래서 아직도 코소보에 강한 연대의식을 느낀다.[4] KLA의 지지자들은 심지어 '조국의 부름'이라는 기금까지 마련했는데 이 기금의 은행 계좌는 코네티커트 주 브리지포트의 피플스 뱅크에 마련됐다. '조국의 부름' 계좌는 스웨덴, 스위스, 이탈리아, 벨기에, 캐나다 등지에도 개설됐다. 유럽에서 발간되는 알바니아 신문들에 게재된 광고는 이들 채널을 통해 돈을 기부하라고 권유하고 있다.[5]

해외 동포의 송금

테러 국제수지의 중요한 아이템은 해외동포의 송금이다. 이것은 동포 개인이 직접 부친 것일 수도 있고 아니면 IRA를 위한 노레이드 Noraid처럼 특정 기관을 통한 것일 수도 있다. PLO는 앞의 5장에서 이미 언급한 것처럼 해외에 살고 있는 모든 팔레스타인 사람들의 수입의 5%를 세금으로 부과한다. 이와 비슷하게 1990년대 후반에 독일과 스위스의 알바니아 이민자들은 프리스티나의 무슬림 전사들을 지원하기 위해 수입의 3%를 고국에 송금했다. 이러한 송금이 외환의 커다란 수입원이기는 하지만 이민자들의 기부 행위가 현금의 형태로만 이루어지는 것은 아니다. 이를테면 알바니아계 미국인들은 미국 내에서 우편 주문으로 사들인 라디오, 야간 시력 장비, 방탄조끼 등을 KLA 전사들에게 보낸다.

　이러한 기부 행위는 전문적 관점에서 볼 때 불법은 아니다. 사실을 털어놓고 말하자면 해당 법은 최근까지만 해도 합법적 송금과 무장 그룹의 지원을 엄격하게 구분할 수 있는 법조문을 갖고 있지 못했다. 예를 들어 미국에서는 '반란 조직, 단체, 군 등을 위해 기부금을 모금하는 것이나 개인 또는 단체가 그런 조직, 단체, 군에 참가하는 것이 불법은 아니다. 단 그런 조직, 단체, 군이 미국 국무부가 준비한 테러 단체 또는 조직 명단에 올라있으면 그런 기부금 모금이나 단체 가입은 불법'이 된다.[6]

하지만 그 명단이라는 것이 미국 외교 정책의 분위기에 따라 오락가락하고 있다. 가령 근년에 들어와 KLA는 그 명단에서 두 번씩이나 올랐다 빠졌다. 상원의원 조 리버만은 "KLA를 위해 싸우는 것은 인권과 미국의 가치를 위해 싸우는 것"[7]이라고 말했는데 그 몇 달 후에 KLA는 국무부 테러 조직 명단에 다시 올랐다.[8]

자선 단체들

외환의 또 다른 조달원은 자선 단체다. 특별히 이슬람 자선 단체는 매년 수십 억 달러의 돈이 이슬람 네트워크로 흘러드는 파이프라인이다. 대규모 자선 기금이 일종의 국제적 돈줄이 되어 무슬림 세계의 무장 단체로 흘러든다고 간주하는 것이 타당하다. 자선 단체와 무장 조직 사이의 연계는 아일랜드 계 미국인들이 가톨릭 과부와 고아들을 위한 자선 기관을 설립했던 1970년대로 거슬러 올라간다.

이슬람 자선 단체의 활동은 반소 지하드 기간 동안에 활짝 꽃피

웠다. 그 당시 미국은 무슬림 국가들로부터의 기부금을 포함해 모든 형태의 무자헤딘 지원을 장려했다. 아프간 전쟁이 끝나자 보스니아와 체첸니아 등 세계의 다른 지역에서 유사한 전쟁을 수행하는 무슬림들을 돕기 위해 자선 기금이 계속 몰려들었다. 이슬람 동조자와 급진 이슬람 그룹의 지도 아래, 여러 자선 단체들이 무자헤딘 지원에서 방향을 바꾸어 이제 이슬람 무장 단체의 재정 파이프라인으로 변모했다. 심지어 테러 조직의 멤버들을 위한 은신처를 제공하기까지 했다.

아이러니컬하게도 기증자들은 이러한 변모에 대해서 잘 알지 못했다. 1987년 부유한 사우디아라비아 사업가 아델 바테르지는 자비국제재단BIF에 기부금을 냈다. 이 재단은 사우디아라비아의 지원을 받는 자선 단체로서 무자헤딘에 재정을 지원했다. 이 자선 기관은 미국에서 세금 면제 지위를 획득한 1993년에 반소 지하드의 베테랑인 에남 아르나우트를 고용했다. 아르나우트는 아프간의 빈라덴 캠프에서 일하면서 무기를 구입해 분배하던 일을 맡았었다. 미국 당국에 따르면 아르나우트는 이 자선 기관의 돈으로 여러 이슬람 무장 단체들을 지원했고 그 사실을 기증자들에게 숨겼다.

그는 또한 빈라덴 군사 고문의 한 사람인 사이프 알 이슬람 엘 마스리를 체첸니아 BIF의 대표자로 고용했다. 시카고에 있는 미국 법무부 범죄국 국장인 마이클 처토프는 아르나우트와 엘 마스리가 "수십만 달러에 달하는 돈을 그루지아의 체첸 반군들과 관련 있는 해외 계좌로 송금했다"고 말했다.[9] 2001년 BIF는 360만 달러 이상의 돈을 모금해 그중 270만 달러를 아프간, 보스니아, 파키스탄, 체

체니아 등 8개국의 무슬림 전쟁 피해자들에게 보냈다.[10]

미국 당국은 이 돈의 대부분이 궁핍한 무슬림에게 들어간 것이 아니라 무장 단체에게 갔다고 보고 있다.

자선 단체들은 인도주의적인 기금을 모스크와 마다리스(종교학교) 건설에서 무기 구입 및 테러 공격에 이르기까지 다양한 프로젝트에 배정하고 있다. 축복구제라는 이름으로 더 잘 알려진 무와파크재단은 노골적으로 빈라덴을 지원하고 있는데,[11] 보스니아에서 아랍어, 컴퓨터, 《꾸란》 연구 등의 강좌를 운영하고 있다. 또한 궁핍한 사람들에게 식량을 전달하는 일도 하고 있다. 또한 전 크로아티아 정보 장교에 따르면 무와파크 재단은 보스니아와 알바니아에서 활동하는 무슬림 무장 단체를 지원하고 있다.[12]

은밀한 또는 합법적인 해외 원조와 자산 이전

테러 국제수지를 위한 또 다른 외환의 출처는 국가의 스폰서십(후원)인데, 미국이 콘트라를 은밀하게 또는 합법적으로 지원한 것이 여기에 해당한다. 오늘날 국가의 후원은 테러 경제에서 작은 몫을 차지한다.

국제 기관이나 해외정부로부터 외환을 획득하는 보다 흔한 방법은 자산 이전이다. 이것은 이동중인 자산 일부를 무장 단체가 도로세라는 명목으로 뜯어 가는 것이다.[13] 자산 이전은 제3세계 국가의 무장 단체와 의사국가에게 있어서 가장 짭짤한 소득원 중 하나다. 자산 이전은 다양한 형태를 취하고 있는데 때로는 전혀 예측하지 못한 상상력 넘치는 형태도 있다. 이라크 전쟁이 벌어지기 전, 미국의 감시 인공위성은 이라크가 획득한 1천 대의 트럭을 포착했다. 그것은 유엔의 식량 대 석유 교환 프로그램에 의해 이라크에 넘어간 트럭들이었는데, 원래 목적대로 사용되지 않고 미사일 발사대 겸 군용 트럭으로 바뀌었던 것이다.[14] 미국 국무부 장관 콜린 파월은 유엔안보리에 나가 연설하는 동안 전화 통화 녹취록 테이프를 틀었다. 전화 통화 속에서 신원 미상의 이라크 남자는 유엔 조사관이 '변경된 트럭'을 발견하면 어떻게 대응해야 하는지에 대한 지시를 요청하고 있었다. 자산 이전은 너무나 광범위하게 벌어지고 있어서 기증 국가들은 심지어 현금이든 현물이든 기증액의 5% 정도 뜯기는 것을 당연하게 여길 정도다.

자산 이전의 흔한 형태는 '관세'를 부과하는 것이다. 무장 단체와 의사국가는 그들이 점령한 지역에서 도로세를 부과한다. 예를 들어 보스니아 전쟁 중에 보스니아—크로티아인들은 중부 보스니아의 그들 지역을 통과하는 국제 원조에 27%의 세금을 부과했다. 또 다른 형태는 강도와 매복이다. 과도 평가된 환율의 부과(다시 말해 국내 화폐의 가치를 과도하게 평가하는 것) 또한 자산 이전의 한 형태인데 수단과 소말리아에서 이런 사례가 발생했었다.[15] 외환이 국내에 송금되어 왔을 때 암시장 가격보다 훨씬 높은 공정 환율을 적용해 현지화로 바꾸어 줌으로써 그 차액을 챙기는 것이다. 이러한 차액은 그 해당 지역을 장악한 자—정부, 무장 단체 또는 의사국가—의 몫이다.

납치

관광객이든 근로자든 외국인이 납치되어 몸값을 현금으로 내놓으면 그것은 외환 획득의 수단이 된다. 1991년 IMU는 키르기즈스탄 내무부 소속의 장군 1명과 키르기즈스탄의 가장 덜 발달된 지역인 바크텐 근처의 광산 회사를 위해 일하는 일본인 지질학자 4명을 납치했다. 서방 외교 소식통에 따르면 일본 정부는 그 4명을 석방시키기 위해 2백만 달러에서 6백만 달러에 달하는 현금을 지불했다.[16]

무장 단체들은 인질을 마약, 석유, 황금, 다이아몬드 등의 물건과 똑같이 취급하기 때문에 테러 조직이나 의사국가 등 누구나 인질의 목숨에 대해 입찰할 수 있다. 이런 비정한 인간 목숨의 거래에서 인질의 죽음을 매수하는 것은 강력한 정치적 선언이 될 수 있다. 1998년 말, 체첸 이슬람 반군들은 3명의 영국인과 1명의 뉴질랜드인을 납치했다. 이들은 체체니아에서 이동통신 시스템을 설치하던 영국 회사인 그레인저 텔레콤 소속의 엔지니어들이었다. 반군들은 그레인저와 4백만 달러에 인질 석방을 협상했다. 그러나 돈을 넘겨주기 직전 그 4명은 목이 잘렸다. 채널 4가 이들의 마지막 순간을 조사해본 결과 빈라덴이 협상 막바지에 개입했다. 채널 4의 프로그램 〈디스패치〉에 따르면 협상 막바지에 빈라덴이 끼어들어 인질들의 목을 자르면 4백만 파운드를 내놓겠다고 했다는 것이다.[17]

이 과정에서 다음과 같은 속사정이 밝혀졌다. 그 희생된 사람들은 체체니아의 경제 상황에 대해 영국 정부에 정보를 건네주기로 되어 있었다는 것이다. 1998년 10월, 그레인저에게 보낸 편지에서 외무부는 이렇게 썼다.

"그로즈니 지역에 진출한 소수의 영국 회사들 중 하나인 귀사가 체체니아 투자의 잠재력에 대한 견해를 우리 외무부에게 알려주면 감사하겠습니다."[18]

당시 영국의 정유 회사와 서비스 회사들이 코카서스와 중앙아시아에서 아주 활발하게 움직이고 있었다. 소비에트 연방의 해체이래 이 회사들은 영국 정부의 지원을 얻어가며 이 지역에 깊숙이 진출하려고 애를 쓰고 있었다. 체체니아의 도로변 구렁텅이에서 발견된 네 사람의 머리는 오사마 빈라덴이 영국 정부에게 보내는 괴기한 경고였다.

"코카서스와 그 천연자원으로부터 손을 떼라."

빈라덴과 영국 사이에서 벌어진 이런 권력 게임 때문에 체첸 반군들은 더 높은 몸값을 챙길 수 있었다.

범죄

해외에서 수행되는 범죄 또한 테러의 국제수지를 올려주는 원천인데 조직범죄단과 똑같은 방식으로 수입을 올리고 있다.
"테러 그룹이 활용하지 않는 파이낸싱(자금 조달) 방법은 거의 없다고 봐야 한다."[19]

예를 들어 미국의 온타리오와 캐나다 퀘벡 지방에서 차를 훔쳐 레바논으로 밀수출하는 차량 절도단은 수익의 10%를 이슬람 무

장 단체에게 건네주고 있다.[20]

　미국과 유럽에서의 범죄 조사는 여러 건의 신용 카드 사기와 신분증 절도 계획을 밝혀냈다. 그 수법은 여행자의 신분증과 개인 정보가 든 수화물을 훔치는 것에서 위조 신용 카드를 만드는 것까지 다양하다. 이러한 범죄는 서방 국가에 침투한 조직범죄단이나 무장 단체가 주도한다(그들 중 일부는 서구의 시민들이다). 로스앤젤레스 공항에 폭탄을 설치하려 했던(일명 밀레니엄 플롯) 알제리인들인 압델가니 메스키니와 아메드 레산은 이런 수법을 통해 생활비와 작전 비용을 조달했다고 시인했다. 메스키니는 밀레니엄 플롯에 가담했던 제3의 공범자가 신용 카드 번호를 얻기 위해 주유소를 구입할 계획을 세웠었다고 말했다. 그 계획에는 주유기에 비디오카메라를 설치해 주유소 이용자들의 개인식별번호PIN를 기록하는 방법이 포함되어 있었다.

　시카고에서 유세프 흐밈사가 이끄는 또 다른 그룹은 택시 운전사와 식당 종업원을 이용해 신용 카드로 요금을 정산하기 전에 카드 번호를 알아내는 스키밍이라는 사기 수법을 활용했다. 모로코 출신의 웨이터 무라드 마드라네는 허리띠에 성냥갑만한 스캐닝 장비를 착용하고 있었다. 손님의 신용 카드와 청구서를 카운터에 가져갈 때 재빨리 카드를 스캐닝 장비에 찔러 넣어 카드 번호를 빼냈다. 그러면 흐밈사는 그 번호를 이용해 가짜 카드를 만들었다. FBI에 따르면 9·11 테러범들도 생활비를 조달하기 위해 위조 카드 수법을 사용했다.

　미국에서 신용 카드는 현금을 조달하는 손쉬운 방법이다.

1998년 2월 미국 경호실 조사국의 부국장보인 리처드 로드는 테러를 다루는 상원위원회에 나가서 중동 테러 그룹의 행동대원들이 각자 40장이나 되는 많은 카드를 발급받고 있다고 증언했다. 그는 또 이런 사기 사건으로 금융 기관들이 450만 달러 이상을 손해보고 있다고 말했다.[21]

"이들이 손쉽게 가짜 신분증을 손에 넣어 다른 사람 행세를 하면서 은행 계좌를 개설하고 신용 카드를 발급받을 수 있기 때문에 손쉽게 자금을 조달하는 것입니다"라고 FBI 금융범죄 수사대의 데니스 로머는 말했다.[22]

밀수

사기가 상당한 수입원이기는 하지만 뭐니 뭐니 해도 테러의 가장 중요한 소득원은 밀수다.[23] 밀수 품목은 담배와 알콜에서 다이아몬드에 이르기까지 다양하다. 파키스탄에서 ATTA 무역을 조사하다가 자이시 에 모하마드(모하마드의 군대)에 살해된 것으로 보이는 〈월스트리트 저널〉의 기자 대니얼 펄은 납치되기 직전 이렇게 썼다.

"밀수는 밀수 세력에게 엄청난 수입을 가져다줄 뿐 아니라 아프간 국경의 부족 지대에 사는 가난한 사람들에게 고용을 창출한다."[24]

밀수의 경제학은 이렇게 요약될 수 있다. 밀수는 하나의 산업이고 무장 집단, 조직범죄단, 의사국가를 먹여 살린다. 그렇기 때문에 밀수는 테러의 국제수지에서 가장 큰 항목이다. 파키스탄의 부족 지대는 이 현상의 좋은 사례다. 상인들은 ATTA를 통해 파키스탄에 들어오는 밀수품이 파키스탄 전체 수입품의 80%를 차지할 것이라고 말한다. 이것은 중국산 섬유와 한국산 섬유 그리고 아프간에서 분해된 후 국경을 넘어와 파키스탄에서 다시 조립되는 자동차까지도 포함한 것이다.[25] 파키스탄의 커다란 시장 중 하나는 페샤와르의 카르카노 바자인데 대부분이 아프간 사람인 약 600명의 상인들이 다양한 외국 물품을 공급하고 있다.

1999년 유엔 보고서는 아프간에서 파키스탄으로 들어오는 '불법' 수출품은 거의 10억 달러에 달하고 아프간에서 이란으로 넘어간 밀수품은 1억 4천만 달러에 달한다고 말했다. 이 거래에서 탈레반 정권이 수출 관세로 차지한 몫은 유엔 추정에 따르면 3천 6백만 달러, 세계은행 추정으로는 7천 5백만 달러에 달한다.[26]

지구의 반대편에 있는 시우다드 델 에스테는 주요 밀수 센터인데 연간 120억 달러 이상의 매출을 올리는 밀수업의 축이다. 파라과이에 있는 이 지역은 브라질과 아르헨티나 접경 지대인데 삼각형 또는 삼중 국경으로 알려져 있다. 무관세 항구인 시우다드 델 에스테는 무장 단체와 조직범죄단의 메카다. 인구 10만 명밖에 안 되는 도시에 해마다 약 200건의 살인 사건이 벌어진다. 공항을 통해 매주 평균 16명의 외국인이 파라과이로 들어오고 있으며 육상으로는 더 많은 숫자가 들어온다. 이들은 사전에 5천 달러의 입국 비용을 지불하는 것으로 알려졌다.[27] 9 · 11 테러 이전에는 국경 수비라는 것은 존재하지 않았다. 이 도시의 거리에서 위조 여권이나 도난 여권은 5천 달러에 거래되며 세관 관리를 매수하는 데에는 5백 달러 정도로도 가능하다.

콜롬비아의 마약, 마이애미의 컴퓨터, 브라질의 도난 차량 등이 도시에는 온갖 물건이 밀수된다. 관리들은 파라과이의 길을 굴러다니는 자동차의 절반 이상이 브라질에서 도난당해 시우다드 델 에스테를 통해 들어온 것이라고 말한다. 국제 저작권著作權 동맹에 따르면 2000년에 시우다드 델 에스테에서 해적 CD가 많이 밀거래 됐기 때문에 브라질은 CD 판매에서 약 3억 달러의 손실을 보았다.[28] 테러 조직은 밀수 경제의 한 부분이고 그로부터 많은 수익을 올리고 있다. 레바논에서 태어나 파라과이로 귀화한 사업가 알리 칼릴 메흐리는 수백만 달러어치의 해적 소프트웨어를 팔아 거기서 생긴 수익으로 헤즈볼라에 자금을 지원했다. 경찰이 시우다드 델 에스테에 있는 그의 집을 덮쳤을 때 자살 폭탄 테러범의 CD와 비디오를 발견했다. 그는 모금 활동을 할 때 프로파간다의 일환으로 그런 CD와 비디오를 활용했던 것이다.[29] 경찰 급습에서 발견된 어떤 문서에 따르면 메흐리는 '순교자와 재소자'의 가족들을 위해 돈을 모금하는 조직과 연계되어 있었다. 캐나다, 칠레, 미국, 레바논 등지에서 현금을 이체받은 기록도 발견됐다. 지난 7년 동안 시우다드 델 에스테에서 헤즈볼라 계좌로 약 5천만 달러가 송금된 것으로 추정되고 있다.[30]

시우다드에는 약 2만 명의 무슬림이 살고 있는데 시우다드 인구 30명당 1명꼴이다. 이 무슬림 인구 중에는 다양한 급진적 이슬람 그룹이 포함되어 있다. 이 도시에서 활동하고 있는 헤즈볼라 세포는 1992년 아르헨티나의 이스라엘 대사관과 유대인 공동체 센터의 폭파를 사주한 것으로 추정된다.[31] 2001년 10월에는 20명의 무슬림이 하마스와 연계된 혐의로 체포됐다. 동시에 파라과이 당국은 다양한 중동 무장 그룹에 돈을 보내준 40여 개 계좌의 2천 2백만 달러를 동결시켰다.[32] 이슬람 단체의 존재는 더 이상 비밀이 아니다. 예를 들어 헤즈볼라와 이슬라믹 지하드는 이 도시에서 가까운 이과수 폭포 근처의 깊은 정글과 오지에서 현지 선발 인원들을 훈련시킨다. 현지 무슬림 인구의 지원도 크다. 브라질 국경 쪽에 있는 포스 도 이과수 모스크에서는 시아파 무슬림과 수니파 무슬림이 함께 기도하고 '미국을 폭파하는 문제를 노골적으로' 토론한다.[33] 시우다드 델 에스테의 물라인 셰이크 무니르 파델은 이렇게 말했다.

"헤즈볼라는 아랍 땅을 침공해온 침략자들에게 저항하는 합법적 저항 그룹입니다. 헤즈볼라 같은 단체를 지원한다고 해서 테러리스트 동조자라고 몰아붙일 수는 없는 일입니다. 중동에서는 합법적 저항과 테러리즘을 칼같이 구분하기는 어렵습니다. 파라과이에서는 더욱 그렇지요."[34]

이슬람 그룹과 연계된 중동의 금전 브로커는 라틴 아메리카의 마약 대금을 돈세탁 하는 일에 깊숙이 관련되어 있다. 페루, 콜롬비아, 기타 남아메리카 국가들의 마약 범죄단은 시우다드 델 에스테에 몰려들어 마약을 국외로 수출하고 마약 대금을 세탁한다. 불법 대금은 브라질 중앙 은행이 시우다드 델 에스테의 외국인들에게 제공한 CC5 계좌를 통해 세탁된다. 원래 이 특별 계좌는 파라과이 돈을 브라질 은행들에 이체시키고 브라질 화로 바꾸는 업무를 촉진하기 위해 개설됐다. 돈세탁의 과정은 이곳에서 하루도 채 걸리지 않는다. 그러나 밀수와 돈세탁이 시우다드 델 에스테의 유일한 매력은 아니다. 이 도시는 라틴 아메리카의 무장 단체들이 휴식을 취하면서 사업도 할 수 있는 주요 휴양지다. IRA, ETA, FARC의 멤버들도 이곳을 정기적으로 방문한다.[35]

밀수가 무장 그룹에게 가져다주는 혜택은 다양하다. 그것은 아주 든든한 수입원일 뿐 아니라 전통 경제의 인프라를 잠식하고 그렇게 함으로써 전시경제를 촉진시킨다. 콜롬비아 국립대학의 연구에 따르면 콜롬비아의 최대 밀수 시장인 산안드레시노의 매출은 1986년 이 나라 GNP의 13.7%를 차지했고 1996년에는 25.6%까지 올라갔다.[36] 콜롬비아의 경우, 파나마에서 들어온 밀수품이 현지의 담배 및 수입 회사들을 도산시키고 있다. 밀수는 또한 이 나라의 회계 수입에 부정적 영향을 미치고 있다. 1996년 파나마로부터의 총 선적량은 약 17억 달러어치였는데 이 중 콜롬비아 세관은 1억 6천 6백만 달러어치의 수입만 보고하고 있다. 그렇다면 15억 달러어치가 부정한 방법으로 이 나라에 들어왔다는 얘기가 되는데 이것은 고스란히 정부 회계상에 순손실로 처리된다.[37]

밀수는 자금을 재처리하는 훌륭한 수단이다. 미국 재무부의 경제 범죄 단속 네트워크에 따르면 "밀수는 콜롬비아 마약 카르텔이 사용하는 1차적인 돈세탁 시스템이고, 서반구에서 활용되는 것들 중 가장 강력하고 효과적인 돈세탁 시스템이다."[38]

그 시스템이 작동하는 방식은 간단하다. 콜롬비아의 마약 밀매업자들은 다량의 달러를 축적하고 있는데 이것을 페소 화로 바꾸면서 돈세탁할 필요가 있다. 따라서 그들은 미국 내의 페소 화 브로커를 찾아가서 할인된 금액으로 환전한다. 1백만 달러에 대해 75만 달러 가치의 페소 화로 바꾸는 것이다. 그러면 환전 브로커는 이 차액을 이용해 손쉽게 현금화할 수 있는 물품을 구매한다. 그러니까 밀수하기에 좋은 제품들, 즉 담배, 알콜, 가전제품 등을 사서 파나마의 면세 지역인 아루바로 보낸다. 또는 현금이 가득 든 상자를 아루바로 직접 보내서 현지 도매상으로부터 물품을 구매하게 한다. 이렇게 해서 그 물품들은 파나마를 떠나 콜롬비아로 가서 할인된 가격에 팔리는데 때로는 돈세탁 과정을 촉진하기 위해 발송국發送國보다 더 낮은 가격으로 판매하기도 한다. 따라서 밀수는 정상적인 가격으로 수입됐더라면 현지 주민이 만져보지 못했을 다양한 제품들을 구입 가능하게 해준다. 정치적으로 볼 때 이런 유형의 사업을 뿌리 뽑기는 대단히 어렵다.[39]

수수르루크 사건

밀수는 의사국가 경제 체제가 범죄적 경제 체제나 전통적 경제 체제와 상호 작용하는 경제 영역의 하나다. 1996년 11월 3일, 터키의 수수르루크에서 발생한 자동차 사고는[40] 터키 전역에 충격을 안겨주었다. 그 자동차 안에는 기이한 사람들의 집단이 타고 있었다. 승객은 우익 무장 단체 그레이 울브스의 소속원인 압둘라 카틀리, 그의 여자 친구인 공카 우스, 전 이스탄불 경비 부책임자 후세인 코카다그, 시베레크 마을의 '마을 경비대'[41] 대장인 에디프 부카크, '터키 진리의 당' 소속 당원 등이었다. 교통사고에서 살아남은 사람은 부카크가 유일했다. 오래 끈 수사를 통해 승객들은 유럽으로 건너가는 마약 밀수를 하고 있었다는 게 밝혀졌다.

유럽으로 들어가는 마약의 70~80%가 터키를 경유한다. 휴먼 라이츠 워치Human Rights Watch(인권 감시 단체)에 따르면 1990년대 후반, 터키 마피아의 연간 마약 예산은 약 500억 달러로 터키 정부의 연간 예산(484억 달러)보다 약간 많았다. 고위 정치가들도 이런 불법 거래에 관련됐다. 1997년 이탈리아의 반反마피아 위원회는 터키 마피아와 깊은 관련이 있는 것으로 추정되는 터키의 내무부 장관 탄수 실러의 방문을 거부했다. 마약 대금은 터키 은행의 해외 지점에 의해 재처리(세탁)된다. 1991년부터 1995년까지 독일연방범죄경찰대는 50만 개의 은행 계좌를 조사해 대부분 마약 대금인 1,500억 도이치 마르크를 밝혀냈는데 이 중 대다수가 터키로 송금된 것을 발견했다. 오늘날 이 돈의 대부분은 서류 가방 속에 담겨 연락책에 의해 터키로 반입된다.

석유 밀수

석유 밀수는 테러 경제, 범죄 경제, 합법 경제가 상호 작용하는 또 다른 사업 분야다. 이라크에서 석유를 밀수하는 사업자는 이라크 남부에서 출발해 곧 이란 해역으로 들어가는 화물선을 전세낸다.

석유 1톤당 50달러의 통과세를 납부하면 이란 해역을 순찰하는 이란혁명경비대는 그 화물선을 통과시켜줄 뿐 아니라 가짜 서류도 만들어준다. 이 원유는 호르무즈 해협에서 사우디아라비아, 아랍 에미리트 연합, 오만 등지로 건너가고 그곳을 통해 국제 시장으로 팔려나간다.[42] 이것은 밀수업자들에게는 고수익 사업이다. 이란에게도 높은 수익을 보장해준다. 왜냐하면 이란 해역을 통과하는 모든 이라크 밀수 유조선에 세금을 부과할 수 있기 때문이다.

"이라크는 석유 밀수업자들에게 아주 할인된 가격, 그러니까 1톤당 약 95달러에 석유를 건네줍니다. 밀수업자들은 이 값에 사서 이란에 1톤당 50달러의 통과세를 지불하고 최종 도착지에서 1톤당 약 205달러에 팔 수 있으므로 1톤당 50~60달러의 이익을 올릴 수 있습니다."[43]

이라크 석유를 밀수하는 또 다른 방법은 합법적으로 구입한 석유 중 일부만 신고하는 것이다. 라이베리아 소속 유조선인 에섹스의 선장 칠라다키스 테오파니스에 따르면 네덜란드에 등록되어 있는 생필품 무역 회사인 트란스피구라는 유엔의 '식량과 석유 바꾸기 협정'에 의거해 이벡스—버뮤다에 등록되어 있고 프랑스와 버진 제도에 지사를 갖고 있는 회사—로부터 이라크 석유를 사기 위해 에섹스를 두 번이나 임대했다. 두 번 모두 감시자들이 이라크의 미나 알 바크르 항구에서 화물을 검사하고 떠나자마자, 트란스피구라는 검사받지 않은 물건(석유)을 배에 실었다. 그 화물은 카리브 해로 가서 최종 구매자에게 팔렸다. 최종 구매자는 미국의 거래 회사인 코흐 정유 회사와 베네수엘라의 국영 석유 회사인 PDVSA

였다.[44] 이라크 석유는 터키와 요르단을 경유해 밀수되기도 하는데 일단 이곳에 도착하면 트럭에 의해 다른 곳으로 수송되거나 아니면 파이프라인을 통해 시리아로 보내진다. 하지만 이것은 규모가 작은 거래다.

아무튼 사담 후세인으로서는 이런 거래가 유리하다. 왜냐하면 밀수가 아니었더라면 국내에 남아 있어야 할 석유를 팔아넘길 수 있기 때문이다. 전반적으로 석유 밀수업은 연간 20~30억 달러의 추가 수입을 가져오는데 이것은 유엔에 들키지 않은 돈이다. 따라서 석유 밀수에서 나오는 수입은 사담 후세인에게 특히 가치가 있다. 그 돈으로 외부 세계 몰래 무기를 사들일 수 있고 새로운 무기 개발을 지원할 수 있기 때문이다. 밀수 석유 대금은 사담 후세인이 관리하는 계좌에 예치된다. 예를 들어 트란스피구라가 이벡스를 통해 구입한 50만 배럴의 이라크 석유 대금 1천만 달러는 스위스 은행 비밀 계좌에 들어갔다.[45]

국내 자산의 이전

무장 단체는 국내 자산의 이전을 통해 자금을 조달한다. 이것은 전리품, 강도, 강탈, 약탈 등의 다양한 형태를 취한다. 이 방법은 전통 경제의 자원을 직접적으로 착취하는 것이기 때문에 전통 경제에 아주 해롭다. 1970년대에 ETA의 강도 및 강탈 정책은 바스크 지방의 부를 고갈시켰고 그리하여 그 지방의 산업가와 가족들을 다른 곳으로 이주하게 만들었다(3장 참조). 레바논 남부에서 헤즈볼라의 주 수입원은 주로 베카 계곡의 무역업자, 상인, 사업가, 레스토랑 주인, 가게 주인 등을 강탈하는 것이다. ETA와 헤즈볼라는 이렇게 강탈해 가는 돈을 '혁명세', 즉 그 지방의 통치자인 그들에게 당연히 바쳐야 할 돈으로 치부한다.

이런 강탈의 성격을 감안할 때, 국내 자산 이전은 한정된 수입원이고 이는 내전으로 분열된 나라에서는 특히 그렇다. 수단 정부가 북부 지방의 바가라 민병대를 이용해 수단인민혁명군SPLA의 거점인 남부 지방의 마을들을 약탈했을 때 그 결과는 수단 남부 지역의 기근으로 나타났다. 바가라 민병대는 가축을 무자비하게 훔쳐갔는데 이 때문에 현지 주민의 자급 경제가 파괴되어 결과적으로 기근을 가져왔다.[46]

요약해 보자면 테러 조직의 수입은 그 기원에 따라 크게 3가지로 구분할 수 있다. 첫째 합법적 사업(그 자체로는 불법이라고 할 수 없는 사업), 둘째 법규를 교묘히 위반하거나 우회해 생기는 불법 수입, 셋째 범죄 행위 등이다. 합법적 사업은 무장 단체가 통제하는 회사 또는 의사국가로부터 나오는 이익, 자선 단체나 개인으로부터의 기부금, 자산 이전, 외국 정부의 적법한 원조 등을 포함한다. 불법 수입은 외국 정부의 은밀한 원조와 밀수업으로부터 나온다. 범죄 행위는 납치, 협박, 절도, 사기, 해적질, 돈세탁 등 다양하다.

이상과 같은 것들이 무장 단체의 국제수지 중 수입을 차지한다. 지출에 대해서는 다음의 16장에서 다루게 될 것이다.

16 의사국가 경제체제

베이루트(레바논의 수도: 편집자)의 남쪽 교외에는 '비참함의 벨트'라고 알려진 판자촌이 있다. 여기에는 수십만 팔레스타인 난민들이 사는데 대부분 가난한 시아파 소작농이거나 농부들이다. 여기에는 거리 표시도 포도鋪道도 가로등도 없다. 약 28km에 걸쳐서 허름한 주택, 버려진 건물, 꼬불꼬불한 길 위에 전선들이 어지럽게 얼기설기 얽혀져 있다. 이곳은 헤즈볼라의 전사들을 충원하기에 좋은 땅이다. 벽돌과 시멘트의 단조로운 풍경은 호메이니와 헤즈볼라 순교자들을 그려놓은 벽화에 의해 어렵사리 깨트려지고 있다. 초록색과 노란색의 이슬람 깃발들 옆에는 검은 색깔의 만장挽章들이 발코니와 유리창에 내걸려져 간간이 이곳을 찾아드는 방문객들에게 주민들의 운명을 상기시켜 주고 있다. 몇 개 되지 않는 거리에는 이 지역의 자살 폭탄 테러리스트들의 이름이 붙어 있다. 하지만 그 이름은 비참함의 벨트 이외에서는 거의 알려져 있지 않다. 한 허름한 집에서는 4살짜리 모하마드가 갓난아이 여동생과 함께 비디오를 보고 있다. 모하마드의 집을 포함해서 근처의 집들 뒤에는 황량한 풍경이 펼쳐져 있을 뿐이다. 이것은 제3세계 어디에서나 볼 수 있는 전형적인 마을의 모습이다. 갑자기 비디오를 틀어놓은 텔레비전 화면에서 폭음이 터져 나온다. 잔해, 불기둥, 쇳조각 등이 거대한 폭죽처럼 폭발한다. 어린 모하마드는 갑자기 흥분해 뛰어오르면서 소리 지른다.

"아, 아빠, 아빠!"[1]

모하마드의 아버지 살라 간두르는 자살 폭탄 테러리스트였다. 1995년 5월 25일, 그는 450kg의 폭탄을 몸에 두르고 이스라엘 호송대에 돌진해 12명의 이스라엘 병사를 죽였다. 헤즈볼라는 그 공격 장면을 비디오로 찍어 순교적 희생에 대한 감사 표시로 그의 가족에게 헌정했다. 결혼해서 가장인 사람이 자살 폭탄 테러의 임무를 맡았다는 것이 좀 이례적이기는 하지만 살라는 늘 순교자가 되기를 원했고 마침내 헤즈볼라 지도부를 설득해 그 임무를 맡게 되었다. 그의 아내와 가족은 그 결정을 승인했다. 그의 아내 마하는 이렇게 말했다.

"나는 남편이 작전 수행 중에 죽게 되어 너무나 기뻤습니다. 그것은 우리가 자랑할 만한 일이요, 자부심으로 고개를 높이 쳐들 만한 일입니다. 특히 우리 남편은 이스라엘을 경고하고 겁먹게 했으니 더욱 보람 있는 일이지요."[2]

놀랍게도 살라의 마지막 소원은 아들 모하마드가 그의 뒤를 따라 순교자가 되는 것이었다.

결사 항쟁의 갈등 상황에서 순교자가 된다는 것은 일부 난민들에게 가장 높은 도덕적 성취를 뜻한다. 역설적이게도 죽음이 그 땅과 함께 잃어버린 민족의 위신, 잃어버린 그 땅과 함께하고 있는 정치적 정체성을 회복시키는 것이다. 난민들은 위신의 문제에 집착한다. 모두들 옷을 입고 있는 사회에서 혼자서만 알몸인 사람처럼 그들은 자신의 알몸을 덮어줄 무엇인가를 필사적으로 찾고 있다. 순교는 그들이 얻을 수 있는 가장 좋은 보호책이다. 그것은 비참함의 생활을 끝내고 아주 높은 사회적 지위를 얻는 방법이다. 그것은 온 가족이 자랑스럽게 여겨야 할 도덕적 성취다.

자살 폭탄 테러의 손익 분석

순교자의 죽음을 원하는 모하마드의 아버지 같은 테러리스트에게 목숨은 궁극적으로 처분해야 할 자산이다. 살라는 공동체의 미래를 자신의 목숨과 맞바꾸었다. 살라 셰하데(하마스의 무장 집단 지휘자: 편집자)는 이렇게 말했다.

"많은 사람들이 지하드에 참가했고 그들은 기꺼이 인간의 가장 소중한 자산인 목숨을 내놓았다."[3]

무장 그룹들에게 있어서 순교는 1차적으로 미사일 무기처럼 하나의 자산이다. 그래서 자살 폭탄 테러리스트는 테러의 국제수지에서 자산으로 기재된다. 가자에 거주하는 하마스 지도자 압델 아지즈 란티시는 이렇게 말했다.

"하마스는 F-16, 아파치 수송용 헬기, 탱크, 미사일 등이 없기 때문에 이런 전략과 수단을 이용한다…그것은 천국이나 천국의 처녀들을 얻기 위한 수단만은 아니다. 우리는 점령당했고 약자이기 때문에 그런 수법을 쓰는 것이다."[4]

자살 폭탄 테러는 공격적인 무기다. 자살 테러를 완성시킨 무장 단체인 타밀엘람 해방 호랑이는 수적 열세와 군사적 취약성을 극복하기 위해 이 방법을 개발했다고 말했다.[5] 이 음울한 작전에서 사람의 목숨은 하나의 상품일 뿐이다. 이스라엘 고위 관리는 이렇게 설명했다.

"자살 폭탄 테러범은 손에서 손으로 옮겨질 수 있는 고가의 상품이다. 베들레헴의 테러리스트 세포에 어떤 자가 찾아와서 자살 폭탄 테러범이 되겠다고 말했거나 그런 임무를 맡도록 설득됐다면 당신은 보물을 얻은 것이다. 당신은 다른 지역, 가령 라말라 지역의 다른 세포에게 그 테러리스트를 넘겨주고 돈과 무기로 바꿔올 수 있다."[6]

자살 폭탄 테러리스트가 자산이라면 그들의 임무는 지출을 의미한다. 순교의 비용은 다양한데 장소에 따라 다르다. 테러에 따른 군수 비용도 과소평가돼서는 안 된다. 폭탄과 폭약 같은 장비는 팔레스타인 점령 지역 같은 데서도 손쉽게 구할 수 있다. 하마스나 알 아크사 순교자 여단의 전사들은 폭탄을 제조하는 비용이 적게는 5달러 정도 든다고 말한다. 질소 비료, 설탕, 금속 조각, 플라스틱 튜

브 등만 있으면 재료 준비는 끝난다. 이에 비해 테러 계획은 비용이 많이 든다. 우선 목표물을 정해 비디오 촬영을 해야 하고 공격 작전을 세밀하게 가다듬어야 한다. 여기에는 인력과 장비가 소요된다. 마지막으로 수송 비용도 만만치 않다. 오늘날 자살 테러의 가장 큰 비용은 폭탄 테러리스트를 최종 목적지까지 데려가는 데에서 발생한다. 여기에는 100~200달러의 비용이 든다.[7] 대부분의 순교자 후보들은 가자 지구와 서안 지구의 점령 지역 안에서 사는데 이스라엘 당국은 그들을 적발해내기 위해 많은 검문소를 운영하고 있기 때문이다.

더욱이 간접 피해 비용도 감안해야 한다. 이스라엘은 자살 폭탄 테러범의 집을 폭파해버리는 보복 조치를 1999년에 다시 도입했다. 때때로 그 집은 테러리스트의 가족들이 소유한 유일한 재산이다. 이 무자비한 정책은 약간의 결실을 맺었다. 이것이 도입된 이후 가족들은 젊은 아들이 순교자의 길을 가는 것을 말리는 등 소극적이 되었다. 그래서 사랑하는 식구를 잃은 가족들에 대한 보상이 가장 큰 비용으로 등장했다. 젊은 아들의 목숨을 어떻게 수량화할 것인가? 불가능하다. 점령 지역에서 아들이나 딸을 순교에 바친 가족들은 자선 기관, 동정 세력, 사우디아라비아(또는 최근까지 사담 후세인의 이라크) 같은 우호적인 나라 등에서 3만 달러의 돈을 받았다. 가족들에 대한 보상은 주로 해외 기금에서 나오는 것이므로 자살 테러의 계획자들은 자체 예산을 내놓아야 할 필요는 없다. 그 외에 사우디아라비아는 순교자 가족들의 메카 순례 비용을 대준다.[8]

이런 간접 피해 비용 등 각종 코스트를 모두 따진다고 하더라도 자살 작전은 가장 비용—효과적인 테러 공격이다. 스리랑카의 타밀엘람 해방 호랑이의 정치 지도자인 S. 타밀첼밤S. Thamilchelvam 이 볼 때, 자살 공격은 "최소한의 인명 손실로 최대한의 피해를 확보해 준다."[9]

실제로 9·11 테러 이후 이스라엘 사람들은 겁을 집어먹었다. 이스라엘로의 이민은 40%나 줄어들었고 그 대신 해외 이주가 상당히 늘어났다.[10] 자살 테러는 적의 경제에 심각한 피해를 입힌다. 9·11 테러 납치범들의 가족에 대한 보상을 제외하면, 9·11 테러 공격은 총 50만 달러가 들었다. 이에 비해 미국의 부동산 손실, 청소 비용, 연방 정부의 보상비 등은 1,350억 달러가 넘을 것으로 예상됐다.[11]

제2차 세계대전 동안 무자비한 공습으로 폐허가 됐던 드레스덴을 연상시키는 도시 그로즈니에서도 순교 비용은 아주 낮다. 어떤 때 들어간 비용은 폭탄 제조비가 전부다. 자살 폭탄 테러리스트는 이미 러시아 군대에 의해 모두 살해된 집안 출신이기 때문에, 친척들에게 보상비를 지급해야 할 필요도 없다. 그로즈니 반군에 대한 모스크바의 방침은 간단하다. 반군이 잡히거나 살해되면 러시아군은 그 가족을 찾아가서 남자는 죽이거나 납치하고 집은 불태우거나 폭파하며 여자와 어린아이들은 알아서 살아가도록 내버려둔다.

10년 동안 전쟁이 계속되는 체첸니아에서는 오늘날 6만~10만 명의 러시아 병사들이 이슬람 무장 단체들과 대부분이 여자와 10대인 생존자들을 상대로 싸우고 있다. 이 사람들에게는 죽음이 오히려 구원이다. 모스크바 체첸문화센터의 관장인 줄리칸 바갈로바에 따르면 2002년 10월 말, 모스크바 극장 점령 작전에 가담한 체첸 여성들은 대부분 20대 초반이었다. 그들은 전쟁 중에 성장한 세대로 대부분 교육을 받지 못했으며 전쟁이 생활이고 생활은 끝없는 공포인 그런 상황에서 어른이 되었다. 그들은 매일 암살단, 강간, 고문, 살해, 신체 훼손을 목격했다. 그들에게 있어서 죽음은 삶보다 훨씬 더 나은 선택이었다.[12] 바갈로바는 이렇게 말했다.

"아버지, 오빠, 남편 앞에서 강간당한 여자들을 개인적으로 여러 명 알고 있습니다. 이런 무자비한 대접을 받고 나면 여자들은 죽거나 돌아버리거나 자살 테러리스트가 되지요. 다음 번 카미가제(자살 특공대)가 되겠다고 나선 여자들이 많이 있고 앞으로도 많이 나올 겁니다. 그런 모욕을 겪은 후 목숨은 그들에게 아무런 의미가 없게 됐지요."[13]

체체니아: 약탈 전쟁의 사례

테러 경제의 황량한 환경에서 체체니아는 약탈 전쟁의 희생자가 되었다.[14] 지난 10년 동안 러시아 군대는 전통 경제를 점진적으로 파괴했고 그 결과 갈등이 점점 더 첨예화되어 마침내 이슬람 무장 운동이 등장했다. 이 과정은 1862년으로 거슬러 올라간다. 당시 체첸은 반세기에 걸친 항쟁 끝에 러시아 제국의 일부로 강제 편입당했다. 그러다가 1918년에 잠시 동안 사실상의 독립을 획득했으나 1920년 적군赤軍이 이 지방으로 쳐들어와 소비에트 연방에 병합시

컸다. 1944년 스탈린은 당시 50만 명 정도이던 체첸 사람들을 모두 시베리아로 이주시키고 마을과 도시를 파괴하라고 지시했다. 스탈린의 후계자인 니키타 흐루시초프가 스탈린의 정책을 맹렬하게 비난한 뒤인 1950년대에 체첸 생존자들은 고향으로 돌아올 수 있었다. 1990년 소비에트 연방이 해체되면서 모든 정파를 포함하는 체첸국민회의는 독립을 선언했다. 러시아는 그 선언을 거부했고 1994년 1차 체첸 전쟁을 선포했다.

러시아가 이 지역을 지배해야 한다는 경제적 동기는 체체니아가 러시아 정치에 기여하는 정치적 역할과 밀접한 관계가 있다. 또 최근에 들어와서는 체체니아를 통과하는 러시아 석유·가스 파이프라인 때문에 이 지역이 더욱 중요하게 되었다.[15] 1999년 러시아는 체체니아를 다시 침공했다. 이번에는 1차 체첸 전쟁에 의한 폭력 사태의 점증 때문이었는데 모스크바에서의 체첸 테러 공격, 인질 납치, 체첸 전사들의 다게스탄 침입 등이 개전의 직접적인 빌미가 되었다. 두 번의 전쟁이 남긴 후유증은 심각하다. 약 10만 명의 민간인이 살해됐는데 이 수치는 전쟁 전 인구의 10%에 해당한다. 20만 명 이상이 난민이 되었고 체첸 전 지역이 지뢰와 무기로 뒤덮이게 되었다. 이윽고 체첸은 붕괴했고 그 빈 자리에 군벌과 무장 단체가 생겨났다. 이렇게 되기 전에 체체니아에는 무슬림 인구가 과반수이기는 했지만 세속 국가였기 때문에 근본주의자 아랍인들이 별로 많지 않았다.

국가의 붕괴는 빈라덴 등 이슬람 무장 단체들이 진출할 수 있는 좋은 기회를 제공했다. 이들은 곧 체체니아의 세속적 저항을 과격한 근본주의 저항으로 바꾸어 놓았다. 러시아 군대는 한때 천연 자원이 풍부하던 지역을 마약과 무기 밀매의 중간상으로 활약하는 의사국가들의 우범지대로 변모시켰다. 지난 10년 동안 체체니아 사람들은 약탈적인 전시경제에 의존해 겨우 연명했다. 군벌, 이슬람 무장 단체, 러시아 군대 등이 가난한 주민들을 약탈했다. 마약 밀매, 밀수, 돈세탁, 납치 등 경제의 점진적인 범죄화가 생존의 주된 수단이 되었다. 이것이 주민들에게 미친 영향은 비극적이다. 주민들의 대량 이주, 기근, 그리고 죽음이 이어졌다.

약탈적이고 게릴라적이며 상업적인 전시경제는 새로운 전쟁의 한 부분이다. 이 전쟁은 무장 단체, 의사국가, 합법적 국가 등이 전쟁의 국제적 교전 규칙 바깥에서 수행하는 싸움이다. 종종 아프간에서처럼 이런 전쟁의 영구화가 목적 그 자체로 변질해 버린다. 사태가 이렇게 돌아가면 무장 단체들의 입장에서는 전쟁을 한다는 그 자체가 폭력적 수단의 사용을 정당화한다. 그런 식으로 테러를 해야만 경제적 이익과 정치적 권력을 획득할 수 있기 때문이다.

1990년대에 아프간은 국가의 형태는 없이 탈레반과 북부동맹이라는 두 의사국가가 서로 싸우는 나라였다. 탈레반과 북부동맹은 마약 생산, 밀수, 무기 거래, 외부의 지원 등에 바탕을 둔 전시경제 덕분에 버텨낼 수 있었다. 따라서 전쟁은 이익, 권력, 보호 등의 대체 시스템을 창출한다.

세계 최대 규모인 아프간 마약 산업은 ISI가 무자헤딘과 합작으로 벌인 반소 지하드 때 창업된 것이었다. 센데로 루미노소는 셀바 알타에 진출하면서 그 지역을 완전 장악해 강력한 경제적 거점으로 만들었다. 센데로 루미노소는 페루 정부와의 싸움에서 전비를 조달하기 위해 코카 생산을 장려해 그 수익을 가져갔다.

무기와 다이아몬드를 바꾸기

황금이나 다이아몬드 같은 천연자원이 풍부한 나라에서 의사국가들은 전시경제를 계속 유지하기 위해 그런 자원에 의존한다. 세계 최대 다이아몬드 생산국들 중 하나인 시에라리온에서 통일혁명전선RUF이 그렇게 했다. 1991년 RUF는 포다이 산코의 지휘 아래 라이베리아에서 시에라리온을 침공해 광산 지대를 장악했다. 2000년 RUF의 다이아몬드 수입은 연간 2천 5백만 달러에서 1억 2천 5백만 달러 사이로 추정됐다.[16] 다이아몬드 사업은, 전에는 무장 단체의 지도자였으며 현재는 국가 지도자가 된 사람들을 지원하고 부자로 만들었다. 라이베리아의 대통령 찰스 테일러나 부르키나 파소의 지도자인 블레즈 콤파오레 등이 대표적인 사례. 1990년대 초, 테일러, 콤파오레, 이브라힘 바(반소 지하드에 참가한 세네갈인) 등은 포다이 산코가 시에라리온의 다이아몬드 광산을 장악하는 데 도움을 주었다.[17] 그들은 함께 불법적인 다이아몬드 대 무기 거래를 운영했고 그렇게 해서 RUF와 그 행동대원들에게 무기를 꾸준히 대줄 수 있었다.

무기와 탄약은 부르키나 파소 또는 라이베리아로 선적된 다음 RUF로 밀수됐다. 대금은 다이아몬드로 지불했다. 전에 소련 공군 장교였다가 무기 거래상으로 변신한 빅토르 부트 같은 사람들이 10년 넘게 아프리카에 무기를 가져오고 그 대신 다이아몬드를 받아갔다. 이 불법 거래의 규모는 엄청나다. 1999년에는 7천 5백만 달러어치의 다이아몬드가 이 채널을 통해 수출됐다. 세금도 없고 기록도 없는 이 수출입은 RUF와 그 파트너들에게 무기, 탄약, 식량, 연료, 의약품 등을 가져다주었다.[18]

　　RUF 전시경제는 아프리카 인접 국가들에만 국한되는 것이 아니다. 그것은 '테러의 신경제'의 한 부분이다. 1998년 이브라힘 바는 빈라덴 네트워크의 멤버들과의 거래를 중간에서 주선했다. 이브라힘 바는 압둘라 아메드 압둘라를 RUF의 사령관 중 하나인 일명 '모기'라고 알려진 샘 보케리에에게 소개했다. 이 거래를 통해 수천만 달러어치의 가공되지 않은 다이아몬드가 무기와 현금과 교환됐다. 이런 방식으로 알 카에다는 마약의 검은 돈을 높은 유동성을 가진 자산과 바꾸었다. 레바논의 다이아몬드 브로커인 아지즈 나수르는 6백만 달러어치의 다이아몬드를 국제 시장에 내다 팔았다.[19] 2000년 12월과 2001년 9월 사이에 나수르는 30만 달러어치의 다이아몬드를 사들이는 중간 연락 시스템을 설치한 것으로 추정됐다. 연락책들은 사베나 항공사의 비행기를 타고서 안트워프에서 아비드잔으로 갔다. 아비드잔에서는 웨스우아 항공사의 소형 비행기를 대절해 라이베리아의 몬로비아까지 갔다. 그들은 마침내 몬로비아에서 다이아몬드를 가지고 온 시에라리온 사령관들을 만났다.[20]

　　팔려나가지 않은 다이아몬드는 빈라덴 네트워크의 은행 계좌를 서방 정부들이 동결할 때를 대비해 잘 비축해 두었다.[21] 벨기에

의 소식통들에 따르면 9 · 11 테러 직전 빈라덴의 측근들은 바로 이런 이유 때문에 1천만 달러를 보석류로 바꾸어 놓았다.[22] 서방 정부들의 동결 조치에 대응하기 위한 유동 자산으로 다이아몬드만 있는 것은 아니다. 여러 보고서에 따르면 빈라덴의 부하들은 탄자나이트도 사모았다. 이 검은 돌은 다이아몬드와 비슷하나 그만큼 강도가 높지는 않은 보석인데 탄자니아의 일부 지역에서만 채광된다. 빈라덴 네트워크는 이런 보석류를 보관하고 있다가 필요할 때면 국제 시장에 내다팔아 현금화한다.[23] 생산된 탄자나이트의 90%가 국외로 수출된다. 1997년 FBI는 빈라덴 측근인 와디 엘 하게의 일기를 압수했는데 이에 따르면 하게는 런던에서 밀수된 탄자나이트를 판매하는 일을 해왔다. 일기는 이 보석이 돈세탁과 빈라덴 네트워크의 자금 조달에 어떤 역할을 했는지 상세히 적어놓고 있다.[24]

인도적 원조 이용하기: 수단의 사례

돈 되는 천연자원이 없을 경우, 의사국가의 경제 체제는 주로 전쟁이 일으키는 온정적 지원에 의존한다. 이런 지원은 약탈적인 전시 경제로 지탱되는 무장 단체들이 서로 싸울 때 생겨난다. 이런 상황에서 무장 단체들은 전쟁을 악용해 희생자들에게 돌아가야 할 국제 원조를 중간에서 가로챈다. 수단의 경우 남부의 주민들은 북부의 정부에 의해 그들의 자산을 수탈당했다. 군부, 상인, 정치가로 이루어진 연합 세력이 이 부의 대부분을 차지했다. 자산 이전 정책의 구체적 실시 방법은 기근을 발생시키고 원조와 지원이 목적지에 도착하지 못하게 하는 것이다.

"남부의 궁핍한 주민들의 자립을 지원하기 위한 경제 자원은 결국 그것을 악용하는 단체들의 손에 들어갔다."[25]

남부의 주민들은 존 가랑이 이끄는 무장 단체인 수단인민해방군SPLA과 기타 수단 무장 단체들의 희생자다. 이들 무장 단체는 미국의 지원을 받아가며 카르툼 정부와 전쟁을 벌이고 있다.[26] SPLA는 해방군이라고 할 수는 없고 사실상 점령군이다. SPLA는 카르툼 정부와 똑같은 방식으로 주민을 착취하고 있다. 예를 들어 수단의 1998년 기근은 미국의 지원을 등에 업은 SPLA가 바르 알 가잘 지역에서 공세를 벌였기 때문에 촉발된 것이었다.[27] 로마 가톨릭 주교인 몬시뇰 캐사르 마촐라리는 SPLA가 수단 남부의 난민들에게 돌아가야 할 식량과 구호 물자의 65%를 가로챘다고 용감하게 비난하고 나섰다. 구호 사업가들의 말에 따르면,

"남부 수단의 반군 장악 지역에서 기근에 시달리는 1백만 난민들에게 돌아가야 할 구호 식량의 상당 부분이 SPLA의 손에 들어간다."[28]

주민들을 최대한으로 착취하기 위해 약탈 전시경제 체제를 운영하는 의사국가들은 경제적 협력 관계를 수립하기도 한다. 이 경우 무장 단체들끼리 주민을 최대한으로 착취하는 협약이 맺어지는데 시에라리온이 그런 경우다. SPLA가 어떤 마을에서 철수할 때 무기와 탄약을 남겨 놓고 가면 테러 그룹들이 그것을 이용해 마을을 초토화하고 현금을 약탈한다. 주민들은 집을 버리고 산속으로 도망

가서 마을은 텅 비게 된다. 테러 그룹이 철수하면 이번에는 또 다시 SPLA가 들어와 두 번째로 약탈하면서 반군이 가져가기 어려웠던 물건들을 챙긴다.[29] 이것은 의사국가들이 전쟁 상황에서 어떻게 살아남는지 잘 보여준다. 그 상황은 전리품이 전쟁 지속의 필수적 요소였던 중세의 전쟁을 연상시키는 것이다. 승리를 거둔 전사들은 전쟁 수행의 필요상 공공 재산을 제멋대로 압수한다. 바로 이것이 전쟁의 규칙인 것이다.[30]

전쟁 비용의 지불

새로운 전시경제의 1차적 희생자는 민간인이다. 메리 칼도가 그녀의 저서 『새로운 전쟁과 옛 전쟁New and Old Wars』에서 밝혔듯이, 20세기 초만 해도 전쟁 사망자의 85~90%가 군인이었다. 제2차 세계대전 중 사망자의 약 절반이 민간인이었다. 오늘날 전쟁이 터졌다 하면 사망자 중 50% 이상이 민간인이다.[31] 전쟁이 벌어지면 특정 지역을 장악하기 위해 반대 세력을 물리적으로 진압하는 수법이 동원된다. 휴먼 라이츠 워치(인권 감시 단체)는 이렇게 말했다.

"남부 르완다의 은야지쿠 코뮌 같은 데서 현지 관리들과 살인자들이 투치족을 살해하기 위해 '직장'에 나온다. 그들은 퇴근 때면 콧노래를 부르며 퇴근한다… 그들은 매일 출근했다. 투치족을 몰살하는 일이 완수될 때까지…"[32]

의사국가는 전쟁 중인 경제 단체이고 그들의 국제수지는 이런 현실을 잘 반영하고 있다. 무기와 탄약 비용이 제일 중요하고 지출에서 가장 많은 부분을 차지한다. 전에 스톡홀름 국제 평화 연구소의 무기 이전 프로젝트 국장이었던 아론 카프는 이렇게 말한다.

"경무기로 1만 명의 민병대를 무장시키는 데에도 1년에 약 7천 5백만 달러가 든다."[33]

이런 엄청난 비용을 감당하기 위해서는 합법적인 또는 은밀한 국가 지원이 필수적이다. 미국의 외교 정책은 합법적인 또는 은밀한 작전을 통해 무장 단체를 지원하는 것을 정책의 한 부분으로 생각한다. 1996년 클린턴 행정부는 에리트레아, 에티오피아, 우간다 등을 통해 SPLA에게 2천만 달러 이상의 군사 장비를 보냈다.[34]

이란도 이와 유사한 지원 행위를 하고 있는 또 다른 국가다. 1993년 파나마 국기를 달고 항해 중이던 한 선박이 지중해에서 나포됐다. 그 배는 여러 대의 지대지地對地 미사일, 2만 5천 정의 기관단총, 7백만 발의 탄약을 싣고서 이란에서 보스니아(의 무슬림 전사들에게)로 가던 길이었다. 그보다 1년 전에는 자그레브 공항에서 이란 보잉기가 억류됐다. 그 비행기는 수천 정의 기관단총과 40명의 이란 지원병을 태우고 있었다.[35] 보다 최근인 2002년에는 팔레스타인 점령 지역의 PLO에게로 수송 중이던 이란 무기 화물이 발각됐다. 아론 카프는 이런 추정을 내놓고 있다.

"1990년대 초 비국가 활동자, 폭동 단체, 소수 민족, 테러리스트 조직, 의사국가 등에 보내진 무기는 가치로 따져서 연간 25억 달러에서 30억 달러에 달한다."

은행과 금융 기관들도 간접적으로 무기 구매를 지원하는 일을 맡고 있다. 이라크인들은 무기 구입의 비용을 지불하기 위해 프랑스에서는 크레디트 리요네 은행, 미국과 이탈리아에서는 방카 나치오날 델 라보로BNL 은행을 이용했다. 이란-이라크 전쟁 동안 아틀란타 주 조지아에 있는 BNL 지점은 사담 후세인에게 돈을 빌려주어 군비를 증강하게 했다. 이 은행은 미국의 대對이라크 무기 지원 프로그램의 은밀한 창구가 되었다. 이라크는 이 은행을 통해 총 50억 달러를 빌려갔다. 아이러니컬하게도 미국 정부가 이라크 융자를 보증하는 바람에 미국 납세자들은 이라크가 결국은 떼먹은 일부 융자금을 대납해야 했다.[36]

또 스폰서 국가들이 무기 비용을 부담할 때, 테러의 국제수지상 비용이던 것이 나중에 자산이 되기도 한다. 1980년대 미국이 아프간의 무자헤딘에게 건네주었던 스팅어 미사일이 여기에 해당한다. 아프간의 험준한 지형에 무거운 스팅어 미사일은 맞지 않았으므로 사용되지 않았다. 그러나 여러 해가 지난 뒤 이 미사일은 암시장에서 원래 가격보다 10배가 높은 가격으로 팔렸다. 이란은 스팅어 미사일을 여러 대 사들였다가 1987년 페르시아 만에서 미국 해군 헬리콥터를 격추하는 데 사용하기도 했다. 이런 일이 재발하는 것을 방지하기 위해 미국 정부는 1990년대 중반 당초 가격이 대당 2만 3천 달러였던 스팅어를 10만 달러 이상을 주고 다시 사들이겠다고 제안했다. 하지만 이 가격은 20만 달러나 하는 암시장 가격에 크게 못 미치는 것이었고 그래서 미국은 사들이지 못했다.

암시장 거래자

암시장은 대부분의 의사국가와 무장 단체들이 무기와 탄약을 사들이는 곳이다. 아론 카프에 따르면 "전쟁이 있는 곳에 수요가 있다."[37] 그리고 수요가 있는 곳에 공급이 있다. 아이러니컬하게도 불법 시장의 주요 공급자 중 하나가 미국이다. 미국 기업들이 이런 암거래에 참여했다는 사례는 아주 많다. 예를 들어 로스앤젤레스의 한 무역회사는 87대의 헬리콥터를 북한에 밀수출했는데 이 헬리콥터들은 조금만 개조하면 군용으로 쓸 수 있는 것이었다. 이란―이라크 전쟁 동안 미국 내에 거점을 둔 한 밀수 단체는 미제 F―14 비행기와 부품들을 1천만 달러에 이란에 팔아 넘겼다. 1982년과 1988년 사이에 미국 세관, FBI, 기타 치안 단속 기관들은 약 6천 점의 미제 무기 및 군사 용품(총가치 5억 달러 상당)을 압수했는데 대부분 국외로 밀수하려던 것이었다.[38]

1990년대에 빅토르 부트는 전 세계의 의사국가와 무장 단체를 상대로 무기를 밀수출하고 잉여 소비에트 무기를 판매하는 조직망을 구축했다. 벨기에의 관계 당국에 따르면 구소련 시절의 배들로 구성된 빅토르 부트의 선단은 시에라리온의 RUF, 앙골라의 우니타, 르완다의 극단적인 후투 민병대 등에게 무기를 공급했다.[39] 보다 최근에 들어와 부트는 탈레반 정권에 무기를 대주는 주요 무기상의 하나가 되었다. 암시장의 무기 거래자들이 그렇게 하듯이 부트는 주로 물물교환에 의존한다. 시에라리온과 거래할 때는 현금 대신 다이아몬드를 받았고 아프간과 거래할 때는 마약을 받았다.[40]

이라크 석유, 아프간 마약, 우크라이나 무기의 밀수

후원 국가가 없거나 반대로 후원 국가의 은밀한 지원을 받을 때 의사국가와 테러 그룹은 국제 사회의 금수 조치나 제재 조치를 피해 가며 고가의 무기를 구입하기 위해 밀수를 한다. 영국 정부에 따르면 사담 후세인은 연간 20억 달러 규모의 불법 석유 판매 대금으로 생화학 무기와 재래식 무기를 많이 사들였다. 석유는 인근의 아랍 국가와 이슬람 국가들을 통해 밀수된다. 무려 500개 이상의 회사들이 석유 대 무기 교환 거래에 뛰어들었다.[41]

의사국가의 전시경제는 종종 '강력한' 밀수 산업을 구축하는 능력에 성패가 달려 있다. 예를 들어 아프가니스탄은 지난 20년 동안 밀수 덕분에 생존해 왔다. 그 결과 밀수업이 국내 산업과 수출업을 대체하게 되었고 상당수 주민들에게 생계 수단을 제공했으며 나아가 소규모 단체에게는 부를 축적할 수 있는 기회를 주었다. 한 가지 제품이 밀수입되면 다른 제품이 밀수출되는 쌍방 밀수가 가장 흔한 방식이다. 아프가니스탄에서는 마약 대 무기 교환 거래가 가장 인기 높다.

경제의 법칙에 따라 이웃 나라의 노련한 밀수업자들은 아프간의 마약 사업에 커다란 매력을 느꼈다. 대표적인 밀수업자로는 아흐바즈 출신의 아랍계인 만수르 샤하브 같은 자가 있는데 그는 이란의 비적 출신이면서 전문 밀수꾼으로 뛰고 있다. 1996년 샤하브는 어떤 아랍—아프간을 만나 150정의 칼라슈니코프 소총과 마약을 맞바꾸었다. 그 아프간인은 그에게 아프간을 한번 방문해 달라고 초청했고 샤하브는 그 초청을 계기로 탈레반 정권에게 강력한 밀수 루트를 개발해 주었다. 그의 밀수 루트는 이라크—이란 국경을 가로지르는데 샤하브와 비적단은 마약에서 전자제품, 무기, 탄약에 이르는 모든 물건을 밀수하고 있다.[42]

압류를 피하기 위해 밀수꾼들은 가장 교묘한 수법을 사용한다. 예를 들어, 이란 사막을 건너기 위해서 아편에 중독된 낙타들을 이용한다. 그 낙타들은 그 누구의 안내도 받지 않고 혼자서 특정 지점까지 밀수품을 등에 싣고 걸어간다.[43] 밀수 루트는 '테러의 신경제'의 동맥이다. 그 루트는 테러의 현행 계좌에 끊임없는 현금, 물자, 이민자를 공급한다. 과거의 실크로드처럼 밀수꾼들은 캐러반 caravan(사막의 대상隊商이나 순례자 등의 여행자단)을 형성해 문명의 고속도로에서 멀리 떨어진 적대적인 지역을 통과하기도 한다.

공급 측면에서 본다면 소비에트 연방의 해체는 무기의 국제적 밀거래를 활성화시켰다. 무기의 수요와 공급을 조정해주던 소비에트 중앙정부가 사라지면서 연방의 3대 무기 생산국—러시아, 우크라이나, 벨라루스—은 새로운 시장을 찾아 나서야 했다. 2001년 이 세 나라는 50억 달러어치의 무기를 수출했는데 이 수치는 은닉된 불법 거래 액수는 포함하지 않은 것이다. 러시아는 중국이나 인도 같은 대형 고객들에게 무기를 공급하는 좋은 위치에 있지만 다른 두 국가는 그렇지 못해서 의사국가들로부터의 수요에 의존해야 했다. 그리하여 우크라이나는 시에라리온의 RUF에 무기를 공급하는 주요 납품업자가 되었다. 우크라이나 무기는 합법적인 국가인 라이베리아나 부르키나파소로 선적된 후 이 나라에서 다시 시에라리온으로 밀수된다. 게다가 구소련 시절의 남아 있던 무기와 탄약들이 불법 시장에 흘러넘친다. 지난 10년 동안 '테러의 신경제'에서는 무기 공급이 달리는 적이 없었다. 오히려 늘어나는 공급이 수요를 더욱 촉진시켰다.

　무장 단체의 국제수지 분석은 의사국가와 무장 단체들이 얼마나 활발하게 경제 활동을 벌이고 있는지 보여준다. 그중 일부 활동은 테러를 지원하는 전시경제와 직접 관련이 있다. 다른 활동은 범죄 활동과 관련 있고 그중 합법적인 경제 활동은 얼마 되지 않는다. 하지만 그 모든 활동이 '테러의 신경제'에 편입되고 있으며 이 신경제는 전통적이고 합법적인 경제 체제와 나란히 달리고 있는 것이다. 이제 마지막으로 이런 질문을 물어야 할 때가 됐다. 이 불법 경제 체제는 어느 정도 규모며 세계 경제와 어느 정도 중복되는가?

17 테러 신경제의 세계화

"만약 미국이 두 거룩한 모스크의 아들들과 싸우게 된다면 그들은 베트남 전쟁의 공포는 아무것도 아님을 알게 되리라."

– –

오사마 빈라덴 알 자지라al Jazeera 텔레비전 채널에서, 2001년 12월 21일

2001년 11월, 아프간의 미래를 논의하기 위해 독일 본에서 열린 국제 회의에서 하미드 카르자이가 임시 총리로 선임됐다. 그때 이래 탈레반 정권에 대항해 싸운 그의 애국적 전력에서부터 멋진 복장 스타일까지 그에 대한 기사가 많이 났다. 그러나 1990년대에 카르자이가 투르크메니스탄에서 서부 아프간을 경유해 파키스탄에 이르는 중앙아시아 가스 파이프라인 공사를 놓고 탈레반 정권과 협상했다는 사실을 기억하는 사람은 거의 없다. 그 당시 그는 캘리포니아에 본사를 둔 정유 회사 유노칼의 고문 겸 로비스트로서 아프간을 관통하는 파이프라인 건설 권리를 협상하고 있었다. 또 카르자이가 무자혜딘 전사로서 반소 지하드 동안 파슈툰 두리 부족의 지도자였다는 사실을 기억하는 사람은 더더욱 없다. 1990년대 초, 그

는 ISI에 아는 사람이 많은 덕분에 미국으로 건너갔고 거기서 탈레반의 정치적 모험을 지원하는 CIA와 ISI에 적극 협조했다.[1]

새로 구성된 아프간 정부에 조지 부시 대통령 특사로 나선 사람은 또 다른 전 유노칼 직원이었던 잘마이 칼릴자드라는 사람이었다. 그는 1997년에 중앙아시아 가스 파이프라인을 건설하는 데 따른 위험을 자세하게 분석한 보고서를 내놓았다. 칼릴자드는 유노칼의 로비스트로 일한 적이 있기 때문에 카르자이를 아주 잘 알았다.[2] 반소 지하드가 한창 진행 중이던 1980년대에 레이건 대통령은 칼릴자드를 국무부 특별 고문으로 임명했다. 이 칼릴자드의 영향력 때문에 미국은 무자헤딘에게 보내는 군수 물자의 선적을 촉진할 수 있었다.

중앙아시아 파이프라인

카르자이와 칼릴자드가 유노칼을 위해 탈레반 정권과 협상을 벌이고 있을 때 물라 오마르는 샤라아 율법의 이점을 설교하고 있었다. 아프간 여자들은 사회생활에 참여해서는 안 된다는 것이었으며 바미얀에 있는 붓다의 오래된 석상을 파괴하는 계획이 은밀히 진행되고 있었다. 서방은 세기의 거래가 진행 중인 상황이었으므로 탈레반 정권의 후진성과 잔인함쯤은 눈감아줄 수 있었다. 유노칼은 '그레이트 게임Great Game'의 오랜 역사에서 새로운 챕터를 막 쓰려 하고 있었다. 빅게임과 같은 뜻의 그레이트 게임이라는 말은 영국 소설가 러드야드 키플링이 『킴Kim』이라는 작품에서 불후의 명언으로

남겨놓은 것이었다.[3]

세계에서 가장 매장량이 풍부한 유전과 가스전의 하나가 아프간 북부,[4] 카스피 해의 동안東岸에 위치해 있었다. 그 지역은 중앙아시아 공화국들의 영토에 속해 있었다. 이 유전을 국제 시장과 연결하는 가장 값싼 방법은 이란을 관통하는 파이프라인을 놓는 것이었다. 이란의 해안에서는 석유와 가스가 기존의 이란 네트워크를 통해 수송될 수 있었다. 그러나 미국 회사들은 이란−리비아 제재법 ILSA에 의해 이 두 나라와 상업적 거래를 하는 것이 금지되어 있었다. 그보다 긴 거리인 아프간−파키스탄(해안) 루트는 비용이 더 들기는 하지만 미국에게는 상당히 이로운 루트였다. 워싱턴이 적개심과 분노를 느끼는 이란과 거래해야 할 필요도 없고 미국과 그 파트너들이 새로운 에너지원을 장악한다는 이점이 있었다. 그래서 1990년대 중반부터 미국인들은 이 루트를 추구해 왔다. 아메드 라시드는 이렇게 썼다.

"파이프라인 거래에 서명하려는 탈레반(운동)의 적극적이고 과감한 태도에 감명을 받은 미국 국무부와 파키스탄의 ISI는 타지크족이 주축인 북부동맹을 상대로 싸우는 탈레반에 무기와 자금을 대주기로 동의했다. 1999년까지 미국의 납세자들은 탈레반 정부 관리들의 연봉을 전액 대주는 꼴이었다."[5]

유노칼 계약은 워싱턴에서 '실크 루트의 전략'이라고 알려진 보물 중의 보물이었다. 이 정책은 아시아 파이프라인에서 러시아의 배제를 추구했다. 이 에너지 고속도로는 카스피 해 분지에서 서쪽으로 달려 나가고 다시 중앙아시아에서는 남동쪽을 향해 달리게 되

어 있었다. 또한 이 지역에 강력한 거점을 구축함으로써 미국은 이
란과 중국을 이 지역의 에너지 사업에서 성공적으로 배제할 수 있
었다. 그렇지 않아도 워싱턴은 이 두 나라가 중앙아시아 공화국들
을 도와서 공화국에 정유 회사를 세우도록 하는 것이 아닌가 우려
했었다. 탈레반이 정권을 잡기 몇 달 전, 전 남아시아 담당 미국 국
무부 차관보 로빈 레이플은 유노칼 프로젝트에 이해 관계가 있는
나라들 사이에서 활발하게 셔틀 외교를 펼쳤다. 그녀와의 회의에
몇 번 참석했던 전 아프간 정부의 관리는 이렇게 말했다.

"로빈 레이플은 유노칼 파이프라인의 얼굴이었습니다…그 프
로젝트는 새로운 에너지원을 찾는다는 것 이외에 이 지역에 대한
미국의 전략적 이해와도 맞아떨어졌습니다. 그것은 천적天敵 이란
을 배제하고 테헤란 정부가 구상하던 라이벌 파이프라인을 죽여 버
린다는 것이었습니다."[6]

탈레반 정권의 등장은 미국과 그 무슬림 파트너인 파키스탄과
사우디아라비아가 합작한 결과였다. 이슬라마바드와 리야드의 개
입은 9장에서 논의된 이슬람 식민화 정책의 일환이었지만 워싱턴
의 동기는 순전히 경제적인 것이었다. 중동 문제를 전적으로 연구
하는 문화인류학자인 브라운 대학의 윌리엄 비먼 교수가 지적한 바
와 같이, "미국의 탈레반 지원은 종교나 인종과는 아무런 관련이
없고 순전히 석유 경제와 관련된 문제였다."[7]

유노칼 콘소시엄은 아프간이 서로 다투는 군벌들 사이에서 분
열되어 있는 한 파이프라인 건설은 무망한 얘기라고 생각했다. 45
억 달러짜리 공사를 수행하려면 정치적 안정이 무엇보다 필요했다.

미국은 탈레반 정권이 그런 목적을 달성하기에 가장 알맞은 체제라고 보았다. 그래서 탈레반이 1996년 카불을 정복하자, 미국은 탈레반이 그 나라를 장악하기 위해 사용한 무자비한 방법에 대한 비판을 자제했다. 그 대신 미국은 아프간에 샤리아 율법을 도입하는 데 대해 아무런 반감도 없다고 선언했다. 상원의 근동 및 남동 해외관계소위원회 의장인 행크 브라운 상원의원도 미국 정부의 그런 선언에 화답하고 나섰다.

"지금까지 발생한 일의 좋은 부분은 파벌들 중 하나(탈레반)가 아프간에 새로운 정부를 구성할 능력이 있어 보인다는 것이다."[8]

미국 자본주의와 이슬람 근본주의의 합작은 탈레반 정권의 창출에만 한정된 것은 아니었다. 그것은 새로운 정권으로부터 이권을 얻어내려는 사업에까지 확대됐다. 새로 구성된 이슬람 정부와의 협상력을 높이기 위해 유노칼은 사우디아라비아 델타 오일 코퍼레이션을 끌어들여 센트가스라는 콘소시엄을 만들었다. 델타 오일은 빈 마푸즈bin Mahfouz 가문과 알 아무이디al Amouidi 가문(오사마 빈라덴의 가문과 강한 연계를 갖고 있는 가문)의 소유였다. 칼리프 빈 마푸즈의 여동생이 오사마 빈라덴의 여러 아내 중 하나였다. 마푸즈는 빈라덴 측근들이 프론트(앞잡이)로 사용하는 자선 기관에 마푸즈 가문 소유의 은행인 NCB를 통해서 후원금을 냈다.

아이러니컬하게도 이 센트가스 콘소시엄을 통해 빈라덴과 가까운 사람들이 부시 가문과 가까운 사람들과 함께 일하게 되었다. 중앙아시아 파이프라인 공사는 미국 정유 재벌인 엔론(2002년 도산 신청)에 의해 수행됐다. 엔론의 CEO인 켄 레이는 부시 가문의 오래된 친구였고, 당시 미국 국방장관인 도널드 럼스펠드는 엔론의 대주주였다. 전 엔론의 부회장이었던 토마스 화이트는 조지 부시 행정부의 육군 장관이다.

"센트가스 계약의 가장 큰 수혜자는 미국의 대형 파이프라인 건설 업체인 핼리버튼이 될 판이었다. 당시 이 회사 역시 중앙아시아의 유전에 눈독을 들이고 있었는데, 그 회사의 회장은 당시 미국 부통령인 딕 체니였다."[9]

센트가스 계약은 결실을 맺지 못했다. 탈레반 정권은 계약을 마무리 지을 능력이 없었고 그 정권의 착취적인 성격이 널리 알려지면서 계약이 성사되지 못했다. 탈레반은 그 이전 몇 년 동안 두 정유 회사를 상대로 동시에 협상을 진행해 왔다. 한 회사는 아르헨티나의 브리다스였고 다른 회사는 유노칼·센트가스였다. 두 회사는 탈레반에게 선물과 돈을 안겼고 그들의 환심을 사기 위해 탈레반 대표단을 미국에 초청했다. 한 번은 탈레반 대표단이 텍사스에서 유노칼의 고위 중역을 만난 적이 있었다. 파티, 만찬, 현지 쇼핑센터 방문 등이 계획됐다. 그 당시 유노칼 직원이었던 잘마이 칼릴자드는 탈레반과 손잡으라며 클린턴 행정부에 로비하고 있었다.[10] 언론들도 미국 관리들과 아프간 지도자들 사이의 '비공식적' 회의를 보도했다. 「가디언」은 이렇게 썼다.

"고위 탈레반 지도자들이 1996년 중반, 워싱턴의 회의에 참석했고 미국 외교관들도 정기적으로 탈레반 본부를 방문했다."[11]

하지만 이런 보도는 별로 관심을 끌지 못했다. 그 거래의 커다란 장애는 아무래도 정치적인 것이었다. 탈레반은 백악관이 탈레반을 공식 인정해 그들의 통치를 구체적으로 지지해 주기를 요구했다. 하지만 미국 정부는 그렇게 하기가 어려웠다. 미국 여성 단체들이 미국 의회와 미국인들을 상대로 아프간의 비인간적 여성 학대에 대해 사회적 압력을 가하는 바람에 탈레반 정권의 잔인성이 미국인들에게 널리 폭로됐다. CNN은 이렇게 보도했다.

"미국은 탈레반과 좋은 관계를 원하지만 아프간 여성들이 그토록 학대받는 상황에서 그것을 노골적으로 추구할 수는 없다." [12] 그럼에도 불구하고 파이프라인 협상은 빈라덴 측근이 아프리카의 미국 대사관 두 군데를 폭파한 1998년까지 계속됐다. 하지만 그 후 협상은 중단됐다. 클린턴이 아프간의 빈라덴 은신처로 추정되는 곳에 크루즈 미사일을 발사했고 그래서 오일 로비스트들은 파이프라인 협상은 더 이상 진행하기 어렵다는 결론을 내렸다.

석유 경제학

클린턴이 빈라덴과 탈레반 정권에 대해 호전적 태도를 취했다고 해서 미국 정부의 외교 정책이 바뀐 것은 아니었다. 미국의 기업들은 이슬람 폭동을 지원하는 사람들과 계속 사업했다. 특히 석유 산업은 밀접한 경제적 이해를 가진 소수의 미국 회사들과 사우디아라비아 가문들에 의해 운영됐다. 그런 가문들 중에 부시 가문, 빈라덴 가문, 오사마 빈라덴의 사우디아라비아 스폰서들 등이 있었다. 이런 가문들 사이의 유대 관계는 오래전으로 거슬러 올라간다. 1979년 조지 부시가 텍사스 석유 기업의 빅 리그에 들어가려고 애를 쓰고 있을 때, 가문의 친구인 제임스 배스로부터 5만 달러를 받았다. 부시의 회사 아르부스토 에너지의 주식 5%와 맞교환하는 조건이었다. 그 당시 제임스 배스는 오사마 빈라덴의 형이며 빈라덴 가문의 우두머리인 살렘 빈라덴의 미국 내 사업을 대표하고 있었다. 몇 년 동안 조지 H. W. 부시는 칼라일 그룹의 수석 고문으로 지냈다. 칼라일 그룹은 워싱턴에 본사를 둔 상업 은행으로서 국방 산업과 항공 산업의 주식 매수를 전문으로 하는 은행이었다. 레이건 정부와 부시 정부의 전 각료들도 칼라일 그룹의 고문을 지냈다. 전 국무부장관 제임스 베이커나 전 국방장관 프랭크 칼루치가 그러하다. 그 외에 전 영국 총리 존 메이저, 전 필리핀 대통령 피델 라모스, 전 타이 총리 아난드 판야라춘도 고문이었다. 칼라일 그룹의 투자자로는 빈라덴 가문 등 사우디아라비아 엘리트들이 많이 있는데 빈라덴 가문은 9·11 테러 이후 칼라일 그룹의 주식 지분을 매도했다.

조지 부시가 대통령에 선출되자 유노칼과 BP-아람코(이 그룹은 그동안 아르헨티나의 경쟁 석유 회사인 브리다스를 사들였다)는 부시 행정부에 로비를 시작했다. 사실 부시 행정부에는 전에 이 그룹의 직원이었던 사람들이 많이 진출해 있었다. 유노칼은 부시가 자기들을 지원하리라는 것을 알고 콘소시엄 협상을 재개했다. 2001년 1월, 유노칼은 탈레반 정권과 협상을 재개했고 그 과정에서 부시 행정부의 국무부 차관보인 리처드 아미티지의 지원을 받았다. 아미티지는 전에 유노칼의 로비스트로 일한 바 있었다. 탈레반도 그들의 미국 내 홍보 담당 책임자로 레일라 헬름스를 지명했다. 레일라 헬름스는 전 CIA 국장에 전 주 이란 미국 대사를 지낸 리처드 헬름스의 조카였다. 2001년 3월, 헬름스는 물라 오마르의 고문관인 라마툴라 하사미를 워싱턴으로 초청하는 데 성공했다. 그는 탈레반 지도자가 조지 부시에게 주는 선물로 양탄자를 가지고 오기까지 했다.[13] 2001년 8월, 파이프라인 사업을 논의하기 위해 파키스탄에서 회의가 열렸다. 8월 2일, 이슬라마바드에서 열린 회의에서 미국 국무부 아시아 문제 담당자인 크리스티나 로카는 탈레반 정권의 파키스탄 대사 압둘 살람 자이프를 만났다.

이런 협상이 진행되는 중이었지만 미국은 아프간 침공을 은밀히 계획하고 있었다. 부시 행정부와 석유 스폰서들(석유 회사들)은 점점 탈레반 정권에 대해 인내심을 잃어가고 있었다. 그들은 중앙아시아의 가스 파이프라인 공사가 조속히 시작되기를 바랐다. '실크 루트의 전략'은 속개됐다. 미국 학자, 언론인, 지식인들은 백악관의 새로운 접근 방법을 비난했다. 2000년 12월, 존 홉킨스 대학의 중앙아시아 연구소 소장인 프레데릭 스타는 이렇게 썼다.

"미국은 아프간에 대해 강력한 군사적 제재를 가해야 한다고 촉구하는 러시아 정부의 매파들과 동맹하면서 빈라덴을 색출하기 위한 새로운 침공을 검토하고 있다."[14]

역설적이게도 9 · 11 테러는 워싱턴에 아프간을 침공해 친미 정권을 세울 빌미casus belli(개전 사유)를 주었다. 미군의 아프간 침공이 시작된 지 몇 주 후 파키스탄의 두 이슬람 정당 지도자들은 물라 오마르와 협상해 빈라덴을 파키스탄으로 축출시킨 뒤 9 · 11 테러에 대한 재판을 받도록 하겠다는 제안을 해왔으나 미국은 그것을 거부했다.[15] 그보다 앞선 1996년 수단의 국방장관 엘파티 에르와 소장은 미국 관리들에게 당시 수단에 거주하던 빈라덴을 축출하겠다는 제안을 했으나 미국 관리들은 역시 거절했었다. 그 대신 미국 관리들은 에르와 소장에게 빈라덴이 자발적으로 수단을 떠나도록 해달라고 말했다. "하지만 소말리아로 보내지는 마세요"라고 그들은 덧붙였다. 1993년 소말리아에서, 18명의 미군 병사가 알 카에다 지지자들이 벌인 거리 폭동에서 사망했다. 미국은 빈라덴이 소말리아에 체류하는 것이 혼란을 더욱 부채질하지 않을까 우려했다. 에르와 장군이 빈라덴은 아프간으로 다시 갈 거라고 알려오자 미국은 "가도 좋다"고 대답했다. 혹시 미국은 빈라덴을 재판정에 세울 의사가 없는 것은 아닐까? 빈라덴이 비밀을 너무 많이 알고 있어서 곤란한 것일까? 고어 바이덜은 이렇게 보고 있다.

"아프간 정복은 오사마 빈라덴과는 아무런 상관이 없다. 빈라덴은 단지 탈레반을 밀어내고 다른 안정된 정권을 세우기 위한 구실에 불과하다. 이런 정권이 있어야 캘리포니아의 유니온 오일(유노칼)이 파이프라인 공사를 할 수 있는 것이고 그래야 체니−부시 일당에게 이익이 돌아가는 것이다."[16]

바이덜의 견해는 진실에서 그리 멀리 떨어진 것이라 할 수 없다. 임시 정부 내에서 카르자이의 역할은 파이프라인 사업에 참가하는 미국 정유 회사들의 이익을 조정해주는 것이었다. 칼릴자드도 유사한 역할을 했다. 두 조그만 정유 회사인 체이스 에너지와 카스피안 에너지 컨설팅은 이미 투르크메니스탄과 파키스탄 정부로부터 파이프라인 협상을 재개해도 좋다는 허가를 받았다. 두 회사는 정체를 밝히지 않는 대규모 회사의 대행사였다. 이런 기이한 상황과 관련해 카스피안 에너지 컨설팅의 사장인 에스 로브 소바니가 한때 BP-아람코 회사에 중앙아시아[17] 컨설턴트로 일했다는 사실은 하나의 단서가 될 수 있을 것이다.

미국 외교정책의 경제학

유노칼 콘소시엄 스토리는 '합법적인' 사업의 영역 내에서도 전통적 경제와 의사국가 경제 사이에 어느 정도 상호 작용이 존재한다는 것을 보여준다. 이러한 상호 작용은 의사국가의 특징(정치적 지위가 없음)을 감안하면 불가능한 것이나 실제로는 벌어지고 있는 것이다. 미국은 탈레반 정권을 인정하기를 거부했으나 중앙아시아 파이프라인 건설 공사와 관련해 고위층과 지속적으로 협상을 벌였다. 탈레반 정권이 미국 정유 회사들로 하여금 그레이트 게임(빅게임)에서 우위를 잡게만 해준다면 미국 행정부는 탈레반의 여성 학대, 인권 침해, 잔인한 통치 방식 따위는 눈감아 줄 생각이었다.

　냉전 이후의 시대에 국제적 균형과 안정의 문제보다는 미국 기업의 경제적 이익 때문에 미국의 외교 정책은 의사국가를 수용하는 쪽으로 기울었다. 원칙과 이상이라는 프로파간다 뒤에서 워싱턴과 무장 단체를 낀 의사국가 사이의 거래 관계가 설정됐다. 오로지 경제적 이익이라는 단순한 원칙을 위해서 말이다.

　클린턴 행정부와 수단과의 관계는 경제가 정치를 지배하는 좋은 사례다. 1997년 11월, 워싱턴은 이슬람 무장 단체들의 훈련 캠프를 아직도 유지하고 있는 카르툼 체제에 경제 제재를 부과했다. 아라비아고무를 수입하는 다수의 미국 단체들은 그 제재 조치에 반대하면서 예외 경우를 인정해 달라고 요구했다. 이런 단체들 중에는 미국신문협회, 미국청량음료협회, 미국식품가공협회, 미국야채재배협회, 일반(병원 처방이 필요 없는)약품협회 등이 있었다.[18]

이런 협회에 소속된 회사들은 카르툼의 검 아라빅 회사로부터 수입하는 아라비아고무를 사용했다. 그런데 그것은 오사마 빈라덴이 소유한 회사였고 수단 정부도 30%의 주식을 갖고 있었다. 수단은 세계 최대의 아라비아고무 수출국이고 미국은 최대의 소비국이다. 이처럼 최대 소비국이기 때문에 미국 수입 업체들은 더 높은 가격을 지불하는 두 번째 수입 국가인 프랑스 업체들보다 더 좋은 대접을 받는다. 미국이 자국 회사들을 상대로 내린 금수 조치는 해당 회사에 심각한 결과를 가져올 것이 분명했다. 차드나 나이지리아의 제품은 질이 떨어져서 수입할 수 없기 때문에 미국 업체들은 프랑스 업체들로부터 훨씬 높은 값에 되사들여야 할 판이었다. 수입 업체들은 맹렬한 로비를 펼쳤고 결과적으로 아라비아고무는 클린턴 대통령의 경제 제재 리스트에서 제외됐다. 그 결정을 정당화하기 위해 국무부는 이런 성명을 발표했다.

"우리는 빈라덴이 수단에서 들어오는 아라비아고무 사업을 통제하고 있다는 정보를 갖고 있지 않다."[19]

따라서 검 아라빅 회사와 미국 회사들 사이의 거래는 1998년 여름에 평소와 다름없이 계속됐다. 클린턴이 아프간을 향해 크루즈 미사일을 날리는 상황에서도 말이다.

워싱턴의 대對사우디아라비아 정책도 위와 유사한 제약을 받고 있다. 미국은 사우디아라비아 석유에 크게 의존하고 있기 때문에 석유파동 이후 사우드 왕가가 계속 세계 최대 매장량의 국가를 통치하도록 지원해 왔다. 이처럼 석유 때문에 사우디아라비아의 현 정권을 옹호하다 보니 사우디아라비아 엘리트와 이슬람 무장 단체 사이의 점점 친밀해지는 관계도 모른 체했다. 미국만 안전하다면 그런 정책쯤은 문제 삼지 않을 수 있다는 것이었다.

9·11 테러 이전에 FBI는 테러 그룹과 연계를 맺고 있는 무슬림 단체인 무슬림청년세계회의WAMY를 수사하려 했으나 하지 못했다. 이 단체에는 오사마 빈라덴의 형제인 압둘라 빈라덴과 오마르 빈라덴이 참여하고 있었다. 이들 중 압둘라는 이 단체의 미국 지부장이었다. WAMY는 1972년 '서구의 부패한 사상'을 막아낸다는 목적으로 설립됐는데, 2002년에 이르러 34개국에 450개의 지부를 운영했다. 1990년대 초에 이 단체는 사우디아라비아 기부금을 급진 이슬람 단체에게 보내는 채널 역할을 했다. 이 기관의 산하에는 인도학생이슬람운동이라는 조직도 있는데 이 조직은 카슈미르의 이슬람 무장 단체를 지원하면서 인도를 이슬람 국가로 만들려고 애쓰고 있다.[20] 1990년대 후반에 필리핀 군부는 WAMY가 이슬람 폭동에 재정을 지원한다고 비난했다. 그러나 FBI가 WAMY와 그 사우디아라비아 연계를 파헤치려 하면 그때마다 행정부에 의해 제동이 걸렸다. 미국 국가안보 전문가인 조 트렌토는 이렇게 말했다.

"FBI는 이 사람들을 조사하려고 했어요… 하지만 허가가 떨어지지 않았습니다."[21]

조지 부시가 당선되면서 그런 제약은 더욱 강화되어 FBI 요원들에게 공공연하게 "물러서라"는 지시가 내려올 정도였다.

오늘날 미국은 더 이상 안전하지 않다. 정치적 폭력은 미국의 국경 밖에서 벌어지는 문제라는 환상은 깨졌다. 워싱턴이 이슬람 무장 단체를 미국 쪽에 유리하게 조종할 수 있다는 환상도 역시 사라졌다. 이제 남아 있는 것은 미국인들의 석유 의존도가 여전히 높다는 사실뿐이다. 이런 의존도가 지속되는 한, 워싱턴의 외교 정책은 텍사스의 석유 이익 단체에 휘둘릴 가능성이 높다.

이러한 현실의 명백한 증거는 9 · 11 테러 이후에도 사우디아라비아 엘리트들은 백악관의 보호를 계속 받고 있다는 사실이다. WAMY의 계좌는 동결되지 않았고 빈라덴 가문의 가족들은 전세 비행기에 올라 그들의 고국인 사우디아라비아로 무사히 돌아가 미국의 조사를 면제받았다. 미국이 사우디아라비아 체제를 비판하는 데에는 9 · 11 이후 1년이 걸렸고 그것도 사우디아라비아 정부가 이슬람 테러에 개입했다는 명백한 증거가 나올 때에만 사우디아라비아 정부를 비판했다. 그리고 부시 행정부가 사우디아라비아에서 미군을 빼내는 데에는 또 다시 1년이 걸렸다. 그것은 이라크의 매장량 풍부한 유전을 확보한 후에 내린 조치다.

아시아의 전자제품 밀수

일부 미국 기업들, 이슬람 국가들, 의사국가들 사이의 상호 의존도
는 '불법 사업'의 분야에서 특히 강하다. 예를 들어 의사국가들은
새로운 시장 개척에 혈안이 되어 있는 다국적 기업들에게 매력적인
소비재 창구를 제공한다. 밀수는 이러한 사업 관계의 좋은 사례다.
작고한 대니얼 펄에 따르면 소니SONY는 이 지역을 상대하는 마케
팅 전략의 일환으로 아시아의 밀수 네트워크를 사용한다. 밀수 경
제학의 바탕은 개발도상국가 정부가 부과하는 높은 수입 관세와 무
역 장벽을 피하는 것이다. 파키스탄의 경우, 정식 수입된 21인치 소
니 베가 텔레비전의 가격은 거의 500달러다. 똑같은 물건이 밀수로
들어오면 25% 싸다. 하지만 소니는 정식 수입업자든 밀수업자든
가리지 않고 개당 똑같은 돈(약 220달러)을 받는다. 따라서 밀수품
이 더 잘 팔리고 수요도 높은 것은 당연하다. 1996년까지 50만 대의
텔레비전이 파키스탄에 밀수됐는데 그중 70%가 소니였다.[22] 파키
스탄 전자제품협회에 따르면, 1997년 밀수 텔레비전 2대당 정식 수
입 텔레비전 1대꼴이었다. 밀수 전자제품은 대부분 걸프 지역의 도
매점으로부터 오는 것이었다.

　"두바이에 있는 소니 지정 대리점은 무역 업자들에게 텔레비
전을 판매한다. 그들은 이 물건을 이란의 반다르아바스 항으로 보
낸다. 여기서 일부 물건은 북동쪽으로 흘러가 헤라트 근처의 아프
간 국경으로 가고, 남동쪽으로는 고속도로를 타고 칸다하르나 잘라
라바드로 간다. 그 다음에는 페샤와르 근처의 키베르 고개를 통과

해 불법으로 파키스탄에 들어간다."[23]

파키스탄의 대리점은 두바이의 소니 대리점이 파키스탄 시장에 밀수품과 애프터서비스를 제공한다고 확인했다. 1997년 소니는 파키스탄에서 그 어떤 제품도 수입하거나 조립한 적이 없지만 애프터서비스를 보장했다. 라호르에 있는 데이터 엘렉트로닉스 회사는 소니의 보장 아래 중동에서 팔리고 파키스탄에서 사용되는 제품에 대한 사후 수리를 제공한다. 이 회사는 소니로부터 밀수 텔레비전을 수리해준 대가를 정기적으로 환불받고 있다.[24]

범죄에서 나온 돈

물품의 밀수는 의사국가들의 범죄 경제와 합법 경제 사이에 존재하는 긴밀한 관계 중 한 가지 양상일 뿐이다. 그 외에 불법적인 자본 유출, 조세 포탈, 각종 범죄 행위들도 있다. 세계화는 조직 범죄단과 무장 단체에게 국제 간의 경제 인프라를 공유하는 기회를 제공했다. 앞의 여러 장에서 설명했던 이슬람 은행, 해외의 조세 보호처, 의사국가 경제 체제 등이 그런 기회다. 서방의 돈세탁 기관들도 하나의 기회이기는 마찬가지다. 이런 것들은 모두 국제적인 불법 경제의 한 부분이다.

마약, 무기, 물품, 사람 등을 조직적으로 거래하는 것이 '범죄 경제'라고 정의할 수 있는 이 경제의 큰 부분을 차지한다. 마약은 연간 약 4천억 달러의 매출을 올린다. 사람, 무기, 물건(예를 들어 석유나 다이아몬드)의 밀수도 연간 약 1천억 달러의 규모다. 이 돈의 90%는 그런 행위가 발생하는 나라의 밖에서 세탁된다. 마약 사업에서 올리는 4천억 달러 중 겨우 14억 달러만이 생산국에 그대로 남는다.[25] 워싱턴의 국제정책센터의 수석 펠로며 돈세탁 전문가인 레이먼드 베이커는 난폭한 범죄에서 나온 돈의 대부분이 서방 특히 미국에서 세탁된다고 말한다.

"해외에서 큰 자금이 들어오면 미국 은행들은 '묻지마, 말하지 마' 정책을 취하는 경우가 빈번합니다. 미국 재무부는 이렇게 들어온 범죄적 자금의 99.9%가 받아들여져 안전한 계좌에 예치된다고 추산하고 있습니다. 이것은 슬픈 사실입니다. 하지만 미국 은행들은 서로 모순을 일으키는 미국 법규와 정책의 우산 아래에서 일을 하다 보니 불법 자금이라는 것을 의심하면서도 받아들이게 되는 겁니다."[26]

불법 자본 유출

국제 불법 경제의 또 다른 요소는 불법 자본 유출이다. 이것은 들키지도 않고 기록되지도 않은 채 이 나라에서 저 나라로 불법적으로 움직이는 돈이다. 이런 자본은 조세 포탈, 뇌물과 착복, 가짜 서류에 의한 소득, 기타 부정한 거래 등으로 조성된 것이다. 불법 경제가 국제화함에 따라 자본 유출은 그 돈이 흘러나온 나라의 국내 경제에 치명적인 효과를 미친다. 나라의 돈이 해외로 계속 빠져나가니 국내 경제가 온전할 리 없다. 레이먼드 베이커에 따르면 아프리카 전체 부의 약 40%가 해외로 이전되었으며, 러시아의 경우 1990년대에 2천억 달러에서 5천억 달러에 달하는 돈이 해외로 빠져나갔다. 이런 불법 자본 유출의 좋은 사례로는 시에라리온을 들 수 있다. 연간 다이아몬드 밀수로 벌어들이는 2천 5백만 달러에서 1억 2천 5백만 달러 사이의 돈이 통일혁명전선RUF의 무기 자금과 밀수 파트너들의 이익으로 돌아간다. 이 돈이 국내 경제를 위해 재분배되는 일은 거의 없다.

자산 이전도 불법 해외 유출의 또 다른 사례다. 2001년 약 680억 달러가 아프간 같은 마약 생산국 또는 체체니아 같은 마약 경유지에 원조 자금으로 전달됐다. 하지만 이 돈의 상당 부분은 곤궁한 사람들 손에 들어가지 않고 마약, 밀수, 테러 산업을 지원하는 데 돌아갔다. 그리고 이 산업들은 그런 행위에서 발생하는 이익을 해외로 빼돌렸다. 레이먼드 베이커에 따르면 1990년대에 개발도상의 전환경제 체제들(개발도상국가들)에게로 미국, OECD, 세계은행 등의 해외 원조로부터 연간 500억 달러의 자본이 흘러들어 갔다. 같은 기간 무기 조달과 부정부패 등으로 인해 이들 국가에서 흘러나간 돈은 유입의 2배 규모인 1천억 달러였다.[27]

"이것 이외에도 어떤 거래 기록으로도 잡히지 않는, 다국적 기업들의 영업 이익, 범죄에서 나온 돈, 불법적인 자산 교환, 액수를 조작한 자금 이체 등의 자본 유출이 있다. 가난한 나라들에서 해외로 빠져나가는 지저분한 돈은 연간 5천억 달러 규모다."[28]

범죄 총생산량

레이먼드 베이커는 불법 자본 유출의 총액이 연간 약 5천억 달러는 될 것이라고 추산했다.[29] 여기에 범죄로 조성된 돈까지 합친다면 연간 무려 1조 달러가 되는데 이것은 영국의 명목 GDP보다 더 높은 것이다. 소위 '범죄 총생산량Gross Criminal Product'으로 알려진 불법 금융 거래에 대한 다른 기관의 추측도 대동소이해서 그 규모를 대략 6천억 달러 내지 1조 5천억 달러로 잡고 있다. 이것은 전 세계 국민 총생산량의 2~5%에 해당하는 것이다. 그중 마약이 3천억~5천억 달러, 무기, 기타 물품, 사람의 밀수 및 사기 등이 1천 5백억~4천 7백억 달러, 그리고 컴퓨터 범죄에서 나오는 수입이 1천억 달러 정도를 차지한다.[30]

이런 엄청난 돈이 개발도상국에서 서방 국가들로 흘러들어 가고 있는 것이다. 그것은 세계 GDP의 5%를 차지하는 막대한 부로서 정기적으로 국제 돈세탁 시스템으로 유입된다. 많은 금융 기관들이 이 세탁 시스템에 참가하고 있다. 1995년 오스트레일리아의 금융 정보부인 오스트락Austrac의 보고서에 따르면 매년 35억 오스트레일리아 달러가 오스트레일리아를 통해 세탁된다. 경찰이 이 금액 중 적발하는 것은 1%도 채 되지 않는다. 터키령 키프러스는 또 다른 돈세탁 천국으로서 이곳의 은행과 금융 기관들은 러시아에서 들어오는 돈을 매달 약 10억 달러씩 세탁한다.[31] 근년에 들어와 태국은 돈세탁 전문가들이 선호하는 나라가 되었다. 1996년 방콕의 출라콩고른 대학교는 연간 285억 달러가 태국의 돈세탁 시스템을 경유한

다고 추산했는데 이 액수는 태국 GDP의 15%에 상당하는 것이다.[32]

검은 돈을 세탁해주는 가장 규모가 크고 중요한 시장은 미국이다. 레이먼드 베이커는 그런 돈의 대부분이 미국과 유럽의 금융 기관을 거쳐 간다고 단언했다. 범죄단과 테러 단체의 돈이 부패한 또는 조세 포탈의 자금 형태로 이 시스템에 흘러든다. 미국에는 반 反돈세탁 규정이 있어서 현금 예치의 경우에는 은행에 기록을 남겨야 한다. 하지만 실제 사정은 규정과는 다르다.

"미국 재무부의 관리들은 여러 번 이렇게 말했다. 다른 나라에서 흘러들어 오는 돈이 조세 포탈 자금인지 아닌지 신경 쓰지 않고 그 자본을 유치하려는 것이 미국의 방침이다."[33]

부정부패는 관련 법규가 맥을 쓰지 못하는 또 다른 분야다. 2001년 말까지 미국 사업가는 외국 정부 관리에게 뇌물을 주는 것이 금지되어 있었지만 미국 은행들은 돈의 출처를 따지지 않고 그 돈을 옮겨주는 일을 거들어줄 수 있었다. 레이먼드 베이커는 이렇게 썼다.

"미국 관계법은 미국 사업가, 금융 전문가, 은행가 등이 외국 정부 관리들에게 뇌물 주는 것을 금지했다. 하지만 부정부패를 했을 것으로 의심되는 돈 많은 외국 관리들을 만나면 미국은 그들의 돈을 예치하길 원한다."[34]

예를 들어 뉴욕 은행은 러시아에서 흘러나온 돈 100억 달러의 돈세탁 계획과 관련해서 조사를 받았다. 이 돈의 유출에 관련된 러시아 마피아, 사업가, 정부 관리 등은 그 유출을 배후에서 조종했다. 또한 이 돈은 IMF에서 러시아에 원조로 준 돈의 일부도 포함하

고 있었다.[35]

2001년 10월 미국에서는 애국법Patriot Act이 제정되어 부정부패
에서 나온 자금을 취급하는 것 또한 반反돈세탁법에 저촉되는 행위
로 규정했다. 그것은 해외부정부패방지법이 제정되고 무려 25년이
나 흐른 시점이었다. 하지만 이러한 법이 제정됐다고 해서 법망을
우회하는 다른 많은 방법까지도 규제할 수 있는 것은 아니다.[36]

돈세탁에는 수수료가 든다. 1980년대에는 겨우 6%였으나
1990년대 말에는 돈세탁 총액의 20%로 뛰었고[37] 그 비율은 계속 오
르고 있다. 레이먼드 베이커는 말한다.

"이것은 돈세탁 총액에 부과되는 것입니다. 마약 밀매업자일
경우 그 정도는 쉽게 소화할 수 있습니다. 돈세탁 비용이 높아지는
것과 동시에 미국의 마약값은 계속 떨어지고 있습니다. 이것은 마
약을 누구나 널리 구입할 수 있고 밀수의 비용이 그만큼 낮아진다
는 뜻입니다. 그래서 세탁 비용을 손쉽게 부담할 수 있는 겁니다."[38]

돈세탁은 점점 위험해지고 그래서 수수료가 높아지고 있는데
이에 따라 점점 세련된 기술이 나오고 있다. 레이먼드 베이커에 따
르면 '더러운 돈'이 4천억~5천억 달러가 조성되면 돈세탁 과정을
거치는 돈은 1천억 달러밖에 되지 않는다.[39] 만약 이 수치가 정확한
것이라면 1조억 달러 중에서 2천억 달러 정도가 서방의 돈세탁 창
구를 거쳐서 '깨끗한 돈'으로 세계 경제에 흘러든다는 뜻이 된다.

테러의 신경제

무장 단체는 불법 자금만으로 재정을 꾸려나가지는 않는다. 그들은 합법적인 소득원도 가지고 있다. 예를 들어 9·11 테러는 깨끗한 돈이 자금으로 지원됐다. 합법적 기업으로부터 나온 이익, 무슬림 자선 단체나 모스크가 모금한 돈, 부유한 독지가가 개인적으로 내놓은 돈, 이런 것들은 '지저분한 돈'이 아니다. 중앙아시아 파이프라인 계약을 따내기 위해 유노칼이 '기부와 선물'조로 탈레반 정권에게 준 2천 5백만 달러는 회사의 합법적 예산에서 나온 것이다. 바로 이것이 조직 범죄단의 돈과 테러 그룹의 돈을 구분하는 주된 차이점이다. 합법적인 수단으로 획득되고 세무 당국에 신고까지 한 자산과 이익이 테러를 지원하는 데 사용될 수 있다. 따라서 국제 불법 경제와 비교해 볼 때, '테러의 신경제'는 이런 추가적인 소득원을 갖고 있는데 그 규모가 연간 3천억~5천억 달러로 추산된다.[40]

불법 경제와 합치면 '테러의 신경제'는 거의 1조 5천억 달러에 이르는데 이것은 세계 경제의 5%를 넘는 수치다. 이것은 합법적인 국제 경제 체제와 쌍두마차를 이루고 있다. 그것은 엄청난 돈의 흐름을 만들어내고 전통 경제 쪽으로 유입되어 그 경제를 망쳐놓는다. 그것은 불법 자금원에 대한 의존도를 높이고 돈세탁 방지 장치를 약화시킨다. 이러한 돈의 흐름은 주로 개발도상국가들에게서 흘러나오는데 필연적으로 그런 나라들의 국내 경제를 망쳐놓는다. 그것은 합법 경제를 약화시키고 불법 경제와 테러 경제를 강화시킨다. 이러한 과정은 국가의 힘을 꺾어놓고 의사국가의 등장을 가져온다. 테러 그룹이 지탱하는 무장 투쟁 경제 주위에 새로운 조직과 단체들이 생겨난다. 이런 과정이 계속 발전하면 대체 경제 시스템의 규모가 커지고 그와 함께 '테러의 신경제'에 대한 서방의 의존도도 커지게 된다.

최종적인 질문은 이런 것이다. 세계 불법 경제를 부양하는 원천의 규모는 어느 정도로 클까? 이 경제 체제 내에서 유통되고 있는 돈의 규모는 어느 정도일까?

통화의 관점에서 보자면 아주 개략적인 수치를, 해외에 나가 있는 미국 달러 화의 규모, 다시 말해 미국 바깥에서 사용되는 달러 화의 규모에서 얻을 수 있다.[41] 불법 경제의 교환 수단은 미국 달러이기 때문에 미국 밖에서 보유 중인 달러의 상당 부분이 이 불법 경제에서의 유통량인 것이다. 최근 연구에 따르면 1965년부터 1998년까지 해외에 영구히 나가 있는 미국 달러 통화량은 약 60배나 늘어났다.[42] 바로 이것이 같은 기간 동안 불법 경제가 얼마나 성장했는지 보여주는 대략적인 지표다. 오늘날 미국 전체 통화량 M1[43]의 약 3분의 2가 미국 바깥에 나가 있고 이 비율은 점점 높아지고 있다. 이 또한 세계 불법 경제가 얼마나 증가되고 있는지 우리에게 대략적인 지표를 제공한다.

1965년부터 1998년까지 1백 달러권 발행량을 비교해 보아도 해외 달러 보유고의 증가가 미국 국내보다 높다는 것을 보여준다. 점점 더 많은 달러가 발행된 나라를 떠나서 다시는 돌아오지 않는다. 그 돈은 거래에 사용되고, 담보로 이용되고, 안전한 은신처인 해외 은행에 예치된다. 불법 경제가 미국 경제에 미치는 영향은 상당하고 그 규모는 합법 경제와 불법 경제가 어느 정도까지 의존하고 있는지를 보여준다.

해외에 보유되고 있는 미국 통화는 미국 재무부에게 상당한 수입의 원천이다. 왜냐하면 미국 정부는 화폐주조세seigniorage 덕분에 가치 있는 금속을 더 가치 있는 동전으로 만들 수 있기 때문이다.[44]

"만약 해외에 나가 있는 달러 화의 규모가 약 2천억 달러이고 (1996년 수치) 3개월짜리 재무부 채권 이율이 5.2%라면…이 두 수치를 가지고 구해 본, 해외에서 돌고 있는 달러의 화폐주조세는 100억 달러가 넘는다."[45]

두 경제 사이의 상호의존도는 이제 아주 깊숙이 진행되고 있어서 그 끈을 절단하기는 불가능하다. 서구 자본주의는 연간 1조 5천억 씩 흘러들어 오는 돈줄을 무시할 수 있을까? 우리는 무슬림 국가들의 석유 없이 살 수 있을까? 그 대답은 당분간 '아니오'다. 이슬람 테러가 배양되고 있는 지역들을 다시 식민화하는 것은 가능하지 않다. 부시 행정부가 아무리 그렇게 하려고 애를 써도 말이다. 서방이 다른 지역을 식민화 대상으로 삼던 시대는 이미 지나갔다. 아프가니스탄 재건의 어려움, 미국의 이라크 침공에 세계 지도자들이 주저한 것, 미국과 신구 유럽 사이의 분열 등은 앞날의 어려움이 만만치 않음을 보여주는 예표豫表다.

서방의 정책 입안가들의 마음속에 늘 자리 잡고 있는 테러의 위협은 서구의 외교 정책에 대대적 변화가 있어야 한다는 움직이는 경고등이다. 전쟁은 최선의 대안이 될 수 없다. 아이러니컬하게도 전쟁은 전쟁을 먹고 자라는 '테러의 신경제'를 더욱 강화시킬 뿐이다. 테러 그룹이 기생하는 국가들에 대해서 내린 경제 제재 조치나 상업적 구속도 별 효과가 없기는 마찬가지다. 합법적인 국제 경제 체제의 한쪽 문을 닫으면 불법 경제 체제로 가는 다른 문이 열리기 때문이다.

런던의 핀스베리 파크 모스크 밖에서는 최근까지만 해도 이슬람 프로파간다의 비디오를 사는 것이 가능했다. 가장 잘 팔리는 비디오는 자살 폭탄 테러범의 생애 마지막 시간들을 담아 놓은 필름이다. 모스크에서 몇 블록 떨어진 지하 공간에서는 유대인 아마추어 배우들이 자살 폭탄 테러의 이스라엘 희생자들을 위한 모금 활동의 일환으로 연극을 공연한다. 바로 이것이 오늘날 우리가 살고 있는 세계다. 우리의 일상 생활은 정치적 폭력의 그늘 속에서 진행된다. 런던 북부 지역에 있는 무슬림 공동체와 유대인 공동체는 서로 이웃해 살고 있으며 같은 푸줏간의 고기를 사다 먹는다. 하지만 분명 그것 말고 다른 현실이 있다. 9·11 테러는 그 현실을 전 세계에 드러내 보였다.

우리가 그것을 테러리즘, 테러, 무장 투쟁, 정치적 폭력 등 뭐라고 부르든 간에 정치적 목적을 위한 폭력의 사용과 민간인에게 무자비한 공포를 주는 행위는 지난 50년 동안 우리 세계의 한 부분으로 자리해 왔다. 테러는 아주 격렬한 감정적 반응을 불러일으키기 때문에 이 현상은 배후에서 엄청나게 조종되어 왔다. 런던 북부 지역의 경우 당신이 어느 쪽 도로를 걸어가느냐에 따라 자살 폭탄 테러리스트는 순교자나 영웅이 되기도 하고 비겁한 암살범이나 무자비한 자객이 되기도 한다. 양측에 엄청난 희생과 죽음이 발생했기 때문에 이 두 해석 사이에 정치적 가교를 놓는다는 것은 불가능하다. 정치적 분석은 분노에 의해 채색되고 증오에 의해 왜곡된다. 따라서 무장 단체를 만들어내고 유지하는 힘을 조사하는 데에는 경제학이 더 냉정하고 객관적인 수단이 된다. 경제학은 결국에 가서는 더 타당성 있는 해결안을 내놓을지도 모른다.

이 책에서 나는 테러, 범죄, 부정부패, 기만을 바탕으로 하는 '테러의 신경제'의 탄생과 진화를 추적하는 데 있어서 경제적 분석을 사용했다. 나는 그렇게 함으로써 정치학의 함정을 우회하려고 애썼다. '테러의 신경제'의 네트워크는 조직 범죄단과 무장 단체들 사이에 생겨나는 산발적인 네트워크가 아니다. 그것은 전통 경제의 합법, 불법 분야에 모두 연계되어 있는 국제적 경제 체제다. 다른 경제 체제와 마찬가지로 '테러의 신경제'는 여러 진화적 단계를 거쳐 그 자체의 목숨을 가진 존재로 성장했다. 이 진화의 대표적 단계는 이러하다.

첫째 미소 냉전 시대에 대리전의 양상으로 테러가 생겨났다. 이때 냉전 구조의 주변부에 있는 국가들을 미국 또는 소련이라는 초강대국이 스폰서가 되어 지원했다. 둘째 냉전이 끝나면서 테러가 민영화됐다. 스폰서의 후원은 사라지고 무장 단체들은 그들의 재정 자립을 위해 열심히 뛰었다. 셋째, 재정 자립을 위해 싸우는 과정에서 의사국가가 태어났다. 넷째, 이 의사국가들이 이슬람 국 또는 이슬람 연방을 설립하기 위해 모던 지하드를 벌인다.

무장 단체들의 경제학을 추적하는 과정에서 나는 그들의 엄청난 성장을 목격할 수 있었다. '테러의 신경제'는 정치적 폭력, 조직적 범죄, 과도한 탐욕 등에서 추진력을 얻어서 오늘날 영국 GNP의 2배, 미국 통화 공급량의 3배로 성장했고 계속 성장하고 있다. 현재 이 신경제의 주된 엔진은 모던 지하드다. 이것은 이슬람 혁명 이데올로기, 무슬림의 정체성 추구, 무슬림 세계의 사회적·경제적 야망이 한데 뭉쳐져서 만들어진 개념이다.

모던 지하드는 이슬람 국가들, 의사국가들, 무장 단체들이 운영하는 경제 네트워크를 발판으로 삼는다. 그 경제적 구명줄lifelines 은 다양하며 합법 기업과 불법 기업을 넘나든다. 아라비아고무의 수출, 자선 기관을 통한 부유한 무슬림의 자산 이전, 무기와 마약의 밀수, 돈세탁 따위는 모두 경제적 자립을 성취하려는 노력의 일환이다. 이슬람 의사국가들은 이 네트워크의 혜택을 얻으려 하고 네트워크는 또 그들을 포용함으로써 시스템은 점차 확장된다.

오늘날 모던 지하드의 공개적인 목표는 이스라엘과 이스라엘을 지원하는 서방 제국주의적 동맹국들—유대교와 기독교라는 종교를 갖고 있는 정치적 집단—을 파괴하는 것이다. 그러나 모던 지하드의 진정한 목표는 다른 데 있다. 그것은 리비아의 카다피나 사우디아라비아의 사우드 왕가 같은 기존 정치 엘리트들이다. 이들이 순수 이슬람 국가의 탄생을 가로막고 있기 때문에 무슬림 땅의 부유한 자원을 함께 공유하는 새로운 칼리페이트의 탄생이 저지되고 있다는 것이다. 일단 종교의 보호막이 사라지면 진정한 적들의 모습이 드러날 것이다. 모던 지하드의 적은 무슬림 대중을 경제적으로 착취하는 국내외의 권력들이다.

우리가 오늘날 목격하고 있는 것은 두 경제 체제의 갈등이다. 한 경제 체제는 우월하고 다른 체제는 열등하다. 바로 이것이 이슬람 테러와 서방 사이에 벌어지는 갈등의 근본 원인이다. 무장 단체의 경제학을 추적하는 과정에서 이슬람 테러 뒤에 숨어 은밀히 지원하는 실세들이 정체를 드러냈다. 그것은 서방의 회사들과 금융 기관의 압력에 의해 세계 경제의 주변부에 포진할 수밖에 없었던 무슬림 회사와 금융 기관들이다. 그러나 소비에트 연방이 해체되면서 이들 이슬람 세력은 무슬림 인구가 많은 나라에서 새로운 기회를 잡게 되었다. 이들 무슬림 회사와 금융 기관들은 구소련에 속해 있던 나라들에 대해 이슬람 금융 식민화 작업을 펴나가는 과정에서 이슬람 정신을 엄격하게 해석하는 와하비즘을 채택했다.

국제 경제를 표방하는 지구촌에서 '테러의 신경제'의 여러 부문은 필연적으로 서구 나라들의 경제 체제와 상호 작용하게 되었다. 돈세탁, 무장 단체들이 운영하는 합법적 사업, 자선 단체의 원조 등은 두 경제(합법 경제와 불법 경제)를 이어주는 연결 고리 역할을 했다. 두 경제의 상호의존도는 놀라울 정도로 높다. 서방은 마약의 최대 소비자이면서 무기의 최대 판매자다. 마약과 무기는 무장 단체의 국제수지에서 가장 큰 수입과 지출 항목을 차지하기도 한다. 서방의 금융 기관들은 세계의 불법 경제가 조성하는 자금의 대부분을 세탁시켜 주는데 그 규모는 연간 1조 5천억 달러다. 내가 저명한 영국 경제학자에게 이러한 유동성이 갑자기 세계 경제 시스템에서 사라져버린다면 어떻게 될 것인지 물었더니 그는 서방 경제가 깊은 불경기의 구렁텅이에 빠질 것이라고 대답했다.

'테러의 신경제'와 서방 경제의 상호의존도를 경제적으로 분석하면 이런 결론이 나온다. 테러와 싸우는 첫 번째 걸음은 테러 경제가 서방의 전통 경제와 상호 작용하는 부분을 잘 살펴서 그 연결

고리를 점진적으로 끊어나가는 것이다. 다시 말해 테러 경제가 자유 시장과 자본주의의 세계에 들어오는 것을 원천적으로 봉쇄하는 것이다. 이러한 정책 결정은 정부 수준에서 이루어져야 하겠지만 시행은 민간 차원에서 강력하게 실천해 나가야 한다. 다시 말해 민주국가에 사는 우리 시민들이 열린 사회가 제공하는 커다란 혜택을 잘 이용할 줄 알아야 하는 것이다. 그러한 혜택은 곧 우리의 삶을 좌지우지하는 경제적 결정에 대해서 우리가 잘 아는 것이고 그 결정에 적극적으로 참여하는 것을 뜻한다.

현금이 가득 든 서류 가방을 플로리다 은행에 들고 들어가도 아무 질문 없이 그 돈을 받아준다거나 외국 석유에 의존하는 생활 방식을 아무 반성 없이 계속 고집한다거나 주권 국가의 정치에 개입하고 인권에는 아무 관심 없이 이윤 추구에 혈안이 된 기업에 투자한다거나 하는 것은 우리의 삶을 결정하는 경제적 결정에 적극 참여하는 행위가 아니다. 그것은 장기적으로 우리의 삶을 파괴하는 행위인 것이다.

이러한 것들은 경제적인 문제지만 그래도 개인과 집단의 절제심과 어려운 선택을 내리겠다는 의욕을 절대적으로 필요로 한다. 예전에 전쟁 중에도 우리는 이와 유사한 어려운 선택을 내리도록 요청받았다. 이제 우리 앞에 놓여 있는 위협은 더욱 다양해졌다. 이런 상황에서 우리가 아무런 행동을 취하지 않는다면 그 결과는 너무나 참담할 것이다. 그 참담한 결과는 역사상 그 어느 때보다 전지구적으로 파급 효과를 미칠 것이다.

주석

들어가는 글

1. "테러리즘을 연구하는 데에는 두 가지 접근 방법이 있다. 하나는 문자적 접근 방법으로써 그 주제를 진지하게 다루는 것이고, 다른 하나는 프로파간다적 접근 방법으로써 테러가 어떤 권력 체계에 봉사하는 무기라고 보는 것이다. 어느 경우든 어떻게 연구를 진행해야 할 것인지는 분명하다. 문자적 접근 방법을 취한다면, 우선 무엇이 테러를 구성하는지 결정한다. 이어 그 현상의 구체적 사례를 수집해 그 원인은 무엇이고 대책은 무엇인지를 살펴본다. 프로파간다적 방법은 다른 접근 절차를 요구한다. 이 경우에는 테러가 어떤 공적公敵의 책임이라는 전제에서 시작한다. 이어 그 공적의 책임으로 돌릴 수 있을 때에만 (근거가 있든 없든) 비로소 테러리스트의 행위를 '테러'로 규정한다. 그렇지 않을 경우, 그 행위는 무시되거나 억압되며 '보복' 또는 '자기방어' 등으로 규정된다."
   Noam Chomsky, 'International Terrorism: Image and Reality', in Alexander George ed., *Western State Terrorism* (Cambridge: Polity Press, 1991), p. 12.
2. "테러리즘은 불안을 그 원인으로 하는 반복적인 폭력 행위다. 범죄적, 정치적, 기타 목적을 위해 은밀한 개인들의 단체 또는 국가의 요원들이 수행한다. 암살과는 다르게 폭력의 직접 희생자가 주표적은 아니다. 폭력의 희생자는 표적 인구들로부터 무작위로 선정되거나(기회의 표적) 아니면 선택적으로(상징적 타깃) 선정되어 메시지를 일으키는 역할을 한다. 위협 또는 폭력에 바탕을 둔 테러 조직들 사이의 의사소통 과정은 희생자들을 위험에 빠트린다. 그리하여 주표적은 주요 타깃을 조종하는 데 이용된다. 어떤 위협, 강압, 프로파간다를 사용하느냐에 따라 그 타깃은 테러의 표적, 요구사항의 표적, 주의력 환기의 표적으로 분류될 수 있다."
   Alex P. Schmid and Albert J. Jongman, *Political Terrorism* (Amsterdam: North-Holland Publishing Company, 1988), p. 28.
3. Noam Chomsky, *9-11* (New York: Seven Stories Press, 2002), p. 90.
4. Ibid(같은 책)., p. 91.

프롤로그

1. 다음 이야기는 저자가 약간 각색했다. 이름과 상황을 변경했고 취재원의 신원을 보호하기 위해 무장 단체의 이름은 삭제했다.
2. 이탈리아 무장 단체 조직원과 저자의 인터뷰. 인터뷰 시기는 1994년, 1995년, 2002년이다.

3. Ibid.
4. Ibid.
5. Ibid.
6. Ibid.

1 테러리즘의 딜레마: 전쟁이냐 범죄냐?

1. Simon Reeve, *The New Jackals: Ramzi Yousef, Osama bin Laden and the Future of Terrorism*(London: André Deutsch, 1999), p. 139.
2. Ibid., p.143.
3. Ibid., p.108.
4. FBI online, reports by Louis J. Freeh and Dale Watson, 1998년 2월 24일~1999년 2월 4일. 다음 자료도 참조. Simona Ardito, 'L' FBI sapeva tutto in anticipo', http://digilander.libero.it.
5. Reeve, *The New Jackals*, p. 61.
6. 'Above the Law: Bush's Racial Coup d'Etat and Intelligence Shutdown', Green Press, 2002년 2월 14일, http://www.greenpress.org.
   다음 자료도 참조. 'Did Bush Turn a Blind Eye to Terrorism?', *BBC Newsnight*, 2001년 11월 6일, http://www.gregpalast.com ; Greg Palast and David Pallister, 'FBI Claims bin Laden Enquiry was Frustrated', *Guardian*, 2001년 11월 7일 ; Greg Palast, *The Best Democracy Money Can Buy*(London: Pluto Press, 2002).
7. John K. Cooley, *Unholy Wars: Afghanistan, America and International Terrorism* (London: Pluto Press, 2000), ch. 1.
8. 'Many Say US Planned for Terror but Failed to Take Action', *New York Times*, 2001년 11월 30일.
9. Ibid.
10. Lawrence Wright, 'The Counter Terrorist', *The New Yorker*, 2002년 1월 14일, p. 52.
11. 'Above the Law: Bush's Racial Coup d'Etat and Intelligence Shutdown'.
12. Ibid.
13. 'Many Say US Planned for Terror but Failed to Take Action'.
14. Laurie Mylroie, 'The World Trade Center Bomb: Who is Ramzi Yousef? and Why it Matters', *The National Interest*, 1995/1996 겨울.
15. Ibid.
16. 'Many Say US Planned for Terror but Failed to Take Action'.
17. Reeve, *The New Jackals*, p. 245.
18. Serbo-Croat for 'the explosion'.
19. 'In un piano terroristico del 1995 la dinamica degli attacchi dell'11 settembre', CNN online, 2002년 2월 26일.
20. Maria Ressa, 'The Quest for Asia's Islamic "Super" State', CNN online, 2002년 8월 30일, http://asia.cnn.com.
21. Ibid.

22. 'In un piano terroristico del 1995 la dinamica degli attacchi dell' 11 settembre'.
23. 'Above the Law: Bush's Racial Coup d'Etat and Intelligence Shutdown'.

2 테러의 거시경제학

1. Peter Harclerode, *Fighting Dirty*(London: Cassell, 2001), p. 81.
2. 인도네시아에서의 비전통적인 전투를 위한 비밀 서비스를 말한다.
3. Harclerode, *Fighting Dirty*, pp. 108~109.
4. Alfred McCoy, 'The Politics of Heroin in Southeast Asia, French Indochina: Opium Espionage and "Operation X", http://www.drugtext.org.
5. 월터 래컬Walter Laqueur은 국가가 지원하는 테러리즘을 '대리전'이라고 규정했다. 이것은 적국敵國 내의 반항 세력, 분리주의자, 야심적인 정치가, 불만분자 등을 지원하는 전략이다. 때때로 이런 전략은 방어적인 목적을 갖고 있기도 한데 가상적인 적의 공격을 사전에 방어하기 위한 것이다. 또한 공격적 전략의 일환이기도 한데, 이웃 국가를 약화시키거나 침공의 사전 작업이 되기도 한다. Walter Laqueur, *The New Terrorism*(Oxford: Oxford University Press, 1999), p. 156.
6. Alexander George, ed., *Western State Terrorism*(Cambridge: Polity Press, 1991).
7. John F. Kennedy, 'Defence Policy and the Budget: Message of President Kennedy to Congress, March 28, 1961', in Richard P. Stebbins, *Documents in American Foreign Relations*(New York: Harpers & Row, 1962), pp. 61~63.
8. 중립법Neutrality Act은 미국과 평화적 관계를 유지하고 있는 나라들에 대해 군사적 원정을 금지시킨 법이다.
9. Raymond L. Garthoff, *Reflection on the Cuban Missile Crisis*(Washington: Brookings Institute, 1987), p. 17.
10. Ibid., p. 133.
11. 'Human Factors Considerations of Underground in Insurgency', DA Pamphlets, US Department of the Army, 1976년 4월, p. 770.
12. 군사 논평가들은 1966~1967년의 과테말라 캠페인을 가리켜 엘 콘트라 테러el contra terror라고 했다. 다음 자료 참조. Michael McClintock, *Instruments of Statecraft: US Guerilla Warfare, Counter-insurgency, and Counter-terrorism, 1940~1990*(New York: Pantheon Books, 1992), p. 233.
13. George, *Western State Terrorism*, p. 135.
14. 소비에트 블록 내의 반란 세력들, 가령 1953년의 동독, 1956년의 헝가리, 1968년의 체코슬로바키아 등은 억제되어 그 이상 확대되지 않았다.
15. *Pravda*, 1965년 2월 6일.
16. Robert Goren, *The Soviet Union and Terrorism*(London: George Allen & Unwin, 1984), p. 98.
17. Ibid.
18. David Millbank, 'International and Transactional Terrorism: Diagnosis and Prognosis', CIA, Washington DC, 1976, p. 21.
19. *Annual of Power and Conflict, 1973-74*(London: Institute for the Study of Conflict).

20. Goren, *The Soviet Union and Terrorism*, p. 138.
21. Ercolano Ilaria, 'I rapporti tra il Partito Socialista Tedesco Unitario(SED) e il mediooriente durante gli anni sessantae settanta', dissertation in *Storia delle relazioni internazionali*, 2001년 3월 8일.
22. UN, 라틴아메리카 · 카리브 경제위원회, ECLA, *Economic Survey of Latin America, 1981*(Santiago: Chille, 1983), pp. 391~393, 397~398, 402.
23. Goren, *The Soviet Union and Terrorism*, p. 178.
24. Joaquìn Villalobos, *The War in El Salvador, Current Situation and Outlook for the Future*(San Francisco: Solidarity Publications, 1990), p. 17.
25. CRS Report for Congress, 'El Salvador, 1979~1989: A Briefing Book on US Aid and the Situation in El Salvador', Library of Congress, Congressional Research Service, Foreign Affairs and National Defence Division, 1989년 4월 28일, p. 26.
26. 경제적 폭력은 적에 대한 의도적 전략의 일환으로써 그 경제를 조직적으로 사보타주하는 것이다. Philippe Le Billon, 'The Political Economy of War: What Relief Agencies Need to Know', Network Paper no. 33, Overseas Development Institute, http://www.odihpn. org.uk.
27. 게릴라 전시경제에서 무장 단체들은 주로 현지의 천연자원에 주로 의존한다. 따라서 현지 주민과 긴밀한 관계를 맺는 것이 필수이다. 실제로 현지 주민들은 점차 그들에게 동화되기도 한다.
28. Hugh Byrne, *El Salvador's Civil War, a Study of Revolution*(Boulder, Co.: Lynne Rienner Publishers Inc., 1996), p. 34.
29. 'El Salvador 1980~1994, Human Rights Washington Style', excerpts from *Killing Hope* by William Blum, http://www.thirdworldtraveler.com.
30. James K. Boyce, *Economic Policy for Building Peace, The Lessons of El Salvador* (Boulder, Co.: Lynne Rienner Publishers Inc., 1996), p. 42.
31. 국민공화동맹ARENA은 1981년 우익 군 장교, 지주, 암살단의 지도자 등을 발기인으로 하여 1981년 9월 결성됐다. 성질이 급하고 카리스마에 넘치는 로버트 다우비손Roberto D'Aubuisson이 이 당의 지도자가 되었다. 1980년대 동안 ARENA는 게릴라 폭동에 엄격하게 대처하는 정책을 유지했고 여러 차례 FMLN과의 중요한 협상을 거부했다. 1985년 당의 강성 이미지를 완화하기 위해 다우비손이 당 지도자 자리에서 물러났다. 그 자리에 다우비손의 총애를 받던 알프레도 크리스티아니Alfredo Cristiani가 들어섰다. 그러나 그 후 다우비손은 다시 당 지도자로 컴백해 죽을 때까지 평생 당의장직을 맡았다. 기독민주당의 인기가 떨어지고 크리스티아니의 노력으로 ARENA의 인기가 높아지자 ARENA가 대통령 선거에서 승리한 것을 재앙으로 여겼던 미국 정부는 1989년, 집권한 ARENA 정부를 공식으로 승인했다.
32. Le Billon, 'The Political Economy of War: What Relief Agencies Need to Know'.
33. Dominique Lapierre and Larry Collins, *O Jerusalem*(Paris: Robert Laffont Editions, 1971), p. 69.
34. James Adams, *The Financing of Terror*(New York: Simon and Schuster, 1986), p. 239.
35. 1974년 석유 가격의 급격한 상승으로 제1차 석유파동이 발생했고 산유국들은 엄청난 현금을 만지게 되었다. 이 돈은 산유국의 당좌 계정에 들어가 국제수지를 흑자 쪽으로 크게 기울게 했다. 산유국들은 수지 균형을 맞추기 위해 자본의 해외 투자를 시행했다. 돈은

곧 미국과 유럽의 은행으로 흘러들어 갔고 그 은행들은 서방 국가들에 투자했다. 이 과정을 오일달러의 리사이클링이라고 한다. 돈의 흐름이 당초 서방에서 시작됐고 산유국의 국제수지를 좋게 만든 다음에 서방 은행을 통해 다시 서방으로 흘러들었던 것이다.

36. Adams, *The Financing of Terror*, p. 241.

37. Ibid., p. 66.

38. 이 이야기는 다음 자료에서 인용. Muhammad Haykal, *Iran, the Untold Story*(New York: Pantheon Books, 1982), pp. 112~115. 다음 자료도 참조. John K. Cooley, *Unholy Wars: Afghanistan, America and International Terrorism*(London: Pluto Press, 2000), ch. 1.

39. Cooley, *Unholy Wars*, ch. 1.

40. 1960년 2월, 쿠바와 소련은 무역 협정을 체결했다. 소련은 쿠바로부터 설탕과 기타 품목을 사들이고 그 대신 쿠바에 원유를 제공한다는 조건이었다. 그 직후 쿠바 내의 미국 정유 회사들은 미국 국무부로부터 소련 원유를 정유해 주지 말라는 지시를 받았다. 이에 대한 보복으로 쿠바는 자국 내의 모든 정유 시설을 국유화했다. 이에 아이젠하워 대통령은 쿠바의 설탕 쿼터를 취소했다. 1960년 이전에 쿠바는 연간 3백만 톤의 설탕을 수출했는데 이는 쿠바 전체 산출량의 절반에 해당하는 것이었다. 그러자 쿠바는 자국 내의 모든 미국 부동산(약 10억 달러 상당)을 몰수했고 미국 수입품을 차별했다. Michel Krinsky and David Golove, *United States Economic Measures against Cuba: Proceedings in the United Nations and International Law Issues*(Northampton, MA: Aletheia Press, 1993). 다음 자료도 참조. Richard Newfarmer ed., 'Relations with Cuba', in *From Gunboats to Diplomacy: New Policies for Latin America*, papers prepared for the Democratic Policy Committee, US Senate, 1982년 6월 ; Anna P. Schreiber, 'Economic Coercion as an Instrument of Foreign Policy: US Economic Measures against Cuba and the Dominican Republic', *World Politics*, 1973년 4월 25일, pp. 387~413.

41. 태환 루블 화는 소비에트 경제 체제 내에서 사용되는 지폐이다. 소비에트 경제 체제는 동유럽 및 소련과 통상하는 공산주의 국가의 경제 체제를 가리킨다. 통화의 가치는 소비에트 루블의 가치에 고정되어 있다. 수입과 수출은 모두 태환 루블 화로 결제되는데 때로 상계相計하기도 한다.

42. Adams, *The Financing of Terror*, p. 19.

43. 다음 자료 참조. Mitchell Bard, *The Lebanon War*, http://www.us-israel.org.

44. Adams, *The Financing of Terror*, p. 49.

45. Ibid.

46. Ibid. p. 239.

47. 'The Soviet-Cuban Connection in Central America and the Caribbean', State Department documents, 1985년 4월.

48. 스톡웰Stockwell은 베트남에서 CIA 산하의 정보 수집 초소를 운영했고 1975~1976년에는 앙골라에서 CIA의 비밀 전쟁을 지휘했다. 은퇴 직전에 유공훈장을 받았다. John Stockwell, *In Search of Enemies: A CIA Story*(New York: W.W.Norton, 1979).

49. Adams, *The Financing of Terror*, p. 20.

50. 1986년 레이건 행정부가 이란에 무기를 판매하고 그 수익금으로 니카라과의 무장 단체를 지원한 것이 밝혀졌다. 이것은 미국 의회의 결정을 직접적으로 위반한 것이다. 미국

의회는 1984년 볼란드 수정안을 통과시키면서 니카라과의 공개적이거나 은밀한 군사 작전을 지원하기 위해 미국 돈을 쓰는 것을 금지시켰다.

51. 심지어 펜타곤의 비밀자금도 콘트라에 흘러들어 갔다. 이 돈은 '검은 예산Black Budget' 의 일부였다. 검은 예산은 제2차 세계대전 당시 루스벨트 대통령이 '맨해튼 프로젝트' 를 지원하기 위해 몰래 편성한 예산이었다. 맨해튼 프로젝트로 원자폭탄이 만들어져 히로시마와 나가사키에 원폭이 투하되었다. 다음 자료 참조. Cooley, *Unholy Wars*, p. 178.

52. 알 마틴Al Martin은 미국 정부의 사기와 부패를 폭로, 고발하는 1급 폭로자이다. 그는 숨어서 살고 있다. 그의 연락처는 http://www.almartinraw.com이다.

53. Al Martin, *The Conspirators*(Montana: National Liberty Press, 2001), p. 28.

54. 이 재단들은 501(c)(3) 조항의 지위를 갖고 있다. 이 조항은 교회나 그 부속 시설 또는 자선 단체가 아니면서 연간 기부금 수령액이 5천 달러 이하인 기관에 비영리 조직의 지위를 부여한다. 자세한 정보를 위해서는 다음 자료 참조. http://www.irs.gov.

55. Al Martin, *The Conspirators*, pp. 60~62.

56. Ibid., pp. 55-57. 다음 자료 참조. *United States vs. Richard Second*, Civil Division, 1st Eastern District of Virginia, File no. 1202-A.

57. Noam Chomsky, *9-11*(New York: Seven Stories Press, 2002), p. 86.

58. 'Spring to Fall 2000: News from the People's War in Peru', *Revolutionary Worker*, No. 1082, 2000년 12월 10일, http://www.rwor.org.

59. Alison Jamieson, *Terrorism and Drug Trafficking in the 1990s*(Dartmouth: Research Institute for the Study of Conflict and Terrorism, 1994), p. 86.

60. Le Billon, 'The Political Economy of War: What Relief Agencies Need to Know', p. 8.

61. Ibid.

62. Gabriela Tarazona Sevillano, *Sendero Luminoso and the Threat of Narcoterrorism*(New York: Praeger, 1990), ch. 6.

3 테러의 민영화

1. James Adams, *The Financing of Terror*(New York: Simon and Schuster, 1986), p.135. 다음 자료도 참조. *Irish Times*, 1978년 1월 19일.

2. Ian Geldard and Keith Craig, *IRA, INLA: Foreign Support and International Connections*(London: Institute for the Study of Terrorism, 1988), p. 53.

3. Ibid., p. 59.

4. Adams, *The Financing of Terror*, p. 136.

5. Geldard and Craig, *IRA, INLA: Foreign Support and International Connections*, p. 55.

6. Ibid.

7. Ibid., p. 57.

8. 밀수와 세금 포탈에 대해서는 다음 자료 참조. *Special Report of the Court of Auditors of the European Economic Community*(no. 85/C/215/01, 1986년 8월 26일); *Sunday Times*, 1985년 10월 6일.

9. Ibid.

10. Adams, *The Financing of Terror*, p. 165.
11. 'The Gun Existed', *Newsweek*, 1984년 1월 16일, 다음 자료도 참조. *The Times*, 1985년 5월 17일, 23일; *Sunday Times*, 1985년 6월 2일.
12. Adams, *The Financing of Terror*, p. 166.
13. Liam Clarke and David Leppard, 'Photos Link More IRA Men to Colombia', *Sunday Times*, 2002년 4월 28일.
14. 'IRA Suspects Move to Danger Prison', BBC News, 2001년 8월 23일, http://news.bbc.co.uk.
15. Sandra Jordan, 'Dispatches', Channel 4, 2002년 5월 26일.
16. Patrick Seale, *A Gun for Hire*(London: Hutchinson, 1992), p. 74.
17. Neil C. Livingstone and David Halevy, *Inside the PLO*(New York: William Morrow, 1990), pp. 168~169.
18. 의장 비자금의 출처와 사용처는 비밀로 감춰져 있다. 이 자금은 아라파트가 직접 관리한다.
19. 총액은 3천만 달러에서 6억 달러 사이다.
20. Norris McWhirter ed., *Guiness Book of Records*, 26th edn(London: Guinness Superlative Ltd., 1979), p. 192.
21. 이 이야기는 한 레바논 작가가 저자에게 해준 것이다. 다음 자료 참조. *8 Days Magazine*, 1979년 8월 4일, pp. 6~10; Jonathan Randal, *The Tragedy of Lebanon* (London: Chatto & Windus, 1983), pp. 98~104; Adams, *The Financing of Terror*, pp. 93-94.
22. 아부 이야드Abu Iyad는 아라파트의 오른팔이다. 그는 PLO와 알 파타를 위해 정보와 보안을 담당한 책임자였다. 알리 하산 살라메Ali Hassan Salameh는 검은 9월단Black September의 운영 담당 책임자였고 나중에 Force 17의 책임자가 되었다.
23. Livingstone and Halevy, *Inside the PLO*, pp. 192~193
24. Ibid., p. 166.
25. 'El Supremo recopila testimonios y sentencias para actuar contr "Ternera", *La Razon Digit@l*, 2002년 9월 19일, http://www.larazon.es. 다음 자료도 참조. 'El 'impuesto revolucionario', *La Financacio*, http://www.el-mundo.es; 'El Supremo Confirma La Condena De "Antxon" A Diez Años De Cárcel Cosmo Dirigente De Eta', *Terra/Agencias*, 2002년 7월 4일, http://www.terra.es.
26. Adams, *The Financing of Terror*, p. 211.
27. John Sullivan, *El Nationalismo Vasco Radical*(Madrid: Alianza Universidad, 1987), p. 57.
28. Robert Goren, *The Soviet Union and Terrorism*(London: Unwin Hyman, 1984), pp. 173~174.
29. Florencio Dominguez Irabarren, *ETA: Estrategia Organizativa y Actuaciones, 1978-1992*(Servicio Editorial de la Universidad del Pays Vasco, 1998), pp. 136~144.
30. 프랑코는 1936년부터 1975년에 사망할 때까지 스페인을 통치했다. 1939년 그는 미국에 의해 국가수반으로 인정됐다.
31. Claire Sterling, *The Terror Network, The Secret War of International Terrorism*(London: Weidenfeld and Nicolson, 1981), p. 181.

32. 프랑스의 프랑 화와 스페인의 페세타 화를 1990년대 달러 화 환율로 환산한 것이다. http://www.bank-banque-canada.ca/en/exchform.htm.

33. Florencio Dominguez Irabarren, *ETA: Estrategia Organizativa y Actuaciones, 1978-1992*(Servicio Editorial de la Universidad del Pays Vasco, 1998), pp. 145~152.

34. Ibid.

35. Philippe Le Billon, 'The Political Economy of War: What Relief Agencies Need to Know', Network Paper NO. 33, ODI, p. 8. http://www.odihpn.org.uk.

36. Alberto Abadiesand and Javier Gardeazabal, *The Economic Costs of Conflict: A Case-Control Study for the Basque Country*(Cambridge, MA: National Bureau of Economic Research, 2001), http://www.nber.org.

37. Neil C. Livingstone and David Halevy, 'The Perils of Poverty', *National Review*, 1986년 7월 21일.

38. Associated Press file, 1984년 3월 20일. 다음 자료도 참조. *New York Times*, 1984년 3월 21일 ; *Washington Post*, 1984년 3월 21일.

39. '2500 Metric Tons of Cocoa Leaf', *Financial Times*, 1985년 6월 13일.

40. Alison Jamieson, *Terrorism and Drug Trafficking in the 1990s*(Dartmouth: Research Institute for the Study of Conflict and Terrorism, 1994), p. 82.

41. *The Times*, 1984년 5월 30일, 다음 자료도 참조. *International Herald Tribune*, 1984년 6월 23일, 7월 26일.

42. Adams, *The Financing of Terror*, p. 218.

43. Ibid., p. 245.

44. 'The Cuban Government Involvement in Facilitating International Drug Traffic', US Government Printing Office, serial no. J-98-36, 1983.

45. Adams, *The Financing of Terror*, p. 223.

46. 그는 1982년부터 1986년까지 집권했다.

47. Adams, *The Financing of Terror*, p. 226.

48. 'A Colombian', *Washington Post*, 1983년 3월 17일.

49. Raymond Baker와 저자의 인터뷰.

50. Livingstone and Halevy, *Inside the PLO*, pp. 162~163.

51. Farid el Khazen, *The Breakdown of the State in Lebanon 1967-1976*(London: I.B.Tauris, 2000), ch. 27.

52. Ibid., p. 373.

53. Livingstone and Halevy, *Inside the PLO*, pp.192, 다음 자료도 참조. Adams, *The Financing of Terror*, p. 96.

54. Adams, *The Financing of Terror*, p. 99.

55. Livingstone and Halevy, *Inside the PLO*, p. 191.

56. *The Times*, 1985년 7월 5일, 6일.

57. 1981년 8월 5일, 트리폴리에서 폭력 사태가 발생했다. 현지 민병대 사이의 유혈 충돌로 20명이 죽고 40명이 부상했다.

58. Adams, *The Financing of Terror*, p. 100.

59. Livingstone and Halevy, *Inside the PLO*, pp. 169~173.

60. 5장을 참조할 것.

61. *Miami Herald*, 1986년 11월 9일; *The Record*, Hackensack, N.J., 1986년 11월 6일.
62. Bob Woodward, *Veil: The Secret Wars of the CIA 1981~1987*(New York: Simon and Schuster, 1987), p. 413.
63. *The Iran-Contra Arms Scandal: Foreign Policy Disaster*(New York: Facts on File Publications, 1986).

4 테러 레이거노믹스

1. Ecevit의 정권은 1978년 1월 5일에서 1979년 11월 12일까지 지속됐다.
2. James Adams, *The Financing of Terror*(New York: Simon and Schuster, 1986), p. 85.
3. Rachel Ehrenfield, 'Intifada Gives Cover to Arafat's Graft and Fraud', News World Communications Inc, *Insight on the News*, 2001년 7월 16일, p. 44.
4. Adams, *The Financing of Terror*, p. 85.
5. Ehrenfield, 'Intifada Gives Cover to Arafat's Graft and Fraud'.
6. Alejandro Reuss, 'Us in Chile, Third World Traveler', http://www.thirdworldtraveler.com.
7. 외국의 영향력은 다양한 형태로 있다. 저항 세력에 대한 이념적, 재정적, 군수적, 외교적 지원이 있고 공안군, 정부, 저항하는 민간인 세력에 대한 무장 지원 등이 있다.
8. Mark Curtis, 'US and British Complicity in Indonesia 1965', *Znet*, 2002년 10월 21일, http://www.zmag.org.
9. Ibid.
10. Brian Evans III, 'The Influence of the United States Army on the Development of the Indonesian Army(1954~1964)', in *Indonesia*, Cornell Modern Indonesia Programme, 1989년 4월, pp. 42~43.
11. Noam Chomsky, *9-11*(New York: Seven Stories Press, 2002).
12. 탈식민화 과정은 1974년에 시작됐다. 1975년 수하르토는 백악관이 자신을 밀어준다는 사실을 아는 상태에서 동티모르를 침공했다. William Burr and Michael L. Evans eds, *Ford, Kissinger and the Indonesian Invasion: 1975~1976*, National Security Archive Electronics Briefing Book no. 62, 2001년 12월 6일, http://www.gwu.edu.
13. Ibid.
14. 1989년 오스트레일리아는 인도네시아와 해상유전 공동탐사 협약을 맺었다. 대상 해역은 티모르 갭이라고 알려진 2만 4천 평방 마일의 해역이다. Kieran Cooke, 'World: Asia-Pacific Oil: Saviour of East Timor?', BBC News, 1999년 10월 7일, http://news.bbc.co.uk.
15. George Alexander ed., *Western State Terrorism*(Cambridge: Polity Press, 1991), p. 198.
16. Noam Chomsky는 카터의 행동이 인권 중시 외교 정책에서 벗어난다고 규정했다.
17. Neil C. Livingstone and David Halevy, *Inside the PLO*(New York: William Morrow, 1990), p. 208. 무장 그룹의 협약에 대해서는 다음 자료를 참조. Claire Sterling, *The Terror Network. The Secret War of International Terrorism*(London: Weidenfeld and Nicolson, 1981). 스털링은 1966년 아바나에서 개최된 '3대륙 회의'를 묘사하고 있다 (p. 14). Adams는 『The Financing of Terror』에서 1970년부터 1984년 사이에 열린 28번

의 회담을 열거하고 있다.

18. 원래 Devrimci Sol 또는 Dev Sol로 결성되었던 터키혁명 인민해방전선은 터키인민해방 당·전선에서 파생되어 나온 분파다. 1994년 내부적 투쟁 끝에 개명한 이 조직은 마르크스 이데올로기를 지지하며 반 미국, 반 나토의 입장이다. 이 그룹은 무장 강도와 강탈을 통해 자금을 조달한다.

19. 전 붉은 여단 멤버와 저자와의 인터뷰.

20. Sterling, *The Terror Network*, p. 284.

21. Robert Fisk, 'In on the Tide, the Guns and Rockets that Fuel this Fight', *Independent*, 2002년 4월 29일.

22. 'PLO Operates Airport Shops', *Los Angeles Times*, 1985년 12월 31일.

23. 펜티토Pentito는 참회자라는 뜻이다. 전에 무장 단체의 소속원이었으나 무장 투쟁의 원칙을 포기하고 감형 받는 대신에 사법 당국과 협조하기로 결정한 자를 말한다.

24. 'Panorama', 1980년 6월 16일, 다음 자료도 참조. Sterling, *The Terror Network*, p. 285.

25. 이탈리아 고관과 저자와의 인터뷰.

26. 전 붉은 여단 조직원과 저자와의 인터뷰.

27. 붉은 여단의 전 지도자였던 마리오 모레티Mario Moretti에 따르면 1970년대 조직원의 월급은 미숙련 노동자의 봉급 수준인 22만 리라였다고 한다.

28. 위의 수치는 Sterling, *The Terror Network*, pp. 301~302에서 인용.

29. 저자의 추산.

30. 몰수는 자본가의 재산을 강제로 빼앗을 수 있는 프롤레타리아의 권리를 가리키는 붉은 여단의 전문 용어다. 예를 들어 1970년대 초에 자금 조달의 주된 원천이었던 은행 강도는 빼앗겼던 프롤레타리아의 돈을 몰수하는 것이라고 생각했다. 다음 자료 참조. Alberto Franceschini, *Mara, Renato ed Io*(Milano: Mondadori, 1988), p. 47.

31. 전 붉은 여단 조직원과 저자와의 인터뷰.

32. *Corriere della Sera*, 1978년 12월 1일.

33. Patrick Seale, *Abu Nidal: a Gun for Hire*(London: Hutchinson, 1992), p. 138.

34. Ibid., p. 203.

35. Ibid., p. 113.

36. Ibid., p. 204.

37. Ibid., pp. 129~130.

38. Livingstone and Halevy, *Inside the PLO*, p. 224.

39. Ibid., p. 216.

40. 개괄적인 증거를 위해서는 다음 자료를 참조. Peter Scowen, *Rogue Nation, The America The Rest of the World Knows*(Toronto: McClelland & Stewart Ltd., 2002), p. 67.

41. Terpil과 Wilson의 행위에 대한 보고서는 다음 자료에서 인용. Adams, *Financing of Terror*, pp. 66-68. 두 사람의 생애에 대해서는 다음 자료 참조. Joseph C. Goulden, *The Death of Merchant*(New York: Simon and Schuster, 1984). 다음 자료도 참조. *Sunday Times*, 1981년 12월 21일, *Los Angeles Times*, 1981년 8월 28일, *New York Times*, 1981년 8월 26일, 30일.

42. *Small Arms Survey, 2001*(Oxford: Oxford University Press, 2001), p. 103.

43. *International Herald Tribune*, 1983년 7월 30일.

44. *Small Arms Survey, 2001*, p. 103.

45. OPEC이 카를로스에게 얼마나 지불했느냐에 대해서는 자료마다 다르다. Sterling은 5백 만 달러는 되었을 것이라고 주장한다. Sterling, *The Terror Network*, p. 147.

5 테러 의사국가의 탄생

1. 수치는 다음 자료에서 인용. Neil C. Livingstone and David Halevy, *Inside the PLO*(New York: William Morrow, 1990), ch. 5.
2. GDP는 구매력 평가에 의해 측정된다; World Bank/Euromonitor.
3. 의사국가 모델은 지금도 발생하고 있는 현상에 대한 하나의 가설 또는 해석이다. 의사국 가의 정의定義를 위해서는 다음 자료를 참조. Cheryl Rubenberg, *The Palestine Liberation Organization, its Institutional Infrastructure*(Belmont, MA: Institute of Arab Studies Inc., 1983), p. 58.
4. Maggie O'Kane, 'Where War is a Way of Life', *Guardian*, 2001년 8월 15일.
5. Ibid.
6. 전쟁을 치르자면 전쟁 기구에 필요한 사회 · 경제적 구조, 사람, 자원 등이 있어야 한다. 인도네시아 성전의 전사인 라스카르 지하드Laskar Jihad의 조직원은 그 조직의 임무를 이 렇게 설명한다. 사회 사업을 하고 무슬림에게 교육과 방어력(즉 무장 투쟁)을 제공하는 것이다. 흥미롭게도 이슬람 사상 주입의 임무를 포함하고 있는 사회 · 경제적 구조는 실 제 무장 투쟁보다 먼저 언급되고 있다. 또한 의사국가는 정치적 인프라가 없고 외부의 인 정을 받지 못한다. 이런 단점을 갖게 된 것은 의사국가가 민족주의(안에서 밖으로 퍼져나 가는 구조)와는 달리 밖에서 안으로 들어가면서 생겨난 구조이기 때문이다. 국가 주권과 자결권이 없기 때문에 의사국가는 전쟁의 복잡한 인프라에 의해 지탱된다. 라스카르는 모든 서비스를 제공하는 종교적 군대이다. 난민들에게 물자, 의약품, 식품, 도움 등을 제 공하고 《꾸란》을 가르치며 사람들에게 인생의 목적을 일러준다. Seth Mydans, 'Indonesian Conflict May be Breeding the Terrorists of Tomorrow', *International Herald Tribune*, 2002년 1월 10일.
7. Ibid.
8. Christopher Pierson, *The Modern State*(London: Routledge, 1996), 다음 자료도 참조. Anthony Giddens, *The Nation-State and Violence*(Cambridge: Polity Press, 1985).
9. 'Spectrum: International Terror Incorporated', *The Times*, 1985년 12월 9일.
10. Livingstone and Halevy, *Inside the PLO*, p. 175.
11. Cheryl Rubenberg, *The Palestine Liberation Organization, its Institutional Infrastructure*(Belmont, MA: Institute of Arab Studies Inc., 1983).
12. James Adams, *The Financing of Terror*(New York: Simon and Schuster, 1986), p. 88.
13. Ibid., p. 89.
14. Ibid., p. 28.
15. Ibid., p. 33.
16. Rubenberg, *The Palestine Liberation Organization, its Institutional Infrastructure*.
17. Livingstone and Halevy, *Inside the PLO*, p. 175.
18. 'Spectrum: International Terror Incorporated'.
19. Livingstone and Halevy, *Inside the PLO*, p. 176.

20. *Wall Street Journal*, 1984년 4월 10일, 다음 자료도 참조. Adams, *The Financing of Terror*, pp. 99~100.
21. 'Spectrum: International Terror Incorporated'.
22. Livingstone and Halevy, *Inside the PLO*.
23. 'US Government, Foreign Broadcast Information Service', Near East and South Asia report, 1988년 10월 3일.
24. Livingstone and Halevy, *Inside the PLO*, p. 169.
25. James Clarity, 'Hard-up Lebanon Puts the Squeeze on Smugglers', *New York Times*, 1986년 11월 6일.
26. 하마스에 관한 정보는 다음 자료에서 인용. Steven Emerson, 'Meltdown: the End of the Intifada', *New Republic*, 1992년 11월 23일.
27. Dean Andromidas, 'Israeli Roots of Hamas are Being Exposed', *Executive Intelligence Review*, 2002년 1월 18일, http://www.larouchepub.com.
28. Ben Barber, 'Saudi Millions Finance Terror against Israel', *Washington Times*, 2002년 5월 7일.
29. 하마스 동조자와 저자의 인터뷰.
30. Ibid.
31. http://www.terrorismanswer.com.
32. 야신Yassin은 하마스 지도자를 살해하려던 계획이 잘못됐던 1977년에 다시 자유를 얻었다. 후세인 왕은 2명의 체포된 모사드 요원과 야신을 바꾸자고 요구했다. Philip Jacobson, 'Warlord of the Jihad', *Sunday Times Magazine*, 2003년 1월 26일.
33. Steven Emerson, *American Jihad, The Terrorist Living Among Us*(New York: Free Press, 2002), p. 88.
34. 하마스Hamas 정치국의 책임자인 모사 아부 마르주크Mousa Abu Marzook는 1992년 HLF에게 20만 달러짜리 수표를 주었다. David Firestone, 'Mideast Flare-up: The Money Trail', *New York Times*, 2001년 12월 6일.
35. 'Crackdown on Charities Irks Arab-Americans, May Strain Coalition', *Bloomberg News*, 2002년 12월 6일.
36. Steve Feldman, 'No One Knows why Hamas Graced Philly with its Presence', *Ethnic News Watch*, Jewish Exponent, 2001년 12월 13일.
37. Jim Bronskill and Rick Mofina, 'Hamas Funded by Canadian Agency: Report: Aid Organization Accused of Sending Money to U.S. Charity Shut Down for Alleged Hamas Ties', *Ottawa Citizen*, 2001년 12월 6일.
38. Firestone, 'Mideast Flare-up'.
39. Emerson, *American Jihad, The Terrorist Living Among Us*, p. 101.
40. William Gaines and Andrew Martin, 'Terror Funding', *Chicago Tribune*, 1998년 9월 8일.
41. 'World Affair: "A Mafia State"', *Newsweek International*, 2000년 6월 19일.
42. Danny Rubinstein, 'Protection Racket, PA-Style', *Ha'aretz Daily Newspaper*, Tel Aviv, 1999년 11월 3일.
43. Ibid.
44. Ibid.
45. Noam Chomsky, 'The Colombian Plan: April 2000', *Z magazine*, 2000년 6월.

46. 1999년 10월 24일, 2백만 명의 콜롬비아 사람들이 '이제 그만 하라' 는 슬로건 아래 내전 반대 시위를 벌였다.

47. Maurice Lemoine, 'En Colombie, Un Nation, Deux Etats', *Le Monde Diplomatique*, 2000년 5월.

48. Ibid.

49. George Monbiot, 'To Crush the Poor', Guardian, 2003년 2월 4일.

50. Ibid.

51. 'I Hope the Peace Process Will Be Irreversible', 콜롬비아 대통령 안드레 파스트라나 Andres Pastrana와의 인터뷰. 2001년 2월 23일, *Napue Zurcher Zeitung*, http://www.nzz.ch.

52. 'Enemies of the State, Without and Within', *Economist*, 2001년 10월 6일.

53. Ibid.

54. Lemoine, 'En Colombie, Un Nation, Deux Etats'.

55. Ibid.

56. Monbiot, 'To Crush the Poor'.

57. 'I Hope the Peace Process Will Be Irreversible', 콜롬비아 대통령 안드레 파스트라나와 의 인터뷰.

6 새로운 세계 무질서를 향해

1. Adkin Mark and Mohammad Yousaf, *The Bear Trap: Afghanistan's Untold Story*, (London: Cooper, 1992), pp. 78~79.

2. Bob Woodward, *Veil: The Secret Wars of the CIA 1981-1987*(New York: Simon and Schuster, 1987), pp. 78~79.

3. Ibid.

4. Michael Chossudovsky, 'Who is Osama bin Laden?', Centre for Research on Globalisation, 2001년 9월 12일.

5. Baneriee Dipankar, 'Possible Connections of ISI with the Drug Industry', *India Abroad*, 1994년 12월 2일.

6. Mark and Yousaf, *The Bear Trap*.

7. Dilip Hiro, 'Fallout from the Afghan Jihad', *Inter Press Services*, 1995년 11월 21일.

8. 파티스Parties는 파키스탄과 이란에 기반을 두고 있었다. 4개의 근본적이고 극렬한 파티와 3개의 온건한 파티가 파키스탄에 기반을 두고 있었고(수니파 무슬림), 6개의 종교적 파티가 이란에 있었다(시아파 무슬림).

9. Mark and Yousaf, *The Bear Trap*, p. 83.

10. Ibid., p. 107.

11. Ibid., p. 106.

12. John K. Cooley *Unholy Wars: Afghanistan, America and International Terrorism* (London: Pluto Press, 2000), p. 176.

13. Ibid.

14. Fred Halliday, 'The Un-Great Game: the Country that Lost the Cold War, Afghanistan',

New Republic, 1996년 3월 25일.

15. Cooley, *Unholy Wars*.
16. Ibid., ch. 5.
17. Richard Thompson, 'CIA Used Bank in Covert Operations', *Independent*, 1991년 7월 15일.
18. Cooley, *Unholy Wars*, p. 187.
19. Thompson, 'CIA Used Bank in Covert Operations'.
20. Ibid.
21. Jonathan Beaty and S.C.Gwynne, 'The Dirtiest Bank of All', *Time Magazine*, 1991년 7월 29일.
22. Ibid.
23. Ibid.
24. Jonathan Beaty and S.C.Gwynne, *The Outlaw Bank, A Wild Ride into the Secret Heart of BCCI*(New York: Random House, 1993), pp. 118~119.
25. Cooley, *Unholy Wars*, p. 190.
26. Ahmed Rashid, 'The Taliban: Exporting Extremism', *Foreign Affairs*, 1999년 11월.
27. Arundhati Roy, 'The Algebra of Infinite Justice', http://www.nation-online.com.
28. 1984년 한 해에만 13명의 소장과 2명의 준장이 마약 관련 범죄로 기소됐다.
29. Alfred McCoy, 'Drug Fallout, the CIA's Forty-Year Complicity in the Narcotics Trade', *The Progressive*, 1997년 8월 1일.
30. 북서 변경 지역들을 제외하고.
31. Dipankar, 'Possible Connections of ISI with the Drug Industry'.
32. United Nations Office on Drugs and Crime, global drugs trend report 2000.
33. Chris Smith, 'Areas of Major Concentration in the Use and Traffic of Small Arms', in Jayantha Dhanapala et al., *Small Arms Controls: Old Weapons, New Issues*(Aldershot: Ashgate, 1999).
34. Mark and Yousaf, *The Bear Trap*, p. 106.
35. 전 무자헤딘 전사와 저자의 인터뷰.
36. Chossudovsky, 'Who is Osama bin Laden?'
37. Ibid.
38. Steve Coll, 'Anatomy of a Victory: CIA's Covert Afghan War: $2 billion Programme Reversed tide for Rebels', *Washington Post*, 1992년 7월 19일.
39. Halliday, 'The Un-Great Game'.
40. 1945년 크리미아의 얄타에서 영국 수상 윈스턴 처칠, 미국 대통령 프랭클린 루스벨트, 소련 수상 조지프 스탈린이 만나서 제2차 세계대전 종전 이후의 평화 조건을 협의했다. 얄타는 새로운 세계 질서, 즉 그 후 '냉전'으로 불리는 질서의 시작이 되었다.

7 이슬람 경제

1. K. Subrahmanyam, 'Pakistan is Pursuing Central Asian Goals', *India Abroad*, 1995년 11월 3일.

2. International Press Service, 1995년 8월 22일.

3. ATTA 수치는 다음 자료에서 인용. Ahmed Rashid, 'The Taliban: Exporting Extremism', *Foreign Affairs*, 1996년 11월.

4. Ahmed Rashid, *Jihad, the Rise of Militant Islam in Central Asia*(New Haven: Yale University Press, 2002), p. 53.

5. BBC World Wide Monitoring, Former Soviet Union, form *Nezavisimaya Gazeta*, 2000년 2월 3일.

6. Ibid.

7. Ibid.

8. Rashid, *Jihad, the Rise of Militant Islam in Central Asia*, p. 165.

9. Steve Levine, 'Critics Say Uzbekistan's Crackdown on Radicalism May Fuel Fervor', *Wall Street Journal*, 2001년 5월 3일. 다음 자료 참조. 'Tajik, Russian Officials Suggest Tajikistan is Developing into Drug Production Center', *Eurasia Insight*, 2001년 8월 14일.

10. Rashid, *Jihad, the Rise of Militant Islam in Central Asia*, p. 163.

11. Douglas Keh, 'Drug Money in a Changing World', Technical Document No. 4, 1998, Vienna UNDCP, p. 4. 다음 자료도 참조. Richard Lapper, 'UN Fears Growth in Heroin Trade', *Financial Times*, 2000년 2월 24일.

12. Keh, *Drug Money in a Changing World*.

13. Banerjee Dipankar, 'Possible Connections of ISI with the Drug Industry', *India Abroad*, 1994년 12월 2일.

14. Graduate Institute of International Studies, *Small Arms Survey, 2001*(Oxford: Oxford University Press, 2001).

15. 히즈불 무자헤딘Hizbul Mujahedin은 1989년 이산 다르Ihsan Dar와 무하마드 압둘라 방그로 Muhammed Abdullah Bangro에 의해 조직됐다. 이 부대는 세속적인 자무와 카슈미르 Jammu&Kashmir 해방전선을 대체하기 위해 창설됐다.

16. Ibid.

17. JUI는 부토의 여당 연합 세력의 일부였다. 다음 자료 참조. Ahmed Rashid, *Taliban: The Story of the Afghan Warlords*(London: Pan, 2001).

18. Steve Coll, 'Anatomy of a Victory: CIA's Covert Afghan War: $2 billion Programme Reversed tide for Rebels', *Washington Post*, 1992년 7월 19일.

19. Ibid.

20. 미국 의회의 테러 및 비정규전 특수부대의 담당 국장인 유세프 보단스키에 따르면 체체 니아 전쟁은 1996년 모가디슈에서 열린 헤즈볼라 인터내셔널의 비밀 정상회담에서 계획됐다.

21. Coll, 'Anatomy of a Victory'.

22. Ibid. 다음 자료도 참조. Rohan Gunaratna, *Inside al-Qaeda*(New York: Columbia University Press, 2002), p. 135.

23. 키토바니는 그루지아의 전 국방장관이었다. 그는 무장 그룹을 조직한 죄목으로 8년형에 처해졌다. 나중에 건강상의 이유로 석방됐다.

24. Graduate Institute of International Studies, *Small Army Survey*, p. 178.

25. Michael Chossudovsky, 'Who is Osama bin Laden?', Centre for Research on Globalisation, 2001년 9월 12일. 다음 자료도 참조. BBC *Newsnight*, 1999년 9월 29일.

26. Chossudovsky, 'Who is Osama bin Laden?'
27. Graduate Institute of International Studies, *Small Army Survey*, p. 180.
28. *Daily News*, Ankara, 1997년 3월 5일. 다음 자료 참조. Michael Chossudovsky, 'The KLA: Gangsters, Terrorists and the CIA', http://www.historyofmacedonia.org.
29. Jerry Seper, 'KLA Rebels Train in Terrorist Camps', *Washington Times*, 1999년 5월 4일.
30. *Geopolitical Drug Watch*, No. 35, 1994, p. 3.
31. Brian Murphy, 'KLA Volunteers Lack Experience', *Associated Press*, 1997년 4월 5일.

8 테러 지하드: 이슬람의 십자군 운동

1. 교황 우르반 2세의 연설문은 다음 자료에서 인용. Steven Runciman, *A History of the Crusades*, Volume 1(London: Folio, 1994), pp. 89~90.
2. 다음 자료에서 인용. 'Declaration of War against the Americans Occupying the Land of the Two Holy Places', 오사마 빈라덴이 아라비아 반도와 전 세계에 퍼져 있는 무슬림 동포들에게 보낸 연설. http://islamic-news.co.uk.
3. Aziz Atiya, *Crusade, Commerce and Culture*(Bloomington: Indiana University Press, 1962), p. 167.
4. Ibid., pp. 167~168.
5. Ibid., p. 169.
6. 나세르Nasser는 서방이든 소비에트든 그 어느 한쪽에 경도되지 않고 양쪽의 도움을 요청했다. 반면 안와르 사다트Anwar Sadat는 서구의 가치를 공개적으로 포용하고 이집트와 미국의 동맹을 튼튼히 했다.
7. Malcom Barber, *The Two Cities, Medieval Europe 1050-1320*(London: Routledge, 1992), p. 26.
8. 미국에 대한 지하드를 재촉하는 파트와Fatwa의 글이다. 1998년 2월 23일 *Al-Quds al-'Arabi*에 게재됨.
9. 다음에서 인용. 'Declaration of War against the Americans Occupying the Land of the Two Holy Places'.
10. Runciman, *A History of the Crusades*, p. 95.
11. Lal Khan, *Pakistan, Futile Crusades of a Failed State*, http://www.marxist.com.
12. Ibid.
13. 이탈리아인들의 경우 콘스탄티노플의 베네치아 사람 못지않은 광범위한 무역 혜택을 받았다. Christopher Tyerman, *The Invention of the Crusades*(London: Macmillan, 1998), pp. 62-63.
14. 와하비즘은 현대 중동의 국가들은 이슬람 근본 국가로 돌아가야 한다고 가르친다. 와하비즘 신봉자들은 모든 현대적 특징, 예를 들어 카메라나 전자장비의 사용 등 '사탄적인' 영향들로부터 종교를 정화시켜야 한다고 생각한다. As'ad Abukhalil, *Bin Laden, Islam and America's New "War in Terrorism"*(New York : Seven Stories Press, 2002), p. 63.
15. John Sloan, *Crusades in the Levant(1097~1291)*, http://www.xenophongroup.com.

9 이슬람의 금융 식민화

1. Stefan Wagstyl, 'Frontline States Seek Place on World Map', *Financial Times*, 2001년 11월 22일.
2. EBRD, Transition Report, 'The First Ten Years: Analysis and Lessons for Eastern Europe and the Former Soviet Union, 2001', p. 8.
3. James Lamont, 'Africa's Trade Flows Clogged up at Dockside', *Financial Times*, 2002년 1월 8일.
4. 가난에 대한 모든 수치는 세계은행 자료에서 인용.
5. 특정한 상황에서의 의사국가의 발달은 봉건적인 토지소유 제도 등 그 나라 특유의 환경과 관련이 있다.
6. 국가별 세목을 위해서는 다음 자료를 참조. EBRD, Transition Report, 'The First Ten Years: Analysis and Lessons for Eastern Europe and the Former Soviet Union, 2001', pp. 8~9.
7. 1988년 전환 경제의 국민들은 60명 중 1명꼴로 1인당 하루 수입이 1달러 미만이었다. 그러나 10년 뒤에는 20명당 1명이 1달러 미만이었다.
8. Tariq Ali, *The Clash of Fundamentalism*(London: Verso, 2002), p. 267.
9. Nicholas D. Kristok 'Behind the Terrorists', *New York Times*, 2002년 5월 7일.
10. 세속적 민족주의는 이슬람 그룹에 의해 대체됐는데 바로 이 때문에 국가 형성의 패턴이 바뀌게 되었다.
11. 'Global Development Finance, Financing the Poorest Countries', World Bank, 2002, p. 90.
12. Ibid., p. 56.
13. 이 세 나라가 FDI의 절반 이상을 수령했다.
14. 'Global Development Finance, Financing the Poorest Countries', p. 39.
15. International Transaction Accounts, http://www.bea.com
16. Nasdaq composite-price index, datastream.
17. Wagstyl, 'Frontline States Seek Place on World Map'.
18. Ibid.
19. 'Global Development Finance, Financing the Poorest Countries'. 다음 자료도 참조. Claudia Buch and Gayle De Long, 'Cross-Border Bank Mergers: What Lures the Rare Animal?', Kiel working paper NO. 1070, Kiel Institute of World Economics, 2001 8월, pp. 36~37.
20. 'Global Development Finance, Financing the Poorest Countries', p. 64.
21. Stephen Wagstyl and Eric Jansson, 'Extremists May be Only Winners as Serb Voters Shun Election', *Financial Times*, 2002년 10월 15일.
22. 1973~1974년의 제1차 석유 파동에 뒤이어 서방 은행들은 아랍 금융 기관에서도 유사한 조치가 나오지 않을까 우려했다.
23. 전 세계적으로 이슬람 금융업이 번성하게 된 것은 1976년 이슬람 력(히즈라) 1500주기를 맞은 것과 시점이 일치했다. 동시에 무슬림의 재정 자원, 특히 산유국들의 자본이 유가의 급격한 상승으로 그 영향력이 크게 늘어났다. 1974년 이전까지는 유가가 서방의 주요 정유 회사의 통제 아래에 있었기 때문에 가격 상승이 어려웠다. 이런 사태 발전으

로 인해 무슬림들은 이슬람의 윤리와 철학에 맞추어 그들의 삶을 리모델링할 수 있었다. http://www.islamic-banking.com.

24. Roland Jacquard, *In the Name of Osama bin Laden*(Durham, NC: Duke University Press, 2002), p. 132.
25. Susan Sachs, 'An Investigation in Egypt Illustrates al-Qaeda's Web', *New York Times*, 2001년 11월 21일.
26. Ibid.
27. Ibid.
28. 'Arms for Drugs in the Balkans', *International Herald Tribune*, 1996년 6월 6일.
29. Christopher Deliso, *Bin Laden, Iran and the KLA*, 2001년 9월 19일, http://www.antiwar.com.
30. Ibid.
31. Green Crosscut으로도 알려져 있다. 다음 자료 참조. Milan V. Petkovic, *Albanian Terrorists*, 1998, http://www.balkania.net.
32. Alex Standish, 'Albanians Face Ruin as Cash Pyramids Crumble', *European*, 1996년 11월 28일.
33. 'Hope and Danger for Ethnic Albanians', *Economist*, 1997년 3월 29일.
34. 알바니아의 유사 은행들이 높은 이자를 주겠다고 약속해 알바니아의 거의 모든 세대에게서 자금을 흡수했으나 결국 도산하고 말았다.
35. 'Hope and Danger for Ethnic Albanians'.
36. 2001년 인도네시아의 총수출액은 565억 달러였다.
37. Shawn Donnan, 'Indonesian Ties with the Arabs Highlighted', *Financial Times*, 2002년 10월 17일.
38. Anon, *Through Our Enemies' Eyes*(Washington: Brassey's Inc, 2002), p. 106.
39. Ibid.
40. Edward Said, 'When Will We Resist?', *Guardian*, 2003년 1월 25일.
41. Anon, *Through Our Enemies' Eyes*, pp. 105~106.
42. John Pilger, 'This War is a Fraud', *Daily Mirror*, 2001년 10월 29일.
43. Ahmed Rashid, 'The Taliban: Exporting Extremism', *Foreign Affairs*, 1999년 11월.
44. 무기와 군사 장비에 대한 통상금지는 1999년 9월, 유엔 결의안 713호에 의해 부과됐다.
45. VEVAK라고 알려진 혁명경비대 겸 이란 정보부를 말한다. 샤의 SAVAK를 이은 이슬람 혁명정부 기관이다.
46. Michael Chossudovsky, *Guerra e Globalizzazione*(Torino: EGA, 2002), p. 44.
47. 'Iran Gave Bosnia Leader $500,000, CIA Alleges: Classified Report Says Izetbegovic Has Been "Co-Opted", Contradicting U.S. Public Assertion of Rift', *Los Angeles Times*, 1996년 12월 31일.
48. 수단에 있는 제3세계 구조청TWRA은 보스니아에 무기 파이프라인을 제공하는 위장된 인도적 기관이다. 다음 자료를 참조. 'How Bosnia's Muslims Dodged Arms Embargo: Relief Agency Brokered Aid From Nations, Radical Groups', *Washington Post*, 1996년 9월 22일; 'Saudis Funded Weapons for Bosnia, Official Says: $300 Million Program Had U.S. "Stealth Cooperation"', *Washington Post*, 1996년 2월 2일.
49. Congressional Press Release, Republican Party Committee, US Congress, 'Clinton

approved Iranian Arms Transfers Help Turn Bosnia into Militant Islamic Base', 1997년 1월 16일, http://www.globalsearch.ca. 원본 참조는 http://www.senate.gov.
50. 미국과 독일 회사들이 자유롭게 에너지 자원을 탐사할 수 있는 대大알바니아.
51. 알리자 이제트베고비치Alija Izetbegovic는 보스니아의 무슬림 대통령이었다.
52. 'Bosnian Leader Hails Islam at Election Rallies', *New York Times*, 1996년 9월 2일.
53. Cees Wiebes, *Intelligence and the War in Bosnia, 1992~1995*(Amsterdam: Netherlands Institute for War Documentation, 2002).
54. Rashid, 'The Taliban: Exporting Extremism'.
55. Richard McGregor, 'Uighur Training Angered Beijing', *Financial Times*, 2001년 10월 18일.

10 이슬람 식민화의 경제력

1. Jean Charles Brisard and Guillaume Dasquie, *La Verita' Negata*(Milano: Marco Tropea, 2001).
2. Richard Thomson, 'CIA Used Bank in Covert Operations', *Independent*, 1991년 7월 15일.
3. 그 융자들은 담보가 없었고 회사 주식에 의해서만 보증됐다. 따라서 그 융자들은 원금이 상환되지 않을 것임이 분명했다. 그러나 융자에 대한 보답으로 BCCI는 사실상 미국 내에 있는 전략적 회사들과 은행의 소유권을 얻었고 마음대로 통제했다.
4. Jonathan Beatty and S.C. Gwynne, 'The Dirtiest Bank of All Time', *Time Magazine*, 1991년 7월 29일.
5. 은행은 예치금의 일부만 융자로 내줄 수가 있다. 융자 가능 금액은 은행이 영업하는 나라의 중앙은행에 의해 규제된다. 예금자들이 저금한 돈을 꺼내갈 때를 대비해 즉시 지불할 수 있는 어느 정도의 유동성을 확보해야 하기 때문이다. 이 한도액 이상으로 융자해 주는 것은 회계 부정으로 재무 당국에게 징계를 받게 된다. BCCI의 경우 이 부족액은 추가 예금에 의해 메워졌다.
6. Beatty and Gwynne, 'The Dirtiest Bank of All Time'.
7. James Ring Adams and Douglas Frants, *A Full Service Bank*(London: Simon & Schuster, 1992), p. 92.
8. 추가 정보를 위해서는 다음 자료 참조. Carey Sublette, 'Dr. Abdul Qadeer Khan', http://nuketesting.enviroweb.org.
9. Ibid. p. 192.
10. 고온에도 잘 견디는 특별한 타입의 강철이 있는데 주로 무기 제조에 사용된다.
11. Brisard and Dasquie, *La Verita' Negata*, p. 12.
12. Ibid., pp. 65~66.
13. Isabel Kershner, 'Behind the Veil', *Jerusalem Report*, 1993년 6월 3일.
14. Ibid.
15. Ibid.
16. Mateen Siddiqui, 'Differentiating Islam from Militant Islamist', *The San Francisco Chronicle*, 1999년 9월 21일.
17. '법정의 주 재판관이자 아미르Amir인 사람은 사우디아라비아 카심 지역에 있는 부라이

다 출신의 셰이크 아부 우마르Sheik Abu Umar였다. 셰이크 아부 우마르는 무하마드 빈 살
레 알 우타이민 같은 지역의 유명한 학자 밑에서 이슬람을 공부했고 이슬람 대학 시험
에서 수석을 했다. 셰이크 아부 우마르는 1995년 체체니아에 왔고 체체니아의 외국 무
자헤딘의 아미르인 이븐 울 카타브(역시 아라비아 걸프 만 출신)의 지도 아래 무자헤딘
에 합류했다. 그는 훈련을 받았고 체첸 무자헤딘에게 엄정한 이슬람 신앙을 가르쳤다.
당시 체첸 무자헤딘은 이슬람에 대해 엉터리 또는 왜곡된 신앙을 가진 사람이 많았다'
Global Muslim News, 1997년 12월, http://www.islam.org.au.

18. *Global Muslim News*

19. Barzou Daragahi, 'Financing Terror', *Time*, 2001년 11월. 다음 자료도 참조. *Money*,
    Vol. 30, No. 12, 2001년 11월.

20. 타다몬 이슬람 은행은 1981년 창립됐고 사우디아라비아에서 두 번째로 큰 은행이다. 수
    단 전역에 21개의 지점을 갖고 있다. 1998년 현재, 대주주는 National Co. for
    Development and Trade of Khartoum(15%), Kuwait Finance House, Dubai Islamic
    Bank, Bahrain Islamic Bank 등이며 그 밖에 개인 대주주들로 구성되어 있다. 이런 대주
    주 중에서 가장 유명한 인사는 아랍 에미리트 연합의 사회사업부 장관을 들 수 있다. 타
    다몬은 농업, 공업, 부동산 분야에 관련해 수단에 많은 지점을 운영하고 있다. 보고서에
    따르면 1991년 이래 타다몬 이슬람 은행의 주주 구성은 많이 바뀌지 않았다. 유일한 변
    화는 파이잘 이슬람 뱅크 대신에 이 은행의 지사인 National Co. for Development and
    Trade가 이사회에 들어오게 된 것이다. 1997년에 설립된 파이잘 이슬람 은행은 모하마
    드 사우드 엘 파이잘 왕자가 대표이다. 그는 알 사우드 왕의 아들이며 파하드 왕의 사촌
    이다(Bette Stern, 'La Toile Financière d'Oussana bin Laden s'etend du pays du Golfe à
    l'Europe', *Le Monde Interactif*, 2001년 9월 24일); 1998년 타다몬 이슬람 은행의 주식
    15%는 National Co. for Development and Trade of Khartoum이 통제했다. 타다몬은 사
    우디아라비아에 21개의 지점을 갖고 있고 수단에도 상당한 금융 네트워크를 갖고 있다.
    특히 수단의 경우 농업, 공업, 부동산 분야에서 활발하다(Brisard and Dasquie, *La
    Verita' Negata*, p. 73); 이 은행의 대주주 중에는 몇몇 걸프 지역 금융 기관들이 있다. 바
    레인 이슬람 은행, 쿠웨이트 파이낸스 하우스, 두바이 이슬람 은행 등이 그런 기관들이
    다. 두바이 이슬람 은행은 BCCI의 최대 주주 중 하나이기도하다(8천 1백 7십만 달
    러)(Ahmed Mardini, 'Gulf Economy: BCCI Deal Buoys UAE Stocks', *Inter Press
    Services*, 1995년 2월 6일). 지난 20년 동안 두바이 이슬람 은행은 중동 지역의 여러 스캔
    들에 연루되어 왔다. 이 은행의 주주 중에는 두바이 정부와 쿠웨이트 정부도 있다. 이 은
    행은 바레인 이슬람 은행과 방글라데시 이슬람 은행에도 많은 주식을 갖고 있다.

21. 빈라덴 가문의 사람들이 파이잘 은행의 이사로 되어 있다. 흥미롭게도 이 두 은행은 알
    샤밀 이슬람 은행의 대주주이다.

22. Jonathan Wells, Jack Meyers and Maggie Mulvihill, 'War on Terrorism, Saudi Elite Tied
    to Money Groups Linked to bin Laden', *Boston Herald*, 2001년 10월 14일.

23. Ibid.

24. Brisard and Dasquie, *La Verita' Negata*, p. 71.

25. Mark Huband, 'Inside al-Qaeda, Bankrolling bin Laden', *Financial Times*,
    2001년 11월 29일.

26. David Pallister and Owen Bowcott, 'Banks to Shut Doors On Saudi Royal Cash',
    Guardian, 2002년 7월 17일.

27. Jack Kelly, 'Saudi Money Aiding bin Laden, Businessmen are Financing Front Groups', *USA Today*, 1999년 10월 29일.
28. Greg Palast, *The Best Democracy Money Can Buy*(London: Pluto Press, 2002), p. 145.
29. Ibid.
30. Wells, Meyers and Mulvihill, 'War on Terrorism, Saudi Elite Tied to Money Groups Linked to bin Laden'.
31. Neil Mackay, 'John Mayor Links to bin Laden Dynasty', *Sunday Herald*, 2001년 10월 7일.
32. Robin Allen and Roula Khalaf, 'Al Qaeda: Terrorism after Afghanistan', *Financial Times*, 2002년 2월 21일.
33. 'Fanancial Chain, Funds Continue to Flow Despite Drive to Freeze Network's Assets', *Guardian*, 2002년 9월 5일.
34. UN, S/20021050/Corr.1 Second Report of the Monitoring Group pursuant to resolution 1390(2002).
35. 1991년 카디Qadi는 82만 달러를 투자 목적으로 스위스 은행에서 다른 곳으로 이체한 혐의를 받았다. 그 거래는 자금의 출처, 즉 카디에게서 나온 것임을 감추기 위한 것이었다. 미국 정부에 따르면 이 돈의 일부는 하마스에게 들어가 무기 구입과 점령 지역의 조직 강화에 쓰였다고 한다. Jeff Gerth and Judith Miller, 'A Nation Challenged: On the List, Philanthropist or Fount of Funds for Terrorists?', *New York Times*, 2001년 10월 13일.
36. 'Financial Chain, Funds Continue to Flow Despite Drive to Freeze Network's Assets', *Guardian*, 2002년 9월 5일.
37. Edward Alden, 'The Money Trail: How a Crackdown on Suspect Charities is Failing to Stem the Flow of Funds to al-Qaeda', *Financial Times*, 2002년 10월 18일.
38. Charles Clover, 'Return of the "Afghans" Puts Spotlight on Kuwaiti Divisions', *Financial Times*, 2002년 10월 17일.
39. Mark Huband, 'Inside al-Qaeda, Bankrolling bin Laden', *Financial Times*, 2001년 11월 29일.
40. Yael Shahar, 'Tracing bin Laden's Money, Easier Said than Done', ICT, 2001년 9월 21일, http://www.ict.org.
41. Allen and Khalaf, 'Al Qaeda: Terrorism after Afghanistan'.
42. Borzou Daragahi, 'Financing Terror', *Time*, 2001년 11월.
43. Sam Vaknin, 'Analysis: Hawala, the Bank that Never Was', United Press International, 2001년 9월 17일, http://www.upi.com.
44. Kimberly I. Thachuk, 'Terrorism's Financial Lifeline: Can It Be Severed?', Strategic Forum, Institute for the National Strategic Studies National Defense University, Washington D.C., No. 191, 2002년 5월, p. 5.
45. Jimmy Burns, Harvey Morris and Michael Peel, 'Assault on America Terrorists Funds', *Financial Times*, 2001년 9월 24일.
46. Vaknin, 'Analysis: Hawala, the Bank that Never Was'.
47. Ibid.
48. UN, Security Council Committee pursuant to resolution 1267(1999), 2002년 9월 22일, p. 15.
49. Ibid.

50. Richard McGregor, 'Rumours Rule the Money Pit', *Financial Times*, 2001년 11월 24일.
51. Karl Vick, 'The Taliban's Good-bye: Take the Banks' Millions and Run', *Washington Post*, 2001년 1월 8일.
52. Vaknin, 'Analysis: Hawala, the Bank that Never Was'.
53. 이 수치는 1995년 미국 평균 달러 화 가격으로 계산되었다. 구매력 평가 수치는 1998년 의 경우 2,130억 달러로 약간 높다. 출처: World Development Indicators database.
54. Douglas Farah, 'Al Qaeda's Road Paved with Gold; Secret Shipment Traced through a Lax System in United Arab Emirates', *Washington Post*, 2002년 2월 17일.
55. 'Financial Chain, Funds Funds Continue to Flow Despite Drive to Freeze Network's Assets', *Guardian*, 2002년 9월 5일.
56. Ibid.
57. Ibid.
58. Marcus Walk, 'In the Financial Fight against Terrorism, Leads are Hard Won', *Wall Street Journal*, 2001년 10월 10일.
59. 'Correspondent Banks, the Weakest Link', *Economist*, 2001년 9월 29일.
60. David Leppard and Michael Sheridan, 'London Bank Used for bin Laden Cash', *Sunday Times*, 2001년 9월 16일.

11 모스크 네트워크

1. Nick Fielding, 'Al Qaeda Issues New Manifesto of Revenge', *Sunday Times*, 2002년 11월 17일.
2. Roy MacCarthy and Richard Norton-Taylor, 'Kashmir Militants Plan New Attacks', *Guardian*, 2002년 5월 25일.
3. 이븐 사우드Ibn Saud는 하셈족을 몰아내고 1926년 히자즈와 나즈드 왕국의 통치자로 인정 받았다. 1932년 이 왕국이 사우디아라비아 통일 왕국이 되었다.
4. http://www.islamicweb.com. 다음 자료도 참조. Anthony H. Cordesman, *Economic, Demographic and Security Trends in the Middle East*(Washington DC: Center for Strategic and International Studies, 2002년 1월).
5. 칸제국Khanate은 칸Khan이 다스리는 국가이다. 우즈베키스탄 칸제국은 부족들의 그룹으 로 일종의 연합체다.
6. CBT TV, *The National*, 2002년 7월 29일.
7. Jason Burke, 'You Have to Kill in the Name of Allah until you are Killed', *Observer*, 2002년 1월 26일.
8. Ibid.
9. CBT TV, *The National*, 2002년 7월 29일.
10. 'Suicide Blast: Briton Named', *Manchester Guardian Weekly*, 2001년 1월 10일.
11. Daniel McGrory, 'UK Muslims Volunteers for Kashmir War', *The Times*, 2000년 12월 28일.
12. Jeevan Vasagar and Vikram Dodd, 'British Muslims take Path to Jihad: Kashmir Terror Group Claims Suicide Bomber was from Birmingham', *Guardian*, 2000년 12월 29일.

13. 살라 셰하데Salah Shehadeh는 2002년 7월 23일, 이스라엘군이 가자에 있는 그의 집 앞에 떨어트린 폭탄으로 살해됐다.
14. 살라 셰하데와의 인터뷰, 'Inside a Terrorist's Mind', The Middle East Media Research Institute, Special Dispatch Series, No. 403, 2002년 7월 24일, http://www.memri.org.
15. Suzanne Goldberg, 'The Men Behind the Suicide Bombers', Guardian, 2002년 6월 12일.
16. Daniel Benjamin and Steven Simon, The Age of Sacred Terror(New York: Random House, 2002), pp. 28~29.
17. 'Indian Agency Says British Muslims Support Kashmiri Militants Financially', BBC Monitoring International Reports, 2002년 1월 13일.
18. 'London Cleric Told the Followers "to Kill"', Sunday Times, 2002년 11월 17일.
19. Yahya Kocoglu, 'Hizbullah: The Susurluk of the Southeast', Turkish Daily News, 2000년 1월 27일.
20. Ersel Aydinli, 'Implications of Turkey's anti-Hizbullah Operation', Washington Institute for Near Policy, 2000년 2월 9일.
21. Kocoglu, 'Hizbullah: The Susurluk of the Southeast'.

12 허약한 나라들: 테러의 온상

1. Charles Smith, 'China and Sudan: Trading Oil for Humans', Worldnetdaily, 2000년 7월 19일, http://www.worldnetdaily.com.
2. Robert I. Rotberg, 'The New Nature of Nation-State Failure', Washington Quarterly, 2002년 여름.
3. Ibid.
4. Richard Haass, Intervention: The Use of American Military Force in the Post-Cold War World(Washington: Brookings Institution Press, 1999), p. 84.
5. '각국의 정치적 안정 상태에 따라 청색, 녹색, 갈색을 칠해보자. 관료 제도와 사법 관리가 확실해서 기능상으로나 영토 보존상 아주 안정되어 있는 나라를 청색으로, 영토는 확실히 장악하고 있으나 기능은 떨어지는 나라를 녹색으로, 영토나 기능 양쪽에서 기능이 아주 낮거나 거의 없는 나라를 갈색으로 칠해보자.' Guillermo O'Donnell, 'On the State, Democratization and Some Conceptual Problems', working paper no. 192(University of Notre Dame, the Helen Kellogg Institute for International Studies, 1993년 4월).
6. Ibid., p. 10.
7. John Aglionby, 'The Secret Role of the Army in Sowing the Seeds of Religious Violence', Guardian, 2002년 10월 16일.
8. Bernie Hecht, 'Irgun and the State of Israel', http://www.jewishmag.com.
9. Rotberg, 'The New Nature of Nation-State Failure', p. 90.
10. 'Colombia-Weapons, Colombian Arms Dealer who Purchased Arms for FARC Arrested', Financial Times, 2002년 5월 8일.
11. Graduate Institute of International Studies, Small Arms Survey, 2001, (Oxford: Oxford University Press, 2001), p. 187.

12. Ray Takeyh and Nicolas Gvosdev, 'Do Terrorist Networks Need a Home?', *Washington Quarterly*, 2002년 여름.

13. Ibid.

14. 'Report: bin Laden Linked to Albania', *USA Today*, 1999, http://www.usatoday.com.

15. Ibid.

16. John Burton, 'Islamic Network is on a Mission', *Financial Times*, 2002년 10월 16일.

17. 러시아 치안 단속 기관에 따르면, 아프간 마약 거래에 의해 생긴 수입은 빈라덴과 그 부하들이 아시아 지역에서 이슬람 테러 그룹을 훈련, 무장, 지원하는데 사용된다. 지원받은 그룹은 IMU, 중국 신장성의 위구르, 타케이와 그보스데프의 체첸 반군 등이다. 'Do Terrorist Networks Need a Home?'.

18. Yael Shahar, 'Tracing bin Laden's Money: Easier Said than Done', ICT, 2001년 9월 21일, http://www.ict.org.

19. Wilmar Witoelar, 'Terror Has Deep Roots in Indonesia', *Guardian*, 2002년 10월 16일.

20. Jason Burke, 'Revealed: The Quiet Cleric behind Bali Bomb Horror', *Observer*, 2002년 10월 20일.

21. Burton, 'Islamic Network is on a Mission'.

22. Witoelar, 'Terror Has Deep Roots in Indonesia'. 이 '검은 세력'에는 코파수스 Kopassus(특수부대)나 팀 마흐와르Tim Mahwar(장미팀) 등이 포함된다. 이들은 수하르토 시절, 시위대나 학생들을 납치해 쥐도 새도 모르게 처지하곤 했다. Tidar Boys와 일부 장교들은 보고르Bogor에서 이슬람 무장 단체인 라스카르 지하드Laskar Jihad를 훈련시켰다. 인도네시아의 무장 단체에 대해 자세한 정보를 알고 싶으면 다음 자료를 참조할 것. Damien Kingsbury, *Power Politics and the Indonesian Military*(London: Routledge Curzon, 2003).

23. 라스카르 지하드는 인도네시아 군부인 TNI(Tentara National Indonesia)가 자금을 대고 훈련시킨 조직이다. 그들은 FPI와도 밀접한 관계를 맺고 있는데 FPI는 바시르가 주도하는 MMI(Majelis Mujahedin Indonesia)와도 관계가 있다.

24. Aglionby, 'The Secret Role of the Army in Sowing the Seeds of Religious Violence'.

25. Shawn Donnan, 'Bombing to Test the Fabric of Indonesia Society', *Financial Times*, 2002년 10월 14일.

26. Shawn Donnan, 'Blast May Reverberate across the Economy', *Financial Times*, 2002년 10월 15일.

13 모던 지하드에서 테러의 신경제로

1. Peter Finn and Sarah Delaney, 'Sinister Web Links Terror Cells across Europe', *International Herald Tribune*, 2001년 10월 23일.

2. 닥터 사이드 알 파키Dr. Saad al-Faqih와 저자의 인터뷰.

3. 유엔 안보리 위원회는 2002년 9월 20일 결의안 1267(1999)에 의해 설립됐다.

4. Giles Foden, 'Australian "Crusaders" Targeted by bin Laden', *Guardian*, 2002년 10월 16일.

5. 닥터 사이드 알 파키와 저자의 인터뷰.

6. PBS와 닥터 사이아드 알 파키의 인터뷰. http://www.pbs.org.
7. Jason Burke, 'Revealed: The Quiet Cleric behind Bali Bomb Horror', *Observer*, 2002년 10월 20일.
8. Ibid.
9. Anon, *Through Our Enemies' Eyes*(Washington DC: Brassey's Inc., 2002), p. 49.
10. Ibid., p. 102.
11. 아부 마흐무드Abu Mahmud는 반소 지하드에 참가했던 빈라덴의 측근 중 한 사람의 가명이다.
12. Jamal Khashuqji, 'Al Qaeda Organization: Huge Aims without Programs or Cells', *Al-Hayah*, 1998년 10월 12일.
13. 'The Great Game', http://www.aliyev.com.
14. 헤이다에 알리예비치 알리예프Heydae Aliyevich Aliyev는 전 KGB 요원이자 소비에트 정치국 멤버였다. 그는 1993년 군사 쿠데타로 권력을 잡았다.
15. '계약 서명에 대한 보너스로 60억 달러 이상의 돈이 바쿠의 알리예프 체제에 지불됐다. 그것은 그루지아와 아르메니아에 제공한 원조와 투자를 모두 합친 것보다 많은 액수였다. 하지만 아제르바이잔 사람들은 여전히 난민촌에 살고 있으며 그루지아나 아르메니아보다 사정이 훨씬 열악하다.' 'The Great Games', http://www.aliyev.com.
16. Ibid.
17. Ahmed Rashid, *Taliban: The Story of the Afghan Warlords*(London: Pan, 2001), pp. 135~136.
18. Jean-Charles Brisard and Guillaume Dasquie, *La Verita' Negata*(Milano: Marco Tropea Editore, 2001), ch. 9.
19. Ibid., p. 82.
20. Samuel P. Huntington, 'The Age of Muslim Wars', *Newsweek Special Issue*, 2002.
21. Francis Fukuyama and Nadav Samin, 'Heil Osama, The Great Reformer', *The Sunday Times*, 2002년 9월 29일.
22. Sameul P. Huntington, 'The Clash of Civilization?', *Foreign Affairs*, 1993년 여름.
23. Huntington, 'The Age of Muslim Wars'.
24. Finn and Delaney, 'Sinister Web Links Terror Cells Across Europe'.
25. Fukuyama and Samin, 'Heil Osama, The Great Reformer'.
26. Francis Fukuyama, *The End of History and the Last Man*(London: Penguin, 1993).
27. Fukuyama and Samin, 'Heil Osama, The Great Reformer'.
28. 'Osama bin Laden Talks Exclusively to Nida' ul Islam about the New Power Keg in the Middle East', *Nida' ul Islam*, NO. 15, 1996년 10월~11월호, http://www.islam.org.au.
29. Ladan and Roya Boroumand, 'Terror, Islam and Democracy', *Journal of Democracy*, Vol. 13, NO. 2, 2002년 4월.
30. Ibid.
31. Roland Jacquard, *In the Name of Osama bin Laden: Global Terrorism and the bin Laden Brotherhood*(Durham, NC: Duke University Press, 2002).
32. Farish A. Noor, 'The Evolution of "Jihad" in Islamist Political Discourse: How a Plastic Concept Became Harder', http;//www.ssrc.org.
33. Nick Fielding, 'Al-Qaeda Issues New Manifesto of Revenge', *Sunday Times*, 2002년

11월 17일.

34. Ladan and Roya Boroumand, 'Terror, Islam and Democracy'.
35. Lew Scudder, 'A Brief History of Jihad', http://www.rca.org.
36. 'Ansar Al-Islam Activists Leave Norway After Increased Pressure on Their Leader', 2002년 9월 12일, http://Kurdishmedia.com.
37. David I. Phillips, 'The Next Stage in the War On Terror', *International Herald Tribune*, 2002년 3월 23일~24일.
38. Ewen MacAskill and John Aglionby, 'Suspicion Turns on Indonesia's Islamist Militants', *Guardian*, 2002년 10월 14일.
39. Jeffrey Goldberg, 'The Great Terror', *New Yorker*, 2002년 4월 25일.

14 테러의 합법적 사업

1. Roula Khalaf, 'Al Qaeda Recruiting Ground Offers Tough Challenges in War of Terror', *Financial Times*, 2002년 2월 22일.
2. Judith Miller and Jeff Gerth, 'Trade in Honey is Said to Provide Money and Cover for bin Laden', *New York Times*, 2001년 10월 11일.
3. Ibid.
4. James Adams, 'The Financing of Terror', in Paul Wilkinson and Alastair M. Stewart eds., *Contemporary Research on Terrorism*(Aberdeen: Aberdeen University Press, 1987).
5. Ibid., p. 88.
6. Giles Foden, 'The Former CIA "Client" Obsessed with Training Pilots', *Guardian*, 2001년 9월 12일.
7. Lou Dolinat, 'A Focus on Their Smaller Crimes', *Newsday*, 2001년 10월 5일, http://www.newsday.com.
8. Robin Wright and Joseph Meyer, 'America Attacked; Mapping a Response', *Los Angeles Times*, 2001년 9월 12일.
9. Kimberly L. Thachuk, 'Terrorism Financial Lifeline: Can it be Severed?' Strategic Forum, Institute for the National Strategic Studies, National Defense University, Washington DC, no. 191, 2002년 5월, pp. 5~6.
10. Roland Jacquard, *In the Name of Osama bin Laden: Global Terrorism and the bin Laden Brotherhood*(Durham, NC: Duke University Press, 2002), p. 134.
11. Grant Ringshow, 'Profits of Doom', *Sunday Telegraph*, 2001년 9월 23일.
12. Robert Fisk, 'Talk with Osama Bin Laden', *The Nation*, 1998년 9월 21일.
13. 'Jihad against Jews and Crusaders', World Islamic Front Statement, 1998년 2월 23일, http://www.fas.org.
14. Jacquard, *In the Name of Osama Bin Laden*, pp. 110~111.
15. Ibid., p. 96.
16. John Mintz, 'Bin Laden's Finances are Moving Target', *Washington Post*, 1998년 8월 28일, 다음 자료도 참조. Yael Shahar, 'Tracing bin Laden's Money', ICT, 2001년 9월 21일, http://www.ict.org.

17. Jacquard, *In the Name of Osama Bin Laden*, p. 128.
18. Simon Reeve, *The New Jackals: Ramzi Yousef, Osama bin Laden and the Future of Terrorism*(London: André Deutsch, 1999), p. 178.
19. Ibid., ch. 9.
20. Yael Shahar, 'Tracing bin Laden's Money: Easier Said than Done', ICT.
21. Jacquard, *In the Name of Osama Bin Laden*, p. 128.
22. Ibid. pp. 127~128.
23. Ringshow, 'Profits of Doom'.
24. John Hooper, 'Terror Made Fortune for bin Laden', *Guardian*, 2001년 9월 23일.
25. Ringshow, 'Profits of Doom'.
26. Thachuk, 'Terrorism Financial Lifeline: Can it be Severed?'

15 테러의 국제수지

1. '1997년에 이르러 워싱턴은 KLA를 국무부 테러 조직 리스트에 올리기로 결정했다.' 다음 자료에서 인용. 'The US, the KLA and Ethnic Cleansing', World Socialist web-site, 1999년 6월 29일, http://www.wsws.org.
2. 'Albanian-Americans Help Fund the KLA', AFP, 1999년 2월 20일, http://www.members.tripod.com.
3. Milan V. Petkovic, 'Albanian Terrorists', 1998, http://www.balcania.net.
4. 'Albanian-Americans Help Fund the KLA'.
5. Stacy Sullivan, 'Albanian Americans Funding Rebels' Cause', *Washington Post*, 1998년 5월 26일.
6. Petkovic, 'Albanian Terrorists'.
7. Michael Chossudovsky, 'Osamagate, Role of the CIA in Supporting International Terrorist Organizations during the Cold War', *Canadian Business and Current Affairs*, *Brandon University*, 2001년 11월.
8. Noam Chomsky, *9-11*(New York: Seven Stories Press, 2002), p. 91.
9. Eric Lichtblau, 'US Indicts Head of Islamic Charity in Qaeda Financing', *New York Times*, 2002년 10월 10일.
10. Ibid. 다음 자료도 참조. Edward Alden, 'The Chicago Charity Accused of Defrauding Donors', *Financial Times*, 2002년 10월 18일.
11. 1996년 *Watan al-Arabia*라는 잡지는 빈라덴이 무와파크Muwafaq 지지자였음을 시인했다고 보도했다. David Pallister, 'Head of Suspects Charity Denies Link to bin Laden', *Guardian*, 2001년 10월 16일.
12. 'Assault on Charities is Risky Front for the US', *Wall Street Journal*, 2001년 10월 16일.
13. Mark Duffield, 'The Political Economy of Internal War: Asset Transfer, Complex Emergencies and International Aid', in Joanna Macrae and Anthony Zwi eds, *War and Hunger: Rethinking International Responses*(London: Zed Press, 1994).
14. Oliver Burkeman, 'US "Proof" over Iraqi Trucks', *Guardian*, 2002년 3월 7일.
15. Mary Kaldor, *New and Old Wars, Organized Violence in a Global Era*(Cambridge:

Polity Press, 1999), ch. 5.

16. Ahmed Rashid, 'They're Only Sleeping. Why Militant Islamists in Central Asia aren't Going to Go Away', New Yorker, 2001년 7월 21일.

17. BBC, The Money Programme, 2001년 11월 21일.

18. Mike Ingram, 'UK Admits Hostages in Chechenya Were Asked to Report Sensitive Information', World Socialist web-site, 1999년 1월 21일, http://www.wsws.org.

19. FBI의 테러리스트 재정 검토 그룹의 책임자인 데니스 로머Dennis M. Lormer가 2002년 7월 9일 미 상원의 테크놀로지, 테러, 정부 정보 등에 대한 법사위원회에서 한 진술, http://www.fbi.gov.

20. Deborah Tetley, 'Terrorists Active in Canada', Calgary Herald, 2001년 10월 1일.

21. 리차드 로드Richard A. Rode가 1998년 2월 24일 미 상원의 테크놀로지, 테러, 정부 정보 등에 대한 법사위원회에 출석해서 한 진술. http://www.fas.org.

22. Todd Lighty and Ray Gibson, 'Suspects Blend in, Use Credit Swindles to Get Easy Money', Tribune, 2001년 11월 4일.

23. 밀수는 외환을 가져오고 한 나라에서 다른 나라로 제품을 움직여야 한다. 바로 이런 점에서 밀수는 상품 수출과 비슷하다고 할 수 있다.

24. Daniel Pearl and Steve Stecklow, 'Taliban Banned TV but Collected Profits on Smuggling Sonys', Wall Street Journal, 2002년 1월 9일.

25. Michela Wrong, 'Smugglers' Bazaar Thrives on Intrepid Afghan Spirit', Financial Times, 2002년 10월 17일.

26. Pearl and Stecklow, 'Taliban Banned TV but Collected Profits on Smuggling Sonys'.

27. 'Commandos Terroristas se Refugian en la Triple Frontera', El Pais Internacional S.A., 2001년 11월 9일.

28. Sebastian Junger, 'Terrorism's New Geography', Vanity Fair, 2002년 12월.

29. Blanca Madani, 'Hezbollah's Global Finance Network: the Triple Frontier', Middle East Intelligence Bulletin, Vol. 4, No. 1, 2002년 1월.

30. Junger, 'Terrorism's New Geography'.

31. Jack Sweeney, 'DEA Boots its Role in Paraguay', Washington Times, 2001년 8월 21일. 다음 자료 참조. Junger, 'Terrorism's New Geography'.

32. Anthony Faiola, 'US Terrorist Search Reaches Paraguay: Black Market Border Hub Called Key Finance Center for Middle East Extremists', Washington Post, 2001년 10월 13일.

33. Junger, 'Terrorism's New Geography'

34. Ibid.

35. Ibid.

36. Douglas Farah, 'Money Cleaned, Colombian Style: Contraband Used to Convert Drug Dollars', Washington Post, 1998년 8월 30일.

37. Ibid.

38. Ibid.

39. Ibid.

40. 터키에 관한 정보는 로마의 Kurdish Human Rights Association의 문서보관소에서 나온 것임.

41. 마을들은 PKK에 대항해 싸우도록 터키 정부로부터 무기와 돈을 지급 받았다. 'Turkey No Security without Human Rights', http://www.Amnesty.org.

42. Mark Devenport, 'Iraqi Oil Smuggling Warning', 2000년 3월 24일, http://news.bbc.co.uk.

43. Charles Recknagel, 'Iraqi: Mystery Surrounds Iran's About-Face on Oil Smuggling', 2000년 6월 21일, http://www.rferl.org.

44. Carola Hoyos, 'Oil Smugglers Keep Cash Flowing back to Saddam', *Financial Times*, 2002년 1월 17일.

45. Ibid.

46. David Keen, 'A Disaster for Whom? Local Interests and International Donors during Famine among the Dinka of Sudan', *Disaster*, Vol. 15, No. 2, 1991년 6월.

16 의사국가 경제체제

1. Hala Jaber, *Hizbollah, Born with a Vengeance*(New York: Colombia University Press, 1997).

2. Ibid., p. 5.

3. 'Inside Terrorist's Mind', 살라 셰하데Salah Shehadeh와의 인터뷰, The Middle East Media Research Institute, Special Dispatch Series No. 403, 2002년 7월 24일, http://www.memri.org.

4. Suzanne Goldberg, 'The Man behind the Suicide Bombers', *Guardian*, 2002년 6월 12일.

5. 타밀족 인구는 스리랑카 싱할리족 인구의 4분의 1 정도다. Amy Waldman, 'Master of Suicide Bombing: Tamil Guerrillas of Sri Lanka', *New York Times*, 2002년 1월 14일.

6. Ibid.

7. James Dunnigan, 'The Rise and Fall of the Suicide Bomber', 2002년 8월 21일, http://www.strategypage.com.

8. Goldberg, 'The Man behind the Suicide Bombers'.

9. Waldman, 'Master of Suicide Bombing: Tamil Guerrillas of Sri Lanka'.

10. Ibid.

11. Kimberly I. Thachuk, *Terrorism's Financial Lifeline: Can It be Severed?*, Strategic Forum, Institute for the National Strategic Studies Defense University, Washington DC. No. 191, 2002년 5월, p. 7.

12. Chris Kline and Mark Franchetti, 'The Woman behind the Mask', *Sunday Times*, 2002년 11월 3일.

13. Ibid.

14. 3장을 참조할 것.

15. 구소련 시절, 바쿠 항과 티크호레츠크를 잇는 석유 파이프라인은 체체니아의 그로즈니를 통과했다. 1994년 모스크바는 체첸 반군들이 위협하는 파이프라인을 지키기 위해 체체니아를 상대로 전쟁을 시작했다. 1999년 러시아는 다게스탄을 침공한 체첸 반군이 일시적으로 파이프라인의 가동을 중지시키자 체체니아를 다시 침공했다.

16. Greg Campbell, *Blood Diamonds*(Boulder, CO: Westview Press, 2002). 다음 자료도 참

조. Ewen MacAskill and David Pallister, 'Crackdown on "Blood" Diamonds', *Guardian*, 2000년 12월 20일.

17. Douglas Farah, 'An "Axis" Connected to Qaddafi, Leaders Trained in Libya Have Used War to Safeguard Wealth', *Washington Post Foreign Service*, 2001년 11월 2일.

18. Campbell, *Blood Diamonds*, p. 184.

19. Ibid., ch. 8.

20. Amelia Hill, 'Terror in the East: bin Laden's 20m dollar African "Blood Diamond" Deals', *Observer*, 2002년 10월 20일.

21. Mark Doyle, 'Sierra Leone Rebels Probe al-Qaeda Link, The RUF Worried by Claims of al-Qaeda Link', *BBC News Online*: World: Africa, 2001년 11월 2일.

22. Hill, 'Terror in the East: bin Laden's 20m dollar African "Blood Diamond" Deals'.

23. 'Man Pleads Not Guilty in Terror-funding Investigation', *The Bulletin*, 2001년 11월 16일.

24. Glenn Simpson, 'Terrorist Grid Smuggled Gems as Early as '95, Diary Suggests', *Wall Street Journal*, 2002년 1월 17일.

25. Philippe Le Billon, 'The Political Economy of War: What Relief Agencies Need to Know', Network Paper No. 33, ODI, p. 16, http://odihpn.org.uk.

26. 'SPLA는 클린턴 행정부의 지원을 받았다. 무기, 지뢰, 군사 훈련, 자금 등이 지원됐다. 대부분의 원조는 우간다를 통했다.' 'Sudan: USAID Boss under Fire on Sudan Policy', *Africa News*, 2001년 11월 13일.

27. '1998년 1월 말, SPLA 사령관인 Kerubino Kuanyin Bol은 바르알가잘에 있는 와우 시를 공격했다. 이 공격으로 전투가 발생했는데 이 지역의 보안과 식량 사정을 크게 악화시켰다.' Ibid.

28. Ibid.

29. David Keen, 'When War Itself is Privatised', *Times Literary Supplement*, 1995년 12월.

30. 이론적으로 이것은 공공 재산만을 가리킨다. 개인 재산은 전쟁이 끝나면 합법적 소유주에게 넘겨야 했다. Lesley Green, *The Contemporary Law of Armed Conflict* (Manchester: Manchester University Press, 2000), pp. 152~155.

31. Mary Kaldor, *New and Old Wars: Organized Violence in a Global Era*(Cambridge: Polity Press, 1999), ch. 5.

32. Ibid., p. 99. 다음 자료 참조. 'Playing the Communal Card: Communal Violence and Human Rights', *Human Rights Watch*, 1995.

33. Robert Block and Leonard Doyle, 'Drug Profits Fund Weapons for Balkans', *Independent*, 1993년 12월 10일.

34. 'Sudan: USAID Boss under Fire on Sudan Policy', *Africa News*, 2001년 11월 13일.

35. Block and Doyle, 'Drug Profits Fund Weapons for Balkans'.

36. 'Arms Sales to Saudi Arabia and Taiwan', 1993년 11월 28일, http://www.cdi.org.

37. Ibid.

38. Ibid.

39. 'Hunting the Merchants of Destruction', *Sunday Times*, 2002년 2월 17일.

40. Ibid.

41. David Leppard, 'Dossier will Reveal Iraq's Poison Cache', *Sunday Times*, 2002년 9월 22일.

42. Jeffrey Goldberg, 'The Great Terror', *New Yorker*, 2002년 3월 25일.

43. Guy Dinmore, 'General Declares War on Desert Traffickers', *Financial Times*, 2002년 1월 10일.

17 테러 신경제의 세계화

1. Michael Chossudovsky, *Guerra e Globalizzazione*(Torino: Edizioni Gruppo Abele, 2002), p. 95.

2. Karen Talbot, 'US Energy Giant Unocal Appoints Interim Government in Kabul', *Global Outlook*, 2002년 봄, Vol. 1 No. 1, p. 70.

3. 그레이트 게임Great Game은 빅토리아 여왕 치하의 영국과 차르가 다스리던 러시아가 중앙아시아와 그 천연자원을 장악하기 위해 서로 싸우던 은밀한 전쟁을 가리키는 용어다.

4. 카스피 해저의 석유 매장량에 대한 추산은 680억 배럴에서 1천억 배럴까지 다양하며 그 가치는 현행 가격으로 약 2조 달러에 달한다.

5. Ted Rall, 'It's All About Oil', *San Francisco Chronicle*, 2001년 11월 2일.

6. Ahmed Nafeez Mosaddeq, *The War on Freedom, How and Why America was Attacked*(CA: Tree of Life Publications, 2002). p. 45. 다음 자료도 참조. Agence France Presse, 'US Gave Silent Blessing to Taliban Rise to Power: Analysis', 2001년 10월 7일.

7. William O. Beeman, 'Follow the Oil Trail-Mess in Afghanistan Partly Our Government's Fault', *Jinn Magazine*(online), Pacific News Service, 1998년 8월 24일, http://www.pacificnews.org.

8. Ahmed Rashid, *Taliban: The Story of the Afghan Warlords*(London: Pan, 2001), p. 166.

9. Wayne Madsen, 'Afghanistan, the Taliban and the Bush Oil Team', http://globalresearch.ca, 2002년 1월.

10. Jonathan Wells, Jack Meyers and Maggie Mulvihill, 'US Ties to Saudi Elite may be Hunting War on Terrorism', *Boston Herald*, 2001년 12월 10일.

11. Ahmed Nafeez Mosaddeq, 'Afghanistan, The Taliban and the United States. The Role of Human Rights in Western Foreign Policy', 2001년 1월, http://www.institute-forafghan-studies.org.

12. CNN, 1996년 10월 6일.

13. Madsen, 'Afghanistan, the Taliban and the Bush Oil Team'.

14. Gore Vidal, 'The Enemy Within', *Observer*, 2002년 10월 27일.

15. John Pilger, 'This war of Lies Goes On', *Daily Mirror*, 2002년 11월 16일.

16. Vidal, 'The Enemy Within'.

17. Chossudovsky, *Guerra e Globalizzazione*, pp. 96~97.

18. Peter Benesh, 'Did US Need for Obscure Sudan Export Help Bin Laden?', *Investor's Business Daily*, 2001년 9월 21일.

19. Ibid.

20. Gregory Palast, 'FBI and US Spy Agents Say Bush Spiked Bin Laden Probes before 11 September', *Guardian*, 2001년 11월 7일.

21. Gregory Palast, 'Did Bush Turn a Blind Eye on Terrorism?', *BBC Newsnight*, 2001년 11월 6일.
22. Daniel Pearl and Steve Stecklow, 'Taliban Banned TV but Collected Profits on Smuggled Sonys', *Wall Street Journal*, 2002년 1월 9일.
23. Ibid.
24. Ibid.
25. 1조 4천억 달러는, 7대 마약 생산국에서 1999-2001년 사이에 생산된 마약의 가치를 2001년 평균 가격을 적용해 산출한 것이다. 7대 생산국은 아프가니스탄, 볼리비아, 미얀마, 콜롬비아, 라오스, 멕시코, 페루다. 이 수치는 최초 판매 지점에서의 가격을 근거로 한 것이다. 이 판매 가격은 당연히 생산 가격(농부가 수확하기까지 들인 비용)과는 다르다. 이 지표는 유엔이 측정한 마약의 잠정 생산량을 바탕으로 한 것이다. 수확 시에 몰수되거나 파손되는 마약의 양도 감안했다.
26. 'Q&A, Dirty Money: Raymond Baker Explores the Free Market's Demimode', *Harvard Business School Bulletin*, 2002년 2월, http://www.alumni.hbs.edu.
27. Raymond Baker, 'Money Laundering and Flight Capital: The Impact of Private Banking', Senate Committee on Governmental Affairs, permanent Subcommittee on Investigations, 1999년 11월 10일. http://www.brook.edu.
28. 레이몬드 베이커Raymond Baker와 저자의 인터뷰다.
29. 베이커는 이 계산에 자카트zakat와 하왈라hawala를 통해 해외에서 부쳐오는 돈을 포함시켰다.
30. Kimberly L. Thachuk, 'Terrorism's Financial Lifeline: Can it be Severed?' Strategic Forum, Institute for the National Strategic Studies Defense University, Washington DC, No. 191, 2002년 5월, p. 2.
31. Mike Brunker, 'Money Laundering Finishes the Cycle', *MSNBC News*, 2002년 8월 31일, http://msnbc.com/news.
32. 'That Infernal Washing Machine', *Economist*, 1997년 7월 26일.
33. 레이몬드 베이커와 저자의 인터뷰다.
34. Baker, 'Money Laundering and Flight Capital: The Impact of Private Banking'.
35. Brunker, 'Money Laundering Finishes the Cycle'.
36. 레이몬드 베이커와 저자의 인터뷰.
37. 'That Infernal Washing Machine'.
38. 레이몬드 베이커와 저자의 인터뷰.
39. Ibid.
40. 이 수치는 테러 단체의 합법적 사업의 규모를 저자 나름대로 연구, 조사, 추측한 것임.
41. 미국연방준비은행Federal Reserve는 이렇게 말하고 있다. "외국인들은 가치의 저장 수단으로 고액권을 선호하고 자국 경제가 불안정한 나라들은 교환 수단으로 달러를 사용하고 싶어 한다." Federal Reserve Board, *Currency and Coin*, http://www.federalreserve.gov/paymentsystems/coin.
42. 이것은 계속 유통되거나 해외에 영원히 묶여져 있는 미국 통화의 구성 요소이다. 우리는 해외에서 보관 중인 통화에는 영구적 요소와 일시적 요소가 있다고 가정한다. 구체적으로 정의를 내려보자면, 영구적 요소는 해외에서 계속 유통되어 Federal Reserve의 현금 사무실로 흘러들어 오지 않는 통화를 말한다. 반면에 관광이나 출장 등으로 해외

에 잠시 머물고 있는 통화는 곧 미국으로 돌아온다고 본다.
Richard G. Anderson and Robert H. Rasche, *The Domestic Adjusted Monetary Base*, working paper 2000-002A. Federal Reserve Bank of St. Louis, http://www.research.stlouisfed.org/wp/2000/2000-002.pdf.

43. 현금과 단기 예치금.
44. 돈에 대한 수요가 있어서, 정부가 돈을 발급할 때마다 그것은 가치를 창출한다. Seigniorage라는 용어는 이탈리아의 영주Signori가 중세에 금화를 발급했던 권리를 말한다. 금화의 액면가는 금화가 포함하는 금값에다 금화 발급 비용이 추가되어 계산된다. 해외에 보관되어 있는 미 달러를 포함해 모든 미국 통화가 일종의 이자 없는 재무부 융자의 형태라 할 수 있는데, 이 때문에 미국 납세자에게는 이득이 되는 것이다.
45. Richard D. Porter and Ruth A. Judson, *The Location of US Currency: How Much is Abroad?*(Federal Reserve of St. Louis, 1996).

페르시아의 시인 오마르 카이얌의 2행 대구시對句詩에 나오는 알레고리allegory상의 애인은 이렇게 노래한다.

> 내가 열쇠를 가지고 있지 않은 문이 있구나
> 내가 꿰뚫어볼 수 없는 베일이 있구나

로레타 나폴레오니의 이 책은 독자에게 마법의 열쇠를 제공한다. 이 열쇠를 가지고 있으면 지구상의 은밀한 또는 절반쯤은 은밀한 경제의 신비한 세계로 들어갈 수 있다. 그녀의 책은 여태껏 베일로 둘러싸여 있던 세계를 활짝 열어젖힌다. 국제 조직 범죄와 테러에 대한 연구서가 개인, 집단, 국가 등에 의해 무수히 발간되었음에도 불구하고 그 세계는 지금껏 많은 부분 어두운 상태로 남아 있었다. 그런데, 이제 로레타 나폴레오니가 그 문을 열고 환한 빛을 들이댄 것이다.

나폴레오니의 성실하고 완벽한 연구 조사는 수천 건의 문서와 관련 인사의 인터뷰를 정리하고 분석한 결과다. 나폴레오니는 중세 십자군 전쟁이나 20세기 미소 간 냉전 등의 역사적 움직임이 경제적 뿌리와 동기를 갖고 있음을 밝히고 그것이 불법 금융에 의해 자금이 지원된 폭력을 낳는다고 진단한다. 테러리즘 또는 테러는 2001년 9월 11일, 미국에서 저질러진 끔찍한 사건으로 표상되고 현대의 대통령, 독재자, 시사평론가들이 계속 논평을 내놓고 있는 국제적 현상이다. 이러한 테러는 그 지지자들에 의해 해방 또는 자유의 이름으로 옹호되고 합법화되는 경향이 있으나 테러라는 현상은 현금의 지속적인 공급 없이는 성공하지 못한다. 이 책의 제1부는 이런 현금의 조달 과정을 설명하고 있다.

이 책은 이런 테러 조직들의 행동이 지속적으로 금융 지원을 받아왔음을 밝힌다. 가령 1979~1989년에 있었던 아프간에서 적군赤軍을 몰아내기 위한 무슬림 열성분자들의 반反소련 투쟁(미국의 CIA가 배후 조종), 130년에 걸친 프랑스 식민 통치를 끝내기 위한 알제리의 무장 투쟁, 중앙아시아에서 새롭게 터져 나오는 무슬림 봉기 사태, 언제 끝날지 모르는 아일랜드의 갈등 사태, 언제나 유혈이 낭자한 아프리카의 내전 사태 등에는 반드시 테러가 등장했고, 그 테러 조직은 외부와 내부로부터 지속적으로 자금을 지원받아왔다. 이런 지원 덕분에 서방에 대항하는 알 카에다 등의 무장 집단은 계속해서 테러 활동을 벌일 수가 있었다.

나폴레오니는 1조 5천억 달러에 달하는 테러 경제의 규모가 매일같이 커지고 있다고 진단한다. 마약, 석유, 무기, 보석, 인간(납치에 의한 몸값) 등을 거래하면서 테러 경제의 규모가 확대되는 것이다. 사회적으로 존경받는 은행이나 금융 기관들은 순수하게 자선 목적으로 돈을 내놓았다고 생각하지만 그렇게 나온 돈은 상당 부분 테러 경제로 흘러들어가 테러를 지원하고 있다. 나폴레오니는 이런 테러 경제의 실상을 이 책의 2부에서 다루고 있는데 아주 적절하게도 〈새로운 경제적 무질서〉라는 제목을 붙여 놓았다.

이 책의 3부에는 〈테러의 신경제〉라는 제목이 붙어 있는데 이 책의 핵심 주장이 담겨 있다. 저자는 여기서 알 카에다 같은 무장 테러 그룹을 전반적으로 논하고 있다. 알 카에다는 아프간 전쟁의 후유증으로 생겨난 조직으로서 이제는 국제적 테러 네트워크의 핵심으로 떠올랐다. 이런 테러 네트워크는 제3세계(특히 모로코에서 인도네시아에 이르는 무슬림 국가들)의 경제 세력들로부터 지원을 받고 있을 뿐 아니라 서방 세계의 음모꾼들과의 공모에서도 힘을 얻고 있다. 이런 공모 상황은—저자는 다른 부분에서와 마찬가지로 이 부분도 아주 자세하고 구체적으로 자료와 정보를 제공하고 있다—서구 자본주의라는 '신성한 요새'에도 침투해 들어갔다. 보다 구체적으로 월스트리트, 런던, 홍콩의 금융 재벌, 그리고 아라비아와 남아시아의 하왈라hawala라는 수상스러운 세계 등에 침투해 들어간 것이다.

나폴레오니는 종교와 정치에 관련된 열띤 논쟁들을 냉정하게 피해나간다. 그녀는 그런 논쟁들이 국제적 폭력과 테러의 진정한 매커니즘을 은폐시키는 검은 연막이라고 진단하면서 철저하게 경제적 측면에만 집중한다. 그녀의 이야기는 아주 재미있으면서도 아슬아슬하게 서술되어 있어서 우리는 마치 1급 추리 소설을 읽는 것처럼 끝을 보기 전에는 책을 놓지 못한다.

그녀가 이 책에서 말해주는 진실은 때때로 픽션보다 더 기이하다. 하지만 객관적 자료에 의거해 정확하고 명료하게 진실을 말해주고 있기 때문에 나폴레오니의 책과 비교해 볼 때 테러 조직을 등장시킨 다른 픽션들이 오히려 따분하게 느껴질 정도다. 어쩌면 일부 대학원 과정에서는 이 책을 '테러리즘 경제학 입문 과정'의 텍스트로 채택할 수 있을지도 모른다.

이 꼼꼼하게 잘 쓰인 책은 하나의 안내서 또는 참고서로서 정독, 연구, 보존될 만한 가치를 갖고 있다. 21세기 초입에 들어선 지금, 우리 서구 사람들이 소중하게 여기는 민주주의적 가치는 테러에 의해 위협받고 있다. 이렇게 된 것은 부분적으로 우리 문명의 불공정성 때문이기도 하고 또 부분적으로 자신들의 권력과 이익만을 추구하는 정치가, 범죄자, 불법 운동가 때문이기도 하다.

　이 책은 일반 독자들에게 강력하게 호소하는 것은 물론이고 테러 문제 전문가들에게도 귀중한 도구가 되어줄 것이다.

존 K. 쿨리

'신경제'라는 용어를 많은 경제학자들이 잘못 사용하고 있다. 그들
은 정보와 통신 기술 혁명이 지구 경제에 미치는 영향을 설명할 때
이 용어를 주로 사용했는데 이제 그 의미가 달라지고 있다. 21세기
초입에 들어서면서 신경제라는 용어는 지정학적 지각 변동에 따르
는 경제적 의미로 더 널리 사용되고 있다. 로레타 나폴레오니는 금
세기의 중요한 현상인 테러리즘을 섬뜩하면서도 통찰력 넘치는 방
식으로 설명하면서 이 신경제라는 용어를 쓰고 있다.

저자가 세계 GDP의 5% 정도로 추산하고 있는 '테러의 신경
제'는 역사적 과정의 결과이면서 동시에 국제적 테러를 추진하고
지탱하는 배후 구조가 작용한 결과이기도 하다. 저자의 주장에 따
르면, 또한 이 신경제는 서구의 시장경제와 상호의존적이면서 동시
에 점점 더 긴장되어 가는 관계이기도 하다. 이러한 아이러니는 우
리가 테러라는 국제적 수수께끼를 이해하려고 애쓰는 과정에서 만
나게 되는 여러 수수께끼들 중 하나다.

이 책은 미소의 냉전 기간 중 국가(구체적으로 미국과 구소련)
의 후원을 받았던 테러 조직들이 재정적으로 자급자족하는 무장 그
룹으로 발전해 나간 과정을 추적하고 있다. 이어 무장 단체들이 그
들의 목적을 달성하기 위해 세련된 기업 운영 방식과 금융 절차를

도입함으로써 고도로 발달된 대규모 조직으로 발전해 나간 과정도 추적한다. 그들 중 일부 조직은 '의사국가' 수준으로 성장해 다른 정상적인 국가들과 공식적 연계를 갖고 있을 뿐 아니라 자체 금융제도도 가지고 있다. 사실 테러의 신경제는 이런 의사국가의 맥락에서 존재하고 있는 것이다.

그런데 또 다른 통렬한 아이러니가 있다. 테러의 신경제는 실제로 급속한 세계화의 산물이며 보다 구체적으로 말해 베를린 장벽붕괴 이후 등장한 '세계화'가 가져온 결과물이다. 세계화는 비非국가 단체들로 하여금 다양한 자유주의적 대의, 사회적 변화, 경제적 발전을 추진하게끔 밀어주었다. 그 뿐 아니라 알 카에다 같은 테러조직의 네트워크화와 '테러 경제'의 세련된 발달을 가능하게 했다. 민영화, 탈규제, 개방, 노동과 자본의 자유로운 이동, 기술의 발달등은 지난 20년 동안 경제적 성공의 핵심 요소들이었다. 하지만 테러 경제는 그 음험한 지정학적 술수를 발휘해 그런 핵심 요소들을 테러 경제 안으로 수용하고 활용해 왔다. 달리 말해서, 합법적 경제체제의 강력한 장점들이 양날의 칼로 둔갑해 버린 것이었다. 정부조직이 아니면서도 널리 확산되어 있고 탈중심적인 이 테러 경제 네트워크는 문제가 아닐 수 없다. 전형적인 레이건 식 또는 대처 식

경제를 닮은 테러 경제에서, 대규모 통신 회사나 전자 회사 등 정상적인 기업이 그 경제의 운영 주체가 아니라 정치적 폭력을 일삼는 테러 조직들이 주체라는 점이 심각한 문제인 것이다.

로레타 나폴레오니가 말하는 테러의 신경제는 냉전 시대에는 생각조차 할 수 없는 것이었다. 물론 그 시대에도 전제주의적이고 제국주의적인 국가 권력을 상대로 한 국지적인 폭동이나 테러가 없었던 것은 아니고 돈과 경제적 조직만 어느 정도 갖추면 성공할 수도 있었다. 그러나 오늘날의 테러 경제는 그 시절과는 본질적으로 다르다. 나폴레오니의 설명에 따르면 오늘날의 국제 테러 경제는 냉전 종식 이후의 세계화와 연결되어 있다. 보다 구체적으로는 세계화에 따른 각 정치, 경제 단위의 세분화에 그 바탕을 두고 있다. 세계가 작은 단위의 조직으로 쪼개어지고 분열됨에 따라 종교적 유대관계와 과격한 이슬람 사상에 호소하는 단체들이 의사국가의 수준으로 발달할 수 있게 되었다. 이 의사국가들은 경제적 실패를 거듭하는 합법적인 국가들을 대체한다. 가령 합법적인 국가가 해주지 못하는 교육 시설과 재정을 제공함으로써 정규 국가를 대신하려 하는 것이다. 그런데 더욱 아이러니컬한 것은 이 의사국가가 대체하려는 정규 국가가 그들(의사국가)에게 무기, 군수물자, 피신처, 재정 등을 직접적으로, 또 간접적으로 제공해온 원천이었다는 사실이다. '돌고 돈다고 해서 돈money'이라는 격언은 이러한 맥락에서 아주 난처한 반향反響을 울리고 있다. 미국의 연방 준비위원회에서 발행하는 준비 통화며 국제적 결제 수단인 미국 달러가 신경제의 주요 화폐로 등장한 것이다. 서방 은행들과 최근에 들어와서는 이슬람 은행들이 이 주요 화폐를 거래시켜주는 창구가 되었다. 비상장된 중소기업들이 테러 경제의 앞잡이 또는 은폐물이 되었다. 자유로운 이민법, 자유로운 자금의 이동, 무기와 탄약의 손쉬운 구입 등은 테러 조직이 얼마든지 활용할 수 있는 배경이 되었다.

마지막으로 지적해 두어야 할 중요한 사항은, 테러 조직과 그 동조자들의 정치적 수사修辭는 그 이상의 뜻을 갖고 있다는 것이다. 로레타 나폴레오니에 따르면 진짜 문제는 현재 막강한 힘을 발휘하는 서구 자본주의 제도와 인구가 늘어나고 있는 무슬림 국가 사이의 점증하는 긴장 관계다. 무슬림 세계의 상인과 은행가 계급들은 서구 자본주의의 견제에 눌려 아무것도 제대로 할 수 없다는 좌절감을 느끼고 있다. 이러한 서구와 무슬림 사이의 갈등은 중세의 십자군 운동에 비교해 볼 때 서구와 무슬림이란 두 주역의 우세적 입장이 뒤바뀌었다는 것만 다를 뿐 세력과 세력의 갈등이라는 점은 똑같다. 중세에 유럽의 떠오르는 경제 계급이 이슬람 주도 세력에 맞서서 싸움을 일으킨 것이 십자군 운동이었다면 21세기에는 억압 받는 무슬림 세력이 힘센 서구 자본주의에 저항하는 것이 테러의 신경제로 등장했다는 것이다. 저자의 이러한 주장이 타당한지 여부는 앞으로 경제학자와 정치학자들 사이에 많은 논쟁을 거치면서 결정될 것이다. 하지만 바로 그것이 '모던 지하드'의 목적이라는 주장은 진지한 검토 대상이 되어야 마땅하다. 이러한 주장은 현대의 주도적인 견해, 가령 알 카에다의 주적主敵은 미국의 군사적, 경제적 우위가 아니라 알 카에다와 긴장 관계를 맺고 있는 이슬람 국가들이라는 견해와도 일치하는 것이다. 또한 서구의 국가들로서는 국제적 테러에 대한 싸움이 점점 더 경제적 측면에서 수행돼야 한다는 의미이기도 하다. 이런 경제적 싸움에서는 시장과 기존 이익 계층의 역할은 점점 작아지고 그 대신 국가의 역할이 더 커지게 될 것이다. 이러한 싸움이 계속되면서 테러 경제에 연결된 '신경제'의 혜택을 본 사람들은 상당한 재정적 부담을 안게 될 것이다.

조지 매그너스

이 책은 이탈리아의 언론인이며 소설가인 로레타 나폴레오니가 쓴 《자본의 핏빛 그림자, 테러》를 완역한 것이다. 저자가 이탈리아 사람이기는 하지만 이 책을 처음부터 영어로 썼기 때문에 이 책은 중역본이 아니고 원본에서 직접 번역한 것이다.

전 세계에서 자행되는 테러를 경제적 관점에서 분석한 이 책은 총 3부로 구성되어 있다. 1부는 전 세계적으로 활동하는 이슬람 무장 테러단이 조직 운영비를 어떤 방식으로 조달하는지 그 방법이 소개되어 있다. 2부는 이슬람 테러 조직이 유대인과 미국에 대해 왜 그런 반감을 갖게 되었고 어떤 사상적 근거에서 이슬람 세력권을 형성하려는지 그 원인과 배경을 기술한다. 3부는 1부에서 다루어진 테러 자금의 광범위한 조달 방식(테러의 신경제)이 전통적인 합법 경제와 어떻게 상호 작용하는지 검토하면서 미국이 나아가야 할 방향을 제시하고 있다.

이 책은 1부, 2부, 3부 모두 재미있게 읽힌다. 나는 너무 재미있어서 출판사에서 책을 받아와 나흘 만에 통독했다. 특히 이슬람 테러 조직이 돈을 조달하는 방식을 구체적 수치와 함께 자세히 밝히고 있어 신문 특집 기사를 읽는 듯한 사실감이 있다.

이 책의 가장 핵심적인 주장은 8장 「테러 지하드 : 이슬람의 십자군 운동」에 담겨 있다. 11세기에 서방이 동쪽의 이슬람 세력을 상대로 십자군 전쟁을 벌인 것처럼 이제 21세기에는 이슬람 근본주의자들이 서방, 보다 구체적으로 미국과 이스라엘을 상대로 십자군 전쟁을 벌이는데 그 구체적 전략의 한 가지 방편이 테러라는 이야기다. 저자는 로마 제국이 붕괴하고 난 뒤 서방이 '야만족들'에게 침탈되어 십자군 전쟁에 이르는 역사적 과정이 구소련 제국이 붕괴되어 중앙아시아의 이슬람 국가들이 빈라덴의 지휘 아래 서방에 저항하는 과정과 너무나 유사하다고 진단한다. 이 무슬림의 저항을 저자는 다음과 같이 요약하고 있는데 이것은 곧 이 책을 관통하는 주제이기도 하다.

"갈등의 본질은 이것이다. 오늘날 진정한 갈등은 서방의 대자본과 동방의 과두적 동맹자들을 한 축으로 하고, 동방의 대중과 신흥 상인과 은행 계급을 또 다른 축으로 하는, 두 축 사이에서 벌어지고 있는 것이다."(8장)

이 책의 핵심 용어이기도 한 모던 지하드는 바로 그런 갈등의 구체적 표출이다.

테러 문제가 전 세계인의 관심을 사로잡는 국제적 이슈가 된 것은 2001년 9월 11일 뉴욕의 무역센터 건물이 자살 폭탄 테러로 붕괴되면서부터다. 이 테러에 대해 미국인들은 대체적으로 이렇게 생각하는 듯하다.

그들(무슬림)이 자유민주주의에 저항해 이렇게 테러를 저지르는 것은 순전히 오해에서 비롯된 것이다. 그 오해는 서방의 뛰어난 문화와 번영하는 힘이 개인의 자유, 관용, 대의 정부, 진취적인 자기 향상 등의 가치를 무슬림 세계에 도입시킴으로써 그들 세계의 종교적 경건함을 파괴하고 있다고 보는 것이다. 하지만 이런 생각은 전근대적인 또는 비민주적인 사회에 갇혀 사는 사람들의 편협한 생각이다. 오늘날 민주주의는 온 세계에 공통적으로 적용될 수 있는 보편적 정치제도임이 입증되었다. 그런데도 불구하고 무슬림이 서방에 대해 분노하는 것은 서방이 무슬림의 전근대적 문화보다 훨씬 우월하다는 돌이킬 수 없는 역사적 사실을 두려워하기 때문인 것이다. 그들은 코너에 몰린 동물처럼 자기 보존의 분노 때문에 그런 가공할 공포를 테러로 표출하는 것이다. 미국의 문화적, 경제적, 역사적 승리를 가장 뚜렷하게 보여주는 상징물(쌍둥이 무역센터)을 일부러 골라 테러한 것은 그런 잘못된 분노의 단적인 표현인 것이다.

그러나 이 책에 기술된 무슬림의 사태 해석은 사뭇 다르다. 무슬림들은 이렇게 생각한다.

미국은 지난 수십 년 동안 남미, 인도차이나, 중동 등에서 국가 지도자의 암살이나 일반 대중의 학살 등 국가적 차원의 테러를 일삼아 왔다. 자기들은 그렇게 지속적으로 테러를 저질러 놓고서 막상 자기들이 9·11 테러로 엄청나게 당하자 테러는 천인공노할 비인도적인 행위라고 비난하는 이중적 태도를 보이고 있다. 미국이 파키스탄을 원격조종해 아프가니스탄 전쟁에 접근한 태도는 전형적인 제국주의적 태도이며 이런 미국의 태도가 무슬림의 반미 감정을 부추겼다. 또한 과도한 석유 소비국인 미국이 석유에 대한 욕망을 억제하지 않고 무제한적으로 석유를 찾아 나서는 탐욕적인 태도가 미국을 전형적인 착취세력으로 만들었다.

다음과 같은 빈라덴의 말은 다분히 감정적이지만 많은 무슬림이 공감하고 있다.

미국은 아랍 석유의 판매를 대행함으로써 노골적으로 그 수입을 도둑질하고 있다. 지난 25년 동안 석유 1배럴이 팔릴 때마다 미국은 135달러를 챙겼다. 이렇게 해서 중동이 도둑맞은 금액은 무려 1일당 40억 5천만 달러로 추산된다. 이것은 역사상 최대 규모의 도둑질인 것이다. 이런 대규모의 사기에 대해 세계의 12억 무슬림 인구는 1인당 3천만 달러씩 보상해달라고 미국에 요구할 권리가 있다.

그 외에 서방의 이중 잣대를 비판하는 다음과 같은 사우디아라비아 반체제 인사의 말에 많은 무슬림이 공감하고 있다.

"서방이 이중 잣대를 갖고 있다는 것을 누가 부정할 수 있겠습니까? 이스라엘은 자기들 마음대로 해도 아무 제재를 받지 않는데 왜 우리 무슬림이 유엔 결의안을 존중해야 합니까?"(9장)

그래서 무슬림은 이렇게 생각한다. 이중적 잣대의 서방 세계가 신봉하는 자본주의는 윤리적 가치가 별로 없는 착취적 제도다. 그런 비인간적 자본주의의 얼룩이 잔뜩 묻어있는 미국식 민주주의라는 제도도 까놓고 보면 소수 과두 세력의 기득권 유지에 들러리 서는 지극히 비민주적인 제도다. 따라서 무슬림 세계는 굳이 자본주의의 규칙과 규정, 더 나아가 자본주의로 오염된 미국식 민주주의의 규칙과 규정 따위는 지켜야 할 의무가 없다. 그보다는 샤리아 율법에 바탕을 둔 평등 사회가 훨씬 더 서구적 민주주의보다 우월한 제도이고 또 그것을 지키기 위해서 싸워야한다. 바로 이것이 모던 지하드의 사상적 근거다.

저자는 이러한 양측의 입장을 세밀하게 관찰하면서 기존의 중동 관계 연구서들, 가령 새뮤얼 헌팅턴의 『문명의 충돌』이나 프랜시스 후쿠야마의 『역사의 종언』 등과는 다르게 미국을 비판하는 입장에서 자신의 주장을 개진해 나가고 있다. 그렇다면 테러는 모던 지하드의 한 방편이요 현재 벌어지고 있는 동서양의 갈등은 이슬람의 십자가 운동이라는 저자의 주장은 얼마나 개연성이 있는 것일까? 여기에 대해서는 조지 매그너스가 이 책의 「소개하는 글」에서 밝혔듯이 정치학자나 경제학자들의 후속 반응을 살펴봐야 할 것이다. 내가 보기에 저자의 이러한 주장은 상당히 흥미로우면서도 설득력 있어서 여러 학자들의 주목을 받을 것으로 보인다.

나는 이 책을 번역하면서 저자가 거의 영미 인에 가까울 정도로 완벽한 현대 영어를 구사하고 있는데 새삼 놀랐다. 아마도 그녀가 영국의 헐 대학에서 폴 길버트Paul Gilbert 교수의 지도 아래 박사 논문을 쓴 경력이 큰 도움이 되었으리라. 또한 세계적 석학이며 행동하는 양심인 노엄 촘스키Noam Chomsky 교수로부터 테러 문제에 대해 조언을 많이 받은 것도 이 책을 쓰는 데 도움이 되었을 것이다. 저자는 이 책이 학술서는 아니고 일반 대중을 위한 책이라고 밝히고 있다. 신문 기자 출신의 저자는 테러 조직에 관한 객관적 사실들을 속도감 있는 문장으로 마치 추리 소설처럼 전개하고 있다. 또 경제적 관점에서 접근했다고는 하지만 골치 아픈 도표나 통계 자료는 전혀 없이 설명문 위주로 되어 있어서 읽기에도 좋다. 테러가 국제적 화두로 떠오르고 있는 요즈음, 테러 단체의 활동 상황을 일목요연하게 소개한 이 책은 독자들의 테러 관련 궁금증을 시원하게 해소시켜줄 것이다.

이종인

단체
리스트

국민공화동맹Alianza Republicana Nacionalista, ARENA
1981년 9월에 창설된 엘살바도르의 연합 단체다. 우익 군장교, 지주, 암살단의
지도자 등으로 구성되어 있다.

라스카르 지하드 Laskar Jihad
문자적 의미는 '인도네시아 성전의 전사들'이라는 뜻이다. 특히 말루쿠 제도
의 크리스천들을 상대로 지하드를 벌이는 준군사적 조직이다. 1999년 이래
라스카르는 할마헤라 섬의 북쪽에 있는 기독교 공동체를 여러 차례 공격했는
데 그 결과 적어도 200명이 사망하고 많은 사람들이 부상당했다.

라시카르 에 테이바 Lashikar e Taiba
'순수한 사람들의 군대'라는 뜻이다. 잠무와 카슈미르에서의 지하드를 인도
의 다른 지역으로 넓혀서 인도 남부의 무슬림과 인도 북부의 무슬림을 위해 두
개의 독립 국가를 건설하려는 목적을 갖고 있다. 조직원에게 무기와 탄약 사
용, 매복 요령, 생존 기술 등의 군사훈련을 실시한다. 2002년 1월 파키스탄 정
부에 의해 테러 단체로 지목되어 불법화됐다.

레바논 국민운동 Lebanese National Movement, LNM
1976년 카말 줌블라트가 레바논에 창설한 단체다. PLO와 연합해 레바논을 정
치적으로 개혁하려는 목표를 갖고 있었다. 1977년 줌블라트가 암살당하자
LNM은 정치 개혁 프로그램을 포기했고 1980년에는 전통적인 이슬람 지도부
와 제휴하기 시작했다. 이스라엘은 1982년 레바논을 침공하면서 PLO와 LNM
에 타격을 주었다.

레바논의 기독교 팔랑헤Christian Phalange in Lebanon

1936년 피에르 게마일(게마엘, 제마엘)이 창립한 민병대이다. 팔랑헤(아랍어로는 카타이브)는 주로 마론파 조직인데 그 추종자들을 팔랑헤주의자라고 한다. 이 단체의 정책은 친서방적이며 우익적이다. 기독교 팔랑헤는 이스라엘의 도움을 받으며 1975년 레바논 내전 때 기독교 측에 가담해 적극 싸웠다. 1970년대 후반 피에르의 아들 바시르가 이끈 기독교 팔랑헤는 다른 기독교 세력들을 흡수했고 그리하여 레바논 군단LF이라는 이름으로 알려지게 되었다. 그러나 1980년대 바시르가 암살되고 피에르가 사망하면서 팔랑헤의 힘은 약해졌고 LF는 통제력을 잃었다.

리비아구국민족전선National Front for the Liberation of Libya

리비아의 무아마르 알 카다피에 저항한 정치 운동이다. 카다피의 통치를 끝내고 리비아에 입헌 민주주의 정부를 세울 목적으로 1981년 10월에 창설했고, 2012년 해산했다.

모로이슬람해방전선Moro Islamic Liberation Front

필리핀 민다나오에 본부를 둔 이 무장 단체는 1978년 창설됐다. 하심 살라마트가 민다나오의 마권다나오족의 지지를 받아 모로민족해방전선MNLF에서 떨어져 나오면서 생겨났다. 정부에 좀 더 온건하고 유화적인 접근 방법을 취한다. 조직원은 약 2,900명으로 추산된다. 이 단체의 군사 조직인 방사모로 이슬람자유운동은 MNLF보다 급진적이어서 지금까지 정부와 맺은 평화 협정을 인정하지 않는다.

모비미엔토 19 데 아브릴Movimiento 19 de Abril, M-19

1970년에 창설됐다. 콜롬비아의 수도 보고타에 있는 도미니카공화국 대사관을 점거한 사건으로 널리 알려졌다. 1990년 이 단체는 16년간의 무장 투쟁을 포기하고 알리안사 데모크라티카 M-19라는 정당을 결성했다.

무슬림 형제단Muslim Brotherhood

1928년 이집트의 교사인 압델 하산 알 반나가 창설한 급진 무슬림 조직이다. 1935년부터 무슬림 형제단은 예루살렘의 무프티(이슬람 율법가)인 하즈 아민 알 후세이니와 접촉했고 1936년 팔레스타인 폭동에 참가했다. 1945년 사이드 라마단이 예루살렘에 팔레스타인 지부를 설치했다. 이 단체는 곧 성공을 거두었고 상당수 조직원들이 1948년의 아랍-이스라엘 전쟁(이스라엘 건국 선포로 벌어진 전쟁)에 참가했다. 알 반나는 1949년 이집트 총리 암살에 책임이 있다는 이유로 암살됐는데 아마도 정부 관리가 암살 하수인이었던 것으로 보인다. 1957년 나세르 대통령은 자신에게 위협이 된다고 생각해 이 단체를 불법화했고 약 2만 명의 조직원이 투옥되었다. 이 단체의 목표는 무슬림 국가들에서 이슬람 문화를 강화하는 것이다. 팔레스타인 지부는 점령지 내에서 무자마 알 이슬라미야를 설립했고 이 단체에서 하마스가 파생되었다. 팔레스타인을 이스라엘 점령에서 해방시켜야 한다는 최종 목표를 그대로 견지하는 가운데서도 무슬림 형제단은 이슬람의 강화와 성장에 역점을 두고 있다. 이 단체에 대한 재정 지원은 주로 사우디아라비아가 한다(http://www.ikhwanonline.com).

무자헤딘Mujahedin

아프가니스탄의 무장 게릴라 조직으로 무자히딘이라고도 한다. 아랍어로 '성스러운 이슬람 전사' 또는 '지하드를 수행하는 자'라는 뜻이다. 1979년 소련이 아프가니스탄을 침공했을 때, 적군赤軍을 상대로 저항하면서 널리 알려졌다. 오늘날에는 중동 지역에서 활약하는 이슬람 게릴라 전사를 지칭하는 용어로 사용된다.

무장이슬람그룹Groupe Islamique Arme, GIA

1992년 3월, 아프간 전쟁 후 알제리로 돌아온 아랍·아프간인들이 세운 것으로 추정되는 무장 단체다. 지도자는 에미르 아부 압드 아메드, 일명 '디자파르 알 아프가니'다. GIA의 최종 목표는 군부의 지원을 받고 있는 현 알제리 정권을 전복하고 샤리아 율법에 바탕을 둔 이슬람 국가를 세우는 것이다. 조직원 수는 수천 명으로 추정되고 있다. 1993년 11월 이래 알제리 시민은 물론 알제리 거주 외국인들에게 테러를 자행하고 있다.

바더-마인호프 · 독일 적군파Bader-Meinhof · Red Army Faction, RAF

1960년대 말 독일의 학생운동에서 태어난 단체다. 창설자는 안드레아스 바더와 구드룬 엔슬린이다. 계급 투쟁을 위해 폭력을 사용한다는 이데올로기를 따른다. 지하 도시 게릴라들과 좌익 동조자들로 구성된 광대한 네트워크를 갖고 있다. 이들은 독일 사회의 한심한 물질주의와 파시스트 경향에 혐오감을 느껴 이런 운동을 벌이게 되었다고 주장했다. 독일 적군파는 서독에서 활동했으나 동독을 안전한 피신처로 이용했다. 이 단체는 미국과 나토를 표적으로 폭파, 암살, 납치, 절도 등의 무장 공격을 여러 번 수행했다. 그러나 1997년 독일 당국은 독일 적군파가 더 이상 심각한 테러 위협이 아니라고 선언했다. 1998년 4월 독일 적군파는 자체 해산한다고 발표했다.

바르바기아 로사Barbagia Rossa

붉은 여단의 사르데냐 지부다. 1978년 3월 27일 재소자들을 호송하던 트럭을 공격해 불을 지름으로써 세상에 알려졌다. 1978년 후반 이 단체는 군의 무선 방위계측국을 공격해 여러 가지 무기를 탈취해갔다. 1979년 1월부터 지역 군사화에 반대하는 폭력 캠페인을 벌이면서 군 막사를 여러 번 공격했다.

베바크VEVAK

비밀경찰인 샤바크SAVAK를 대체하는 이란 혁명 정부의 경비대로 중앙정보부를 뜻한다.

베트콩Viet Cong

베트남 공산주의자라는 뜻으로, 북베트남의 지원을 받아 1960년 12월 20일 결성되어 남베트남 및 미국과 전쟁을 치른 남베트남민족해방전선을 일컫는다.

북부동맹Northern Alliance

물라 모하마드 오마르의 지도를 받고 있는 아프간 이슬람 반군이다. 탈레반 정권이 1996년 9월 아프간을 장악한 이래 정권에 대항해왔다. 이 동맹은 군벌들의 연합체인데 현재 아프간의 5% 정도를 장악하고 있으며 나머지는 탈레반이 통제하고 있다. 이 동맹의 지도자인 아마드 샤 마수드는 2001년 9월 7일 알 카에다에게 살해된 것으로 추정된다. 북부동맹은 1996년 미군의 도움으로 탈레반 정권을 패배시켰고 아프간의 수도인 카불에 입성해 2001년까지 통치했다.

북아일랜드공화국군Provisional IRA, PIRA

1969년 아일랜드공화국군IRA(1916년 창설)에서 떨어져 나온 급진 무장 단체다. 이 단체의 목적은 북아일랜드에서 영국을 몰아내고 아일랜드를 통일시키는 것이다. 1969년 여름 얼스터에서 가톨릭과 프로테스탄트 사이의 충돌과 폭동으로 유명해졌다. 이후 이 단체는 영국군과 경찰을 상대로 게릴라 매복 작전을 벌였다. 1981년 보비 샌즈가 이끄는 10명의 IRA 죄수가 북아일랜드의 감옥 메이즈에서 단식 투쟁을 벌이다가 사망했다. 북아일랜드공화국군은 미국의 동조자들에게 재정 지원을 받았고 일부 조직원은 리비아에서 무기 지원을, PLO에게서 군사훈련을 받았다. 재원을 마련하기 위해 폭파, 암살, 강탈, 절도는 하지만 납치를 하는 일은 별로 없었다. 1994년의 휴전 이전에는 북아일랜드의 영국 정부 관리, 군인, 경찰, 친영국 준군사 단체 등을 표적으로 삼았다. 1996년 2월 휴전 합의가 깨지자 IRA는 영국 본토의 기차역, 지하철역, 쇼핑센터에 폭탄 설치, 북아일랜드의 영국 군대와 영국 얼스터 경찰 공격, 유럽 내의 영국 군사시설 공격을 재개했다. 북아일랜드공화국군은 1998년 '금요일 협정' 이후 공식적으로 무장 활동을 중단했다.

붉은 여단Red Brigades(Brigate Rosse), BR

1969년 이탈리아에서 학생과 노동자 운동을 주축으로 구성됐다. 이 단체의 이데올로기는 계급투쟁과 혁명을 위해 폭력을 지지한다는 것이다. 붉은 여단은 1970년대와 1980년대의 유럽 극좌 무장 단체들 중에서 가장 견고하고 일관된 이데올로기를 갖고 있었다. 이탈리아에 본거지를 두었으며 산업가, 정치가, 재벌 등 기성 체제의 상징적 인물들만 골라서 공격했다. 1978년에는 전 총리 알도 모로를 납치했는데 이 사건은 이탈리아 정치 테러의 표본이 되었다. 알도 모로는 근 두 달 동안 인질로 잡혀 있다가 마침내 로마 시내에 버려진 한 자동차 안에서 시체로 발견되었다. 1978년, 《뉴욕타임스》는 이 단체의 핵심 상근 조직원이 400 ~ 500명이라고 보도했다. 그러나 1980년대 중반부터 붉은 여단은 쇠퇴기로 접어들었고 점점 더 노동자 계급과 일반 여론으로부터 멀어지게 되었다. 1981년 펜티토pentito(후회하는 사람) 법안이 반포되면서 붉은 여단의 조직원들이 대거 탈퇴해 국가 공안부대로 들어갔고 조직은 더욱 급속히 쇠퇴했다. 1984년 4월 투옥된 지도자 4명이 '공개서한' 을 발표해 유럽의 새로운 정치적 환경 아래 무장 투쟁은 더 이상 의미가 없다고 주장했다. 그것이 '자유를 위한 투쟁'의 서곡이 되었는데 많은 전 붉은 여단 조직원들이 이 주장에 동조했다. 이해에 공산투쟁당과 투쟁 공산당원 연맹으로 조직이 쪼개졌다. 일부 조직원들은 유럽의 다른 나라, 특히 프랑스에 은신해 익명으로 살아가고 있는 것으로 알려졌다.

산디니스타Sandinista
1961년에 결성된 니카라과의 무장 혁명 조직. 1979년에 소모사 가문의 독재 체제를 무너뜨리고, 1985년에 이들의 정부를 공식 발족하였다. 이들은 1930년대에 니카라과를 점령한 미국을 상대로 게릴라 전쟁을 벌였던 아우구스토 산디노에서 그 명칭을 따왔다. 이 조직의 정치적 행동대인 산디니스타인민해방전선FSLN은 1979년 7월부터 1990년 4월까지 니카라과의 중앙 정부를 담당했다. 1970년대 후반 이후 산디니스타라는 용어는 FSLN의 조직원이나 지지자를 일컫는 말로 사용되어왔다.

세컨드 소란 유닛Second Soran Unit
쿠르디스탄이슬람운동IMK 내의 최대 군사 조직이다. 북부 이라크에 거점을 두고 있다. 지도자는 아사드 무하마드 하산(아사 하울레리)이고 무장 조직원은 350~400명이다. 약 50~60명의 아랍인들이 이 단체과 함께 싸웠는데 대부분 아프간에서 훈련을 받은 자들이다. IMK와 이슬람 통합 운동 사이에 분열이 일어난 후 세컨드 소란 유닛은 독립적인 부대가 되었으나 결국 2001년 타우히드 이슬람 전선에 합류해 안사르 알 이슬람의 핵심을 이루었다.

센데로 루미노소Sendero Luminoso
센데로 루미노소는 '빛나는 길'이라는 뜻이다. 공인된 마르크스주의자 마리아테기의 주장에서 이 단체명이 나왔는데, '마르크스주의는 미래로 가는 빛나는 길'이라는 뜻이다. 전직 대학 교수인 아비마엘 구스만이 1960년대 후반 페루에서 창설했다. 설립 목적은 페루의 종족 간, 계급 간 차별을 혁파하는 것이다. 이 단체는 이런 차별 때문에 페루의 많은 주민들, 특히 원주민의 후예들이 가난해졌다고 보았다. 그래서 페루 정부를 전복하고 인디언이 주인이 되는 사회주의 정부를 수립하고자 한다. 이들의 테러로 1970년 이래 1만 명 내지 1만 2,000명이 사망했다. 무장 조직원은 1,500~2,500명 정도이고 지자가 많으며 활동 무대는 주로 농촌 지역이다.

스턴갱Stern Gang
1940년 이르군에서 떨어져 나온 극단주의자 단체다. 스턴갱과 이르군은 제2차 세계대전 당시와 종전 후에도 팔레스타인의 영국 정부를 상대로 격렬하게 싸웠다. 두 단체는 수천 명의 조직원을 거느리고 있다가 1948년 6월 이스라엘 국방군이 창설되면서 흡수됐다.

스페츠나즈Spetsnaz
소비에트 군의 특수부대이다. 적의 후방에 침투하여 중요 사령부, 통신기지, 무기고 등을 공격한다.

아부 니달Abu Nidal
1974년 11월 22일에 창설됐다. 단체의 우두머리는 아부 니달인데 그의 이름에서 단체명을 따왔다. 아부 니달은 원래 알 파타의 조직원이었으나 알파타의 이라크 지부장 시절에 조직을 떠나 새로운 단체를 창설했다. 조직은 프랑스, 이탈리아, 스페인, 오스트리아 등지에 사는 400여 명의 팔레스타인 사람으로 구성되어 있다. 단체의 목적은 팔레스타인을 해방시키고 시온주의 국가, 즉 이스라엘을 대체한 새로운 팔레스타인 국가를 창건하는 것이다.

아부 사야프Abu Sayyaf
아부 사야프는 '칼을 가진 자'라는 뜻이다. 알 하라카트 알 이슬라미야라는 이름도 갖고 있다. 1991년 창설된 아부 사야프는 원래 리비아의 도움을 받았던 압두라지크 아부 바카르 잔잘라니가 지휘하던 모로민족해방전선에서 떨어져 나온 분파다. 이 단체의 목적은 필리핀 남부의 섬인 민다나오에 이슬람 국가를 건설하는 것이다. 2002년 말 현재, 조직원은 수백 명에 이르고 지지자는 수천 명인 것으로 알려져 있다.

아일랜드국민해방군Irish National Liberation Army, INLA
1974년 12월 10일 창설됐다. 북아일랜드에서 영국군을 몰아내고 아일랜드를 통합시키려는 목적을 가진 극좌 가톨릭 무장 단체다. 북아일랜드공화국군

Provisional IRA, PIRA에서 다시 갈라져 나온 이 단체는 국민의 해방군PLA이라는 명칭을 사용하고 있으며 휴 토니가 지도자다. 이 단체는 정치적 목적을 위해 폭력을 용인하는 아일랜드 공화사회당의 무장 행동대로 활약하고 있다. 공화사회당은 아일랜드를 32개 주州로 나누어 사회주의 공화국을 건설해야 한다는 강령을 갖고 있다. 1980년대 후반 INLA는 대규모 조직 개편을 단행했고 많은 소규모 단체들을 흡수했다. 이 조직은 폭파, 암살, 납치, 강탈, 절도 등의 활동을 했는데, 1998년 무장투쟁 중단을 선언했다.

안사르 알 이슬람Ansar al Islam
문자적인 의미는 '이슬람의 지지자 또는 동참자'라는 뜻이다. 2001년 9월 북부 이라크의 북동부 쿠르디스탄에서 창설된 무장 단체다. 우두머리는 일명 말라 크레카르라고 하는 알 물라 크레카르였는데 2002년 9월 암스테르담 근처에서 체포됐다. 안사르 알 이슬람의 목표는 아프간의 탈레반 정권을 모델로 삼아 쿠르디스탄에 이슬람 국가를 건설하는 것이다.

알 무카틸라Al Muqatila
이슬람 근본주의 무장 단체다. 오사마 빈라덴의 네트워크에 연결된 아랍·아프간인들에 의한 반소反蘇지하드가 끝난 후 리비아에서 창설됐다. 이 단체는 1996년 오사마 빈라덴의 추종자들과 협력해 자체 내에서 이교도라고 판정된 카다피를 암살하려고 했다.

알 무하지룬Al Muhajiroun
시리아 사람인 셰이크 오마르 바크리 모하마드가 1983년 제다에서 반反사우디아라비아 압력단체로 설립했다. 그러나 1986년 사우디아라비아에서 강제 출국되어 현재는 런던에 본부를 두고 있다. 이슬람의 이념 운동을 신봉한다. 현재의 사상과 개념을 이슬람 율법에 맞게 바꾸는 것이 무슬림 문화의 진정한 부활과 발전을 가져온다고 믿는다.

알 카에다Al Qaeda
문자적인 의미는 두루마리 또는 대장臺帳이라는 뜻이다. 반소 지하드에 자발적으로 참가한 아랍인들의 신상 정보를 기록하기 위해 오사마 빈라덴과 빈라덴의 수석 군사 고문인 아부 우바이다 알 반시리가 1988년에 조직했다. 알 카에다는 아프간 전쟁을 위해 수니파 이슬람 극단주의자들을 선발하고 훈련하는 일과 재정 지원을 맡았다. 곧 이 단체는 다민족으로 구성된 수니파 무장 단체가 되었고 아프간 전쟁이 끝난 후에도 활발하게 활동했다. 이 조직의 1차 목표는 무슬림 세계 전역에 범이슬람 칼리프 연합국(칼리페이트)을 세우는 것이다. '비非이슬람'으로 간주되는 기존의 체제를 전복하고 무슬림 국가에서 서구인들과 비무슬림들을 축출하기 위해 다른 이슬람 무장 단체들과의 협력을 추구한다. 2001년 이집트 이슬람 지하드와 통합했다. 조직원은 수천 명에 이르는 것으로 알려졌다.

알 타우히드AI Tawhid

팔레스타인의 이슬람 단체로, 알 카에다 네트워크의 하부 단체인 것으로 보인다. 이 단체의 우두머리는 모하마드 사르카위로 알려졌는데 다른 자료에 따르면 아부 무사브 알 자르카위라고도 한다. 이 단체는 2001년, 아프간 전쟁 기간 동안 아프가니스탄을 탈출한 100명 이상의 알 카에다 전사들에게 가짜 서류를 만들어주었다. 그 외에도 그들에게 자금과 은신처(테헤란 근처)를 제공했고 그들이 이란을 떠나 중동이나 서방의 다른 지역으로 이동하는 것도 도와주었다.

알 파타AI Fatah

1957년 쿠웨이트 망명 중이던 팔레스타인 사람들이 창설했다. 지난 수십 년 동안 야세르 아라파트의 지휘를 받아왔다. 알 파타는 창설 초기부터 팔레스타인의 독립이 목적이었고 이스라엘과의 군사 대결을 통해 유대인들에게 잃어버린 땅을 되찾는다는 방침을 갖고 있었다. 알 파타는 1965년 1월 처음으로 이스라엘을 상대로 군사 활동을 벌였다. 1967년 '제3차 중동 전쟁' 후 이스라엘이 가자 지구와 요르단 강 서안 지구를 무력으로 점령하자 이웃 국가에 살고 있던 팔레스타인 난민들이 알 파타의 활동을 적극 장려했고, 그리하여 알 파타는 PLO의 무력 행동대가 되었다. 걸프전 이전까지 알 파타는 사우디아라비아와 쿠웨이트 등 온건한 아랍 국가들에게 재정 지원을 받았다. 하지만 걸프전이 발발하고 야세르 아라파트와 사담 후세인이 가까워지면서 재정 지원이 끊기게 되었다. 그 후 알 파타는 구소련, 체코슬로바키아, 중국, 북한 등에게 물자를 지원받았다. 알 파타는 최근 들어 전략을 바꿔, 1950년대와 1960년대의 군사적 노선을 포기하고 정치적 접근을 통해 팔레스타인에 민주 국가를 수립하려고 애쓰고 있다. 그러나 제2차 인티파다 때 알 파타의 일부 세력이 이스라엘에 대한 무장 공격을 재개했다. 1993년 팔레스타인 총선거에서 전체 의석을 석권했으나 2006년 하마스에게 집권당의 자리를 내주었다(http://www.fatah.ps).

얼스터방위연합Ulster Defence Association, UDA

친영국 준準군사 단체의 우산 단체로 1971년에 설립됐다. UDA는 영국 정부가 불법화한 1992년까지 합법적으로 활동했다. 북아일랜드의 가톨릭 신자들을 상대로 폭탄 투척과 산발적인 공격을 일삼았다. 무장 조직원은 2,000~2,500명가량으로 준準군사적인 활동을 활발하게 펼쳤다.

FARCFuerzas Armadas Revolucionarias de Colombia

콜롬비아무장혁명군으로 1964년 마누엘 마룰란다 벨레스와 콜롬비아 공산당 PCC의 중앙위원회 위원들이 창설했다. FARC는 공산주의 성향을 가진 무장 단체로 국가 전복이 목적이다. 콜롬비아의 부유한 계층에 대항해 농촌의 가난한 사람들을 보호하고, 콜롬비아에 깊숙이 들어와 영향력을 미치고 있는 미국에 반대하며, 천연자원의 민영화와 다국적 기업을 비판한다. 이 단체는 부유한 지주, 외국 관광객, 저명한 국내외 관리를 테러 대상으로 삼는다. 정규군처럼 조직되어 있으며 약 7,000~10,000명 정도 되는 병력은 제복을 입고 정규군처럼 활동한다. 콜롬비아의 마약 밀매업자들과 결탁하면서 세력이 커졌다. 전문가들은 FARC가 불법 마약 거래액의 절반, 즉 2억~4억 달러를 가져간다고 추산한다. 나머지 수입은 납치, 강탈, 비공식적인 세금 등으로 거둬들인다.

FMLNFarabundo Marti Liberation National

1980년 10월 10일 창설됐다. 조직원은 FMLN에게 게릴라전 훈련을 받았다. 이들은 폭탄과 화기를 능숙하게 다루고 부비트랩을 잘 설치한다. 1992년 이 단체는 게릴라 전쟁을 포기하고 정당이 되었다.

우니타Uniao Nacional para a hndependencia Total de Angola, UNITA

1966년 앙골라 정부를 상대로 싸우기 위해 조직된 당. 앙골라 완전독립민족동맹이 정식 명칭이다. 인간의 권리와 농촌의 권리를 강조한다. 후에 무장 투쟁을 포기하고 1992년 총선에 참가했으나 패배한 뒤 다시 무장 투쟁을 선택했다. 오늘날 이 단체는 정부와 국가의 장래를 놓고 협상 중이며 불안한 휴전이 계속되고 있다.

우즈베키스탄 이슬람 운동Islamic Movement of Uzbekistan, IMU

1991년에 창설됐다. 우즈베키스탄 대통령 이슬람 카리모프의 세속적 정권에 저항하기 위해 우즈베키스탄과 기타 중앙아시아 국가들의 이슬람 전사들로 구성된 집단이다. 조직의 목적은 우즈베키스탄에 이슬람 국가를 건설하는 것이다. 조직원은 약 500~1,000명이다. 2001년 이전 IMU는 우즈베키스탄 정부를 상대로 활동을 집중하면서 납치, 자동차 폭파 등을 벌였다. 그러나 2001년 10월 이후로는 조직원 중 상당수가 살해되거나 이탈했다. 이 조직의 군사 지도자인 주마 나만가니는 2001년 아프가니스탄 공습 때 사망한 것으로 알려졌다. IMU는 중앙아시아의 마약 밀매에서 재정적 혜택을 보고 있다.

유대인과 십자군에 저항하는 지하드를 위한 세계 이슬람 전선World Islamic Front for the Jihad against Jews and Crusaders

알 카에다를 다르게 표현한 명칭.

이르군Irgun, IZL

이르군 즈바이 레우미(국민군사조직)라고도 한다. 히브리어로는 에첼이라고도 한다. 1931년 봄 예루살렘에서 창설된 유대인 지하 무장 단체다. 그 당시 결성 주체는 아브라함 테호미가 이끄는 하가나(팔레스타인의 유대인 지하 민병 조직) 지휘자들의 단체였다. 원래는 이 지방의 아랍 폭동을 제압할 목적을 갖고 있었으나 1939년부터는 영국의 통치를 타도하는 데 집중했다. 1944년 2월 1일, 이르군은 영국의 팔레스타인 통치에 저항하면서 영국이 즉각 팔레스타인에서 손을 떼고 그 자리에 유대인 국가가 설립되도록 도와주어야 한다고 주장했다. 이르군은 영국 정부의 정책에 불만을 품고 1946년 7월 22일, 예루살렘의 킹 데이비드 호텔을 폭파했다. 그 호텔은 영국의 식민지 정부와 군 사령부가 함께 있는 곳이었다. 1946년 8월 유대인 기구의 지도자들이 체포되면서 양 단체의 공동 전선은 붕괴됐지만 이르군은 영국 군대 및 정부 관리들과 그 재산에 계속해서 테러 공격을 했다. 이스라엘 독립 국가가 선포된 후에 이 단체는

1948년 9월 자진 해체하고 신생 이스라엘국의 군대로 편입되었다. 이르군 지도자 중에는 메나헴 베긴도 있는데 베긴은 그 후 이스라엘 총리가 되었고 야세르 아라파트와 함께 노벨 평화상을 공동 수상하기도 했다.

ELNEjercito de Liberacion Nacional

1964년 파비오 바스케스 카스타뇨와 여러 도시의 지식인들이 결성한 콜롬비아의 마르크시스트 무장 단체다. 피델 카스트로와 체 게바라의 영향을 많이 받았다. ELN은 석유 회사들에 경제 테러를 많이 가했는데 주로 파이프라인과 정유 센터를 공격했다. 1982년부터 1999년까지 이런 형태의 공격을 691건이나 수행했다. 그 외에 사람 및 비행기 납치, 폭파, 강탈, 게릴라 매복 등의 테러 활동을 펼친다. 조직원은 3,000~5,000명이며 지지자들의 규모는 알려져 있지 않다.

이슬람구국전선Islamic Salvation Front, FIS

이슬람 운동의 하나로 1989년 2월 18일, 아바시 마다니에 의해 창설됐다. 회장 마다니는 그 후 알제리 감옥에 투옥됐으나 여전히 회장으로 재직하고 있다. FIS는 알제리에서 가장 규모가 크고 세력이 강한 야당이다. 1991년 FIS가 알제리 총선에서 188석을 차지하자 선거는 무효로 선언되었고 군사평의회가 국가를 장악했다. 그 직후 FIS는 불법 단체로 선언되었고 그 결과 이 단체의 무장 행동대인 무장이슬람그룹GIA가 결성되어 테러에 나섰다. 후에 FIS는 사면을 받았지만 GIA 같은 다른 이슬람 단체들은 무장 투쟁을 계속했다.

이집트 이슬람 지하드Egyptian Islamic Jihad

무슬림 형제단에서 파생한 무장 단체다. 1980년 압델 살람 파라지가 창설했다. 그러나 이집트 최대의 무장 단체인 알 가마 알 이슬라미야에 따르면 이 단체의 정신적 지도자는 셰이크 오마르 압델 라만이라고 한다. 이 단체의 가장 유명한 테러 공격은 조직원 칼레드 알 이슬람불리 중위가 1981년 10월 이집트의 안와르 사다트 대통령을 암살한 것이다. 약 3,000명의 열성 조직원이 있는 것으로 알려졌는데 상당수가 반소 지하드 경력이 있으며 주로 카이로에서 활약한다. 최근에 이 단체는 정복의 전위대라는 조직을 만들었는데 지도자는 아이만 알 자와히리 의사다. 주로 이집트 정계와 군부의 고위 지도자들을 테러 대상으로 삼고 있다. 이슬람 지하드는 알 가마 알 이슬라미야가 내린 휴전 명령에 불복했고 2001년 알 카에다와 통합했다.

ETAEuskadi ta Askatasuna

바스크 어로 '바스크 조국과 자유' 라는 뜻이다. 스페인에게서 독립해 바스크 독립국을 세우는 것이 이 단체의 목표다. ETA는 EKIN라는 민족주의 단체에서 나왔는데 1959년에 현재의 이름으로 바꾸었다. 이 단체의 초창기 활동은 빌바오 같은 바스크의 도시들에 폭탄을 설치하는 것이었다. 그 후 보안군과 정치가들을 표적으로 테러 활동을 강화했다. 이 단체는 스페인에서 활발하게 활동하고 있으며 전 세계의 무장 단체들과 연계하고 있다. 핵심 조직원은 50명 정도이고 지지자들은 수백 명에 달한다. 이 단체의 본부는 스페인의 바스크 주와 프랑스에 있는 것으로 알려져 있다.

일본적군Japanese Red Army, JRA

1971년 일본공산주의자동맹에서 탈퇴해 창설된 조직이다. 이 단체의 목적은 일본의 천황제와 일본 정부를 타도해 글로벌 마르크스주의 혁명을 일으키는 것이다. 그러나 이 조직은 대체로 '용병' 으로 활동했다. 지도자는 시게노부 후사코다. 조직원들은 레바논의 베카 계곡에서 훈련을 받았다. 냉전 동안 JRA는 소련과 동독에게 지원을 받았으나 소비에트 연방이 붕괴된 이후 중국이 이들의 스폰서 역할을 자처하고 나서면서 태평양 지역의 주요 라이벌인 일본을 혼란에 빠트리려 했다. 일본 경찰의 끊임없는 단속과 이데올로기적 피로감이 겹쳐서 조직원이 핵심 골수분자 수가 20~30명 수준으로 줄어들었다. 이들은 아프가니스탄, 루마니아, 북한 등에 망명했으며 일설에 따르면 콜롬비아에도 들어갔다고 한다. 2000년에 시게노부가 체포된 뒤 오늘날까지 활동을 거의 하지 않고 있지만 지도자의 한 명인 한도 구니오가 아직도 잡히지 않아 일본 경찰의 검거 대상 명단에 올라 있다.

자미아트 울레마 에 이슬람Jamiat Ulema e Islam, JUI

마울라나 파즐루르 라만이 이끄는 파키스탄 정치 단체다. 1945년 자미아트 울레마 에 힌드에서 갈라져 나와 창설됐는데 목표는 파키스탄 독립이었다. 1977년 JUI는 파키스탄 전국 연맹의 구성원으로서 과연 총선이 의미 있는지에 대한 이의를 제기했다. 이 단체는 지아 장군의 이슬람화 프로그램에 동의하지 않앉고 1981년 자유선거를 요구하는 다른 단체들에 가담했다. 1990년 JUI는 국회에서 6석을 얻었고 1993년 총선에서는 JUI가 이슬라미 잠후리 마하즈의 주된 세력으로 참여해 국회에서 4석을 얻었다. 2002년 총선에서 이 당은 무타히다 마즐리스 에 아말의 한 부분으로 참여해 여러 석을 얻었다. 마울라나 파즐루르 라만은 총리로 입후보했지만 낙선했고 현재는 야당으로 활동하고 있다.

자이시 에 모하마드Jaish e Mohammed(Army of Mohammad)
1999년 12월 카트만두에서 인도 비행기를 납치한 사건이 벌어진 직후 하라카트 울 무자헤딘HUM에서 파생되어 나온 조직이다. 지도자는 마울라나 마수드 아자르다. 파키스탄에 본부를 두고 있고 인도의 카슈미르를 점령하고자 한다.

제마 이슬라미야Jemaah Islamiyah
1970년대 후반부터 동남아시아 여러 지역에서 활동해온 이슬람 무장 단체다. 목적은 동남아시아에 이슬람 근본주의 국가를 세우는 것이다. 다룰이슬람에 뿌리를 두었는데 다룰이슬람은 인도네시아에 이슬람 율법의 도입을 지지하는 급진 무장 단체다. 예멘계 인도네시아 사람인 아부 바카르 바시르가 이 단체의 정신적 지도자다. 무장 조직원은 말레이시아에만 2,000명이 있다. 인도네시아, 말레이시아, 싱가포르, 필리핀, 태국 등 동남아시아에서 활약하고 있다. 인도네시아 정부는 발리의 나이트클럽에서 근 200명을 살해한 2002년 10월의 폭파 테러와 관련해 이 단체의 조직원 여러 명을 투옥시켰다.

KGBKomitet Gosudarstvennoy Bezopasnosti
옛 소련의 비밀경찰 및 첩보조직으로 국가보안위원회라 한다. 비밀경찰인 국가정치보안부 즉 게페우의 후신으로 1954년에 설치되어, 국가 체제 옹호를 위한 국내외의 정보 활동, 반체제 활동의 단속 따위를 주요 임무로 하였으며 1991년에 해체되었다.

코만도 지하드Komando Jihad
1977년 인도네시아에서 창설됐다. 무슬림 폭동에 가담했던 사람들을 설득해 이슬람 국가를 창건하는 일에 가담하라고 권유했다. 코만도 지하드는 인도네시아의 무슬림 정당인 통일개발당PPP을 불법화하려고 애쓰고 있다.

코소보 해방군Kosovo Liberation Army, KLA

알바니아어로는 UCK라고도 한다. 코소보, 마케도니아, 알바니아의 무슬림 인구를 묶어서 대알바니아로 통합시키려는 목적을 가진 게릴라 단체다. KLA는 하나의 거대한 중앙 집중 단체로 움직이지 않고 여러 개의 비교적 자율적인 단체로 나뉘어 있다. 조직원은 군부대처럼 편제되어 있고 제복을 입으며 신분을 드러내는 휘장을 단다. 1996년부터 KLA는, 세르비아 경찰에 협력하는 코소보 사람은 물론이고 세르비아 경찰과 현지 정치가들을 상대로 테러를 퍼부었다. 1998년 중반 이래 조직이 더 강화되고 무장도 강화되었다. 세르비아와 알바니아의 탄약 탈취, 무슬림 국가와 서방 국가들의 원조, 빈라덴 테러 네트워크와의 협조 등이 이루어졌기 때문이다. 병력이 최고조에 달했던 코소보 전쟁 때 무장 조직원의 수는 약 1만 2,000명에서 2만 명이었다.

코파수스 그룹 IVKopassus Group IV

코파수스는 인도네시아의 특수부대 사령부를 가리키는데 1952년에 창설됐다. 이 부대의 '그룹 IV'는 인도네시아에서 주로 국가 테러리즘을 지원하는 활동을 한다. 1990년대 후반에 부대원 수는 6,000명으로 늘어났다. 수하르토와 수카르노 시절 인도네시아 보안군의 일부였던 코파수스는 여러 그룹으로 나뉘어 있는데 그중에서 그룹 IV는 정보 작전을 담당한다. 이 그룹 소속 부대원은 정보 수집을 훈련받고 각종 특별 작전 기술과 사보타주 요령을 배운다.

콘트라Contra

니카라과의 반反혁명 무장 단체로 1980년대 초 소모사 정권의 추종자들이 미국의 도움을 받아 만든 단체다. 선거에 의해 선출된 니카라과의 산디니스타 정권을 거부했다. 우익 정권을 유지했던 아나스타시오 소모사 데바일레는 사임 후 온두라스로 망명했다. 콘트라의 조직원은 전에 소모사 정권의 국방 경비대에 소속되어 있었던 장교들 등 수천 명으로 알려졌다. 처음에는 니카라과무장혁명군이라는 이름을 사용했으나 추후 여러 단체로 쪼개지면서 콘트라라는 명칭을 사용했다. 이 단체는 CIA를 통해 공식, 비공식 지원을 해온 미국의 원조에 의존했다. 콘트라를 위해 미국이 벌인 가장 유명한 비밀 작전이 '이란·콘트라' 사건인데 CIA는 이스라엘의 중개로 이란에 무기를 판매한 후 그 이익금으로 콘트라를 지원했다.

콜롬비아연합자위대Autodefensas Unidas de Colombia, AUC

1996년에 창설된 무장 단체다. 콜롬비아 마약 재벌과 토지 재벌들이 세운 준準 군사적인 부대에 그 뿌리를 두고 있다. 본부는 콜롬비아 북부에 있고 지도자는 카를로스 카스타뇨다. AUC는 자금을 지원하는 지주들에게 각종 사회적 서비스를 제공해주고 좌파 폭동으로부터 보호해준다. 미국 의약품 단속청에 따르면 이 단체는 마약 밀매에 가담해 그로부터 이익을 챙긴다. 전성기에는 조직원이 2만여 명에 달했으나, 2006년 정부와의 평화 협상 이후 그 수가 300여 명 수준으로 크게 줄었다.

쿠르드노동당Kurdistan Workers Party, PKK

1978년 11월 28일 창립됐다. 정당 창립의 기본 개념은 1960년대 터키에서 활약한 좌파 학생 조직들에게서 나왔고 이념적 기반은 압둘라 오잘란이 세웠다. 주된 목적은 터키 남동부에 쿠르드 독립국을 세우는 것이다. 1980년대까지 이 단체는 주로 우르파 주의 부족장들을 공격했다. 1980년 9월 12일, 터키에서 군사 쿠데타가 터지자 PKK 지도자들은 시리아가 통제하는 베카 계곡으로 옮겨갔다. 1982년 리비아에서 활동하는 쿠르드 사업가와 노동자들의 재정적 지원, 이라크 내 쿠르드족의 정치적 지원, 레바논과 시리아에서의 훈련 등에 힘입어 PKK는 그 활동 범위를 넓혔다. 오잘란이 권력 기반을 넓히던 1980년부터 1984년 사이 조직 내 반발 세력이 오잘란을 배신해 TEVGER(쿠르디스탄해방운동)을 만들었다. 1992년 PKK는 전사와 지지자가 약 1만 명 정도 된다고 알려졌다(http://www.pkkonline.net).

쿠르디스탄이슬람운동Islamic Movement of Kurdistan, IMK

이라크 북부 할라브자에 자리 잡고 있는 IMK는 사우디아라비아, 이란, 터키에 충성을 바친다. 총 병력은 1,500명 이하다.

타밀엘람 해방 호랑이 Liberation Tigers of Tamil Eelam, LTTE

스리랑카 북부의 분리주의 운동 조직이다. 1948년 이래 이 지역을 뒤흔든 산발적인 폭동의 결과로 조직됐다. LTTE는 1977년 스리랑카에 등장해 게릴라전을 펼쳤다. 무장 조직원은 8,000명 수준이고 주로 스리랑카 내부에서만 활동하지만 가끔 지지자가 많은 인도의 타밀나두 주에서 활동하기도 한다. LTTE의 가장 폭력적인 행동대인 블랙 타이거는 가장 유혈적인 공격을 펼쳤다. 인도 총리 라지브 간디를 숨지게 한 폭탄 공격(1991년 5월), 스리랑카의 정치 지도자인 랄리스 아툴라트무달리의 암살(1993년 4월), 스리랑카 대통령 라나싱헤 프레마다사의 암살(1993년 5월) 등이 그것이다. 블랙 타이거는 콜롬보 중앙은행(1996년 1월), 콜롬보 세계무역센터(1997년 10월)로 폭탄을 가득 실은 트럭을 돌진시켰다. 블랙 타이거의 조직원들은 체포될 경우 자살하기 위해 청산가리를 갖고 다니는 것으로 알려졌다. 블랙 타이거는 최초로 자살 폭탄 테러를 실행한 무장 집단이다. LTTE는 바다의 타이거라는 해군 부대도 갖고 있었다. 이 부대는 바다나 공중으로만 보급품을 전달받는 스리랑카 북부의 군대를 공격하기 위해 창설됐다. 바다의 타이거는 블랙 바다 타이거라는 자살 테러조를 운영했다. LTTE의 운영은 서유럽과 미국에 이주한 타밀 디아스포라(해외 동포)가 자발적으로 내놓는 돈에 의존한다. 모금, 무기 조달, 프로파간다 등을 대행하는 해외 지원 조직도 갖고 있다(http://www.eelam.com).

통일혁명전선Revolutionary United Front, RUF
라이베리아민족애국전선의 도움으로 1991년에 설립된 시에라리온의 무장 단체다. RUF는 게릴라 전술을 사용하고, 시에라리온 정부를 전복해 이 나라의 수익 높은 다이아몬드 광산 지역을 장악하는 것을 목표로 삼았다. 점령 지역의 다이아몬드 판매와 강탈을 통해 자금을 조달했다. UN 보고서에 따르면 라이베리아의 찰스 테일러 대통령이 RUF를 지원했다. 2002년 해산했다.

투팍 아마루 혁명운동Movimiento Revolucionario T?pac Amaru, MRTA
1983년에 결성된 마르크스-레닌주의 성향의 혁명 운동이다. 투팍 아마루 2세는 1780년에 스페인 사람들을 상대로 인디언 폭동을 일으킨 혁명 지도자다. 주요 활동 무대는 페루의 리마, 후닌 주, 산마르틴 주 등이다. 1996년 12월 17일, 14명으로 구성된 특공대가 일본 대사관저를 점거하고 대사관 손님 수백 명을 인질로 잡았다. 후지모리 페루 대통령은 특공대와 협상하면서 쿠바의 피델 카스트로에게 중재를 요청하는 동안 인질 구출 작전을 은밀하게 준비했다. 1997년 4월 22일, 후지모리 대통령은 작전을 진두지휘해 인질을 구출했고 그 과정에서 인질 한 명이 목숨을 잃었다. 투팍 아마루 혁명운동의 주된 수입원은 강탈, 마약 밀매업자 보호, 납치, 강도 등이다. 100명의 무장 조직원이 있는 것으로 알려졌다(http://www.voz-rebelde.de).

팔레스타인해방기구Palestine Liberation Organisation, PLO

팔레스타인 민족 운동이며 모든 팔레스타인 운동의 핵심 조직으로 1964년 이집트의 후원 아래 창설됐다. 1964년 5월에 제정한 PLO 헌장에도 나와 있듯이 이 단체의 목적은 오늘날 이스라엘이 들어서 있는 자리 또는 최소한 점령지(가자 지구와 서안 지구)에라도 팔레스타인 독립 국가를 수립하는 것이다. 야세르 아라파트가 초기부터 2004년까지 수반을 맡았다. 조직은 팔레스타인해방인민전선, 팔레스타인해방인민민주전선, 팔레스타인 인민해방전선 총사령부, 알 파타 등 여러 하부 조직을 두고 있다. 원래 목표는 이스라엘을 파괴하는 것이었고 그래서 테러 활동을 활발하게 벌였다. 그러나 1990년대에 들어와서는 정치적 노력을 강조하기 시작했다. 1993년 9월 9일 아라파트는 모든 폭력과 테러 행위를 중단하고 이스라엘의 국가 권리를 인정한다는 내용의 보도자료를 발표했다. 그러나 제2차 인티파다 도중 PLO의 일부 세력은 무장 공격을 재개했다.

팔레스타인해방인민전선Popular Front for the Liberation of Palestine, PFLP

조지 하바시가 1967년에 창설한 마르크스-레닌주의 성향의 단체다. 팔레스타인의 대의를 널리 알리기 위해 정치적 폭력을 사용한 최초의 팔레스타인 조직 중 하나다. 이 조직은 국제 테러, 특히 공중 납치를 자주 감행했다. 소비에트 연방이 붕괴하면서 PFLP는 팔레스타인 무장 투쟁의 주변부로 밀려났고 점령지에서는 하마스 등의 이슬람 단체가 세력을 대체해갔다. PFLP는 주도권을 되찾기 위해 1993년 이후 다마스커스에 기반을 둔 10명의 거부 전선과 힘을 합쳤다. 이 단체는 조직원들이 1996년 팔레스타인 선거에 참여하는 것을 금지했다. 그러나 3년 뒤 조지 하바시의 후계자로 지명된 아부 알리 무스타파는 카이로에 가서 야세르 아라파트와 더 좋은 조건을 협상했고 1999년 9월 팔레스타인 자치 정부 지역으로 들어와도 좋다는 허가를 받았다. 그리하여 PFLP의 본부는 다마스커스에서 팔레스타인의 도시 라말라로 옮겨졌다. 2001년 8월 27일, 아부 알리 무스타파는 이스라엘군의 공격으로 살해되었고 아메드 사다트가 같은 해 10월 3일에 사무총장으로 취임했다.

페니언 형제단Fenian Brotherhood

1858년 미국의 존 오마호니가 창설한 아일랜드계 미국인 비밀 혁명 결사 조직이다. 영국의 아일랜드 일부 지역 지배에 저항해 전 세계 곳곳에 아일랜드인 연맹을 건설하는 것이 이들의 목표다.

페다이Fedayee

'온몸을 희생해서 싸우는 자' 라는 뜻으로 문자적 의미로는 '그 자신을 희생하는 자' 이다. 이 이름은 초창기 팔레스타인 난민들에게서 나왔다. 이들은 이스라엘에 의해 축출되자 시나이와 가자 지구에서 무장 단체를 조직했다. 1950년대 내내 페다이는 이스라엘을 공격했다. 복수형은 페다이얀Fedayeen이다.

프레틸린Fretilin

동티모르 독립 혁명 전선이라고도 한다. 1974년 창설됐다. 동티모르가 인도네시아에서 완전히 독립하는 것을 목표로 한다. 이들은 인도네시아의 동티모르 점령 기간 동안 주된 저항 세력이었다. 2002년 동티모르는 인도네시아에게서 독립했다.

하르카트 울 무자헤딘Harkat ul Mujahedin, HUM

카슈미르에서 활동하는 급진 이슬람 단체다. 아프간 무자헤딘과 이슬람?파키스탄인 사이에서 행동을 조율하기 위해 1993년에 창설된 하르카트 울 안사르HUA에서 파생된 조직이다. 지도자는 파즐 레만 칼릴과 2인자 파루크 카시미리다. 1995년 여름에는 카슈미르에서 여러 명의 외국인을 납치하기도 했다. 1997년 말 하르카트 울 안사르가 테러 단체로 지목되면서 하르카트 울 무자헤딘HUM으로 이름을 바꾸었다. HUM은 카슈미르의 주요 저항 단체이고 1998년 8월 20일 미국이 아프가니스탄의 남동부에 있는 코스트 주州를 폭격하면서 인기가 크게 높아졌다.

하르카트 울 안사르Harakat ul Ansar, HUA

1993년 창설된 단체로, 잠무와 카슈미르 지역을 인도에게서 독립시키는 것이 목표이다. 핵심 조직원이 60% 정도가 파키스탄 및 아프가니스탄인이다.

하마스Hamas

인티파다 발발 닷새 후인 1987년 12월 14일, 무슬림 형제단의 팔레스타인 지부로 창설됐다. 설립 목적은 이스라엘을 몰아내고 그 자리에 이슬람 팔레스타인 국가를 세우는 것이다. 이스라엘 점령 지구에서 PLO의 강력한 라이벌로 등장했다. 하마스는 야세르 아라파트가 걸프전 이후 국제 외교에서 실패한 것을 틈타 반사이익을 얻었다. 하마스는 점령 지역을 해방시키는 유일한 방법은 전쟁밖에 없다고 생각한다. 이슬람 정신과 점령 지구의 해방을 같은 것으로 보기 때문에 그 외의 다른 협상은 일절 배제한다. 이스라엘과의 협상을 전면적으로 거부하며 이스라엘 내에서 자살 폭탄 테러 등 많은 테러 공격을 했다. 이 단체의 활동은 가자 지구와 요르단 강 서안 지구 몇몇 지역에 집중되어 있다. 1988년 8월 18일에 제정된 하마스 헌장에는 팔레스타인 해방, 팔레스타인에 이슬람 국가 건설, 무슬림 국가에서의 서방의 영향력 배제, 아랍 사회의 세속화와 서구화 반대 등을 규정하고 있다. 2006년 팔레스타인의 집권당이 되었다.

헤즈볼라Hezbollah

헤즈볼라는 '알라신의 당' 이라는 뜻이다. 1982년 이스라엘의 레바논 침공에 대한 반발로 창설된 레바논의 급진 시아파 무장 단체다. 목적은 이란에서처럼 레바논에도 이슬람의 통치를 확립하고, 점령당한 아랍 땅을 해방시키고, 무슬림 국가들에서 비무슬림을 축출하는 것이다. 이 단체는 이란의 지원을 받고 있으며 주로 레바논 동부에 있는 베카 계곡에서 활약한다. 조직원은 레바논에만 약 4만 명이 있고 그 외에 수천 명의 지지자들이 있다. BM-21 로켓 같은 중포重砲를 가지고 있다. 상당수 조직원들이 반미 무장 공격에 가담한 것으로 알려져 있다. 헤즈볼라는 이슬람 지하드Islamic Jihad라는 이름으로 불리나 이 단체의 공식적인 무장 행동대는 이슬람의 저항The Islamic Resistance이라고 불린다. 1983년에 창설된 이슬람의 저항은 레바논 남부에서 군사 작전을 감독한다. 400명의 잘 훈련된 전사와 5,000명의 지지자를 갖고 있다. 산발적인 폭탄 공격이나 살인 이외에도 이스라엘과 남레바논군에 대항해 군사 작전을 지휘한다. 이슬람의 저항의 군사 활동은 1993년 이래 불법이 되었다. 이 단체는 또한 사회 구조 활동을 통해서 레바논 남부에 대중적 기반을 확립하려고 한다. 가령 이스라엘군에 의해 파괴된 건물 재건을 재정적으로 지원하는 지하드 알 호에드(재건을 위한 성전)가 대표적인 사례다. 이 단체는 또한 자살 폭탄 테러로 사망한 '순교자'의 가족에게 2만 5,000달러를 지원한다.

혁명국민해방당 · 전선Revolutionary People's Liberation Party-Front, DHKP · C

1978년 터키국민해방당 · 전선의 분파로 결성됐다. 여러 차례의 내부 투쟁 끝에 1994년, 현재의 이름을 갖게 되었다. 마르크스-레닌주의를 옹호하며 반미, 반나토 노선을 주장한다. 무장 강도와 강탈이 주요 수입원이다.

가명假名Nom de guerre

프랑스어로 입대할 때 쓰는 '예명', '가명'을 뜻하는 말로, 비밀 전사, 무장 단체의 조직원 등이 자신의 신분을 감추기 위해 사용하는 이름을 말한다. 무장 단체의 이미지를 대내외에 과시하기 위해 사용하기도 한다.

가자 지구Gaza Strip

팔레스타인 서남부에 있는 지역으로 제2차 세계대전 이후 이집트와 이스라엘이 번갈아가며 이 지역을 점령했다. 팔레스타인과 이스라엘 간의 무력 충돌이 빈번하여 '세계의 화약고'라 불린다. 현재에는 어느 국가에도 속해 있지 않다.

게릴라 전시경제Guerrilla War Economy

무장 단체가 펴는 전시경제의 한 형태로 현지 자원의 착취를 바탕으로 한다. 무장 단체는 현지 주민들과 밀접한 관계를 유지하고, 주민들은 무장 단체의 이념적·정치적 대의에 동조하는 경향을 보인다.

국제통화기금International Monetary Fund, IMF

브레턴우즈협정에 따라 가맹국의 출자로 공동의 기금을 만들어, 각국이 이용하도록 함으로써 외화 자금의 조달을 원활히 하고, 나아가서는 세계 각국의 경제적 번영을 도모하기 위하여 설립한 국제 금융 결제 기관이다. 1945년에 설립되어 1947년 세계은행과 함께 업무를 시작했다. 국제수지에 어려움이 있는 회원국(선진국과 개발도상국 포함)에 자금을 빌려준다. 수혜국은 대부분 개발도상국인데 과감한 경제개혁 등 시정 조치를 이행하라는 조건이 붙는다.

군벌Warlord

특정 지역에서 무력으로 그 지역의 행정을 다스리는 군사 지도자를 말한다.

지역에 미치는 중앙정부의 힘이 약하기 때문에 군벌은 그 누구에게도 책임을 지지 않는다.

글라스노스트Glasnost
소련의 고르바초프가 내세운 시정 방침의 하나로 '개방'을 뜻한다. 문제에 대한 공개적 토론과 대중에 대한 정보 개방을 이른다. 글라스노스트의 의미는 계속 확장되어, 소련 공산당의 역할에 대한 비판까지 이루어졌고, 공화국들은 모스크바로부터의 독립을 추구하게 되었다.

나토North Atlantic Treaty Organization, NATO
북대서양조약기구. 북대서양조약에 의하여 성립된 서유럽 지역의 집단 안전 보장 기구. 1949년 미국, 영국, 프랑스, 캐나다 등을 회원국으로 하여 발족하였으며, 뒤에 터키, 그리스, 서독이 참가하였다. 1966년 프랑스의 탈퇴로 본부를 파리에서 벨기에의 브뤼셀로 이전하였다.

도시 게릴라Urban Guerrilla
라틴아메리카의 대도시에서 개발된 전투 형태다. 이 용어는 1969년 카를로스 마리겔라가 '도시 게릴라'라는 교범에서 처음으로 사용했다. 혁명은 농촌에서 일어난다는 체 게바라의 '불의 이론'을 대체하는 이론이다. 도시 게릴라의 전형적인 사례는 우루과이의 반정부 게릴라 조직인 투파마로스이다.

디아스포라Diaspora
바빌론 유수幽囚(기원전 6세기), 로마인에 의한 성전 파괴(70년), 바르 코크바 반란(132~135년) 때 이스라엘의 땅 바깥의 공동체에 흩어져 살던 유대인을 가리키던 말이다. 현대에 들어와 이 용어는 팔레스타인 또는 현재의 이스라엘 바깥에서 살면서 유대적 관습과 종교 규범을 유지하는 유대인이나 유대인 거주지를 가리킨다. 또한 한 나라에서 다른 나라로 강제 이산된 유대인이 아닌 사람들을 이르기도 한다.

마그리브Maghrib
이슬람 세계의 서부 지역, 즉 '일몰의 시간과 장소, 서쪽'을 뜻하며 마그레브라고도 한다. 아랍 정복자들은 '서쪽의 섬' 이라는 뜻으로 사용했는데 사하라와 지중해 사이의 땅을 이른다. 전통적으로 모로코, 알제리, 튀니지, 트리폴리타니아(리비아 소재) 등 아프리카 북서부 일대를 의미한다. 최근의 자료들은 모리타니아도 마그리브의 일부로 보고 있다. 이슬람 세계의 동부 지역(중앙아시아)은 마시리크라고 한다.

마드라사Madrassah
고등교육을 하는 학교 또는 교육 장소를 말한다. 복수형은 마다리스Madaris이다.

마레 노스트룸Mare Nostrum
'우리들의 바다' 라는 뜻으로, 고대 로마인들이 지중해를 이르는 말이다.

마론파Maronites
동방정교회에 속하는 한 종파로 레바논 최대 규모의 교파이다. 이단으로 취급되기도 했으나, 십자군 전쟁에 기여하여 1182년 로마 교회로부터 정통성을 인정받고, 가톨릭 교회의 일원이 되었다. 마론파는 7세기 중반에 레바논 북부의 산간 지대에 정착했다. 많은 교인들이 이곳과 동베이루트에서 살았다. 이 교파는 서구로부터 문화적 영감을 받아 레바논 사회의 다른 계층에 비해 교육 수준이 높고 부유하다. 레바논 내전이 발발하기 전에는 관습에 의해 마론파 인사가 레바논 공화국의 대통령을 맡았다.

마약 테러리즘Narco-terrorism
마약 밀매업자와 마약 재벌들이 그들의 불법 사업을 보호하기 위해 사용하는 테러 전략을 말한다. 마약 재벌과 무장 단체들 사이의 동맹을 가리키는 용어로도 쓰인다. 이 둘은 정부를 혼란에 빠트리고 사회 질서를 무너트려야 한다는 공동의 목표를 갖고 있다.

마퀴스Maquis
제2차 세계대전 동안 활약한 프랑스의 지하 게릴라 전사 그룹이다. 제1차 인도차이나 전쟁(1946~1950년) 때 공산주의자들에게 대항하기 위해 프랑스가 훈련시킨 원주민 파르티잔 그룹을 이른다.

모스크 네트워크 Mosque Network
전 세계에 퍼져 있는 모스크의 조직망을 이른다. 모스크 네트워크는 무슬림 무장 단체에 자금을 지원하고 인원을 선발하는 데에도 일조한다.

무장 공동체 Armed Community
이탈리아 무장 단체들이 그들의 단체를 지칭하기 위해 사용하는 용어다.

무프티Mufti
이슬람법의 해석과 적용에 대하 의견을 내리는 종교 법률가를 말한다. 법 해석에 문제가 있을 때, 재판관은 무프티의 의견을 듣고 판결을 내렸다.

물라Mullah
아랍어 마을라Mawla(마스터)에서 나온 말로, 종교 학자나 성직자에게 붙여주는 칭호이다.

밀레트Millet
오스만제국이 인정한 비非이슬람교도의 종교 자치 체제를 이른다. 중앙정부에 책임을 지는 종교 지도자가 자치 공동체를 다스리는 구조이다.

바르샤바조약Warsaw Pact
1955년 5월 동유럽 8개국이 서유럽 진영의 공동 방위 기구인 나토에 대항하기 위하여 체결한 상호 우호와 협력에 관한 조약이다. 이 조약에 따라 소련을 중심으로 동유럽 공동 방위 기구인 바르샤바조약기구가 창설된다. 소련, 동독, 폴란드, 헝가리, 루마니아, 불가리아, 알바니아, 체코슬로바키아의 8개국이 참여하였으나 1968년에 알바니아가 탈퇴하였고, 1991년에 해체되었다.

반反소 지하드 Anti-Soviet Jihad
1979년 소련이 아프가니스탄을 침공했을 때 소련의 적군에 대항해 싸운 일련의 저항을 이르는 말이다. 반소 지하드는 1989년 2월 소련의 적군이 패배해 퇴각하는 것으로 끝났다.

살라피즘Salafism
'선조', '조상'을 의미하는 살라프salaf라는 단어에서 나온 용어다. 살라피즘
을 따르는 무슬림인 살라피스트는 《꾸란》의 구절을 있는 그대로 해석하고 실
천하려 노력한다. 《꾸란》과 순나가 이들의 지침서이다.

상업적 전시경제Commercial War Economy
무장 단체가 운영하는 전시경제의 한 형태로서 현지 자원의 상업화에 바탕을
두고 있다. 무장 단체가 장악한 지역에서 코카 생산이나 마약 밀매를 상업적
규모로 운영하는 것을 말한다.

샤리아Sharia
이슬람의 신성한 율법을 말한다. 무슬림이 반드시 지켜야 할 문화적 · 사회적
규정을 담고 있다. 샤리아 율법은 《꾸란》과 순나를 해석함으로써 얻어진다.

서안 지구West Bank
요르단 강 서안의 팔레스타인 지역을 말한다. 1967년 제3차 중동전쟁에서 이
스라엘이 점령했다. 가자 지구와 함께 잠재적으로 팔레스타인 독립국가의 영
토로 상정되었고, 국제법상 이스라엘의 영토가 아니나 사실상 이스라엘의 군
사 통제하에 있다. 이스라엘 정부는 이 지역의 유대인 정착촌을 확대하면서 8
미터 높이의 분리 장벽을 설치해 국제적인 비난을 받고 있다.

세계은행World Bank
제2차 세계대전 후 전쟁 피해 복구와 개발도상국 개발을 위해 1946년에 설립
된 국제부흥개발은행IBRD으로 출발했다. 이후 차례로 국제금융공사IFC, 국제
개발협회IDA, 국제투자분쟁해결본부ICSID, 국제투자보증기구MIGA가 설립되
어 세계은행그룹World Bank Group이라고 일컫는다. 이 중에서 IBRD와 IDA를
합쳐 흔히 세계은행이라 부르며, 협의의 의미로는 세계은행의 핵심 기구인
IBRD만을 지칭하기도 한다.

순나Sunnah
'관습', '관례' 또는 '밟아나간 길'이란 뜻이다. 예언자 모하마드의 구체적

언행을 지침으로 삼아 신자들이 나가야 할 '관습적 실천'의 길을 가리킨다.

술탄Sultan

이슬람국가의 군주를 뜻하는 말로 후에 오스만제국의 황제를 이르기도 했다. 오스만제국에서는 일반적으로 파디샤라는 호칭을 사용했다. 술탄은 제국의 정치, 군사, 법률, 사회, 종교적 위계질서의 최고의 위치에 있다.

슈라shura

협의 단체를 가리키는 용어로, 보통 이슬람평의회를 의미한다.

슬리퍼Sleeper

무장 단체의 소속원으로 일반 주민들과 어울려 살면서 임무를 기다리는 자를 말한다. 슬리퍼는 평범한 생활을 하는 것처럼 보이지만 명령이 내려오면 즉각 행동에 나선다.

시아파Shia

이슬람교의 2대 종파의 하나로 마호메트의 사위인 알리가 마호메트의 정통 후계자가 되어 세운 교파이다. 역대의 칼리프를 정통 후계자로 인정하지 않았기 때문에 수니파와 대립하여 '분리파' 또는 '이단파'로 불린다. 현재는 이란의 국교가 되었다.

신新경제New Economy

보통 인터넷 혁명이 창조한 새로운 경제 분야의 탄생과 발전을 뜻한다. 정보통신기술을 기반으로 새로운 유망 분야가 출현하거나 확대되고 경제성장과 물가 안정의 공존이 지속되는 현상을 이르는 말이다.

실지失地회복운동Irredentism

이탈리아 통일 운동을 뜻하는 '리소르지멘토Risorgimento'에서 나온 말이다. 다른 나라에 속한 지역의 주민 대부분이 인종적·언어적으로 자국민과 동일할 때에 그 지역을 자국에 병합하려는 주의 및 운동을 뜻한다. 이탈리아의 경우 민족 통일이 이 운동의 목표였으나, 19세기 말부터 이탈리아 제국주의 정책의 이데올로기로 변질되었다.

십자군Crusades
기독교 성지를 이슬람교도로부터 되찾기 위해 유럽 기독교도가 벌인 군사 원정 또는 그 원정대를 말한다. 교황 우르바누스 2세는 신성한 힘이 승인한 전쟁이라는 개념을 도입하면서 제1차 십자군을 일으킨 이래, 11세기와 13세기 동안에 여덟 차례의 원정이 있었다. 십자군에 참가한 기사들은 천국으로 가는 새로운 길에 들어섰다고 생각했다. 그러나 십자군도 정치적·식민적일 수밖에 없었고 종교는 이를 성화聖化시키는 역할을 했다.

아랍-아프간인Arab-Afghans
반소 지하드에 참가한 무슬림 전사들 중 아프간 사람과 비아프간 사람을 구분하기 위해 사용한 용어이다. 지금은 그 전쟁에 참가한 모든 무슬림을 지칭한다.

아시아개발은행Asian Development Bank, ADB
아시아 지역의 경제 개발과 협력을 증진하기 위하여 자금 융자, 기술 원조 따위를 행하는 국제은행으로 1965년에 설립하였으며, 본부는 필리핀 마닐라에 있다.

아프간 파이프라인Afghan Pipeline
반소 지하드 때 미국중앙정보국과 파키스탄 정보부가 아프가니스탄의 무자헤딘을 지원하기 위해 설치한 무기와 보급품의 수송, 분배 라인이다.

약탈적 전시경제Predatory War Economy
무장 단체가 폭력과 약탈을 통해 현지의 주민과 경제 자원을 수탈하는 전시경제의 한 형태이다. 이러한 유형의 정치경제는 자원을 점진적으로 파괴시키는 결과를 가져왔다. 현지 주민들에게 미치는 부정적 영향은 엄청나서 대규모 이주, 기아, 죽음으로 이어졌다.

아프간 통과무역협정Afghan Transit Trade Agreement, ATTA
사면이 다른 나라의 영토로 둘러싸인 나라인 아프가니스탄은, 1950년 파키스탄과 이 협정을 맺어 무관세 제품을 카라치 항으로 수입하는 권리를 보장받았다. 반소 지하드 때 ATTA는 아프간 무관세 제품을 밀수하는 통로가 되어, 그 의미가 변질되었다.

오일달러의 재처리Recycling of Petrodollars

제1차 석유 위기(1973~1974년)로 과다한 달러가 산유국에 들어가 산유국의 국제수지가 크게 좋아지자 대규모 자본 유출을 통해 국제수지를 바로 잡은 과정이다. 이 과정은 서방의 국제은행들에 거액의 자금을 예치함으로써 가능해졌다.

와하비즘Wahhabism

압둘 와하브가 1745년에 창시한 운동으로, 18세기 중엽 아라비아반도에서 출현한 이슬람 복고주의 운동이자 사회·정치 운동으로 오늘날 사우디아라비아의 건국이념의 기초이며, 근대 이슬람 부흥 운동의 효시이다. 와하비즘을 신봉하는 자들을 와하비주의자라 한다.

울라마Ulema

종교학자, 율법가, 이맘, 판관, 아야톨라 등으로 구성된 협의체로, 무슬림 국가들에서 최고의 종교적 권위를 가진다.

의사擬似국가State-Shell

무장 단체가 과세권, 고용 서비스 등의 사회·경제적 인프라를 장악해 정치적 인프라(영토, 자결권 등)가 없는 국가의 상태로 발전한 것을 말한다.

이맘Imam

여러 의미로 사용되는 용어로 일반적으로는 예배 때의 지도자를 뜻한다. 수니파에서는 이슬람 교단의 수장인 칼리프를 말한다. 시아파에서는 각 지파에 따라 해석이 다르나 공통적으로 제4대 칼리프인 알리의 자손만을 이맘으로 인정, 고유의 신적 성격을 부여한다. 또한 학식이 뛰어난 이슬람학자에 대한 존칭으로도 사용한다.

자카트Zakat
의무적으로 내야 하는 구빈세救貧稅로 메카 시대에는 '자선'이라는 뜻으로 사용되었으나, 메디나 시대로 들어서 구빈세로 변하여 이슬람 국가의 주요 재원이 되었다.

자힐리야Jahiliya
'무지無知'를 뜻하는 말로 이슬람이 출현하기 이전, 즉 신에 대해 무지한 상태나 그 시기를 이른다.

작전 XOperation X
라오스의 몽족에게 아편을 사서 사이공의 빈 크쉬엔에게 팔아넘긴 작전의 암호명을 말한다.

전환 경제 체제Transitional Economies
공산주의에서 시장경제로 이행하는 국가 체제를 말한다.

지르가Jirga
아프가니스탄의 부족 원로회의를 뜻하는 말로, 원로, 부족장, 종교 지도자 등이 모여 부족의 정치적·법적 문제들을 토론하기 위한 모임을 이른다.

지하드Jihad
주로 '성전'으로 번역된다. 원래 성전은 11세기 유럽에서 십자군을 일컫기 위해 만들어진 개념으로 이슬람에는 해당 용어가 없다. 지하드는 '분투, 노력'을 의미하는 아랍어에서 나온 말로 엄밀하게 번역하면 '알라신의 대의를 위한 분투, 노력'이 된다. 지하드에는 두 가지가 있다. 하나는 육욕과 사악한 성향을 극복한다는 뜻의 대大지하드고 다른 하나는 침략자에 맞서는 이슬람의 무장 저항을 뜻하는 소小지하드다. 여러 무장 단체들은 서방과 대항하면서 지하드라는 용어를 사용해왔다. 오사마 빈라덴은 미국인에 대한 파트와(칙령)를 내리면서 지하드를 촉구했는데 이때 지하드의 의미는 침략자에 대한 '정당한 전쟁'이라는 뜻이었다.

카디Qadi
샤리아 율법에 따라 이슬람 종교 법정을 주관하는 재판관이다.

칸제국Khanate
몽골 칸(통치자)이 지배하는 영토다.

칼리페이트Caliphate
'칼리프가 지배하는 영토'를 뜻하는 말로, 전 세계의 이슬람화가 목표이다.

칼리프Caliph
16세기 오스만 술탄에게 부여된 명예 직함이다. 술탄 셀림 1세가 시리아와 팔레스타인을 정복하고 이집트를 오토만 제국의 위성 국가로 편입하고 메카와 메디나의 성지를 수호하는 수호자로 인정된 이후부터 오토만 술탄에게 칼리프라는 명예직이 따라붙게 되었다. 아랍어 칼리파Khalifa에서 나온 말로, 문자적 의미는 '신의 사도의 대리인'이다. 칼리프는 무슬림 국가와 신자들을 온전하게 보호하는 민간과 종교상의 최고 지도자를 뜻한다.

크로아티아 파이프라인Croatian Pipeline
옛 유고슬라비아에서 싸우는 무자헤딘과 무슬림에게 보내는 물자와 현금의 수송 및 분배 시스템을 말한다.

타밀족Tamils
타밀어를 말하는 힌두 종족이다. 타밀어는 스리랑카의 북부와 동부 지역에서 소수 세력들이 사용하는 드라비다 어족에 속하는 언어다. 또한 인도의 남동부인 타밀나두 주에서 과반수의 사람들이 사용하는 지역 방언이다. 스리랑카 타밀족은 기원전 1세기경 남부 인도에서 침략해와 정착한 사람들의 후예인데 현재 스리랑카 인구의 15%를 차지한다. 인도 타밀족은 19세기에 영국 식민 당국이 스리랑카 섬에 이주시킨 정착민들의 후예이다. 그러나 인도 타밀족의 인구는 타밀나두의 귀국 프로그램 때문에 점점 줄어들고 있다.

테러 레이거노믹스Terror Reaganomics

무장 단체가 국가 지원의 테러리즘에서 테러의 민영화로 이행해가는 과정을 일컫는 말이다. 경제적 자립을 최대의 목표로 삼고 있다. 이것은 정부 불간섭 정책, 시장을 움직이는 민간 분야의 힘, 시장경제 등을 강조한 레이건과 대처의 정책을 닮았다고 해서 이런 이름이 붙었다.

파트와Fatwa

자격 있는 이슬람 학자 또는 법률가가 내린 공식적인 종교적 판단 또는 구속력 있는 결정을 가리키는 이슬람 율법상의 용어이다.

팍스로마나Pax Romana

로마 제국 시대에 로마의 통치가 가져온 긍정적 결과를 가리키는 개념이다. 기원전 1세기 말에 아우구스투스가 내란을 수습하고 제정을 수립한 때부터 약 200년간의 안정된 시기로, 로마가 군소국 간의 충돌을 없애고 치안을 확립하여 평화를 누리던 로마의 황금시대였다.

피트나Fitna

원래 이슬람 신자의 신앙을 테스트하는 시련, 유혹의 뜻이다. 현재는 무슬림 공동체 내에서 벌어지는 소요 또는 내부 갈등이나 일련의 선동이나 반란을 이른다. 피트나가 널리 퍼지는 것은 최후심판의 날을 알리는 전통적인 암시 중의 하나이다. 이슬람 역사에서는 종종 내전을 의미하는 뜻으로 사용된다. 좀 더 폭력적인 인티파다를 하마스에서는 피트나라고 한다.

하왈라Hawala

'신용'이라는 뜻의 아랍어로 은행을 통하지 않고 자금을 유통하는 이슬람의 송금 제도를 말한다. 전 세계적으로 방대한 하왈라 연결망은 가족 관계나 지역 연고에 바탕을 두고 있다. 이런 특징 때문에 신용과 연락망만으로 세계 어느 곳에나 송금할 수 있다. 전통적인 금융업과는 다르게 하왈라는 전 세계에 산재한 수천 개 이상의 점포에서 송금할 돈과 수수료를 내고 비밀번호를 받으면, 수취인은 가까운 점포에서 비밀번호를 대고 돈을 받을 수 있다. 송금 과정에서 어떤 문서도 만들지 않으며, 거래가 완료되면 모든 기록은 폐기된다. 이로 인해 국제 테러 조직의 자금 조달 통로로 이용되기도 한다. 하왈라의 송금 중개업자를 하왈라다르Hawaladars라고 한다.

화폐주조세Seigniorage

중세에 이탈리아 영주들의 금화를 주조하는 권리를 일컫는 말이다. 금화의 가치는 금화가 갖고 있는 금의 가치에다 금화를 생산하고 반포하는 비용(화폐주조세)을 합친 것이 된다. 현대적 의미는 화폐 주조로 얻는 이익을 뜻하는데, 국제통화를 보유한 국가가 누리는 경제적 이익으로 '셰뇨리지' 라고 한다.

히즈라Hijra

636년에 제정된 이슬람력으로 이슬람권에서 쓰는 태음력이다. 무함마드가 622년 7월 16일에 메디나로 성천했는데, 이날을 기원 원년 1월 1일로 한다. 이후 유럽에 '헤지라hegira' 라는 단어가 '도피' 라는 뜻으로 오역되어 사용되고 있다.

참고
자료

기사 Articles

'2500 Metric Tons of Cocoa Leaf', *Financial Times*, 1985년 6월 13일

'8 Days Magazine', 1979년 8월 4일

'A Colombian', *Washington Post*, 1983년 3월 17일

'Above the Law: Bush's Racial Coup d'Etat and Intelligence Shutdown', *Green Press*, 2002년 2월 14일, http://www.greenpress.org

'Ansar Al Islam Activists Leaves Norway after Increased Pressure on their Leader', 2002년 9월 12일, http://www.Kurdishmedia.com

'Arms for Drugs in the Balkans', *International Herald Tribune*, 1996년 6월 6일

'Arms Sales to Saudi Arabia and Taiwan', 1993년 11월 28일, http://www.cdi.org

'Assult on Charities is Risky Front for the US', *Wall Street Journal*, 2001년 10월 16일

'Bosnian Leader Hails Islam at Election Rallies', *New York Times*, 1996년 9월 2일

'Colombia-Weapons, Colombian Arms Dealer who Purchased Arms for FARC Arrested', *Financial Times Information*, EFE News Service, 2002년 5월 8일

'Commandos terroristas se refugian en la triple frontera', El Pais Internacional S.A., 2001년 11월 9일

'Correspondent Banks, the Weakest Link', *Economist*, 2001년 9월 29일

'Crackdown on charities Irks Arab-Americans, May Strain Coalition', *Bloomberg News*, 2002년 12월 6일

CRS Report for Congress, 'El Salvador, 1979~1989: A Briefing Book on US Aid and the Situation in El Salvador', the Library of Congress, Congressional Research Service, Foreign Affairs and National Defense Division, 1989년 4월 28일

'Declaration of War against the Americans Occupying the Land of the Two

Holy Places, A Message from Osama bin Muhammad bin Laden Unto
his Muslim Brethren all over the World Generally, and in the Arab
Peninsula Specifically', http://islamic-news.co.uk
'El Salvador 1980-1994. Human Rights Washington Style', excerpts from
Blum William, *Killing Hope*, http://www.thirdworldtraveler.com
'El Supremo Confirma La Condena De "Antxon" A diez Anos De Carcel
Como Dirigente De Eta', Terra, 2002년 7월 4일, http://www.terra.es
'El Supremo recopila testimonios y sentencias para actuar contra "Ternera"',
La Razon Digit@l, 2002년 9월 19일, http://www.larazon.es
'Enemies of the State, Without and Within', *Economist*, 2001년 10월 6일
'Financial Chain, Funds Continue to Flow Despite Drive to Freeze Network'
s Assets', *Guardian*, 2002년 9월 5일
'Global Development Finance, Financing the Poorest Countries', World
Bank 2002
'Hope and Danger for Ethnic Albanians', *Economist*, 1997년 3월 29일
'How Bosnia's Muslims Dodged Arms Embargo: Relief Agency Brokered Aid
from Nations, Radical Groups', *Washington Post*, 1996년 9월 22일
'Hunting the Merchants of Destruction', *Sunday Times*, 2002년 2월 17일
'I Hope the Peace Process Will Be Irreversible, An Interview with Colombia's
President Andres Pastrana', *Napue Zurcher Zeitung*, 2001년 2월 23일,
http://www.nzz.ch
'In un piano terroristico del 1995 la dinamica degli attacchi dell' 11 settembre',
CNN online, 2002년 2월 26일
'Indian Agency Says British Muslims Support Kashmiri Militants Financially',
BBC Monitoring International Reports, 2002년 1월 13일
'Inside a Terrorist's Mind', Interview with Salah Shehadeh, The Middle East
Media Research Institute, Special Dispatch Series - NO. 403, 2002년 7월
24일, http://www.memri.org
'Iran Gave Bosnia Leader $500,000, CIA Alleges: Classified Report Says
Izetbegovic Has Been "Co-opted", Contradicting U.S. Public Assertion
of Rift', *Los Angeles Times*, 1996년 12월 31일
'Jihad against Jews and Crusaders, World Islamic Front Statement', 1998년 2월
23일, http://www.fas.org
'La Financacio. El "impuesto revolucionario"', http://www.el-mundo.es

'London Cleric Told Guilty in Terror-Funding Investigation', *Bulletin's Frontrunner*, 2001년 11월 16일

'Many Say US Planned for Terror but Failed to Take Action', *New York Times*, 2001년 11월 30일

'Osama bin Laden Talks Exclusively to Nida'ul about the New Power Keg in the Middle East', Nida'ul, No.15 1996년 10월~11월 http://www.islam.org

'Playing the Communal Card: Communal Violence and Human Rights', *Human Rights Watch*, 1995년

'PLO Operates Airport Shops', *Los Angeles Times*, 1985년 12월 31일

'Q&A, Dirty Money: Raymond Baker Explores the Free Market's Demimode', *Harvard Business School Bulletin*, 2002년 2월, http://www.alumni.hbs.edu

'Report: bin Laden Linked to Albania', *USA Today*, 1999년 http://www.usatoday.com

'Saudis Funded Weapons for Bosnia, Official Says: $300 Million Program Had U.S. "Stealth Cooperation"', *Washington Post*, 1996년 2월 2일

Special Report of the Court of Auditors of the European Economic Community(no.85/C/215/01, 1986년 8월 26일)

'Spectrum: International Terror Incorporated', *The Times*, 1985년 12월 9일

'Spring to Fall 2000: News from the people's war in Peru', *Revolutionary Worker* #1082, 2000년 12월 10일, http://www.rwor.org

'Sudan: USAID Boss Under Fire on Sudan Policy', *Africa News*, 2001년 11월 13일

'Suicide Blast: Briton Named', *Manchester Guardian Weekly*, 2001년 1월 10일

'Tajik, Russian Officials Suggest Tajikistan is Developing into Drug Production Center', *Eurasia Insight*, 2001년 8월 14일

'That Infernal Washing Machine', *Economist*, 1997년 7월 26일

'The Cuban Government involvement in facilitating International Drug Traffic', US Government Printing Office, serial no. J-98-36, 1983년

'The Gun Existed', *Newsweek*, 1984년 1월 16일

'The Iran-Contra Arms Scandal: Foreign Policy Disaster', Facts on File Publications(New York, 1986)

'The Soviet-Cuban Connection in Central America and the Caribbean', State

Department Documents(1985년 3월)

'The US, the KLA and Ethnic Cleansing', *World Socialist Web Site*, 1999년 6월 29일, http://www.wsws.org

'Turkey no Security without Human Rights', Amnesty International, http://www.Amnesty.org

'United States vs. Richard Second', Civil Division, 1st Eastern District of Virginia, File no. 1202-A

'US Gave Silent Blessing to Taliban Rise to Power: Analysis', *Agence France Presse*, 2001년 10월 7일

'US Government, Foreign Broadcast Information Service', *Near East and South Asia Report*, 1988년 10월 3일

Abadies, Alberto and Gardeazabal, Javier *The Economic Cost of Conflict: A Case-Control Study for the Basque Country*(Cambridge, MA: National Bureau of Economic Research, 2001년 9월), http://www.nber.org

AFP, 'Albanian-Americans Help Fund the KLA', *AFP*, 1999년 2월 20일, http://www.members.tripod.com

Aglionby, John 'The Secret Role of the Army in Sowing the Seeds of Religious Violence', *Guardian*, 2002년 10월 16일

Alden, Edward 'The Chicago Charity Accused of Defrauding Donors', *Financial Times*, 2002년 10월 18일

Alden, Edward 'The Money Trail: how a crackdown on suspect charities is failing to stem the flow of funds to al Qaeda', *Financial Times*, 2002년 10월 18일

Allen, Robin and Khalaf, Roula 'Al Qaeda: Terrorism after Afghanistan', *Financial Times*, 2002년 2월 21일

Andromidas, Dean, 'Israeli Roots of Hamas are being Exposed', *Executive Intelligence Review*, 2002년 1월 18일, http://www.larouchepub.com

Ardito, Simona, 'L' FBI sapeva tutto in anticipo', http://digilander.libero.it

Baker, Raymond, 'Money Laundering and Flight Capital: The Impact on Private Banking', Senate Committee on Governmental Affairs, Permanent Subcommittee on Investigations, 1999년 11월 10일

Baneriee, Dipankar, 'Possible Connections of ISI with Drug Industry', *India Abroad*, 1994년 12월 2일

Barber, Ben, 'Saudi Millions Finance Terror against Israel', *Washington*

Times, 2002년 5월 7일

Bard, Mitchell, 'The Lebanon War', http://www.us-israel.org

BBC News, 'IRA Suspects Move to Danger Prison', 2001년 8월 23일 http://news.bbc.co.uk

BBC World Wide Monitoring, Former Soviet Union, *Nezavisimaya Gazeta*, 2000년 2월 3일

BBC, *The Money Programme*, 2001년 11월 21일

Beatty, Jonathan and Gwynne, S.C., 'The Dirtiest Bank of All', *Time Magazine*, 1991년 7월 29일

Beeman, William O., 'Follow the Oil Trail-Mess in Afghanistan Partly Our Government's Fault', *Jinn Magazine*(online) *Pacific News Service*, San Francisco, 1998년 8월 24일, http://www.pacificnews.org

Benesh, Peter, 'Did US Need For Obscure Sudan Export Help Bin Laden?', *Investor's Business Daily*, 2001년 9월 21일

Bin Laden, Osama, 'Letter to America', *Observer Worldview*, 2002년 11월 24일 http://www.observer.co.uk

Block, Robert and Doyle, Leonard, 'Drug Profits Fund Weapons for Balkans', *Independent*, 1993년 12월 10일

Boroumand, Ladan and Boroumand, Roya, 'Terror, Islam and Democracy', *Journal of Democracy*, Vol. 13, No. 2 2002년 4월

Bronskill, Jim and Mofina, Rick, 'Hamas Funded by Canadian Agency: report: Aid organization accused of sending money to U.S. charity shut down for alleged Hamas ties', *Ottawa Citizen*, 2001년 12월 6일

Brunker, Mike, 'Money Laundering Finishes the Cycle', MSNBC News, 2002년 8월 31일, http://www.msnbc.com/news

Buch, Claudia and De Long, Gayle, 'Cross-Boarders Bank Merger: What Lures the Rare Animal', Kiel Working Paper No. 1070, Kiel Institute of World Economics, 2001년 8월

Burke, Jason, 'Revealed: the quiet cleric behind Bali bomb horror', *Observer*, 2002년 10월 20일

Burke, Jason, 'You have to Kill in the Name of Allah until You are Killed', *Observer*, 2002년 1월 26일

Burkeman, Oliver, 'US "Proof" over Iraqi Trucks', Guardian, 2002년 3월 7일

Burns, Jimmy, Morris, Harvey and Peel, Michael, 'Assault on America

Terrorists Funds', *Financial Times*, 2001년 9월 24일

Burr, William and Evans, Michael L. ed., 'Ford, Kissinger and the Indonesian Invasion: 1975-1976', National Security Archive Electronic Briefing Book, NO. 26, 2001년 12월 6일, http://www.gwu.edu.

Burton, John, 'Islamic Network "is on a Mission"', *Financial Times*, 2002년 10월 16일

Carella, Antonio, 'Mammar el Ghaddafi. Un Leone del Deserto Fratello dell' Occidente', http://members.xoom.virgilio.it

CBT TV, *The National*, 29, 2002년 7월

Chomsky, Noam, 'The Colombian Plan: April 2000', *Z Magazine*, 2000년 6월

Chossudovsky, Michael, 'The KLA: Gangsters, terrorists and the CIA', http://www.historyofmacedonia.org

Chossudovsky, Michael, 'Who is Osama bin Laden?', Montreal Center for Research on Globalisation, 2001

Chossudovsky, Michael, 'Osamagate: role of the CIA in supporting international terrorist organizations during the Cold War', *Canadian Business and Current Affairs*, Brandon University, 2001년 11월

Clarity, James, 'Hard-up Lebanon Puts the Squeeze on Smugglers', *New York Times*, 1986년 11월 6일

Clarke, Liam and Leppard, David, 'Photos Link More IRA Men to Colombia', *Sunday Times*, 2002년 4월 28일

Clover Charlse, 'Return of the "Afghans" Puts Spotlight on Kuwaiti Divisions', *Financial Times*, 2002년 10월 17일

Coll, Steve, 'Anatomy of a Victory: CIA's Covert Afghan War: $2 billion programme reversed tide for rebels', *Washington Post*, 1992년 7월 19일

Congressional Press Release, Republican Party Committee, US Congress, 'Clinton Approved Iran Arms Transfers Help Turn Bosnia into Militant Islamic Base', 1996년 1월 16일 http://www.senate.gov

Cooke, Kieran, 'World: Asia-Pacific Oil: saviour of East Timor?', *BBC News*, 1999년 10월 7일, http://news.bbc.co.uk

Curtis, Mark, 'US and British Complicity in Indonesia 1965', *Znet*, 2002년 10월 21일 http://zmag.org

Daragahi, Borzou 'Financing Terror', *Money*, Vol. 30, No. 12, 2001년 11월

Deliso, Christopher, 'Bin Laden, Iran and the KLA', 2001년 9월 19일,

http://www.antiwar.com

Department of the Army, 'Human Factors Considerations of Underground in insurgency', DA Pamphlet(US Department of the Army), 1976년 4월

Devenport, Mark, 'Iraqi Oil Smuggling Warning', 2000년 3월 24일, http://news.bbc.co.uk

Dinmore, Guy, 'General Declares War on Desert Traffickers', *Financial Times*, 2002년 1월 10일

Dipanker, Baneriee, 'Possible Connections of ISI with Drug Industry', *India Abroad*, 1994년 12월 2일

Dolinat, Lou, 'A Focus on Their Smaller Crimes', *Newsday*, 2001년 10월 5일, http://www.newsday.com

Donnan, Shawn, 'Blast May Reverberate across the Economy', *Financial Times*, 2002년 10월 15일

Donnan, Shawn, 'Bombing to Test the Fabric of Indonesia Society', *Financial Times*, 2002년 10월 14일

Donnan, Shawn, 'Indonesian Ties with the Arabs Highlighted', *Financial Times*, 2002년 10월 17일

Doyle, Mark, 'Sierra Leone Rebels Probe al Qaeda Link, The RUF is Worried by Claims of al Qaeda Links', *BBC News Online: World: Africa*, 2001년 11월 2일

Dunnigan, James, 'The Rise and Fall of the Suicide Bomber', 2002년 8월 21일 http://www.strategypage.com

Ehrenfield, Rachael, 'Intifada Gives Cover to Arafat's Graft and Fraud', *News World Communication Inc.*, Insight on the news, 2001년 7월 16일

Emerson, Steven, 'Meltdown: the end of the Intifada', *The New Republic*, 1992년 11월 23일

Engel, Matthew, 'Drama in Court as Maussaoui Sacks Lawyers', *Guardian*, 2002년 4월 23일

Ercolano, Ilaria, 'I rapporti tra il Partito Socialista Tedesco Unitario(SED) e il medioriente durante gli anni sessanta e settanta', *Storia delle Relazioni Internazionali*, 2001년 3월 8일

Ersel, Aydinli, 'Implications of Turkey's anti-Hizbullah Operation', *Washington Institute for Near Policy*, 2000년 2월 9일

Esposito, John L., 'Political Islam: beyond the green menace', *Current*

History, Vol. 93, Nos 579-87, 1994년 1월~12월

Evans III, Brian, 'The Influence of the United States Army on the Development of the Indonesian Army(1954~1964)', in Indonesia, Cornell Modern Indonesia Programme, 1998년 4월

Faiola, Anthony, 'US Terrorist Search Reaches Paraguay: black market border hub called key finance center for Middle East extremists', *Washington Post*, 2001년 10월 13일

Farah, Douglas, 'Al Qaeda's Road Paved with Gold: secret shipments traced through a lax system in United Arab Emirates', *Washington Post*, 2002년 2월 17일

Farah, Douglas, 'An "Axis" Connected to Gaddafi: leaders trained in Libya have used war to safeguard wealth', *Washington Post Foreign Service*, 2001년 11월 2일

Farah, Douglas, 'Money Cleaned, Colombian Style: Contraband used to convert drug dollars', *Washington Post*, 1998년 8월 30일

Feldman, Steve, 'No One Knows why Hamas Graced Philly with its Presence', *Ethnic News Watch*, 2001년 12월 13일

Fielding, Nick, 'Al Qaeda Issues New Manifesto of Revenge', *Sunday Times*, 2002년 11월 17일

Fielding, Nick, 'The British Jackal', *Sunday Times*, 2002년 4월 21일

Finn, Peter and Delaney, Sarah, 'Sinister Web Links Terror Cells Across Europe', *International Herald Tribune*, 2001년 10월 23일

Firestone, David, 'Mideast Flare-Up: The Money Trail', *New York Times*, 2001년 12월 6일

Fisk, Robert, 'As My Soccer Said: Thank Mr. Clinton for the fine words', *Independent*, 1998년 8월 22일

Fisk, Robert 'In on the Tide, the Guns and Rockets that Fuel this Fight', *Independent*, 2002년 4월 29일

Fisk, Robert, 'Talks with Osama bin Laden, *The Nation*, 1998년 9월 21일 http://www.thenation.com

Foden, Giles, 'Australian "Crusaders" Targeted by bin Laden', *Guardian*, 2002년 10월 16일

Foden, Giles, 'The Former CIA "Client" Obsessed with Training Pilots', *Guardian*, 2001년 9월 12일

Fukuyama, Francis and Samin, Nadav, 'Heil Osama, The Great Reformer', *Sunday Times*, 2002년 9월 29일

Gaines, William and Martin, Andrew, 'Terror Funding', *Chicago Tribune*, 1998년 9월 8일

Gerth, Jeff and Miller, Judith, 'A Nation Challenged: On the list, philanthropist or fount of funds for terrorists?', *New York Times*, 2001년 10월 13일

Goldberg, Jeffrey, 'The Great Terror', *New Yorker*, 2002년 3월 25일

Goldberg, Suzanne, 'The man behind the Suicide Bombers', *Guardian*, 2002 년 6월 12일

Haass, Richard, Intervention: The Use of American Military Force in the Post-Cold War World(Brookings Institute Press, 1999), http://brookings.nap.edu

Halliday, Fred, 'The Un-Great Game: the Country that Lost the Cold War, Afghanistan', *The New Republic*, 1996년 3월 25일

Hecht, Bernie, Irgun and the State of Israel', http://www.jewishmag.com

Herbst, Jeffrey, 'Responding to State Failure in Africa', *International Security*, Vol. 21 No. 3, Winter 1996~1997

Hill, Amelia, 'Terror in the East: bin Laden's $20m African "Blood Diamond" dials', *Observer*, 2001년 10월 20일

Hiro, Dilip, 'Fallout from the Afghan Jihad', *Inter Press Services*, 1995년 11월 21일

Hooper, John, 'Terror Made Fortune for bin Laden', *Guardian*, 2001년 9월 23일

Hoyos, Carola, 'Oil Smugglers Keep Cash Flowing back to Saddam', *Financial Times*, 2002년 1월 17일

Huband, Mark, 'Special Report, Inside al Qaeda Bankrolling bin Laden', *Financial Times*, 2001년 11월 29일

Huntington, Samuel P., 'The Clash of Civilization?', *Foreign Affairs*, Summer 1993년

Huntington, Samuel P., 'The Age of Muslim Wars', *Newsweek*, Special Issue 2002

IBRD, 'Transition Report, The First Ten Years: Analysis and Lessons for Eastern Europe and the Former Soviet Union', 2001

Ingram, Mike, 'UK Admits Hostages in Chechnya were Asked to Report Sensitive Information', *World Socialist Web Site*, 1999년 1월 21일,

http://wsw.org

Jacobson, Philip, 'Warlord of the Jihad', *Sunday Times Magazine*, 2003년 1월 26일

Jones, Stephen and Israel, Peter, 'Others Unknown', Publicaffairs, *New York*, 2001

Jordan, Sandra , 'Dispaches', *Channel 4*, 2002년 5월 26일

Junger, Sebastian, 'Terrorism's New Geography', *Vanity Fair*, 2002년 12월

Keen, David, 'A Disaster for Whom? Local Interests and International Donors During Famine among the Kinka of Sudan', Disaster, Vol. 15, No. 2, 1991년 6월

Keen, David, 'When War Itself is Privatized', *Times Literary Supplement*, 1995년 12월

Keh, Douglas, 'Drug Money in a Changing World', UNDCP Technical document no. 4(Vienna, 1998)

Kelley, Jack, 'Saudi Money Aiding bin Laden: businessmen are financing front groups', *USA Today*, 1999년 10월 29일

Kershner, Isabel, 'Behind the Veil', *Jerusalem Report*, 1993년 6월 3일

khalaf, Roula, 'Al Qaeda Recruiting Ground Offers Tough Challenge in War of Terror', *Financial Times*, 2002년 2월 22일

Khan, Lal, 'Pakistan, Futile Crusades of a Failed State', http://www.marxist.com

Khashuqji, Jamal, 'Al Qaeda Organisation: Huge Aims without Programme or Cells', *Al Hayah*, 1998년 10월 12일

Kline, Chris and Franchetti, Mark, The Woman Behind the Mask' *Sunday Times*, 2002년 11월 3일

Kocoglu, Yahya, 'Hizbullah: The Susurluk of the Southeast', *Turkish Daily News*, 2000년 1월 27일

Kristof, Nicholas D., 'Behind the Terrorists', *New York Times*, 2002년 11월 22일

Lamont, James, 'Africa's Trade Flows Clogged up at Dockside', *Financial Times*, 2002년 1월 8일

Lapper, Richard, 'UN Fears Growth in Heroin Trade', *Financial Times*, 2000년 2월 24일

Le Billon, Philippe, 'The Political Economy of War: what relief agencies need to know', *Network Paper* No. 33, ODI http://www.odihpn.org,uk

Lemoine, Maurice, 'En Colombie, Un Nation, Deux Etats', *Le Monde Diplomatique*, 2000년 5월

Leppard, David, 'Dossier will Reveal Iraq's Poison Cache', *Sunday Times*, 2002년 9월 22일

Leppard, David and Sheridan, Michael, 'London Bank Used for bin Laden Cash', *Sunday Times*, 2001년 9월 16일

Levine, Steve, 'Critics Say Uzbekistane's Crackdown on Radicalism May Fuel in Fervor', *Wall Street Journal*, 2001년 5월 3일

Liam, Clarke and Leppard, David, 'Photos Link More IRA Men to Colombia', *Sunday Times*, 2002년 4월 28일

Lichtblau, Eric,' US Indicts Head of Islamic Charity in Qaeda Financing', *New York Times*, 2002년 10월 10일

Lighty, Todd and Gibson, Ray, 'Suspects Blend in, Use Credit Swindles to Get Easy Money', *Tribune*, 2001년 11월 4일

Livingstone, Neil C. and Halevy, David, 'The Perils of Poverty', *National Review*, 1986년 7월 21일

MacAskill, Ewen and Aglionby, John, 'Suspicion Turns on Indonesia's Islamist Militants', *Guardian*, 2002년 10월 14일

MacAskill, Ewen and Pallister, David, 'Crackdown on "Blood" Diamonds', *Guardian*, 2000년 12월 20일

MacCarthy, Roy and Norton-Taylor, Richard, 'Kashmir Militants Plan New Attacks', *Guardian*, 2002년 5월 25일

Mackay, Neil, 'John Mayor Link to bin Laden Dynasty', *Sunday Herald*, 2001년 10월 7일

Madani, Blanca, 'Hezbollah's Global Finance Network: the Triple Frontier', Middle East Intelligence Bulletin, Vol.4, No.1(2001년 1월)

Madsen, Wayne, 'Afghanistan, the Taliban and the Bush Oil Team', 2002년 1월 http://www.Globalresearch.ca

Mardini, Ahmad, 'Gulf-Economy: BCCI deal buoys UAE stocks', *Inter Press Service*, 1995년 2월 6일

Martienelli, M., 'I BR alla sbarra rivendicano il delitto Biagi', *Il Messaggero*, 2002년 3월 29일

McCoy, Alfred, 'The Politics of Heroin in Southeast Asia, French Indonesia: opium espionage and "Operatioin X"', http://www.drugtext.org

McGregor, Richard, 'Rumours Rule the Money Pit', *Financial Times*, 2001년 11월 24일

McGregor, Richard, 'Uighur Training Angered Beijing', *Financial Times*, 2001년 10월 18일

Miller, Judith and Gerth, Jeff, 'Trade in Honey is Said to Provide Money and Cover for bin Laden', *New York Times*, 2001년 10월 11일

Mintz, John, 'Bin Laden's Finances are Moving Target', *Washington Post*, 1998년 8월 28일

Monbiot, Georg, 'To Crush the Poor', *Guardian*, 2003년 2월 4일

Murphy, Brian, 'KLA Vounteers Lack Experience', *Associated Press*, 1997년 4월 5일

Mydans, Seth, 'Indonesian Conflict May be Breeding the Terrorists of Tomorrow', *International Herald Interest*, 1995/96 겨울

NaFeez Mosaddeq, Ahmad, 'Afghanistan, the Taliban and the United States. The Role of Human Rights in Western Foreign Policy', 2001년 1월, http://www.institute-for-afghan-studies.org

Newfarmer, Richard ed.,' Relations with Cuba', in *From Guboats to Diplomacy: New Policies for Latin America*. Papers prepared for the Democratic Policy Committee, US Senate, Washington 1982년 6월 (Johns Hopkins University Press, 1984)

Noor, Farish A.,' The Evolution of 'Jihad in Islamist Political Discourse: how a plastic concept became harder', http://www.ssrc.org

O'Kane, Maggie, 'Where War is a Way of Life', *Guardian*, 2001년 10월 15일

O'Donnell, Guillermo, 'On the State, Democratization and Some Conceptual Problems', working paper No.192(University of Notre Dame: The Helen Kellogg Institute for International Studies, 1993년 4월)

Palast, Gregory, 'Did Bush Turn a Blind Eye on Terrorism?', *BBC Newsnight*, 2001년 11월 6일

Palast, Gregory and Pallister, David, 'FBI Claims bin Laden Enquiry was Frustrated', *Guardian*, 11월 7일

Pallister, David, 'Head of Suspects Charity Denies Link to bin Laden', *Guardian*, 2001년 10월 16일

Pallister, David and Bowcott, Owen, 'Banks to Shut Doors on Saudi Royal Cash', *Guardian*, 2002년 7월 17일

Pearl, Daniel and Stecklow, Steve, 'Taliban Banned TV but Collected Profits on Smuggled Sonys', *Wall Street Journal*, 2002년 1월 9일

Petkovic, Milan V., 'Albanian Terrorists', *Balknianet*, 1998, http://www.balkania.net

Philips, David, 'The Next Stage in the War on Terror', *International Herald Tribune*, 2002년 3월 23~24일

Pilger, John, 'This War is a Fraud', *Daily Mirror*, 2001년 10월 29일

Pilger, John, 'This War is Lies Goes on', *Daily Mirror*, 2002년 11월 16일

Rall, Ted, 'It's all about Oil', *San Francisco Chronicle*, 2001년 11월 2일

Ranstrorp, Magnus and Xhudo, Gus, 'A Treat to Europe? Middle East Ties with the Balkans and their Impact upon Terrorist Activity throughout the Region', in *Terrorism and Political Violence*, Vol. 6, No. 2, 1994년 여름

Rashid, Ahmed, 'The Taliban: Exporting Extremism', *Foreign Affairs*, 1999년 11월

Rashid, Ahmed, 'They're Only Sleeping. Why Militant Islamists in Central Asia aren't going to go away', *The New Yorker*, 2002년 1월 14일

Recknagel, Charles, 'Iraq: mystery surrounds Iran's about-face on oil smuggling', 2000년 6월 21일, http://www.rferl.org

Ressa, Maria, 'The Quest for the Asia's Islamic "Super" State', *CNN online*, 2002년 8월 30일 http://www.asia.cnn.com

Reuss, Alejandro, 'US in Chile', in *Third World Traveller*, http://www.thirdworldtraveler.com

Ringshow, Grant, 'Profits of Doom', *Sunday Telegraph*, 2001년 9월 23일

Rotberg, Robert I., 'The New Nature of Nation-State Failure', *The Washington Quarterly*, 2002년 여름

Roy, Arundhati, 'The Algebra of Infinite Justice', http://www.nation-online.com

Rubinstein, Danny, 'Protection Racket, PA-Style', *Ha'aretz Daily Newspaper*, Tel Aviv, 1999년 11월 3일

Sachs, Susan, 'An Investigation in Egypt Illustrates al Qaeda's Web', *New York Times*, 2001년 11월 21일

Said, Edwar, 'When We Will Resist?', *Guardian*, 2003년 1월 25일

Schreiber, Anna P., 'Economic Coercion as an Instrument of Foreign Policy: U.S. Economic Measures against Cuba and the Dominican Republic',

World Politics, Vol. 25, 1973년 4월

Scudder, Lew, 'A Brief History of Jihad', http://www.rca.org

Seper, Jerry, 'KLA Rebels Train in Terrorist Camps', *Washington Times*, 1999년 5월 4일

Shahar, Yael, 'Tracing bin Laden's Money: easier said than done', *ICT*, 2001년 9월 21일 http://www.ict.org

Siddiqui, Mateen, 'Differentiating Islam from Militant Islamist', *San Francisco Chronicle*, 1999년 9월 21일

Simpson, Glenn, 'Terrorist Grid Smuggled Gems as Early as '95, Diary Suggests', *Wall Street Journal*, 2002년 1월 17일

Sloan, John, 'Crusades in the Levant(1097-1291)', http://www.xenophongroup.com

Smith, Charles, 'China and Sudan: trading oil for humans', *Worldnetdaily*, 2000년 7월 19일 http://www.worldnetdaily.com

Standish, Alex, 'Albanians Face Ruin as Cash Pyramids Crumble', *The European*, 1996년 11월 28일

Stern, Babett, 'La Toile Financiere d' Oussana ben Laden s'etend du pays du Golfe a l' Europe', *Le Monde Intercatif*, 2001년 9월 24일

Sublette, Carey, 'Dr. Abdul Qadeer Khan', http://www.nuketesting.enviroweb.org

Subrahmanyam, K., 'Pakistan is Pursuing Central Asian Goals', *India Abroad*, 1995년 11월 3일

Sullivan, Stacy, 'Albanian Americans Funding Rebels' Cause', *Washington Post*, 1998년 5월 26일

Sweeney, Jack, 'DEA Boots its Role in Paraguay', *Washington Times*, 2001년 8월 21일

Takeyh, Ray and Gvosdev, Nicholas, 'Do Terrorist Networks Need a Home?' *The Washington Quarterly*, Summer 2002

Talbot, Karen, 'US Energy Giant Unocal Appoints Interim Government in Kabul', *Global Outlook*, Vol. 1 No. 1 2002년 봄

Tetley, Deborah, 'Terrorists Active in Canada', *Calgary Herald*, 2001년 10월 1일

Thachuk, Kemberly L., 'Terrorism's Financial Lifeline: Can It Be Severed?', Strategic Forum, Institute for the National Strategic Studies National Defense University, *Washington D.C.*, No.191, 2002년 5월

Thompson, Richard, 'CIA Used Bank in Covert Operations', *Independent*, 1991년 7월 15일

Vaknin, Sam, 'Analysis: Hawala, the bank that never was', *United Press International*, 2001년 9월 17일 http://www.upi.com

Vasager, Jeevan and Dodd, Virkram, 'British Muslims take Path to Jihad: Kashmir terror group claims suicide bomber was from Bermingham', *Guardian*, 2000년 12월 29일

Vick, Karl, 'The Taliban's Good-Bye: take the banks' millions and run', *Washington Post*, 2001년 1월 8일

Vidal, Gore, 'The Enemy Within', *Observer*, 2002년 10월 27일

Wagstyle, Stefan, 'Frontline State Seek Place on World Map', *Financial Times*, 2001년 11월 22일

Wagstyle, Stefan and Janssn, Eric, 'Extremists may be Only Winners as Serb Voters Shun Election', *Financial Times*, 2002년 10월 15일

Waldman, Amy, 'Master of Suicide Bombing: Tamil Guerrillas of Sri Lanka', *New York Times*, 2003년 1월 14일

Walk, Marcus, 'In the Financial Fight against Terrorism, Leads are Hard Won', *Wall Street Journal*, 2001년 10월 10일

Weiser, Benjamin, 'The Trade Center Verdict: The Overview: 《mastermind》 and driver found guilty in 1993 plot to blow up Trade Center', *New York Times*, 1997년 11월 13일

Weizman, Steve, 'Bush Decries Arafat, to Meet Sharon', Associated Press, *Worldstream*, 2002년 5월 6일

Wells, Jonathan, Meyers, Jack and Mulvihill, Maggie, 'War on Terrorism: Saudi elite tied to money groups linked to bin Laden', *Boston Herald*, 2001년 10월 14일

Witoelar, Wimar, 'Terror has Deep Roots in Indonesia', *Guardian*, 2002년 10월 16일

World Affair, 'A Mafia State', *Newsweek International*, 2000년 6월 19일

Wright, Lawrence, 'The Counter-Terrorist', *New Yorker*, 2002년 1월 14일

Wright, Robin and Meyer, Joseh, 'America Attacked: mapping a response', *Los Angeles Times*, 2001년 9월 12일

Wrong, Michela, 'Smugglers' Bazaar Thrives on Intrepid Afghan Spirit', *Financial Times*, 2002년 10월 17일

책BOOKS

Abukhalil, As'ad *Bin Laden, Islam and America's New "War on Terrorism"* (New York: Seven Stories Press, 2002)

Adams, James *The Financing of Terror*(New York: Simon and Schuster, 1986)

Adams, James Ring and Douglas, Frants *A Full Service Bank*(London: Simon and Schuster, 1992)

Adkin, Mark and Mohammed, Yousaf *The Bear Trap: Afghanistan's Untold Story*(London: Cooper, 1992)

Ajami, Fouad *The Arab Predicament*(New York: Cambridge University Press, 1981)

Alexander, George ed. *Western State Terrorism*(Cambridge: Polity Press, 1991), *Annual of Power and Conflict, 1973-74*(London: Institute for the Study of Conflict, 1975)

Anon. *Through Our Enemies' Eyes*(Washington D.C.: Brasseys, 2002)

Atiya, Aziz *Crusade, Commerce and Culture*(Bloomington: Indiana University Press, 1962)

Aydinli, Ersel *Implications of Turkey's anti-Hizbullah Operation*(Washington Institute for Near Policy, 2000년 2월 9일)

Barber, Malcolm *The Two Cities. Medieval Europe 1050-1320*(London: Routledge, 1992)

Beaty, Jonathan and Gwynne, S.C. *The Outlaw Bank, A Wild Ride into the Secret Heart of BCCI*(New York: Random House, 1993)

Benjamin, Daniel and Simon, Steven *The Age of Sacred Terror*(New York: Random House, 2002)

Bobbitt, Philip *The Shield of Achilles*(London: Penguin Books, 2002)

Boyce, James K, *Economic Policy for Building Peace, The Lessons of El Salvador*(Boulder, CO: Lynne Rienner Publishers, 1996)

Brisard, Jean Charles and Dasquie, Guillaume, *La Verita' Negata*(Milano: Marco Tropea Editore, 2001)

Byrne, Hugh *El Salvador's Civil War, a Study of a Revolution*(Boulder, CO: Lynne Rienner Publishers, 1996)

Campbell, Greg *Blood Diamonds*(Boulder, CO: Westview Press, 2002)

Chomsky, Noam 9-11 (New York: Seven Stroies Press, 2002)
Chossudovsky, Michael Guerra e Golobalizzazione (Torino: Edizioni Gruppo Abele, 2002)
Cooley, John K. Unholy Wars. Afghanistan, America and International Terrorism (London: Pluto Press, 2000)
Cordesman, Anthony H. Economic, Demographic and Security Trends in the Middle East (Washington D.C.: Center for Strategic and International Studies, 2002년 1월)
Duffield, Mark 'The Political Economy of Internal War: asset transfer, complex emergencies and international aid' in Joanna Macrae and Anthony Zwi eds War and Hunger: Rethinking International Response (London: Zed Press, 1994)
El Khazenm, Farid The Breakdown of the State in Lebanon 1967-1976 (London: I.B. Tauris, 2000)
Emerson, Steven American Jihad: The Terrorist Living Among Us (New York: Simon and Schuster, 2002)
Franceschini, Alberto Mara, Renato ed Io (Milano: Mondadori, 1988)
Friedman, Thomas The Lexus and the Olive Tree (New York: Farrar, Straus & Giroux, 1999)
Fukuyama, Francis The End of History and the Last Man (London: Penguin Books, 1993)
Garthoff, Raymond L. Reflection on the Cuban Missile Crisis (Washington D.C.: Brookings Institute, 1987)
Geldard, Ian and Craig, Keith IRA, INLA: Foreign Support and International Connections (London: Institute for the Study of Terrorism, 1988)
Gilbert, Paul Terrorism, Security and Nationality (London: Routledge, 1994)
Goren, Roberta The Soviet Union and Terrorism (London: Hyman, 1984)
Goulden, Joseph C. The Death Merchant (New York: Simon and Schuster, 1984)
Graduate Institute of International Studies Small Arms Survey 2001 (Oxford: Oxford University Press, 2001)
Green, Lesley The Contemporary Law of Arm Conflicts (Manchester: Manchester University Press, 2000)
Griffin, Michael Reaping the Whirlwind (London: Pluto Press, 2002)

508

Gunaratna, Rohan *Inside al Qaeda*(New York: Columbia University Press, 2002)

Harclerode, Peter *Fighting Dirty*(London: Cassell, 2001)

Hardt, Michael and Negri, Antonio *Impero*(Milano: Rizzoli, 2000)

Hopkirk, Peter *The Great Game*(Oxford: Oxford University Press, 1990)

IRA, INLA: Foreign Support and International Connections(London: Institute for the Study of Terrorism, 1988)

Irabarren, Florencio Dominguez *ETA: Estrategia Organizativa y Actuaciones, 1978-1992*(Servicio Editorial de la Universidad del Pays Vasco, 1998)

Jaber, Hala *Hizbollah, Born with a Vengeance*(New York: Columbia University Press, 1997)

Jacquard, Roland *In the Name of Osama bin Laden: Global Terrorism & the bin Laden Brotherhood*(Durham, NC: Duke University Press, 2002)

Jamieson, Alison *Terrorism and Drug Trafficking in the 1990s*(Dartmouth: Research Institute for the Study of Conflict and Terrorism, 1994)

Jones, Stephen and Israel, Peter *Others Unknown: The Oklahoma City Bombing & Conspiracy*(New York: PublicAffairs, 1998)

Juergensmeyer, Mark *Terror in the Mind of God*(Berkeley: University of California Press, 2000)

Kaldor, Mary *New and Old Wars: Organized Violence in a Global Era* (Cambridge: Polity Press, 1999)

Kartha, Tara *South Asia-A Rising Spiral of Proliferation* Background paper(Geneva: Small Arms Survey, 2000)

Kennedy, John F. 'Defence Policy and the Budget: Message of President Kennedy to Congress(1961년 3월 28일)' in Richard P. Stebbins *Documents in American Foreign Relations, 1961*(New York: Harper& Row, 1962)

Kingsbury, Damien *Power Politics and the Indonesian Military*(London: Routledge Curzon, 2003)

Krinsky, Michael and Golove, David *United States Economic Measures against Cuba: Proceedings in the United Nations and International Law Issues*(Northampton, MA: Aletheia Press, 1993)

Lapierre, Dominique and Collins, Larry *O Jerusalem*(Paris: Editions Robert Laffont, 1971)

Laqueur, Walter *The New Terrorism: Fanaticism and the Arms of Mass Destruction* (Oxford: Oxford University Press, 1999)

Lewis, Bernard *Assassins, A Radical Sect in Islam* (London: Weidenfeld & Nicolson, 2001)

Livingstone, Neil C. and Halevy, David *Inside the PLO* (New York: William Morrow, 1990)

Martin, Al *The Conspirators: Secrets of an Iran Contra Insider* (Pray, MO: National Liberty Press, 2001)

McClintock, Michael, *Instruments of Statecraft: U.S. Guerrilla Warfare, Counter-insurgency and Counter-terrorism, 1940-1990* (New York: Pantheon Books, 1992)

McWhirter, Norris ed. *Guinness Book of Records* (London: Guinness Superlatives Ltd., 26th edition, 1979)

Millbank, David *International and Transnational Terrorism: Diagnosis and Prognosis* (Washington D.C.: CIA, 1976)

Moretti, Mario *Brigate Rosse, Una Storia Italiana* (Milano: Anabasi, 1994)

Muhammad, Haykal *Iran, the Untold Story* (New York: Pantheon Books, 1982)

Nafeez Mosaddeq, Ahmed *The War on Freedom, How and Why America was Attacked, September 11, 2001* (CA: Tree of Life Publications, 2002)

Palast, Gregory *The Best Democracy Money Can Buy* (London: Pluto Press, 2002)

Pierson, Christopher *The Modern State* (London: Routledge, 1996)

Polito, Ennio *Arafat e Gli Altri* (Roma: Data News, 2002)

Randal, Jonathan *The Tragedy of Lebanon* (London: Chatto & Windus, 1983)

Rashid, Ahmed *Jihad, the Rise of Militant Islam in Central Asia* (New Haven, CT: Yale University Press, 2002)

Rashid, Ahmed *Taliban: The Story of the Afghan Warlords* (London: Pan, 2001)

Reeve, Simon *The New Jackals: Ramzi Yousef, Osama bin Laden and the Future of Terrorism* (London: Andre Deutsch, 1999)

Rivers, Gayle *War Against Terrorism: How to Win it?* (New York: Charter Books, 1986)

Rubenberg, Cheryl *The Palestine Liberation Organization, its Institutional

Infrastructure(Belmont, MA: Institute of Arab Studies Inc, 1983)

Runciman, Steven *A History of the Crusades* Volume 1(London: Folio, 1994)

Scowen, Peter *Rogue Nation, The America The Rest of the World Knows* (Toronto: McClelland & Stewart, 2002)

Seale, Patrick *Abu Nidal: a Gun for Hire, the Secret Life of the World Most Notorious Arab Terrorist*(London: Hutchinson, 1992)

Sevillano, Tarazona Gabriela *Sendero Luminoso and the Threat of Narcoterrorism*(New York: Praeger, 1990), *Small Arms Survey, 2001* (Oxford University Press, Oxford 2001)

Smith, Chris 'Areas of Major Concentration in the Use and Traffic of Small Arms' in Jayantha Dhanapala et al. *Small Arms Controls: Old Weapons New issues*(Aldershot: Ashgate, 1999)

Sterling, Claire *The Terror Network, The Secret War of International Terrorism*(London: Weidenfeld and Nicolson, 1981)

Stockwell, John *In Search of Enemies: A CIA Story*(New York: W.W. Norton, 1979)

Sullivan, John *El Nationalisimo Vasco Radical*(Madrid: Alianza Universidad, 1987)

Tariq, Ali *The Clash of Fundamentalism*(London: Verso, 2002)

Tibi, Bassam *The Challenge of Fundamentalism*(Berkeley: University of California Press, 1988)

Tyerman, Christopher *The Invention of the Crusades*(London: Macmillan Press, 1998)

United Nations, *ECLA, Economic Survey of Latin America, 1981*(Santiago: United Nations Chile, 1983)

Villalobos, Joaquin *The War in El Salvador, Current Situation and Outlook for the Future*(San Francisco: Solidarity Publications, n.d.)

Wasserman, James *The Templars and the Assassins*(Rochester, NY: Inner Traditions, 2001)

Wiebes, Cees *Intelligence and the War in Bosnia, 1992-1995*(Amsterdam: Netherlands Institute for War Documentation, 2002)

Woodward, Bob *Veil: The Secret Wars of the CIA 1981-1987*(New York: Simon and Schuster, 1987)